普通高等教育"十一五"国家级规划教材

婚姻家庭法学

（第二版）

主　编　　巫昌祯　夏吟兰

撰稿人　（以撰写章节先后为序）

夏吟兰　薛宁兰　何俊萍

巫昌祯　李明舜

中国政法大学出版社

2016·北京

图书在版编目（ＣＩＰ）数据

婚姻家庭法学/巫昌祯，夏吟兰主编. —2版. —北京：中国政法大学出版社,2016.8
ISBN 978-7-5620-5164-0

Ⅰ.①婚… Ⅱ.①巫…②夏… Ⅲ.①婚姻法－法的理论－中国 Ⅳ.①D923.901

中国版本图书馆CIP数据核字(2016)第030564号

出 版 者　　中国政法大学出版社
地　　址　　北京市海淀区西土城路 25 号
邮寄地址　　北京 100088 信箱 8034 分箱　邮编 100088
网　　址　　http://www.cuplpress.com（网络实名：中国政法大学出版社）
电　　话　　010-58908435(第一编辑部)　58908334(邮购部)
承　　印　　北京朝阳印刷厂有限责任公司
开　　本　　720mm×960mm　1/16
印　　张　　20.5
字　　数　　390 千字
版　　次　　2016 年 8 月第 2 版
印　　次　　2019 年 8 月第 3 次印刷
印　　数　　9001～14000
定　　价　　39.00 元

作 者 简 介

巫昌祯 中国政法大学教授，博士生导师，中国法学会婚姻家庭法学研究会名誉会长。研究领域：亲属法、继承法、妇女与法律问题。代表作：《我与婚姻法》《婚姻法执行状况调查》《马克思主义婚姻家庭法理论》《离婚新探》。

夏吟兰 中国政法大学教授，博士生导师，中国法学会婚姻家庭法学研究会会长。研究领域：亲属法、继承法、妇女人权。代表作：《美国现代婚姻家庭制度》《离婚救济制度之实证研究》《离婚衡平机制研究》《对夫妻共同财产范围的社会性别分析》《家庭暴力防治法制度性建构研究》。

李明舜 中华女子学院副院长，教授，中国法学会婚姻家庭法学研究会副会长、秘书长。研究领域：婚姻家庭法学、妇女人权、证据法学。代表作：《婚姻法中的救助措施与法律责任》《妇女权益法律保障研究》《民法典的制定与结婚、夫妻制度的完善》《制定反家庭暴力法的几点思考》。

薛宁兰 中国社会科学院法学研究所研究员，社会法研究室主任，中国社会科学院妇女/性别研究中心副主任，中国法学会婚姻家庭法学研究会副会长。研究领域：亲属法、性别与法律问题。代表作：《21世纪婚姻家庭关系的新规制》《法定夫妻财产制立法模式与类型选择》《中国民法典草案建议稿附理由·亲属编》《无效婚姻制度论——从英美法到中国法》。

何俊萍 中国政法大学教授，硕士生导师，中国法学会婚姻家庭法学研究会理事。研究领域：亲属法、继承法、妇女与法律问题。代表作：《中国古代妇女与法律研究》《论离婚财产分割适用公平原则》《论婚姻家庭领域道德调整与法律调整的关系》《论离婚有过错方的精神损害赔偿责任》。

出 版 说 明

　　中国政法大学出版社是国家教育部主管的，我国高校中唯一的法律专业出版机构。多年来，中国政法大学出版社始终把法学教材建设放在首位，出版了研究生、本科、专科、高职高专、中专等不同层次、多种系列的法学教材，曾多次荣获新闻出版总署良好出版社、国家教育部先进高校出版社等荣誉称号。

　　自 2007 年起，我社有幸承担了教育部普通高等教育"十一五"国家级规划教材的出版任务，本套教材将在今后陆续与读者见面。

　　本套普通高等教育"十一五"国家级规划教材的出版，凝结了我社二十年法学教材出版经验和众多知名学者的理论成果。在江平、张晋藩、陈光中、应松年等法学界泰斗级教授的鼎力支持下，在许多中青年法学家的积极参与下，我们相信，本套教材一定会给读者带来惊喜。我们的出版思路是坚持教材内容必须与教学大纲紧密结合的原则。各学科以教育部规定的教学大纲为蓝本，紧贴课堂教学实际，力求达到以"基本概念、基本原理、基础知识"为主要内容，并体现最新的学术动向和研究成果。在形式的设置上，坚持形式服务于内容、教材服务于学生的理念。采取灵活多样的体例形式，根据不同学科的特点通过学习目的与要求、思考题、资料链接、案例精选等多种形式阐释教材内容，争取使教材功能在最大程度上得到优化，便于在校生掌握理论知识。概括而言，本套教材是中国政法大学出版社多年来对法学教材深入研究与探索的集中体现。

　　中国政法大学出版社始终秉承锐意进取、勇于实践的精神，积极探索打造精品教材之路，相信倾注全社之力的普通高等教育"十一五"国家级规划教材定能以独具特色的品质满足广大师生的教材需求，成为当代中国法学教材品质保证的指向标。

中国政法大学出版社

2007 年 7 月

第二版说明

　　《婚姻家庭法学》是教育部普通高等教育"十一五"国家级规划教材之一。为确保教材质量，充分反映婚姻家庭法学的教学规律和教学成果，本教材在撰稿人的选择、编写体例和编写内容上均精心组织，合理安排，为研究或学习婚姻家庭法的教师和学生搭建了一个体系合理、内容翔实、剪裁得当、符合认知规律、富有启发性且便于学习的知识平台。

　　作为一部全国适用的国家级教材，本教材在主编和参编人员的选择上充分考虑了其权威性和广泛性。主编巫昌祯、夏吟兰女士是中国政法大学教授、博士生导师，分别担任中国法学会婚姻家庭法学研究会的名誉会长和会长。所有撰稿者均长期从事婚姻家庭法学的研究与教学工作，参与了《婚姻法》等相关法律法规的修改或立法活动，大多数是婚姻法修法专家组主要成员。

　　婚姻家庭法学有相对完整的概念体系和逻辑构造。本教材在确保已有结构体系完整性的基础上，凸显了婚姻家庭法学的原理地位；完整准确地阐述了婚姻家庭法学的基本知识、基本理论要点，充分反映了现代婚姻家庭法学的价值理念和文化内涵，并在现行法律规范体系内，面向未来，尽可能地展示婚姻家庭法学研究的最新成果、前沿理论以及司法实践中的最新判例和司法解释。

　　婚姻家庭法学是应用法学，理论联系实际是婚姻家庭法学的生命力所在。判例教学是目前婚姻家庭法学课堂教学的重要手段，本教材增加了案例分析的环节，扩大了案例分析的数量并增加了难度，使教学活动更为新鲜且具有时代感。通过判例教学可以使学生充分理解法律规则、运用法律规则，培养他们的理性精神、批判精神和逻辑思维能力，引导学生关心社会、关注现实并探讨婚姻家庭法学领域的新问题。

本教材撰写分工如下（以撰写章节先后为序）：

夏吟兰：第一、十、十一、十三、十四、十五章；

薛宁兰：第二、六章；

何俊萍：第三、五、七章；

巫昌祯：第四章；

李明舜：八、九、十二章。

作　者

2016 年 3 月

| 目 录 |

第一章

婚姻家庭原理

学习目的与要求　学习本章应了解和掌握婚姻家庭的基本理念、属性及婚姻家庭制度的演进发展。掌握婚姻家庭的概念、基本职能和婚姻家庭的自然属性与社会属性；了解婚姻家庭制度在不同历史时期的地位、特点以及其作为一种特定的法律制度与经济基础和其他相关上层建筑的关系，为今后学习婚姻家庭法律做好理论准备。

■第一节　婚姻家庭的理念及属性

一、婚姻、家庭概念与性质

（一）婚姻概念

婚姻是为当时社会制度所确认的男女两性的结合。此结合所形成的特定的两性关系即为夫妻关系，又称之为婚姻关系或配偶关系。由此概念可推知：

1. 婚姻是男女两性的结合。男女两性的结合是婚姻成立的前提条件，此乃婚姻关系与其他社会关系的重要区别之一，是婚姻之自然层面的要求。两性结合是人伦之本，男女两性的性差别和性吸引、性本能是产生婚姻的原始动力，是婚姻成立的自然条件，无此，便无人类的繁衍、社会的发展。目前，在世界范围内特别是西方国家，同性恋的存在是无可置疑的事实，但在是否赋予其法律地位的问题上，尽管已有丹麦、瑞典、法国等一些国家通过立法允许同性结婚并享有与异性夫妻相同的法律地位，但大多数国家仍不承认同性结合具有婚姻的效力。

2. 男女两性的结合须为当时社会制度所确认。婚姻关系作为特殊的社会关系必须符合当时社会制度所确认的婚姻规范，此乃婚姻之社会层面的要求。两性结合是人与动物的共同自然属性，但用社会的手段对两性关系予以规范，形成统一的制度化的婚姻形态则是人类婚姻的特质。因而只有符合社会制度所确认的男女两性的结合才是法律上所规范的婚姻。原始社会群婚时代的两性结合由当时的社会习惯所确认，自一夫一妻制产生后的阶级社会则主要由法律制度所确认。符合法律规定的两性结合，始得为婚姻，其他的两性结合，如通奸、姘居均与婚姻有着本质上的区别。

3. 婚姻是双方具有夫妻身份的结合。经由社会制度所确认的两性结合，具有夫妻身份，受到法律保护，是婚姻之法律层面的要求。世界各国的婚姻法除明确规定了婚姻成立的法定要件外，还明确规定夫妻间的权利和义务，不符合婚姻成立要件的两性结合不是婚姻，当事人之间不具有夫妻身份。只有符合结婚的法定条件，才具有夫妻身份，而具有夫妻身份者才享有法定的夫妻权利，承担法定的夫妻义务。夫妻间权利义务关系的许多规定在大多数国家均为强行性规范，当事人之间不得任意变更、免除。

有关婚姻的概念经历了不断演进变化的过程。中国古代的婚姻观念以宗法伦理观念为基础，认为婚姻为"人伦之始"，"夫妇之义"也。其目的是为了传宗接代。正如《礼记·昏义》所说："婚礼者，将合两姓之好，上以祀宗庙，下以继后世也。"

古罗马法时期的著名法学家莫德斯汀将婚姻定义为：结婚是男女之间的结合，是生活各方面的结合，是神法和人法的结合[1]。在欧洲中世纪宗教婚姻发展鼎盛时期的寺院法，更直接将婚姻视为"神作之合"，是上帝和他的创作物之间联合的一个标志。婚姻是标志着基督与教会结合的一种宗教性契约，它是不可解除和永恒的[2]。

近代大陆法系的学者大多认同后期罗马法学家对婚姻所下的定义：婚姻是一男一女以永续共同生活为目的之结合。但在现代更强调法律对婚姻的调整作用，如史尚宽先生认为：婚姻是以终身共同生活为目的之一男一女合法的结合关系[3]。

当代英美法系的学者对婚姻的定义强调当事人的主观意愿和感受，认为：婚姻是一男一女排他的自愿结合，甚至认为婚姻是指固定化的性结合单位[4]。

（二）婚姻性质

不同历史时期的法律规范及各国学者对婚姻实质的解释有所不同，有关婚姻性质的学说各执一词，众说纷纭。现择其要者，概述如下：

---

〔1〕　［意］桑德罗·斯奇巴尼选编：《婚姻家庭和遗产继承》，费安玲译，中国政法大学出版社 2001 年版，第 31 页。

〔2〕　贺卫方："天主教的婚姻制度和教会法对世俗法的影响"，载《世界宗教研究》1986 年第 1 期。

〔3〕　史尚宽：《亲属法论》，中国政法大学出版社 2000 年版，第 97 页。

〔4〕　李志敏主编：《比较家庭法》，北京大学出版社 1988 年版，第 13 页。

第一章

1. 统一体说。在人类漫漫婚姻史中，有相当长的时期婚姻被视为统一体，妻在婚后丧失独立人格，其人格当然地被夫的人格所吸收。统一体说不仅存在于古罗马法，存在于教会法，亦存在于古代中国法。在古罗马法的"有夫权婚姻"中，妻在未嫁前如为他权人，婚后则摆脱生父的家长权而处于夫权或夫的家长权下，她所携嫁奁要归丈夫或丈夫的家长所有；如未嫁前为自权人，则摆脱监护权而处于夫权或夫的家长权下，由自权人变为他权人，脱离原来的家族，消灭一切家祀、继承、监护等法定关系，而加入丈夫的家族，她原有的财产也要归丈夫或丈夫的家长所有。妻在家庭中处于丈夫的女儿的地位，夫对妻有惩戒权[1] 在教会法中，婚姻的统一性几乎是绝对的，夫妻不可离异，而且夫妻之间也是不平等的，"丈夫受托对他的妻子行使权力，这是教会的法律，也是国家的法律……顺从是妻子的职责"。[2] 在古代中国法中，婚姻的统一体中尤其显出男性的绝对权威，封建伦理明确提出"夫为妻纲"，妻必须恪守"三从四德"。显然，尽管各国的规定有所不同，但统一体说都极力维护男性的权威，强调丈夫在夫妻关系中的绝对主导地位。

2. 契约说。视婚姻为契约是在西方国家产生并至今仍在法学界占统治地位的重要学说。该学说的代表人物康德认为：婚姻关系是"性的共同体"，是基于人性自然法则必要的契约。婚姻契约说最早由法国宪章第7条所确认："法律只承认婚姻是一种民事契约。"并由此在世界范围内奠定了婚姻自由的法则。现代的一些家庭法学者进一步发展了契约说，认为：从法律的观点看，婚姻是一男一女为了共同的利益而自愿终身结合、互为伴侣、彼此提供性的满足和经济上的帮助以及生儿育女的契约。因而，婚姻契约与其他的民事契约不同，具有伦理性与制度性。早在1888年美国最高法院就指出了婚姻契约与其他契约的不同：其他契约在当事人意思表示一致后即可变更，甚至完全撤销。而婚姻契约则不同，婚姻关系一旦建立，法律即介入其内规定其权利义务关系，当事人不得自行制定或修改该契约的内容，法律禁止夫妻间彼此免除对方的义务，以保护被扶养人及其他第三人对婚姻主体的附随利益，保护国家和公民的根本利益。[3] 婚姻契约说是对封建包办买卖婚姻的反叛，在人类婚姻史上具有历史性的进步意义。

3. 伦理说。黑格尔是此学说的创始人，并由新黑格尔派承继。该学说认为：婚姻是"精神的统一""实质是伦理关系"。这种自我意识与对方的统一就是爱，

---

〔1〕 周枏：《罗马法原论》（上册），商务印书馆2002年版，第195～200页。

〔2〕 ［英］丹宁勋爵：《法律的正当程序》，李克强等译，群众出版社1984年版，第171页。

〔3〕 ［美］John De Witt Gregory, Peter N. Swisher, Sheryl L. Wolf, Understanding Family Law 1996, p. 19.

而这种爱是"具有法的意义的伦理性的爱"[1]。因而，婚姻作为伦理关系与契约有严格的区别。通常的契约成立之后，契约当事人仍有个别的、独立的人格，而婚姻成立的目的是实现统一，将有"自我意识"的男女两性，合而为一，扬弃双方自然的、个别的人格，另行成立一完整的人格。日本的山中康雄博士认为：身份行为与市民社会法上的契约不同，在其本质上无法分为"要约"与"承诺"两个意思表示行为，所以，身份行为的效果发生根据，并不在意思表示。一些学者还将结婚行为视为合一行为，因为，结婚行为并不以个别的给付或以财产的交换为目的，而是以夫妻二人纳入全人格的结合的共同生活体为目的。婚姻具有伦理属性，但婚姻伦理说过于强调婚姻的精神层面，而忽视了婚姻的市民性与物质性，也不符合现代社会在法律层面上夫妻人格平等、人格独立的准则。

4. 信托关系说。当代一些英美法学家认为，婚姻是一种信托关系，是国家与个人之间的信托关系，如同信托关系中的委托人与受托人一样，国家自己作为委托人，而将配偶置于受托人的地位，给予他们在处理家庭问题上的一系列权利，同时又保留了婚姻利益中一些对社会有潜在影响的权利。国家所保留的这部分权利是婚姻信托利益的重要部分。因此，婚姻信托的效果在于把不完全的婚姻所有权及其附属的自然权利，如子女抚养、夫妻性生活以及婚姻身份权等交给配偶。但如果父母虐待子女，国家就会剥夺其父母权利。与此相同，配偶享有彼此性爱的权利，但国家从来都保留着对夫妻一方在夫妻生活中过度淫乱行为的惩罚权。很显然，法律把婚姻当作一种信托关系所要达到的目的仅是防止配偶因获得完全和至上的所有权而损害社会利益。[2] 问题是婚姻关系是当事人之间的身份关系，国家的信托权利从何而来？

5. 制度说。该学说始创于大陆法系的法国。1902 年法国学者卢斐补主张婚姻并非契约，而为制度之一。持此学说者认为，婚姻当事人仅有制度上的权能，故婚姻当事人结婚后，制度上的效力立即发生，而与婚姻当事人的意思如何无任何关系。彭奴卡也认为，结婚行为是使婚姻当事人结合而达成婚姻制度上的效果为目的之法律行为。夫妻不能变更婚姻效果，更不能因解除的合意而将婚姻自行予以解除。[3] 婚姻关系确由法律制度所确认，但不能由此认为制度是婚姻的本质，否则，任何法律关系的本质均可认定为制度。

---

[1] ［德］黑格尔：《法哲学原理》，范扬、张企泰译，商务印书馆 1982 年版，第 117 页。

[2] ［美］威廉·杰·欧·唐奈、大卫·艾·琼斯：《美国婚姻与婚姻法》，顾培东、杨遂全译，重庆出版社 1986 年版，第 9 页。

[3] 转引自巫昌祯主编：《婚姻与继承法学》，中国政法大学出版社 1997 年版，第 106 页。

6. 身份关系说。该学说认为：婚姻法律关系本质上是一种身份关系，婚姻双方在财产上的权利义务关系是附随于人身上的权利义务的。创设这种关系的婚姻行为是一种身份法上的行为，行为人须有结婚的合意，但是婚姻成立的条件和程序、婚姻的效力、婚姻解除的原因等，都是法定的，而不是当事人意定的。因此，不应当将婚姻行为视为契约，将婚姻关系视为契约关系。身份关系说曾是中国婚姻法学界的通说。[1]

笔者认为，婚姻是男女双方自愿缔结，且符合法律规定，具有伦理性的身份契约，它是缔约双方以建立夫妻关系为目的，以夫妻间的权利义务为内容的有关夫妻身份的协议。尽管我国《合同法》第2条第2款规定："婚姻、收养、监护等有关身份关系的协议，适用其他法律的规定。"但《合同法》也第一次在我国法律中明确，婚姻是有关身份关系的契约。与一般的财产契约不同，婚姻关系负载着人类社会繁衍发展，子女后代抚养教育，社会伦常尊重维护的责任，因此，当事人之间缔结婚姻的合意受到了更多的法律规定的限制。这包括：婚姻成立的条件和程序，婚姻的身份效力和财产效力等都是法定的，不可由当事人根据其意志自行改变。但不可否认的是，在现代社会是否缔结婚姻关系，与谁缔结婚姻关系的意思表示均须由当事人自行作出，意思表示不真实或有瑕疵的，将会导致婚姻的无效或被撤销。而且，婚姻效力中的身份关系和财产关系的内容已经有了越来越多的缔约空间，如在许多国家姓名权、住所权、财产权、生育权等权利均已允许当事人自行约定。因此，婚姻关系的实质是身份契约，既有身份性，也有契约性。

（三）家庭概念

家庭是由一定范围的亲属所构成的社会生活单位。它具有以下两个特征：

1. 家庭是一个生活单位，具有同财共居的特点。家庭作为社会的一个细胞，它是以婚姻、血缘为纽带而构成的生活单位。这个生活单位的内容是非常广泛的，它包括经济生活、道德生活以及政治、宗教、教育等各方面的生活，在不同的社会条件下，其内容也不断地发生变化，但无论何种社会，家庭作为一个生活单位，组织家庭消费和进行家庭教育都是其基本的职能。

家庭作为一个生活单位，还具有同财共居的特点。家庭成员共同生活、共同居住、共同财产、共同消费。这种同财共居的特点不仅构成了社会中最密切的不可替代的人际关系，而且成为家庭与其他社会单位的重要区别。

2. 家庭由一定范围的亲属构成，相互间具有权利义务关系。生活在同一家庭的成员，一般以一定的亲属关系为前提条件，具有固定的身份和称谓。组成家

---

〔1〕　杨大文主编：《亲属法》，法律出版社1997年版，第68页。

庭的亲属包括因婚姻、血缘和法律拟制而产生的亲属。所谓一定范围的亲属，通常是指在法律上有权利义务关系的亲属，而非全部亲属。在不同历史时期以及同一历史时期的不同国家、不同民族，家庭所包含的亲属范围宽窄不一，这取决于社会环境和统治阶级的需要。

经法律所确认和调整的家庭，具有法律所明确规定的权利义务关系，而这一权利义务关系的范围通常是与家庭成员的范围相一致的。根据我国《婚姻法》的规定，在法律上具有权利义务关系的家庭成员包括：夫妻、父母子女、兄弟姐妹、祖父母外祖父母与孙子女外孙子女。各个家庭因其情况不同，其家庭结构的规模与家庭成员的范围亦有所不同。

（四）家庭职能

婚姻家庭是适应人类社会发展的客观需要而产生的，自其产生之日起就担负着一定的社会职能。至今家庭作为社会关系的特定形态，仍无其他社会形态可以取代其所担负的社会功能。因而，任何一个社会无不对家庭的社会职能予以规范，以保证其社会职能的正常运转。家庭的社会职能主要包括经济职能与生活职能。生活职能又可分为同居职能、生育职能、教育与扶养职能。

1. 经济职能。在任何一个时代，家庭都是社会经济生活的重要组成部分，具有不可替代的作用。家庭的经济职能包括生产职能与消费职能，它是一个动态的发展过程，随着社会的发展变化，家庭的生产职能随之不断变化。其变化反映了一定社会生产方式和生活方式的要求。但无论社会如何变化，家庭的消费职能始终存在。

2. 生活职能。

（1）同居职能。共同居住、共同生活是家庭生活的重要职能，这包括夫妻之间的同居关系、相互扶养和家庭成员间的共同居住、相互扶助的生活关系。夫妻关系是核心家庭和直系家庭关系的中心，因而，夫妻间的同居关系包括性生活关系是家庭生活的基本职能之一，是实现自然生育的前提条件。一夫一妻制的婚姻结构在确认和维护夫妻间性生活的合法性的同时，也有限制和排斥婚外性生活的社会作用。

（2）生育职能。生育职能是家庭的基本职能，也是人类两性结合的必然产物。种的繁衍是人的本性使然，也正是种的繁衍维系了人类的发展和社会的进步，自个体家庭产生开始，人口的再生产就是通过家庭来实现的。但历史上每一种生产方式，都有特定的人口规律，这种规律是由婚姻家庭的社会属性所决定的。因而，生育职能既是家庭的自然功能，又必然受到社会因素的制约。

（3）教育职能。教育职能在家庭产生之初就已形成。家庭作为一个教育单位，承受着教育家庭成员，培养下一代的职能。充分发挥家庭的教育职能，对于发现人才、培养人才，提高人口质量，具有十分重要的意义。

（4）扶养职能。扶养职能是家庭的基本职能。养老育幼，扶助缺乏劳动能力、没有经济来源的家庭成员，是我国家庭的传统职能，也是我国人民的优良传统。在社会保障尚不发达的今天，提倡家庭的扶养职能具有十分重要的意义。它有利于中国式的"反哺模式"的有效运作，避免西方国家老人的空巢之忧。

二、婚姻家庭关系的自然属性与社会属性

婚姻家庭关系是以两性结合为前提，以血缘联系为纽带的社会关系。它的存在与发展既具有两性结合、血缘联系的特性，又具有一般社会关系决定于社会的生产关系，并受社会上层建筑各个因素影响和制约的共性。前者是其自然属性，后者则是其社会属性，社会属性是婚姻家庭关系的本质属性。

（一）婚姻家庭的自然属性

婚姻家庭的自然属性是婚姻家庭赖以形成的自然因素。这些因素是与生俱来、客观存在、难以改变的。因而，自然因素是婚姻家庭关系内在的、固有的因素，是婚姻家庭关系形成的必要条件，也是婚姻家庭关系与其他社会关系相区别的重要标志之一。自然因素体现了生物学与生理学规律在人类婚姻家庭方面的作用，主要表现在如下方面：①男女两性的差别和人类的性本能，是男女结合的生理基础；②通过生育而实现的种的繁衍是家庭在生物学上的自然功能；③家庭成员间的血缘关系及因此关系而产生的亲属团体，是客观自然形成的生物联系。

因上述自然属性而形成的自然选择规律对婚姻家庭的发展有着不容忽视的作用。人类通过对自然选择规律的认识，逐步排除近亲结婚，使两性和血缘关系的社会形式渐次从低级向高级发展。随着婚姻家庭制度的确立，婚姻家庭的自然属性由自发的作用逐步上升为自觉的把握，成为婚姻家庭立法的必要因素。任何时代、任何国家的立法者在从事婚姻家庭立法时都必须考虑其自然属性。如以达到一定年龄、没有禁止结婚的血亲关系或疾病作为结婚的法定条件，以缺乏性行为能力作为准予离婚的法定条件，以出生的事实作为确定血亲关系的依据等，都反映了婚姻家庭所固有的自然属性。婚姻家庭的自然属性及其生理规律、遗传规律对婚姻家庭的发展都起着不可忽视的作用，婚姻家庭立法如果违背自然规律，就会受到自然规律的惩罚，贻害无穷。

（二）婚姻家庭的社会属性

婚姻家庭的社会属性是社会制度赋予婚姻家庭的本质属性，即决定和影响婚姻家庭的社会力量及婚姻家庭所包含的社会内容。

1. 社会性是人类的根本属性。荀子曰："力不若牛，走不若马，而牛马为

用，何也？曰人能群，彼不能群也。"〔1〕婚姻家庭以人为主体，是一种人与人之间的社会关系。马克思指出：人的本质并不是单个人所固有的抽象物，实际上，它是一切社会关系的总和。〔2〕人作为社会成员从事物质资料的生产和人口的再生产，并在这两种生产中形成了各种社会关系，其中包括婚姻家庭关系。因而，婚姻家庭是社会关系的特定形式，人的本质属性决定了婚姻家庭的本质属性。

2. 社会性是人类婚姻家庭从低级向高级发展的根本动因。两性结合与血缘联系的自然属性普遍存在于一切高等动物之中，但婚姻家庭却是人类专有的社会现象，有关婚姻与家庭的合法性以及婚姻家庭在社会生活中的地位和作用，特别是婚姻家庭自阶级社会以来从低级向高级的演进，仅仅以生理学、生物学的自然规律是无法解答的。人类的自然属性在近几千年并未发生重大变化，但婚姻家庭形态却在不同的历史时期各具特色，不断演进，这只能从婚姻家庭的社会性中寻找答案，是人类社会生产的方式要求人类两性结合的行为采取社会形式的结果，而不是人类性本能的要求。

3. 婚姻家庭是一定社会物质社会关系和思想社会关系的统一。这种社会关系的内容是复杂的，而不是单一的，其中既有属于经济基础范畴的因素，也有属于上层建筑、意识形态范畴的因素。一定社会的物质资料的生产关系决定和影响着婚姻家庭关系，而政治、法律、道德以及情感等思想关系，则与当时社会的上层建筑包括意识形态相适应。因而，婚姻家庭关系作为特殊的社会关系，其存在和发展决定于社会的生产关系，并受社会上层建筑、意识形态各个因素的影响和制约，其发展演变是社会各种条件和各种因素综合影响的结果。

总之，自然属性是婚姻家庭的特点与形成的前提条件，舍此，便无婚姻家庭。社会属性是婚姻家庭的本质属性，它决定着婚姻家庭演进的发展方向。我们既不能抹杀婚姻家庭的自然属性，也不能扩大婚姻家庭的自然属性，更不能将婚姻家庭的自然属性与社会属性置于同等的地位。人类社会的两性关系由自然选择过渡到社会选择，由生物进化过渡到社会进化，是人类以社会属性抑制自然属性、战胜自然属性的过程，也是人类社会在自然界进化过程中始终保持卓尔不群的根本动因。

〔1〕《荀子·王制》。
〔2〕《马克思恩格斯全集》第3卷，人民出版社1962年版，第5页。

■第二节　婚姻家庭制度及其历史类型

一、婚姻家庭制度

婚姻家庭制度是一定社会中占统治地位的婚姻家庭形态在上层建筑领域的集中反映，并以行为规范的形式对其予以确认和保护。作为特定社会所确立的有关婚姻家庭规范化的综合体系——婚姻家庭制度，在无阶级社会由人们所共同遵守的习惯和道德规范所构成，它体现的是社会全体成员的共同意志和利益。在阶级社会它所体现的则是统治阶级的意志和利益，主要由法律及起补充作用的道德、宗教、风俗习惯等所构成，其中，由统治阶级所制定的法律是阶级社会的婚姻家庭制度最集中、最典型的体现。

因而，婚姻家庭关系与婚姻家庭制度不同，婚姻家庭关系是就该社会的具体的婚姻家庭形态而言，具有多样性。在一个社会中，除占统治地位的婚姻家庭形态之外，还存在着多种婚姻家庭形态。而婚姻家庭制度是由各种行为规范所构成的，在特定的社会制度下具有统一性，凡被统治阶级所认可的法律、道德、宗教、风俗习惯等都是为统治阶级服务的。

在婚姻家庭制度形成的过程中，既要遵循自然规律，不违背婚姻家庭的自然属性，又必须根据统治阶级的利益，对自然属性予以制约、引导、调控，使其有利于社会的稳定与发展。因而，只要不违背自然属性，统治阶级的意志与利益在制定婚姻家庭制度，特别是制定法律的过程中，起着决定性的作用。

为了阐明婚姻家庭制度发展变化的规律性，应当全面地考察它和经济基础以及上层建筑各个领域的关系，揭示其与整个社会制度的内在联系。

（一）婚姻家庭制度与经济基础的关系

有关婚姻家庭制度的决定性因素，众说纷纭。二元论和多元论的观点曾经十分流行。马克思在 1846 年 12 月 28 日写的《致巴·瓦·安年科夫》的信中指出：社会——不管其形式如何——是什么呢？是人们交互作用的产物。人们能否自由选择某一社会形式呢？绝不能。在人们的生产力发展的一定的状况下，就会有一定的交换和消费形式。在生产、交换和消费发展的一定阶段上，就会有一定的社会制度，一定的家庭，等级或阶级组织，一句话，就会有一定的市民社会。[1]换言之，有什么样的社会生产关系，就会有什么样的社会制度，也就会有什么样的婚姻家庭制度。马克思这一有名的论断，揭示了婚姻家庭制度的本质，对婚姻

---

〔1〕《马克思恩格斯选集》第 27 卷，人民出版社 1979 年版，第 447 页。

家庭制度的决定性因素作出了科学的结论。随着生产力的发展，人类从原始社会之初的杂乱性交发展至一夫一妻制度，而不同社会制度的一夫一妻制度又都受到该社会生产关系的制约，具有该社会的特点，打上了该社会的烙印。迄今为止研究考察的结果表明，无论是原始社会还是阶级社会，无论是奴隶制社会、封建制社会、资本主义社会还是社会主义社会，都有与其经济基础相适应的婚姻家庭制度，人类历史上各种婚姻家庭制度的依次更替，都是经济基础发生变革的结果。因而，推动婚姻家庭制度由低级向高级发展变化的根本动因是社会的生产关系。

经济基础决定婚姻家庭制度，但婚姻家庭制度对经济基础又有反作用力。婚姻家庭制度既然是一定经济基础的上层建筑，那么它也和其他上层建筑一样，能动地反作用于经济基础，并通过经济基础对生产力的发展发挥各种影响作用。历史证明：凡是维护旧的经济基础、阻碍生产力发展的婚姻家庭制度都是落后、衰败、注定要消亡的；而拉动与巩固新的经济基础、推动生产力发展的婚姻家庭制度则是文明、进步、符合历史发展潮流的，必定会成长壮大。我们在肯定经济基础对婚姻家庭制度的决定作用时，也不可忽视婚姻家庭制度对经济基础的反作用力，并以此作为评价特定社会婚姻家庭制度的终极标准。

（二）上层建筑诸部门对婚姻家庭的影响和制约

婚姻家庭的发展与演变受到政治、法律、道德、宗教、文化与风俗习惯等上层建筑诸领域的影响与制约。经济基础对婚姻家庭制度的要求，往往不是直接的，而是通过上层建筑各个部门反映出来的。列宁曾经指出：如果企图把两性关系从它们与整个思想体系的总的联系中划分出来后的变化，直接归结到社会的经济基础，那就不是马克思主义，而是唯理主义。[1] 政治、法律、道德、宗教、文化与风俗习惯无不在婚姻家庭制度中打上自己的烙印，由此方可解释经济基础相同的民族与国家在婚姻家庭制度上何以存在着明显的差别。上层建筑中的政治、法律、道德、宗教观点和风俗习惯等是经济基础作用于婚姻家庭的中间环节。因此，研究它们对婚姻家庭的影响和制约具有重大的意义。

1. 婚姻家庭制度与政治、法律制度。在阶级社会中，政治是经济的集中表现，政治制度最直接地反映经济基础的性质和要求，因而它在上层建筑领域中居于首要的、支配的地位，对婚姻家庭制度的影响最大。可以说，政治制度决定婚姻家庭制度，而婚姻家庭制度又为政治制度服务。恩格斯在谈到封建的婚姻关系时说："对于骑士或男爵，以及对于王公本身，结婚是一种政治的行为，是一种借新的联姻来扩大自己势力的机会，起决定作用的是家世的利益，而绝不是个人

---

〔1〕　〔德〕蔡特金：《回忆列宁》，马清槐译，人民出版社1957年版，第56~60页。

的意志。"他还说，资产阶级的婚姻"仍然是阶级的婚姻"[1]。如在我国封建社会盛行的"良贱不婚""官民不婚"等规定，是由等级森严的封建主义的政治制度决定的，它们都是为宗法社会的政治制度服务的。

法律是统治阶级意志的体现，它是由国家制定，并由国家强制力保证实施的行为规范。一切统治阶级，都利用法律的形式把有利于本阶级的婚姻家庭关系固定下来，使其制度化、规范化，赋予强制力保证实施，借以维护其社会秩序和政治统治。在阶级社会中，婚姻家庭制度的主体是婚姻家庭法律。有关婚姻家庭的立法，在古今中外、世界各国的法律体系中均有重要的地位。同时，婚姻家庭法律是以国家的强制力作为后盾的，因而，它在婚姻家庭制度的形成及调整婚姻家庭关系领域中具有特别重要的作用。

2. 婚姻家庭制度与宗教。宗教是一种社会意识形态，其宗旨在于对超自然力的信仰，并由此获得精神上的慰藉。宗教包括信仰、教义以及抚慰、礼拜、宗教仪式等活动[2]。宗教作为一种行为规范通过人们的信仰对其行为具有约束力。

宗教对婚姻家庭的影响不可忽视，这不仅表现在宗教的教义中包含着婚姻家庭关系的内容，而且还表现在有些国家在一定的时期内，婚姻家庭的立法和司法权直接操纵在教会手中。如《古兰经》中的若干教规，历来是伊斯兰教国家婚姻家庭立法的主要根据，至今在一些伊斯兰教国家仍然是调整婚姻家庭关系的准则。再如欧洲中世纪，当基督教成为国教，并形成对国家权力的控制时，在相当长的一个历史时期内，婚姻家庭关系是由基督教的教会法（寺院法）来调整的。甚至宗教改革后，教会的政治权利被剥夺，教会法对于许多国家的婚姻家庭立法，如结婚、婚姻无效、离婚、遗嘱等仍有着重要的影响。

3. 婚姻家庭制度与道德、风俗习惯。道德是以善恶、荣辱观念来评价人们的社会行为，调整人们之间相互关系的行为规范，并通过自我评价与社会评价起到约束人们行为的作用。道德与法律不同：道德调整的范围比法律更为广泛；道德不是依靠国家的强制力，而是依靠人们的内心信念、信仰与社会舆论发挥作用；道德的惩罚方式是通过舆论的力量约束人们的行为，对某些行为给予支持、鼓励、表彰，而对另一些行为给予谴责、批评、摒弃。

在道德规范中，包含着大量的有关婚姻家庭方面的行为规则。统治阶级通过舆论宣传，把有利于本阶级的婚姻家庭道德作为人们的价值取向，使之成为占统治地位的社会道德，并与婚姻家庭立法互为补充，共同构成婚姻家庭制度的主要

---

〔1〕《马克思恩格斯选集》第4卷，人民出版社1972年版，第74页。

〔2〕［英］戴维·M. 沃克：《牛津法律大辞典》，北京社会与科技发展研究所译，光明日报出版社1988年版，第521页。

内容，调整婚姻家庭关系。而道德对于人们婚姻家庭生活的调整和约束，比法律的作用更具优势，其影响的范围更大，时间更久远。同时，法律一般是对某种行为提出的不损害他人和社会利益的最低要求，而道德的要求高于法律，它能促使人们作出更高境界的有利于社会利益的积极的行为，因而，在社会主义初级阶段，弘扬社会主义婚姻家庭道德，对促进社会主义精神文明的建设，构建和谐社会具有重要意义。

此外，风俗习惯是人们在一定的社会条件下在长期生活实践中形成的，它对婚姻家庭制度也有不可忽视的影响。文学艺术则是运用形象思维来反映婚姻家庭生活，通过人们的爱情观和婚姻家庭观，潜移默化地影响人们的思想和行动。总之，婚姻家庭制度由生产关系所决定，又受政治、法律、宗教等上层建筑的影响。

二、婚姻家庭制度的历史类型

恩格斯的不朽著作《家庭、私有制与国家的起源》，从辩证唯物主义与历史唯物主义的立场出发，在引用与评析了摩尔根的《古代社会》、马克思的《摩尔根〈古代社会〉一书摘要》等许多学者的论点与论据的基础上，科学地、创造性地揭示了婚姻家庭制度产生和发展的规律。婚姻家庭是一种社会现象，不是永恒不变的。它属于历史的范畴，是社会发展到一定阶段的产物，并且随着社会的发展变化而发展变化。婚姻家庭制度历史类型的依次更替是与人类社会制度的更替相适应的。它的发展又都取决于生产力的提高和生产关系的变更。同时，恩格斯还充分肯定了摩尔根对原始社会婚姻家庭制度划分的几种类型，并对其演变模式作出了精辟的概括。"这样，我们便有了三种主要的婚姻形式，在大体上这三种婚姻形式是与人类发展的三个主要阶段相适应的。群婚是跟蒙昧时代相适应的，对偶婚是跟野蛮时代相适应的，以破坏夫妇贞操与卖淫为补充的一夫一妻制是跟文明时代相适应的。在野蛮的高级阶段，在对偶婚与一夫一妻制之间，插入了男子对女奴隶的支配和一夫多妻制。"[1]

（一）群婚制

群婚制是原始社会中一定范围内的一群男子与一群女子互为夫妻的婚姻形式。它是人类社会最早的婚姻家庭形态，其与杂乱性交关系的根本区别是：两性关系受到一定范围的血缘关系的限制与排斥。群婚又称集团婚，分为两个阶段，即血缘群婚制与亚血缘群婚制。

1. 血缘群婚。血缘群婚又称为血婚制或血缘家庭，是群婚的低级阶段，与

---

〔1〕　［德］恩格斯：《家庭、私有制和国家的起源》，张仲实译，人民出版社1956年版，第71页。

原始社会蒙昧时期的早期阶段和中期阶段的生产力水平相适应。血缘群婚是同辈分男女之间的集团婚，即同辈分的男女可以互为婚姻，发生两性关系。血缘群婚排除了不同辈分之间的两性关系，祖父母与孙子女之间，父母子女之间不得互为夫妻。在这里，婚姻集团是按照辈分来划分的：在家庭范围以内的所有祖父和祖母，都互为夫妻；他们的子女，即父亲和母亲，也是如此；同样，后者的子女，构成第三个共同夫妻圈子。而他们的子女，即第一个集团的曾孙和曾孙女们，又构成第四个圈子。这样，这一家庭形式中，仅仅排斥了祖先和子孙之间、双亲和子女之间互为夫妻的权利义务（用现代的说法）。同胞兄弟姐妹、从（表）兄弟姐妹、再从（表）兄弟姐妹和血缘更远一些的兄弟姐妹，都互为兄弟姐妹，正因为如此，也一概互为夫妻。

　　血缘群婚制产生了人类婚姻史上的第一个禁忌，与杂乱性交关系相比，是具有重要历史意义的一大进步。血缘群婚限制与排斥了直系血亲通婚，但仍保留同辈旁系血亲间通婚的权利。与血缘群婚相适应的血缘大家庭，就是一个低级的有纵向两性禁忌的群婚原始群体。据考证，我国考古中发现的"长阳人""丁村人""马坝人"等，已经进入到了血缘群婚制阶段。

　　2. 亚血缘群婚。亚血缘群婚制又称为伙婚制或普那路亚家庭。亚血缘群婚制是群婚制发展的第二个阶段，也是群婚制的高级形式，与原始社会蒙昧时期高级阶段的生产力水平相适应。亚血缘群婚制是排除了兄弟姐妹间通婚的集团婚，尽管它仍然是一种同辈的集团婚，但在两性关系上排除了兄弟与姐妹，最初是排除了同胞的兄弟姐妹之间的两性关系，后来又逐渐排除了血缘较远的兄弟姐妹间的两性关系。于是，一群姐妹成为他们共同之夫的共同之妻，但她们的兄弟是除外的；一群兄弟成为他们的共同之妻的共同之夫，但他们的姐妹是除外的。所以又称之为伙婚制。

　　亚血缘群婚排除了同辈旁系血亲间的通婚，是人类婚姻史上的第二大进步。对于亚血缘群婚的历史功绩，恩格斯指出："如果说家庭组织上的第一个进步在于排除了父母和子女之间相互的性交关系，那么，第二个进步就在于对于姐妹和兄弟也排除了这种关系。这一进步，由于当事者的年龄比较接近，所以比第一个进步重要得多，但也困难得多"[1] 这一时期，亚血缘群婚制逐渐代替了血缘群婚制，氏族代替了原始群体。此时，婚姻由族内婚发展为族外婚，婚姻当事人分属于不同的氏族，世系只能按女系计算，所以，人类最早期的氏族是母系氏族。它是一个由出于共同的女祖先的、按照母系确定其血缘关系的后裔所组成的社会集团。它既是一个血缘团体，又是当时的基本生活、生产单位。我国出土发现的

---

〔1〕《马克思恩格斯全集》第21卷，人民出版社1965年版，第49～50页。

"资阳人""柳江人""河套人"和"山顶洞人"等文化遗迹中，也有这种婚姻形态的痕迹。

（二）对偶婚制

对偶婚制又称为对偶家庭，是指一男一女在或长或短的时间内保持相对稳定的偶居关系的婚姻形式。即一个男子在许多妻子中有一个主妻，一个女子在许多丈夫中有一个主夫，主妻与主夫在一定时期内保持相对稳定的两性同居关系，同时，又可以与其他异性发生关系。对偶婚制作为原始社会晚期的主要婚姻形态，是集团婚向个体婚的过渡形态或中间环节，与原始社会野蛮时期的生产力水平相适应。

对偶婚产生的主要原因，一是通婚范围逐渐缩小。至对偶婚时，人类在两性关系方面不仅排除了同胞兄弟姐妹间的两性关系，而且还逐渐排除了血缘较远的兄弟姐妹间的两性关系。同时，随着生产力的发展和社会的进步，使得婚姻禁忌越来越多，婚姻关系的范围更加缩小，于是成对配偶同居生活的现象也就越来越普遍。二是生产力水平的提高。到原始社会末期，人类已经进入到了使用弓箭的时代，从事畜牧和农耕而固定居所，从而为一男一女在一定时期内同居生活提供了一定的可能性。

在我国，对偶婚大约产生于仰韶文化的晚期。至今，我国西南一些少数民族中还有"望门居""走访婚""不落夫家"的习俗，这些都是对偶婚的遗迹。

对偶婚制具有与群婚制和个体婚制不同的特点。与群婚制相比，婚姻的范围缩小，关系相对稳定；和个体婚制相比，这种结合又极不牢固，它可以根据男女任何一方的意愿而自由解除。对偶婚既有群婚的遗迹，又是一夫一妻的雏形，因此，它是由群婚向一夫一妻的过渡阶段。

由于当时生产力的限制，对偶家庭还不能完全脱离氏族组织而独立存在于原始的公有制的经济基础上，它也不可能成为社会经济的一个细胞组织。因此，母系氏族和其后产生的父系氏族仍是社会的基础。对偶婚实行族外婚，女子成婚后定居于本氏族，所生子女属于母方家庭成员，世系从母。对偶婚制的出现，为子女确认生父提供了可能，为母系氏族转为父系氏族、为一夫一妻制的确立提供了可能。

综上所述，原始社会婚姻家庭的历史类型有群婚制与对偶婚制。其发展规律是：通婚的范围越来越小，婚姻的禁忌越来越多；婚姻关系由群婚向个体婚过渡；就时代而言，是由蒙昧时代经过了野蛮时代而向文明时代过渡。它的这种演变规律是与原始社会生产力的发展水平相适应的；另外，自然选择规律对它的发展变化也产生了很大的催化作用。

第一

章

（三）一夫一妻制

一夫一妻制又称为个体婚制，是指一男一女结为夫妻的婚姻制度。它是在原始社会崩溃、阶级社会形成的过程中逐步确立的。建立在私有制的经济基础和阶级剥削制度之上的一夫一妻制婚姻，从萌芽到最后形成的过程，就是人类从无阶级社会进入阶级社会的过程。因而，它的最后胜利，是文明时代开始的标志之一。

一夫一妻制是在对偶婚制的基础上发展起来的。一夫一妻制的确立，既不是自然选择规律的作用，也不是男女性爱的结果，而是私有制的产物。可以说，私有财产的产生以及对占有与维护私有财产的需要是一夫一妻制的催产师。对此，恩格斯回答得十分清楚。他说："要使对偶家庭进一步发展为牢固的一夫一妻制，除了我们已经看到的一直起着作用的那些原因之外，还需要有别的原因。在成对配偶中，群已经减缩到它的最后单位，仅有两个原子组成分子，即一男和一女，自然选择已经通过日益缩小婚姻关系的范围而完成了自己的使命：在这一方面，它再也没有事可做了。因此，如果没有新的社会动力发生作用，那么，从成对配偶制中就没有任何根据产生新的家庭形式。但是，这种动力开始发生作用了。"[1] 这种新的动力就是随着原始社会末期生产力的发展而出现的私有财产，一夫一妻制的形成是私有制确立的结果。

1. 生产力水平的提高，为一夫一妻制的产生奠定了物质基础。原始社会末期，由于生产力的进一步提高从而出现了两次社会分工，即农业和畜牧业、农业与手工业的分工。其结果是个体劳动在生产中的作用加强了，当各个家庭和某些个人可以单独劳动生产时，生产资料及产品逐渐变为私人所有，使私有制的产生成为可能。此时，个体家庭已成为一种力量，并具备了与氏族经济对抗的实力。因而，一夫一妻制是"不以自然条件为基础，而以经济条件为基础，即以私有制对原始的自然长成的公有制的胜利为基础的第一个家庭形式"[2]

2. 一夫一妻制是父系氏族社会的必然产物。社会分工的另一结果是确立了男权统治，男子在生产部门占据了主导地位，他们又利用这个有利的地位，把剩余财产据为个人所有，使自己成为社会财富的占有者、掌管者。随着财富的增加，丈夫在家庭中占据了比妻子更重要的地位，并且利用这一地位废除了母权制，改变了传统的继承制度，使之有利于丈夫及其子女。因此，废除母权制，实行以父权为特征的一夫一妻制，是确立子女按父方计算世系和承袭父亲财产的必要条件。

---

[1] 《马克思恩格斯全集》第 21 卷，人民出版社 1965 年版，第 64 页。
[2] 《马克思恩格斯全集》第 21 卷，人民出版社 1965 年版，第 77 页。

3. 实行一夫一妻制，才能确保妻子生育出确凿无疑的丈夫的子女，以达到继承其遗产的目的。一夫一妻制是确保妻子生出血统纯正的丈夫的子女的必要条件，生育只是他自己的并且应该继承他的遗产的子女是实行一夫一妻制的终极目的。

私有制和阶级的出现，给氏族公社一个致命的打击，使这个组织以最后彻底解体而告终，母权制为父权制所取代。子女由母方氏族成员变为父方氏族成员，子女的血统、世系也改按父方计算，实行子女承袭父方财产的新的继承制度，一夫一妻制逐渐形成。

当原始的公有制经济彻底瓦解，人们可以自由移动而形成不同氏族的杂居之后，新的社会联合便使地域关系取代了血缘关系。以血缘关系为纽带的氏族组织被按地域性的国家形式取代了。与此同时，一夫一妻制婚姻家庭制度被固定下来，并成为奴隶社会上层建筑的重要组成部分。必须承认，一夫一妻制顺应了生产力发展要求的私有制生产关系，是一个伟大的历史进步，人类从此进入摩尔根所称的文明时代，人类社会的文明程度得到飞速发展。

三、文明时代婚姻家庭制度的演进

古代社会是一个生产力水平比较低下的身份社会，与之相适应的婚姻家庭制度是以父权、夫权、家长权三位一体的人身依附关系为基础的，男尊女卑、包办强迫、买卖婚姻、一夫多妻、家长专制是世界各国古代婚姻制度的共同特征。在女性依附于男性的古代社会中，所谓的一夫一妻制只是片面地对女性的要求。丈夫可以公开的多妻，而妻子则必须坚守贞操。无论是《汉穆拉比法典》还是《古兰经》对此都有明确的规定。而在中国奴隶制社会贵族中盛行的媵嫁或称嫔嫁制度也是典型的多妻制，女子出嫁时，要由新娘的妹妹及新娘的侄女随其出嫁，随嫁者即为该新郎的妾。不仅如此，当时的奴隶主要娶一国之女，则同姓的两国要以三女从媵，每一国合侄娣为三人，三国共有九女，故有"诸侯一娶九女"之说。奴隶社会的一夫多妻制是以等级制为特征的，奴隶主及自由民均实行妻妾有序，嫡庶有别的等级多妻制，并一直延续至封建社会。

近代资本主义的发展，确立了自由、平等、博爱的人权理念，在婚姻家庭制度中实施了男女平等、婚姻自由、公平正义等法律原则，推动了婚姻家庭关系从身份到契约、从宗教到世俗、从封建到民主的过程，其历史进步性不言而喻。但是，我们也应当看到，封建思想观念对身份关系的影响是相当长远的，男女在法律上的平等经过相当长的时间才在一些国家得以部分实现，人身依附关系仍然是社会的重要基础，所谓的婚姻自由也打上了商品经济、利益交换的烙印。而公开的一夫多妻制在大多数国家被以通奸和卖淫为补充的隐蔽的一夫多妻制所取代。

　　社会主义国家的建立和发展为婚姻家庭制度的发展注入了新的活力，而现代社会的多元化也带来了婚姻制度特别是婚姻观念的多元化。一方面，世界各国大多已经建立起婚姻自由、一夫一妻、男女平等、保护妇女、儿童利益的婚姻制度。婚姻自由深入人心，一夫一妻制成为法律和社会的主旋律，男女地位也逐渐从法律上的平等向事实上的平等过渡，妇女、儿童、老人等社会弱势人群的利益更加受到重视和保护，文明、健康、民主是新世纪婚姻家庭制度发展的主流。但另一方面，对婚姻的个性化理解、个人主义的膨胀以及科学技术的发展等都对现存的婚姻制度提出了新的挑战。同性婚姻、未婚先孕、非婚同居、性病蔓延、家庭暴力、被遗弃的儿童、妇女日益增多、离婚率不断上升、人工生育子女的法律地位、空巢家庭、人口老龄化……凡此种种，都是人类社会需要面对和解决的问题，而这些问题在我国也都或多或少的存在。实践证明，社会主义婚姻家庭制度建立以后，需要一个逐步完善的过程。特别是在社会主义初级阶段，多种经济成分并存，一方面，婚姻家庭领域还不可避免地存在着封建主义旧思想、旧传统，另一方面，资产阶级自由化思想的影响也不可忽视。因而，要将社会主义法律规定变为社会现实，成为全社会的婚姻家庭模式，还需要具备一系列社会条件，经历相当长的历史时期。但是，人类的婚姻家庭制度不断地从低级向高级形式发展，是不以人们的意志为转移的客观规律。随着我国生产力水平的提高，社会主义物质文明与精神文明的进一步深化以及社会主义法治国家的全面实现，我国社会主义婚姻家庭制度必将会得到完善与发展，成为真正意义上的全新的、更高类型的婚姻家庭制度。

【思考题】

　　1. 如何理解婚姻的概念及其含义？

　　2. 如何看待家庭结构的变化与家庭职能的发展演变？

　　3. 为什么说自然属性是婚姻家庭的固有属性？

　　4. 婚姻家庭制度与婚姻家庭关系的联系与区别是什么？

　　5. 婚姻家庭制度的历史类型是如何发展的？

　　6. 一夫一妻制是人类社会的自主选择吗？它的根本动因是什么？

　　7. 举例说明上层建筑对婚姻家庭的影响。

第二章

婚姻家庭法原理

学习目的与要求 学习本章应从婚姻家庭法的概念和特征、婚姻家庭法的调整对象及其表现形式入手，全面认识婚姻家庭法。通过对婚姻家庭法与其他法律部门关系的学习，认识婚姻家庭法在我国法律体系中的地位和作用。掌握我国婚姻家庭立法发展的主要阶段以及 2001 年《婚姻法修正案》的主要内容。通过了解外国婚姻家庭立法发展，来理解我国婚姻家庭法向民法回归的历史必然性。

■第一节 概 述

一、婚姻家庭法的概念与特征

（一）婚姻家庭法的概念

婚姻家庭法，顾名思义，就是调整婚姻家庭关系的法律规范。具体来说，它是调整夫妻、父母子女及其他近亲属之间的人身关系和财产关系的法律规范的总称。婚姻家庭法有实质意义和形式意义之分。本定义所言婚姻家庭法，是指实质意义的婚姻家庭法，即各种调整婚姻家庭关系的法律规范的总称。形式意义的婚姻家庭法，则是指以"婚姻家庭法"命名的法律。在我国现行法律体系中，没有以婚姻家庭法命名的法律，只有《婚姻法》这一基本民事法律。

掌握这一概念，需注意以下几点：

1. 婚姻家庭法上的主体范围。婚姻家庭法上的主体包括夫妻、父母子女等家庭成员以及不是家庭成员的其他近亲属，如不在一起居住的非婚生子女、祖孙等。

2. 婚姻家庭法调整的两类社会关系。婚姻家庭法是民法的组成部分，它所调整的婚姻家庭关系总体上包括人身关系和财产关系，具体来说，首先是上述亲属间的人身关系；其次是基于亲属人身关系所形成的他们之间的财产关系。在我国，常常将之统称为"婚姻家庭关系"。婚姻关系和家庭关系既有联系又有区别，婚姻关系是家庭关系的前提，家庭关系是婚姻关系的结果，两者都是婚姻家庭法的调整对象。

3. 婚姻家庭法是各种调整婚姻家庭关系法律规范构成的体系。这表明，婚姻家庭法的法学概念是从实质意义的角度定义的。在我国，目前它包括调整婚姻家庭关系的基本准则《中华人民共和国婚姻法》，还包括其他调整某一类婚姻家庭关系的单行法律法规，如《中华人民共和国收养法》、民政部《婚姻登记条例》、最高人民法院司法解释以及《中华人民共和国妇女权益保障法》《中华人民共和国未成年人保护法》和《中华人民共和国老年人权益保障法》等社会立法中有关婚姻家庭关系的规范，等等，它们都是我国婚姻家庭法的组成部分。

在大陆法系和英美法系国家中，关于婚姻家庭法的名称和立法模式并不是统一的。大陆法系国家多将之作为民法典的组成部分，单列一章，称"亲属法""家庭法"或"婚姻家庭法"。例如，《德国民法典》称"亲属法"，瑞士、日本和韩国民法典则称"婚姻家庭法"，较早问世的《法国民法典》是在人法卷中对"婚姻""离婚""亲子关系""收养子女""亲权"等分编单独规定。英美法系国家的婚姻家庭法由一系列单行法组成，如《婚姻法》《家庭法》《已婚妇女财产法》《收养法》等。例如，1972 年《美国统一结婚离婚法》、1983 年《美国统一婚姻财产法》、1996 年《英国家庭法》、1994 年《澳大利亚家庭法》，等等。

我国目前四大法域中，关于婚姻家庭关系的法律规范分别具有两大法系特点。香港婚姻家庭法律制度受英国法律制度影响，由《婚姻条例》《婚姻诉讼条例》《婚姻诉讼及财产条例》《分居及赡养令条例》《收养子女条例》《未成年人监护条例》和《保护妇孺条例》等构成。[1] 澳门民法受葡萄牙民法影响，民法典中将婚姻家庭法单设一卷。台湾"民法"中也将亲属单设一编。内地婚姻家庭法则以《婚姻法》为主，加上其他单行法律法规等组成。2002 年国家立法机关第一次审议的《中华人民共和国民法（草案）》将婚姻法、收养法纳入其中。对于我国民法典如何将调整婚姻家庭关系的法律规范归为一篇并冠以何种名称，学者的认识是不一致的。有的建议称"亲属法"，有的建议叫"家庭法"，更有学者认为用"婚姻家庭法"才能做到法的名称与其调整对象的范围相一致。

（二）婚姻家庭法的特征

婚姻家庭法是我国民法体系中的重要组成部分，与其他法律比较，它具有以下几方面特征：

1. 适用范围具有广泛性。婚姻家庭关系是一种最为广泛、普遍的民事关系，

———————————

[1]　龙翼飞：《香港家庭法》，河南人民出版社 1997 年版，第 2 页。

自然人一经出生便产生父母子女的身份关系，因此，每个人不论年老、年少、未婚、已婚，都是婚姻家庭关系的主体，受到婚姻家庭法的规范。每个家庭，不论其成员多少，他们在家庭生活中都应遵守法定的权利和义务。可见，婚姻家庭法是适用于一切自然人的一般法，而不是只适用于部分自然人的特别法。

2. 调整内容具有伦理性。婚姻家庭关系是自然人之间的共同生活关系。它以人类社会客观存在的人伦秩序为基础，其主体都是有着特定亲属身份的自然人，即婚姻家庭关系的主体是由基于婚姻、血缘或收养而产生的亲属所组成的。主体所享有的权利是以具有身份性、体现人身利益的人身权为主的，他们享有的财产权是依附于其人身权的存在而存在的。

这种私人之间的基本生活关系，不仅构成社会关系的一部分，成为社会的细胞组织，也与国家、民族等较大秩序与利益关系甚密，国家有必要对人伦秩序给予法律上的力量。因此，调整婚姻家庭关系的法律也就不可避免地具有特别浓厚的伦理色彩，而与民法体系中其他偏重专门技术的财产法相区别，所以，婚姻家庭法上的权利常常与义务密切结合，其体现了社会伦理道德规范的要求。此外，婚姻家庭法的内容也与某一民族世代延续的婚姻家庭习俗有密切关系，是具有强烈民族传统特色的法律，是固有法而不是继受法。

3. 大部分规范具有强行性。婚姻家庭法的上述特性，使其许多规定不仅关系到家庭成员的个人利益，也关系到社会的公共秩序与善良风俗。所以，婚姻家庭法的规定多为强行性规范，民法意思自治原则在婚姻家庭法中受到很大限制。例如，是否结婚、与谁结婚，是男女当事人的自由。然而，双方一旦决定结婚，就必须符合法定的结婚实质要件与形式要件；当婚姻有效成立后，夫妻的权利义务便基于法律规定而产生，这些具有义务性的权利与具有权利性的义务，都是维持亲属关系之必需，任何一方不得抛弃自身的义务，也不得对另一方的权利予以限制。所以，婚姻家庭法律关系形成与终止的要件、法律关系的内容都是定型的，而不是由当事人按照自己的意愿选择的。当然，强调婚姻家庭法以强行性规范居多的这一特性，并不排除它还有一些任意性规范，例如，法律允许夫妻订立财产契约，从而排除法定财产制的适用，等等。

二、婚姻家庭法的调整对象

（一）婚姻家庭关系

法是各种社会关系的调整器。客观存在的社会关系是不同法律部门的调整对象，也是认定和划分法律部门的基本标准。婚姻家庭法的独立性和独特性是由其特定的调整对象决定的。法律意义上的亲属，不仅是被两性结合与血缘纽带连接在一起的个人（自然人），更体现为主体间的社会关系。这种关系在法律调整之前是客观存在的，是一种自然的共同生活关系，本书称之为"婚姻家庭关系"。从民法角度出发，作为婚姻家庭法调整对象的婚姻家庭关系包括了两类社会关系：

1. 特定亲属间的人身关系。亲属人身关系，性质上是一种身份关系。它因一定的法律事实而发生，如结婚、出生、收养等，又因一定的法律事实而终止，如离婚、死亡、解除收养等。它存在于具有特定亲属身份的主体之间，本身并不直接体现主体的经济利益，而是以主体共同生活为目的，以感情和伦理联系为基础。因此，亲属人身关系是身份关系。每一类亲属人身关系的双方主体间都有着特定的亲属称谓。以夫妻关系为例，结婚的法律事实发生后，男女在法律上即具有配偶的身份，形成夫妻人身关系，具有了法律的内容，产生夫妻间的人身权利与人身义务。

2. 特定亲属间的财产关系。亲属财产关系直接具有一定的经济内容，体现特定亲属之间的物质利益，同时又具有人身附随性。具体言之，它随人身关系的产生而产生，随人身关系的变更、消灭而变更、消灭。例如，夫妻共同财产关系、亲属间的扶养关系、家庭成员间的共同财产关系，都直接反映着不同亲属的经济利益，却又与主体的特定亲属身份不可分割。所以，亲属财产关系与主体具有的特定身份密切相关，是附属于特定人身关系的财产关系。婚姻家庭法的性质由此也被认为是身份法，而不是财产法。

亲属财产关系与其他民事法律调整的财产关系有显著区别，主要体现在三方面：

（1）在社会功能与性质方面，亲属财产关系反映了家庭的经济职能和亲属共同生活的需求，具有强烈的伦理性；其他民事财产关系则反映市场经济条件下，民事主体间商品交换的需求，具有等价有偿的性质。

（2）在主体方面，亲属财产关系只能存在于具有特定亲属身份的自然人之间，而其他民事财产关系的主体则不受此限制，一切可以作为民事主体的自然人和法人均可成为其主体。虽然亲属之间也可以结成买卖、赠与、租赁等民事财产关系，但它们不是婚姻家庭法调整的对象，而为其他民事法律调整，如合同法。

（3）在法律事实方面，引起两类民事财产关系发生、变更和终止的原因有所不同。亲属财产关系是基于亲属共同生活需要而必然发生的，其产生具有人身附随性，所以，它以引起特定身份关系的法律事实为发生的主要根据。例如，出生引起亲子身份关系，也随之产生亲子间的财产关系。因此，引起亲属财产关系的法律事实也具有人身附随性，并且多为事件。即便是那些以行为作为法律事实的情形，也受到法律的严格限制，如夫妻婚前或婚后为财产约定时，须符合法定条件，履行财产约定登记手续的，财产约定方可对抗善意第三人。而其他民事财产关系发生的法律事实则不具有附随性，可以是行为，也可以是事件或事实构成。当事人意思自治的程度与亲属法上的行为相比，受到较少的限制。

基于上述分析，从婚姻家庭关系的性质出发，婚姻家庭法的调整对象可表述为：夫妻之间、家庭成员之间及其他近亲属之间的人身关系和财产关系。前述婚姻家庭法的定义也是从这个角度做的。首先，并非所有的亲属关系都是婚姻家庭法调整的对象。婚姻家庭法只调整一定范围内的亲属关系。其次，婚姻家庭法调整的亲属关系是一定亲属间的人身关系以及在此基础上形成的财产关系。虽然亲属之间的人身关系以其情感和伦理关系为基础，但是，情感和伦理关系本身并不属于婚姻家庭法的调整范畴，而主要由社会道德规范调整。

（二）婚姻家庭法律关系

法律关系是事实关系由法律调整的结果。婚姻家庭法律关系就是婚姻家庭关系（事实社会关系）经婚姻家庭法调整后所形成的主体之间的权利义务关系。它依法发生或虽非依法发生，但法律已对关系主体双方的权利义务作出了规定，主体双方的行为受到法律的约束与保护。实际生活中，人们往往很难将婚姻家庭法律关系与婚姻家庭关系截然分开，这主要因为，当今法制社会的婚姻家庭关系从一开始就受到法律调整，主体各自的行为内容和方式均通过法律上的权利和义务得以确定。婚姻家庭关系上升为婚姻家庭法律关系的过程并不如理论分析得那么清晰。可以说，法律对婚姻家庭关系调整的过程就是使之转化为法律上的权利义务即法律关系的过程。作为法律关系的一种，婚姻家庭法律关系由主体、内容和客体三要素构成。

1. 婚姻家庭法律关系的主体。婚姻家庭法律关系的主体，是指依法享有婚姻法规定的权利和承担相应义务的自然人，其中享有权利的一方为权利主体，承担义务的一方为义务主体。婚姻家庭法律关系的主体是具有特定亲属称谓的自然人，法人不能作为婚姻家庭关系的主体；除婚姻关系、收养关系外，没有亲属身份的自然人之间也不会发生这种关系。婚姻家庭法律关系主体虽然在亲属身份和称谓上有所区别，但他们各自的法律地位平等。

婚姻家庭法律关系主体的权利能力，是指主体享有婚姻家庭权利和承担婚姻家庭义务的法律资格。主体之间的权利能力一律平等。婚姻家庭法律关系主体的行为能力，是指主体能够以自己的行为享有权利和承担义务的资格。主体各自的行为能力状况取决于其智力、年龄、身心健康情况和经济能力等，因而并不完全相同。例如，在扶养法律关系中，扶养义务人须为成年人并具有一定经济条件，方具有赡养父母或抚养子女的行为能力。对于那些不具有完全行为能力的主体，法律设立亲权和监护制度，由法定代理人来弥补其行为能力的不足，保护其合法权益。

2. 婚姻家庭法律关系的内容。婚姻家庭法律关系的内容，是指主体依法享有的权利及其所承担的相应义务。婚姻家庭权利是由婚姻法赋予主体享有的各项权利的总称，分为人身权和财产权两大类。

婚姻家庭中的人身权，是指与权利主体的人格和身份有关的权利，体现为与主体人身不可分离的利益。与人格有关的权利主要是婚姻自主权；与身份有关的权利主要有配偶权、亲权、监护权等。史尚宽先生认为，身份权亦称亲属权，是由身份关系所生之权利；身份权与亲属身份不可分离，是与之相终始的权利，是归属一身的专属权，权利人行使身份权时，以其自由意思决定为必要，原则上他人不得代为行使；身份权不只是体现权利人的利益，同时也为受其行使之相对人的利益而存在，原则上权利人不得放弃，或可说权利人有行使的义务，如亲权。[1]

婚姻家庭中的财产权，是指基于家庭成员间的身份关系和共同生活而发生的具有财产内容的权利，如家庭成员之间的扶养权、个人财产权、财产继承权、夫妻共同财产所有权等。

亲属间的义务，是指主体一方为另一方实现权利，依法所承担的为一定行为或不为一定行为的法律约束。前者是作为的义务，后者是不作为的义务。所谓"作为"，是指义务人必须为一定行为以实现权利人的利益。例如，扶养义务就是一种作为义务，通过义务人积极履行义务，权利人的生存需要方可满足。所谓"不作为"，是指权利人权利的实现不需要义务人作出积极的行为。例如，对于某一家庭成员的婚姻自由权，只有在其他成员（义务人）不去实施妨碍其婚姻自由的行为时，方可实现。

3. 婚姻家庭法律关系的客体。婚姻家庭法律关系的客体，是指亲属间的权利和义务共同指向的对象。由于婚姻家庭权利既包括身份权，又包括财产权，并且以身份权为主，所以，婚姻家庭权利与义务的客体具有多样性，包括人身利益、行为、物。亲属人身权利与义务的客体，一方面体现为与主体人格和身份有密切联系的人身利益，如婚姻自主权、配偶权和亲权中的人格利益和身份利益，另一方面又表现为为了实现主体利益，满足权利人需要，义务人所实施的各种行为，如扶养行为、监护行为。亲属财产权的客体常表现为物。为共同生活需要，亲属财产共同共有关系的性质决定了家庭财产权的客体，通常是夫妻共同财产和家庭共同财产。而家庭成员个人财产所有权的客体则是个人财产。

---

[1]　史尚宽：《亲属法论》，中国政法大学出版社 2000 年版，第 34～35 页。

三、婚姻家庭法的渊源

法律渊源是指法律规范借以表现的形式。它主要来源于各种具有法律效力的规范性文件。婚姻家庭法的渊源就是婚姻家庭法借以存在和表现的形式。我国婚姻家庭法的渊源主要有：

（一）宪法

宪法是国家根本大法，在我国法律体系中居于统领地位，其效力高于其他任何法律。宪法的相关规定是其他部门法立法的根据和必须遵循的原则，其中，涉及婚姻家庭关系的原则性规定，是婚姻家庭法的法律渊源。我国《宪法》第48条规定："中华人民共和国妇女在政治的、经济的、文化的、社会的和家庭的生活等各方面享有同男子平等的权利。国家保护妇女的权利和利益，实行男女同工同酬，培养和选拔妇女干部。"第49条规定："婚姻、家庭、母亲和儿童受国家的保护。夫妻双方有实行计划生育的义务。父母有抚养教育未成年子女的义务，成年子女有赡养扶助父母的义务。禁止破坏婚姻自由，禁止虐待老人、妇女和儿童。"这些条款是我国婚姻家庭法的立法基础和基本原则。婚姻家庭法的具体规定不得与这些原则性条款相冲突。

（二）法律

这里所说的法律，是指宪法以外的其他法律。具体而言，就是由全国人民代表大会及其常务委员会制定的规范性文件，包括基本法和基本法以外的法律。目前，《中华人民共和国民法通则》是民事基本法，其中有关自然人权利能力和行为能力的规定，有关法律行为的规定，有关亲属监护的规定等，都是我国婚姻家庭法的重要渊源；《中华人民共和国婚姻法》发挥着婚姻家庭领域基本法的作用；作为婚姻家庭法组成部分的《中华人民共和国收养法》是我国收养制度的主要渊源；此外，《中华人民共和国妇女权益保障法》《中华人民共和国老年人权益保障法》《中华人民共和国未成年人保护法》等法律中涉及婚姻家庭关系的规定，也是我国婚姻家庭法的渊源。

（三）行政法规和行政规章

国务院是我国最高行政机关，有权制定行政法规。国务院所属部门可在各自的权限内制定行政规章。行政法规和行政规章中有关婚姻家庭问题的规定，是我国婚姻家庭法的渊源，如民政部《婚姻登记条例》《中国公民收养子女登记办法》等。这些规范性文件涉及某项婚姻家庭制度，其内容具体，操作性强。

（四）地方法规、民族自治地方变通规定和特别行政区法律

地方国家权力机关可根据本行政区域内的实际情况，制定有关法规和具有一般规范性内容的决定、命令等，以保证婚姻家庭立法的贯彻执行。这些地方性法

规以国家相关婚姻家庭立法为依据，内容涉及婚姻登记，保护妇女、儿童和老人的合法权益，计划生育等，它们也是我国婚姻家庭法的渊源。此外，根据《宪法》第116条、《婚姻法》第50条、《收养法》第32条，民族自治地方可结合本民族的实际情况，制定有关贯彻执行婚姻家庭法的变通规定。在"一国两制"基本原则下，香港和澳门两个特别行政区有其独立的法律制度。特别行政区有关婚姻家庭的法律和条例等，是该行政区婚姻家庭法的渊源，也是我国婚姻家庭法的组成部分。

（五）司法解释

最高人民法院根据婚姻家庭法基本精神，在总结审判实践经验的基础上，作出的关于适用法律的解释，是婚姻家庭法的重要渊源。目前主要有：最高人民法院于2001年12月25日发布的《关于适用〈中华人民共和国婚姻法〉若干问题的解释（一）》（以下简称《婚姻法司法解释（一）》）、2003年12月25日发布的《关于适用〈中华人民共和国婚姻法〉若干问题的解释（二）》（以下简称《婚姻法司法解释（二）》）、2011年8月9日发布的《关于适用〈中华人民共和国婚姻法〉若干问题的解释（三）》（以下简称《婚姻法司法解释（三）》）。此外，还有最高人民法院1989年发布的《关于人民法院审理离婚案件如何认定夫妻感情确已破裂的若干具体意见》和《关于人民法院审理未办结婚登记而以夫妻名义同居生活案件的若干意见》、1993年发布的《关于人民法院审理离婚案件处理子女抚养问题的若干具体意见》和《关于人民法院审理离婚案件处理财产分割问题的若干具体意见》。这些在2001年《婚姻法》修改之前颁布的司法解释如果与修改后的法律或新出台的司法解释相抵触，则不能继续适用。为此，《婚姻法司法解释（二）》第29条第3款特别指出："本解释施行后，此前最高人民法院作出的相关司法解释与本解释相抵触的，以本解释为准。"《婚姻法司法解释（三）》第19条继续重申："本解释施行后，最高人民法院此前作出的相关司法解释与本解释相抵触的，以本解释为准。"

（六）我国缔结和参加的国际条约

根据《民法通则》，处理涉外婚姻家庭关系时可适用我国缔结或参加的国际条约。如果我国缔结或参加的国际条约与我国法律规定不同，则适用国际条约的规定，但是我国声明保留的条款除外。此外，在法定情形下，还可适用国际惯例。适用国际惯例时，不得违背我国社会公共利益。因此，我国批准加入的有关婚姻家庭问题的国际条约也是婚姻家庭法的渊源。例如，1980年全国人大常委会批准加入的联合国《消除对妇女一切形式歧视公约》、1991年批准加入的联合国《儿童权利公约》等。

由上可见，我国婚姻家庭法的渊源是一个由不同形式法律规范所构成的有机整体。各种渊源在这个复合结构中处于不同位阶，具有不同法律效力，在适用范围上也有所不同。

四、婚姻家庭法在法律体系中的地位

性质不同、功能有别的不同法律部门组成了我国的法律体系。其中，婚姻家庭法是规范一定范围亲属间的人身关系和财产关系，以明确具体的权利和义务，来维护婚姻家庭关系的和谐与发展的法律部门。就其内容来看，它从实体上确定了自然人在婚姻家庭关系中的基本行为准则，是实体法。从其调整对象和方法看，它是我国民法部门中的一个分支，但它是身份法，具有强烈的伦理性，其原理、原则和具体规则，有别于民法财产法。

婚姻家庭关系是社会生活中最基本、最普遍的民事关系，对婚姻家庭问题的法律调整并非由婚姻家庭法独自承担，除婚姻家庭法的直接调整外，其他法律中也会涉及对婚姻家庭问题的规范。因此，通过对婚姻家庭法与其他法律之间关系的探讨，可以对婚姻家庭法在法律体系中的地位有进一步认识。

1. 婚姻家庭法与宪法。作为国家根本大法的宪法，规定了我国的社会制度、国家制度、公民的基本权利与义务、国家机构及其组织和活动原则等，具有最高的法律效力，其他法律的规定不得与宪法原则相冲突。我国《宪法》有关婚姻家庭的条款，是婚姻家庭法的立法根据；宪法的原则性规定又是通过婚姻家庭法加以具体化和系统化的。

2. 婚姻家庭法与其他民事法律。婚姻家庭法是民法的重要组成部分，它与其他民事法律的关系是同一法律部门中不同法律制度之间的关系。我国《民法通则》第 103～105 条关于"公民享有婚姻自主权，禁止买卖、包办婚姻和其他干涉婚姻自由的行为""婚姻、家庭、老人、母亲和儿童受法律保护""妇女享有同男子平等的民事权利"的规定，是直接针对婚姻家庭关系所作的规定。《民法通则》有关公民的民事权利能力和民事行为能力、监护、宣告失踪、宣告死亡、法定代理、财产所有权和共有、民事责任等的规定，在婚姻家庭法中同样适用。婚姻家庭法与《民法通则》之外的一些民事单行法也有密切联系。例如，我国《婚姻法》确定的亲属身份是《继承法》确定继承人范围和调整继承关系的依据；《婚姻法》确定的夫妻之间、父母子女之间继承权的实现，需依照《继承法》关于继承人范围和顺序、遗产分配、胎儿应继份额、代位继承等规定办理。

3. 婚姻家庭法与民事诉讼法。民事诉讼法是有关处理民事案件程序制度的法律，它从司法程序方面保证包括婚姻家庭法在内的民事法律法规得到正确执行，从而实现对民事权利的司法救济。人民法院在处理婚姻家庭方面的诉讼案件时，如家庭成员之间的扶养纠纷、收养纠纷、离婚纠纷等，均适用民事诉讼法规

定。婚姻家庭法与民事诉讼法是实体法与程序法的关系。

4. 婚姻家庭法与行政法。行政法是调整国家行政机关在实现管理职能过程中发生的社会关系的法律规范的总和。婚姻家庭关系的有些方面会受到行政法的调整，例如，公民的结婚登记、离婚登记、复婚登记、收养登记等都属于行政登记的范围，需依照民政部《婚姻登记条例》《中国公民收养子女登记办法》确立的行政程序办理；对于违反婚姻家庭法尚未构成犯罪的行为，可依据有关行政法规给予行政处分或行政处罚，例如，《治安管理处罚法》第45条规定，虐待家庭成员（被虐待人要求处理的），或者遗弃没有独立生活能力的被扶养人的，处5日以下拘留或者警告。通过行政程序和行政责任对婚姻家庭方面的事项进行监督或予以制裁，是国家维护婚姻家庭稳定、保护自然人婚姻家庭权利的重要手段。

5. 婚姻家庭法与刑法。刑法是有关犯罪和刑罚的法律。公民在婚姻家庭领域享有的人身权利和财产权利，受婚姻家庭法保护，也受刑法保护。我国《刑法》第257～261条对暴力干涉婚姻自由罪、重婚罪、破坏军婚罪、虐待罪、遗弃罪等妨害婚姻家庭犯罪的规定，是通过刑罚制裁严重侵害公民婚姻家庭权利犯罪行为的法律依据。在我国《收养法》中也有相关刑事规范，该法第31条规定借收养名义拐卖儿童的，或者遗弃婴儿、出卖亲生子女构成犯罪的，均应依法追究刑事责任。

■第二节　我国婚姻家庭立法演进

一、我国古代的婚姻家庭立法

我国古代婚姻家庭制度开始于公元前21世纪的夏朝，终结于20世纪初，以清朝灭亡为标志，[1] 纵跨奴隶社会、封建社会，延续四千年之久。奴隶制时代，习惯、道德和法律尚未分化，婚姻家庭关系由礼和习惯调整。封建制时代，婚姻家庭法律规范被载入诸法合体、内容庞杂的统一法典——《律》之中，对婚姻家庭关系的调整是礼、律并用。总体上，我国古代婚姻家庭法是以礼为主，以律为辅，有关婚姻家庭的礼制实际上起着法的作用。

我国古代有关婚姻家庭的礼制名目繁多，有冠礼、婚礼、丧礼和家礼等，它们在维护宗法制度的礼制中占有重要地位。宗法观念视婚礼为诸礼之本。《礼记·昏义》中有："男女有别，而后夫妇有义；夫妇有义，而后父子有亲；父子有

---

〔1〕　陶毅、明欣：《中国婚姻家庭制度史》，东方出版社1994年版，第87～88页。

亲，而后君臣有正。故曰：昏礼者，礼之本也。"[1] 当时有关婚姻的礼制以聘娶婚为结婚方式，以"六礼"为嫁娶程序。父母、尊长对子女、卑幼握有主婚权。奴隶主阶级在名义上奉行一夫一妻制，正室仅得为一人，实则实行多妻制。西周、春秋时期，在上层贵族中盛行的媵勝制即是一例。奴隶社会的家礼，以"亲亲""尊尊""长长""男女有别"等为主要内容。男女、夫妇、尊卑、长幼、家长与家属各有其位，不得僭越。家长是一家之主，子女、卑幼须恪守孝道，对尊长绝对服从，在人身和财产关系方面受到家礼的重重束缚。我国奴隶制时代的宗法制度对后世有很大的影响，婚礼和家礼中的一些具体制度，如结婚的"六礼"及离婚的"七出""三不去"等，都为封建时代的礼与律所继受。

我国进入封建社会后，有关婚姻家庭的立法在秦汉时期初具规模。汉《九章律》专设"户律"，制定了户籍、婚姻等规范。三国、两晋、南北朝的户婚立法继承汉制，魏律、晋律中也设"户律"一篇。北齐律改称"婚户律"；北周律中分列"婚姻""户禁"两篇。隋《开皇律》中将婚、户合为一篇。《大业律》再次分为"户律"和"婚律"。《唐律·户婚》不仅集封建时代前期各代户婚立法大成，还是以后各朝代法典的蓝本。宋代有关户婚的律条载于《宋刑统》，辽、金、元各代的法典中均有关于户婚事项的规定。明律的"户律"中，有关于婚姻的法律规范，清律基本上承袭了明律的体例。封建制时代的婚姻家庭法除以"律"命名的外，还有其他一些法律形式，如"户令"和后世与律并用的"例"等。总之，我国封建制时代对婚姻家庭关系的调整是礼、律并用，礼制与法制结合是当时婚姻家庭制度的一大特点。再者，以"户婚律"为主的婚姻家庭成文法具有诸法合体和用刑罚方法处理婚姻家庭违法事项的特点。

二、我国近代的婚姻家庭立法

中国婚姻家庭法的近代化开端于 20 世纪初。清朝末年法制改革，参照外国立法经验，使传统中华法系发生了重大变化。中国几千年来"诸法合体，以刑为主"的法典编纂形式被打破，代之以独立的部门法编纂形式和体制。在民事立法方面，选择、移植了大陆法系的德国法模式。德国民法由总则、物权、债权、亲属、继承五编组成，1911 年起草完成的中国近代第一部民法《大清民律草案》专设亲属一编。"五四"时期科学、民主的反传统思潮又为中华法系纳入大陆法系行列奠定了思想基础。国民党政府于 1930 年公布的民法亲属编是中国历史上第一部得到施行的亲属法，在法律形式上实现了中国婚姻家庭法从古代型到近现代型的转变。

---

[1] 刘素萍主编：《婚姻法学参考资料》，中国人民大学出版社 1989 年版，第 312 页。

　　清朝政府 1910 年颁布的《大清现行刑律》是一部诸法合体的法律，其中的婚姻家庭法规范直接参照《大清律例》，内容具有浓厚的封建色彩。1911 年 8 月完成的《大清民律草案》，史称"民律第一次草案"，以德、日等大陆法系国家的民法典为蓝本，亲属法被列为第四编，共 7 章 143 条，但还是保留了中国历代封建法律的相关内容。因辛亥革命推翻帝制，该法未得到施行。北洋政府时期，对婚姻家庭关系的调整仍适用《大清现行刑律》的有关规定。1915 年北洋政府在《大清民律草案》基础上，拟制了《民律亲属编草案》，共 7 章 141 条。1926 年又完成民律第二次草案，亲属编仍为 7 章，条文增至 243 条，但未正式颁行。国民党政府时期，曾于 1928 年起草亲属法草案，1930 年制定的《中华民国民法亲属编》是在清末、北洋政府时拟制的民法亲属编草案基础上，参照德国民法，经多年讨论修改而成。该法于 1931 年 5 月 5 日施行，分通则、婚姻、父母子女、监护、扶养、家和亲属会议 7 章，共计 171 条。同时施行的还有《民法亲属编施行法》。

　　封建宗法婚姻家庭制度在中国社会根深蒂固，我国近代婚姻家庭制度因半封建半殖民地社会制度的存在而不能得以彻底改革。1930 年《中华民国民法亲属编》与旧律相比，废除了某些明显落后的封建制度，例如，用罗马法亲等计算法取代服制图；废止嫡子、庶子和嗣子等名分，只做婚生子女与非婚生子女区分，并将嗣子改称养子，等等。[1] 虽然它在一定程度上贯彻了男女平等原则，但许多条文中还存有浓厚的封建残余。例如，原法第 1000 条"夫妻之冠姓"规定："妻以其本姓冠以夫姓，赘夫以其本姓冠以妻姓……"第 1002 条"夫妻之住所"规定："妻以夫之住所为住所，赘夫以妻之住所为住所……"这些条文都是对中国封建传统婚俗的确认。随着时代的发展，20 世纪 80 年代以来，我国台湾地区民权运动开始对中国男尊女卑的传统法律文化进行检讨与批判，从 1985 年 ~ 2012 年，我国台湾地区对民国时期"民法"亲属编有十余次大大小小的修正。上述两个条文已于 1998 年得到修改，代之以体现夫妻人格独立与平等立法原则的条款。1998 年修改后的我国台湾地区"民法"亲属编第 1000 条"夫妻之冠姓"改为："夫妻各保有其姓。但得以书面约定以其本姓冠以配偶之姓，并向户政机关登记。冠姓之一方得随时回复本姓……"第 1002 条第 1 款"夫妻之住所"改为："夫妻之住所，由双方共同协议之；未为协议或协议不成时，得申请法院定之。"

---

[1] 张希坡：《中国婚姻立法史》，人民出版社 2004 年版，第 94 页。

三、我国当代的婚姻家庭立法

1949 年新中国成立，宣布废除旧的法统，在婚姻家庭立法方面，继承了革命根据地时期的立法传统。早在革命根据地时期，人民政权就注重运用法律对封建的婚姻家庭制度进行改革，代之以新民主主义的婚姻家庭制度。第二次国内革命战争时期，随着工农民主政权的建立，各地先后颁布了许多有关解放妇女、改革婚姻制度的决议和命令。全国性的工农民主政权建立后，1931 年 12 月 1 日，中央执行委员会颁布了《中华苏维埃共和国婚姻条例》，1934 年又在此基础上修改颁布了《中华苏维埃共和国婚姻法》。它们是我国婚姻家庭立法史上两个极为重要的文献，为新中国成立后新民主主义婚姻家庭制度的建立奠定了各项原则基础。例如，实行婚姻自由，禁止包办、强迫和买卖婚姻；实行一夫一妻，禁止一夫多妻与一妻多夫等新的婚姻制度的原则，成为新中国婚姻家庭制度的基本内容。抗日战争、解放战争时期，各革命根据地先后颁布了地区性的婚姻条例。其基本精神与苏区婚姻立法完全一致，以废除封建主义婚姻家庭制度，实行新民主主义婚姻家庭制度为宗旨。在内容上，它们主要调整婚姻关系，较少涉及家庭关系和其他近亲属关系。尽管如此，革命根据地的婚姻立法为新中国的婚姻家庭立法积累了许多经验，为全国性婚姻法的出台奠定了一定的社会基础和法制基础。

在婚姻家庭法的立法体例上，受苏联立法体例影响，我国将调整人类自身生产和再生产领域内平等主体间的人身关系和财产关系的婚姻家庭法从民法中分离出来，作为一个独立的法律部门。在立法指导思想和理论上，认为计划经济体制下家庭已经丧失经济职能，与社会经济生活无关，婚姻家庭关系不是商品关系，不能划归民法的调整范畴，因而在立法体例和学科设置上均称之为"婚姻法"。我国 1950 年和 1980 年颁布的两部婚姻法，都是在这种理论和立法思想的指导下，作为独立法律部门的基本法形式存在的。

（一）1950 年《婚姻法》

我国婚姻家庭立法开端于 1950 年 4 月 13 日颁行的《中华人民共和国婚姻法》（以下简称 1950 年《婚姻法》），它是新中国成立后颁布的第一部具有基本法性质的法律。这个"第一"并非偶然，一方面，它是广大人民特别是妇女在政治、经济上获得解放后，迫切期望在婚姻家庭中摆脱封建家族制度压迫的需要；另一方面，革命根据地时期积累的婚姻家庭制度改革和法制建设的经验，对于婚姻法率先于其他法律问世，创造了更为成熟的条件和相当的可行性。

1950 年《婚姻法》共计 8 章 27 条，包括：第一章原则，第二章结婚，第三章夫妻间的权利和义务，第四章父母子女间的关系，第五章离婚，第六章离婚后子女的抚养和教育，第七章离婚后的财产和生活，第八章附则。从内容上看，它侧重于调整婚姻关系，同时也涉及家庭关系方面的一些主要问题，名为婚姻法，实际上是婚姻家庭法。其锋芒直指包办强迫、男尊女卑、漠视子女利益的封建主义婚姻家庭制度，意在建立"男女婚姻自由、一夫一妻、男女权利平等、保护妇女和子女合法权益的新民主主义婚姻制度"（第 1 条）。重婚、纳妾、童养媳、干涉寡妇再婚、借婚姻索取财物等旧制度的必然产物，是建立新型婚姻家庭制度的障碍，在这部法律中被一并予以禁止。该法确立的男女权利平等和保护妇女权利的基本原则体现在许多方面。在夫妻关系方面，指出"夫妻为共同生活的伴侣，在家庭中地位平等"，"夫妻双方均有选择职业、参加工作和参加社会活动的自由"（1950 年《婚姻法》第 7、9 条）。它还规定，夫妻享有各自使用自己姓氏的权利，夫妻对家庭财产享有平等的所有权和处理权，夫妻有相互继承财产的权利。在离婚问题上，针对当时妇女经济基本不能独立的状况，为使妇女离婚后能独立生活，该法对夫方离婚诉权作出限制，第 18 条规定："女方怀孕期间，男方不得提出离婚；男方要求离婚，须于女方分娩 1 年后，始得提出……"对离婚后子女的抚养和教育、离婚后的财产和生活也分专章规定。第 23 条第 1 款规定："离婚时，除女方婚前财产归女方所有外，其他家庭财产如何处理，由双方协议；协议不成时，由人民法院根据家庭财产具体情况、照顾女方及子女利益和有利发展生产的原则判决。"1950 年《婚姻法》还确立了离婚后的经济帮助制度，第 25 条规定"离婚后，一方如未再行结婚而生活困难，他方应帮助维持其生活；帮助的办法及期限，由双方协议；协议不成时，由人民法院判决"。在夫妻共同债务清偿上，该法第 24 条明确要求："离婚时，原为夫妻共同生活所负担的债务，以共同生活时所得财产偿还；如无共同生活时所得财产或共同生活时所得财产不足清偿时，由男方清偿……"这些向女性倾斜的保护性规定，在当时男女经济地位差距明显的情况下，对保障双方充分享有离婚自由起到了积极作用。

为贯彻新中国的第一部婚姻法，保证婚姻家庭制度改革的顺利进行，1952 年 11 月 25 日和 1953 年 2 月 1 日中共中央和政务院分别发出了关于贯彻《婚姻法》的重要指示，确定 1953 年 3 月为全国贯彻《婚姻法》运动月。通过宣传贯彻《婚姻法》的运动，《婚姻法》普及到千家万户。当时自主婚姻显著增加，民主和睦家庭大量涌现，婚姻自由、男女平等的观念逐渐成为社会主流观念。可以说，20 世纪 50 年代初~60 年代中期，我国婚姻家庭制度顺利地实现了从民主主义性质到社会主义性质的转变，社会主义婚姻家庭制度初步地建立起来。

（二）1980 年《婚姻法》

1978 年之后，我国婚姻家庭法制建设进入恢复和发展阶段。为改变"十年动乱"期间无法可依、有法不依，公民婚姻家庭权利得不到应有保障的混乱局面，恢复法制，1980 年 9 月 10 日第五届全国人民代表大会第三次会议通过了现行《中华人民共和国婚姻法》（以下简称 1980 年《婚姻法》），并决定该法从 1981 年 1 月 1 日起施行，1950 年《婚姻法》同时废止。

1980 年《婚姻法》是在 1950 年《婚姻法》基础上，结合 30 年来实践经验和改革开放以来婚姻家庭领域出现的新情况和新问题而制定的。1980 年《婚姻法》继承了 1950 年《婚姻法》确立的婚姻家庭制度的基本原则、体系结构和符合国情并行之有效的规定。它共计 5 章 37 条，第一章总则，第二章结婚，第三章家庭关系，第四章离婚，第五章附则。它在重申原《婚姻法》基本原则和许多行之有效规定的基础上，根据新时期婚姻家庭领域的实际需要，在内容上作了必要的修改和补充。如果说，1950 年《婚姻法》以废除封建主义婚姻家庭制度为己任，那么，1980 年《婚姻法》则以巩固、发展社会主义婚姻家庭制度，同残存的旧观念、旧习俗作斗争，保障公民合法权益为基本任务。

与原《婚姻法》相比，1980 年《婚姻法》的修改和补充主要有：

1. 在基本原则部分，保留婚姻自由、一夫一妻、男女平等基本原则，将保护妇女和儿童的合法利益原则扩大为保护妇女、儿童和老人合法权益原则，增加了计划生育原则。在保障基本原则实施的禁止性条款中，增加了禁止买卖婚姻、禁止家庭成员间的虐待和遗弃的规定。

2. 对结婚条件的修改。将法定婚龄从原来的男 20 周岁、女 18 周岁，提高到男 22 周岁、女 20 周岁；在禁止结婚的血亲范围上，将原来"兄弟姐妹之外的其他五代内旁系血亲间禁婚问题，从习惯"改为"三代以内的旁系血亲间"禁止结婚；在禁止结婚的疾病方面，删除"有生理缺陷不能发生性行为者禁止结婚"的规定，增加"患麻风病未经治愈或患其他在医学上认为不应当结婚的疾病"禁止结婚的规定。

3. 在夫妻关系方面，增加规定登记结婚后，男女双方根据约定，可互相成为对方家庭成员的规定。

4. 扩大对家庭关系的调整范围。在规定夫妻之间、父母子女之间的权利义务的同时，将祖孙关系、兄弟姐妹关系也列入调整范围。在夫妻人身关系和财产关系、家庭成员的扶养以及继父母子女关系等方面，有更为具体的规定。

5. 离婚制度的修改。在离婚程序、离婚纠纷的处理原则、准予离婚的法定条件以及离婚后子女抚养、财产分割和对困难一方的生活帮助等方面，都作了很大的修改。尤其是对法院准予离婚的法定条件有重大修改，明确"夫妻感情确已破裂"是裁判离婚的实质要件。

6. 附则一章增加行政制裁和强制执行条款，以维护法律的严肃性和权威性。

（三）我国婚姻家庭立法的完善

1980 年《婚姻法》是我国经历十年浩劫之后，国家实行改革开放政策，法制建设重新步入正轨之初的产物。它在一定程度上满足了 20 世纪 80 年代初期婚姻家庭关系的需要，对于我国婚姻家庭制度重新走上有法可依、有法必依的轨道，恢复自 20 世纪 50 年代以来建立的婚姻家庭法律体系，有着不可磨灭的历史功绩。由于它重在拨乱反正，加之当时法学研究相对滞后和坚持"宜粗不宜细""不求全面系统"的立法指导思想，它从名称、体系结构到基本内容，都具有继承长期革命传统的特点，基本上沿袭了 1950 年《婚姻法》的框架，内容变动的幅度并不大。在立法技术上，强调法律规范的概括性、抽象性、原则性以及用语上的简明性、通俗性；在内容上，对改革开放之后社会生活与婚姻家庭的发展趋势估计不够，缺乏法律的前瞻性和导向性；在相关制度中，缺乏对世界法律文化遗产的汲取和对有关国家亲属立法的借鉴。

鉴于 1980 年《婚姻法》的历史局限性，从 20 世纪 80 年代中期开始，立法机关和司法机关出台了一系列规范婚姻家庭关系的法律、法规和司法解释。我国婚姻家庭法制建设进入了全面发展的阶段。从 1986 年《中华人民共和国民法通则》开始，我国婚姻家庭立法在制度构建和立法技术方面有了较大突破。这主要体现在以下三个方面：

1. 确立监护制度。通观世界各国亲属法，都设有对未成年人和不具有完全行为能力成年人的人身、财产予以监督、保护的监护制度。1986 年 4 月 12 日第六届全国人民代表大会第四次会议通过的《中华人民共和国民法通则》，不仅以民法基本法的形式明确了婚姻家庭法在我国法律体系中的地位，而且对 1980 年《婚姻法》未曾规范的监护制度，在第二章公民（自然人）中设专节，用 4 个条文作出原则性规定。其内容包括监护人的设立（未成年人的监护人与成年人的监护人）、监护人的职责、监护人的责任三方面。《民法通则》中的监护制度弥补了《婚姻法》的缺憾，使得对未成年人和不具有完全民事行为能力的成年人的人身和财产利益的保护，有了基本的法律依据。其后，最高人民法院 1988 年《关于贯彻执行〈中华人民共和国〉也对监护制度的相关问题有进一步规定。

2. 规范创制亲子关系的收养行为。收养作为创制亲子关系的民事行为，从古至今广泛存在于民间。自阶级社会以来，它被许多国家以法律形式肯定下来，成为婚姻家庭制度的重要组成部分。建国 30 多年来，我国在收养上没有成文法，最高人民法院曾经有过司法解释。对这一重要制度，1980 年《婚姻法》仅在"家庭关系"一章有一条（第 20 条）原则性规定，即"国家保护合法的收养关系……"显然，仅靠《婚姻法》这一原则性规定，是难以规范公民的收养行为的，也不能适应日益增多的收养关系的需要。

1991 年 12 月 29 日颁布的《中华人民共和国收养法》，从 1992 年 4 月 1 日起施行，共计 6 章 33 条。其内容包括立法的宗旨和原则、收养的实质要件和形式要件、收养的拟制和解消效力、收养行为的无效、收养关系解除的条件、程序和后果、法律责任等。该法实施 6 年后，1998 年 11 月 4 日第九届全国人民代表大会常务委员会第五次会议通过《关于修改〈中华人民共和国收养法〉的决定》。此次修改的内容主要有：①适当放宽收养的条件，将收养人年龄的下限由原来的 35 周岁降低到 30 周岁，以满足未生育子女夫妻的收养需求，减少事实收养的发生；②放宽收养孤儿、残疾儿童，或者社会福利机构抚养的查找不到生父母的弃婴和儿童的条件，规定收养这些孩子"可以不受收养人无子女和收养一名的限制"（第 8 条）；③统一收养程序，规定无论是中国公民间的收养，还是外国人收养中国人的子女，实行统一的登记制度，收养关系从登记之日起生效。

3. 以司法解释细化《婚姻法》的原则性规定。我国婚姻家庭法律体系的一个重要组成部分是最高人民法院司法解释。1989 年和 1993 年，最高人民法院先后发布了四个司法解释。1989 年《关于人民法院审理离婚案件如何认定夫妻感情确已破裂的若干具体意见》以列举的方式，规定了视为夫妻感情确已破裂的 14 种情形。1989 年《关于人民法院审理未办结婚登记而以夫妻名义同居生活案件的若干意见》对事实婚姻关系和非法同居关系作出界定，规定经查确属非法同居关系的，法院应一律判决予以解除。1993 年 11 月《关于人民法院审理离婚案件处理财产分割问题的若干具体意见》扩大了"夫妻共同财产"的外延，包括继承和受赠的财产，由知识产权取得的经济利益，承包、租赁等收益。《意见》还对夫妻住房及其他财产分割等内容作了具体规定。1993 年 11 月《关于人民法院审理离婚案件处理子女抚养问题的若干具体意见》就离婚时子女的抚养问题，从有利于子女身心健康、保障子女合法权益出发，结合父母双方的抚养能力和抚养条件等具体情况作了具体规定。1996 年 2 月最高人民法院颁布实施了《关于审理离婚案件中公房使用、承租若干问题的解答》，对夫妻双方承租公房的处理原则、夫妻双方共同出资而取得"部分产权"的房屋处理等问题作了规定，使法院处理离婚案件中夫妻承租公房的分割，有了法律依据。

这些司法解释一定程度上弥补了《婚姻法》的不足与漏洞，使法律规范更具有可操作性，解决了长期困扰人民法院的如何正确适用法律的难题，也为 2001 年立法机关对《婚姻法》作出较大修改奠定了基础。

2001 年 4 月 28 日第九届全国人民代表大会常务委员会第二十一次会议通过了《关于修改〈中华人民共和国婚姻法〉的决定》。这是现行《婚姻法》自 1980 年颁布以来的唯一一次修改，也是幅度较大的修改。法律的整体框架由原来的 5 章 37 条增加为 6 章 51 条，增设了"救济措施与法律责任"一章，还创设若干新的法律制度，对原有的法律制度也有重大修改。比较大的修正和补充有：

1. 总则一章增加禁止性和导向性规定。规定禁止家庭暴力，禁止有配偶者与他人同居；第 4 条规定"夫妻应当互相忠实，互相尊重；家庭成员间应当敬老爱幼，互相帮助，维护平等、和睦、文明的婚姻家庭关系"。

2. 结婚一章增设婚姻的无效与可撤销制度。这一制度是我国结婚制度的重要组成部分。凡不符合结婚要件的婚姻，要么是无效婚姻，要么是可撤销婚姻，依法产生无效的法律后果。构成无效婚姻的情形有：重婚的；有法律禁止结婚的亲属关系的；婚前患有医学上认为不应当结婚的疾病，婚后尚未治愈的；一方未达到法定婚龄的。因胁迫结婚的，受胁迫一方可以向婚姻登记机关或人民法院请求撤销该婚姻。《婚姻法》设立这一制度强化了结婚实质要件和形式要件的法律效力，使得婚姻成立的正面规定更具有法律的强制力。

3. 在夫妻财产制中，明确了夫妻共同财产的范围，并增设个人特有财产制度，对夫妻约定财产制也做了相应完善。规定夫妻在婚姻关系存续期间所得的财产，如工资、奖金，生产、经营的收益，知识产权的收益，除法律另有规定外的继承或受赠所得的财产等，归夫妻共同所有。一方的婚前财产，一方因身体受到伤害获得的医疗费、残疾人生活补助费，遗嘱或赠与合同中确定只归夫或妻一方的财产，一方专用的生活用品，其他应当归一方的财产等，是夫妻一方个人所有的财产。夫妻可以约定婚姻关系存续期间所得的财产以及婚前财产各归各自所有、共同所有或部分各自所有、部分共同所有。另外，还明确了夫妻财产约定的形式和效力等问题。

4. 诉讼离婚的标准依然坚持"夫妻感情确已破裂"的原则，同时增加若干示例性情形，使法官认定夫妻感情是否确已破裂有了具体依据。第 32 条第 3 款规定感情确已破裂，调解无效，应准予离婚的具体情形有：①重婚或有配偶者与他人同居的；②实施家庭暴力或虐待、遗弃家庭成员的；③有赌博、吸毒等恶习屡教不改的；④因感情不和分居满二年的；⑤其他导致夫妻感情破裂的情形。

5. 进一步完善了离婚救济制度。在原有经济帮助的基础上，增设离婚家务劳动补偿制度。第 40 条规定："夫妻书面约定婚姻关系存续期间所得的财产归各自所有，一方因抚育子女、照料老人、协助另一方工作等付出较多义务的，离婚时有权向另一方请求补偿，另一方应当予以补偿。"

6. 在亲子关系上更加关注对子女利益的保护，首次规定未与子女共同生活的离异父母一方，享有对子女的探望权，另一方有协助的义务。第 38 条第 3 款规定："父或母探望子女，不利于子女身心健康的，由人民法院依法中止探望的权利；中止的事由消失后，应当恢复探望的权利。"

7. 与总则禁止性规定相配合，救助措施与法律责任一章确定了家庭暴力受害人的权利、救助途径以及家庭暴力加害人的法律责任，还确立了离婚损害赔偿制度。第 46 条规定，重婚的、有配偶者与他人同居的、实施家庭暴力的、虐待、遗弃家庭成员的四种情形导致离婚的，无过错方有权请求损害赔偿。对于离婚时一方隐藏、转移、变卖、毁损夫妻共同财产，或伪造债务企图侵占另一方财产的，第47条第1款规定"分割夫妻共同财产时，对隐藏、转移、变卖、毁损夫妻共同财产或伪造债务的一方，可以少分或不分。离婚后，另一方发现有上述行为的，可以向人民法院提起诉讼，请求再次分割共同财产"。

此外，婚姻法修正案加强对老年人婚姻家庭权利的保护。增加规定："子女应当尊重父母的婚姻权利，不得干涉父母再婚以及婚后的生活。子女对父母的赡养义务，不因父母的婚姻关系变化而终止。"（第30条）法律责任一章还规定了遗弃家庭成员的民事法律责任。

婚姻法修正案于通过之日起施行。最高人民法院于2001年12月25日发布了《婚姻法司法解释（一）》，2003年12月25日发布了《婚姻法司法解释（二）》，2011年8月9日发布了《婚姻法司法解释（三）》，这三个司法解释对《婚姻法》新增设的相关制度和规定，如婚姻无效制度、离婚损害赔偿制度、家庭暴力的含义以及夫妻离婚时如何分割共同财产等作了详尽的解释，以使人民法院更加准确地适用修改后的《婚姻法》。

总之，半个世纪以来，我国婚姻家庭立法走过了一段独特的历程。其体系的形成并不像大陆法系其他国家那样由民法典的颁行即告完成，而是经历了一个缓慢、曲折的，逐步回归民法的过程。在我国现行婚姻家庭法律体系中，只有以《婚姻法》为基本法（或主要表现形式）的婚姻家庭法规范体系，监护制度、收养制度分别由《民法通则》和《收养法》规范，婚姻登记、收养登记则由国务院所属部门的行政规章规定；对于《婚姻法》规定不明或者疏于规定的，如对合法婚姻的认定、离婚后子女抚养与夫妻共同财产的分割等司法实务中亟须解决的问题，则由最高人民法院适时公布司法解释，指导各级人民法院审判工作。此外，地方立法机关有关亲属事项的地方法规、民族自治地方执行婚姻法的变通或补充规定等地方性的规范文件，也是婚姻家庭法的组成部分。可以说，我国现行婚姻家庭法体系是以《宪法》《民法通则》为依托，《婚姻法》为主干，《收养法》《中国公民收养子女登记办法》及《婚姻登记条例》等相配套，其他部门法相关规范和不同效力层次的法规、规范性文件、司法解释为补充。在形式上，它呈现出分散、交错的结构，缺乏这一法律体系应有的逻辑性和严密性；在内容上，它还有许多立法空白和需要进一步修改之处，如缺乏有关亲属的通则性规定；现有制度如夫妻财产制、离婚制度，也有修改增加的必要。国家立法机关已将制定民法典纳入立法规划，未来属于民法典组成部分的我国婚姻家庭法将会得到进一步完善。

■第三节　外国婚姻家庭立法演进

一、诸法合体的古代婚姻家庭法

与中国古代法相似，世界其他国家的古代法也是采取刑民不分、诸法合体的立法形式，调整婚姻家庭关系的法律规范是作为统一法典的组成部分存在的，并且早期主要是习惯法，后逐渐采取成文法形式，但不排除习惯法的适用。奴隶制时期典型的法典主要有：古巴比伦王国《汉穆拉比法典》、古印度《摩奴法典》、古罗马早期的《十二铜表法》和后期的《查士丁尼法典》以及古希伯来法和日耳曼法。欧洲中世纪早期封建制国家的婚姻家庭法多为习惯法，如法兰克王国的《萨利克法典》和《里普里安法典》等。随着罗马法和日耳曼法的交融，在欧洲各国的固有法中添加了新的内容。寺院法和王室制定的成文法，逐渐取代了习惯法。寺院法亦称宗规法或教会法。随着基督教在欧洲的传播和教权的强化，寺院法中有关婚姻家庭的规范具有高于世俗立法的权威。寺院法中的婚姻家庭法规范渊源于《新约全书》《使徒教律》《使徒约章》以及宗教大会的决议和教皇颁行的教令集等。

位于当今意大利半岛的奴隶制国家古罗马的法律，是最具特色和最完备的。恩格斯指出："罗马法是纯粹私有制占统治的社会的生活条件和冲突的十分经典性的法律表现。"[1] 它是"商品生产者社会的第一个世界性法律"[2] 罗马法对后世各国法律产生深远影响的是私法。按照罗马法学家乌尔比安等人提出的区分公法私法的标准，私法是涉及个人利益的法律，是可以通过当事人合意予以变通的。罗马私法在内容上和当今民法的调整范围是一致的，因而调整家庭内部权利与义务关系，包括婚姻关系和基于此结成的夫妻财产关系，对某些家庭成员的监护与保佐等，也是罗马私法的重要组成部分。[3] 罗马法的渊源从共和时代到帝国时代，主要有早期的习惯法、议会（人民大会）制定的法律、元老院的决议、皇帝的敕令、最高裁判官法以及法学家的解答等。这些也都是古罗马婚姻家庭法的渊源。其中，早期的《十二铜表法》是对以往习惯的确认，成为罗马法发展的基础；东罗马帝国查士丁尼皇帝在位时系统编纂的《查士丁尼法典》《法学阶梯》和《学说汇纂》以及法学家对查士丁尼在位期间颁布的敕令整理而成的

---

[1]　《马克思恩格斯全集》第21卷，人民出版社1965年版，第454页。

[2]　《马克思恩格斯选集》第4卷，人民出版社1972年版，第248页。

[3]　黄风：《罗马私法导论》，中国政法大学出版社2003年版，第7～8页。

《新律》被统称为《国法大全》（又译为《民法大全》），是后人研究包括婚姻家庭法在内的罗马法的基本依据。

罗马私法实行一夫一妻制原则，法律确认的婚姻有两种：①正式婚姻；②略式婚姻。正式婚姻又称为"有夫权婚姻"，存在于古罗马早期。当时婚姻的目的是为家族利益继血统、承祭祀，故实行有夫权婚姻。有夫权婚姻依市民法规定成立，出嫁女子脱离原来的家庭而处于夫权或夫的家长的权力之下，完全处于被支配的地位。有夫权婚姻的结婚方式分为共食婚、买卖婚和时效婚三种。共食婚是一种须履行隆重而繁杂宗教仪式的婚姻，因结婚时男女共食麦饼是婚礼成就的标志，故称共食婚；买卖婚是由男子在五位证人和司秤面前，以要式买卖的方式向女方家长或其监护人买受该女子为妻的一种结婚方式，它通行于平民之间；时效婚是以一定事实的存在，即男女双方以夫妻关系同居生活和一定期间的经过（1年）相结合为成立要件而形成的婚姻。到罗马帝国时期，有夫权婚姻已不多见。婚姻的目的以夫妻双方共同利益为主，无夫权婚姻（略式婚姻）逐渐取代了有夫权婚姻，妻在家庭中的地位也随之提高。无夫权婚姻依万民法规定而成立，夫对妻不因结婚而取得夫权，这种婚姻也适用于外国人。当事人结婚完全以双方的合意为主，不必举行习俗要求的仪式，婚姻成立的标志在于女方改变生活环境，移居夫家。罗马私法还对结婚的要件，如法定婚龄、禁婚亲及其他婚姻障碍作出了具体规定。

在夫妻关系方面，有夫权婚姻中，妇女婚后处于夫权之下，仅具有类似于女儿的法律地位，她在人身、财产关系方面均受夫的支配。按照市民法规定，夫有惩戒其妻的权力。妻致他人损害时，夫可将妻引渡于他人，以免除自身责任。由于实行吸收财产制，妻在婚前所有和婚后所得的财产归夫所有。对于无夫权婚姻，按照万民法规定，妻在人身权和财产权上有一定的独立性，如夫妻互负贞操、互助的义务；如果妻子是自权人，在监护人协助下可以管理自己的财产等。但是，夫妻在人身和财产方面各自的法律地位总体上还是不平等的。

在罗马私法中，合法缔结的婚姻关系可以因配偶一方丧失自由人身份（自由权）、丧失市民身份（市民权）、死亡以及配偶之间不再有婚姻意愿而终止。在最后一种情形下，配偶双方是通过离婚来解除婚姻关系的。查士丁尼法规定的离婚方式主要有：①合意离婚，经夫妻双方协商一致的离婚即协议离婚。②片意离婚，是夫妻一方基于法定理由决定的离婚。法定理由主要是一方有不可容忍的过错，如妻子有伤风败俗、故意流产、与他人通奸的行为以及一方犯叛逆罪或有严重犯罪而被判刑，等等。③善因离婚，是双方因不可归咎于任何一方的原因而依法解除婚姻。例如，配偶一方患精神疾病、丈夫患有不可医治的阳痿，一方在战争中生死不明、一方到修道院生活，等等。[1]

家父权在罗马私法中占重要地位。起初它包括对家子和奴隶的支配权、对娶进家门妇女的夫权以及对因损害赔偿而获他人财产的支配权。后来，这一权利又细分为父权和夫权。父权仅仅以具有自由人身份的家子为对象。一家之中，家父为自权人，处于家父权之下的家庭成员为他权人，他（她）们在人身和财产方面须受家父权的诸多限制。在人身方面，家父有权遗弃新生儿，有权出卖家子，有权将家子交给债权人作为履行债务的质押，家父更有权对家子进行教育、矫正或惩罚。在财产方面，一切财产均归家父所有，并由其全权处置。为充分发挥家子才智，家父也为家子提供一定的特有财产，供其花费和从事商贸活动。随着特有财产制度的发展，家子获得对特有财产的所有权，家父对之仅享有用益权。

现代西方两大法系即大陆法系和英美法系，深受罗马法影响。罗马法复兴运动之后，罗马婚姻家庭法的原理、原则及规定得到广泛应用，不少规定经过改造后为近代西方国家婚姻家庭法所继受。大陆法系以罗马法观念为基础，以罗马法提供的现成法律为蓝本，形成了以成文法典为主要标志的法系；英美法系以日耳曼法的观念为基础，同时参照罗马法，尤其是有关契约、债和婚姻家庭继承制度的原则，成为以判例法为主要标志的法系。

二、附属于民法的近现代婚姻家庭法

（一）大陆法系国家民法典中的婚姻家庭法

大陆法系国家采法典主义立法模式，将婚姻家庭法或亲属法编入民法典。在编制方法上又有法国式编制法和德国式编制法。《法国民法典》是法国资产阶级大革命的产物，它于 1804 年颁布，至今已有 200 余年的历史。在体例上，它依照古罗马《查士丁尼法典》人法和物法的二分法，将这两部分内容细分为三卷，婚姻家庭法的内容主要在第一卷人法之中，其中第 5～10 章的内容是有关结婚、离婚、父母子女、收养、亲权和监护等的规定。第三卷取得财产的各种方式中包含了夫妻财产制契约、夫妻间的扶养、亲属遗产继承等规定。

《法国民法典》以公民权利平等、契约自由等法律原则为立法依据，视婚姻为民事契约，把当事人的合意作为婚姻成立的首要要件。该法典第 146 条规定："未经同意，即无婚姻。"在法律上确立了共诺婚制。在制定之初的《法国民法典》中，这些原则在婚姻家庭法中的体现远不如财产法充分。它以个人为本位的资本主义婚姻家庭制度代替了以家族为本位的封建主义婚姻家庭制度，但许多规定还存有明显的封建遗迹。例如，法律规定子女未达一定年龄（男 25 岁，女 21

---

[1]　黄风：《罗马私法导论》，中国政法大学出版社 2003 年版，第 144 页。

岁）时，未经父母同意不得结婚；父母意见不一致时，有父的同意即可；即使当事人已达法定年龄，也应通过法定方式求得父母等尊亲属的同意。[1] 在夫妻法律地位和离婚法定理由的规定上，男女双方也是不平等的，妻子处于受保护的地位。在子女认领、继承等问题上更是歧视非婚生子女，等等。20 世纪 20 年代以来，《法国民法典》被多次修改，1938 年废止"妻应顺从其夫"的规定；1942 年废止"妻未经夫同意，不得为某些特定法律行为"的规定；1965 年实行新的法定夫妻财产制；1966 年和 1972 年养子女、非婚生子女取得了与婚生子女平等的法律地位。《法国民法典》在 1979 年基本定型后，90 年代还有数次修订。修改后的民法典对个人自主权的限制减少，男女法定婚龄分别降低至 18 周岁和 15 周岁；妻子在法律上的地位提高，夫妻在离婚问题上的不平等规定被取消，离婚条件更加宽松，夫妻双方自愿离婚的不必说明原因，在结婚满 6 个月后，双方仅需向法官提交处理善后事宜的协议书即可。[2] 1999 年，法国民法典人法卷增加第 12 编"民事伴侣契约与非婚同居"。本编由两章组成，第一章"民事伴侣契约"。所谓"民事伴侣契约"，根据第 515 - 1 条的规定，是指"两个异性或者同性的成年自然人为了组织其共同生活而缔结的合同"。本章对民事伴侣契约的订立、登记、终止及方式以及当事人间的权利与义务有详尽规定。第二章"自由同居"，第 515 - 8 条指出"未登记的同居是一种在两个具有相同或者不同性别的个人之间的伴侣式的事实上的结合，这种结合是以一个稳定、持续的共同生活为特征的。"[3]

《德国民法典》于 1896 年颁布、1900 年施行。它是继《法国民法典》之后，大陆法系国家中颇具代表性的民法典。它继承了古罗马《法学阶梯》的体系，分为五编，即总则、债务关系、物权、亲属、继承。将婚姻家庭法在法典中独立成编，作为第四编并称"亲属法"，是德国民法典的创造。这一体例为日本、瑞士、意大利、韩国等国的民法典所仿效。《德国民法典》亲属编借鉴《法国民法典》的某些内容，同时又具有自由资本主义向帝国主义过渡时期的特点。它集资本主义婚姻家庭立法之大成，体系结构十分严谨、周密，立法技术也更为成熟。亲属编各章对婚姻、亲属、监护等制度，都有系统而明细的规定。与《法国民法典》等早期立法相比，德国法在结婚、离婚、已婚妇女和子女的法律地位等方面的规定，都有所完善和进步。

---

〔1〕《法国民法典》原第 148 条、第 152 条。

〔2〕《法国民法典》第 144 条、第 230 条。

〔3〕 转引自杨遂全：《中国之路与中国民法典：不能忽视的 100 个现实问题》，法律出版社 2005 年版，第 287 ~ 290 页。

一百多年来，为适应时代变化，《德国民法典》亲属编历经多次修改。希特勒统治时期，于1938年颁布第三帝国《结婚离婚法》，取代了民法亲属编的有关规定。第二次世界大战后，德意志联邦共和国废止该法，代之以1946年婚姻法。联邦德国期间还颁布了其他单行法律，对民法典做删除、修正或增补。1957年《男女平等权利法》是从民法上落实德国1949年《宪法》关于婚姻家庭中男女平等原则的单行法律。它摒弃了原民法典将妻子定位于家庭主妇的指导思想，赋予妻子平等的就业权；为保障妻子在家庭中的经济独立，该法确立了新的法定夫妻财产制，即婚姻财产增值共有制，使经济地位较弱的一方在该财产制解体时（包括离婚）享有对增值财产的补偿请求权。1976年关于改革婚姻法和家庭法的第一号法律，以男女平等为宗旨对家庭法进行重构，在诸多方面贯彻了平权原则，具体如：配偶双方有权选择夫或妻的出生姓氏为共同婚姻姓氏；配偶双方自行决定家务劳动和外出工作的角色分配，双方在选择和从事工作时应充分考虑另一方和家庭；配偶双方享有平等的日常家事代理权；等等。改革婚姻法和家庭法的第一号法律还将婚姻平等思想扩展到其他领域，确立供养补偿制度：配偶双方在婚姻存续期间获得的供养地位，即在退休或丧失劳动能力时可获得的供养期待权，均属于夫妻双方共同所得，离婚时应平均分配。[1] 以"婚姻破裂"原则取代"过错"原则，将婚姻破裂作为离婚的唯一理由，也是改革婚姻法和家庭法的第一号法律的重大举措。根据"供养补偿"的规定，离婚双方对养老金等供养给付的期待资格或预期相互之间实行补偿，以使离婚后经济地位较弱的一方得到更好的生活补偿。1969年《非婚生子女地位法》在生活费请求权和继承权方面提高了非婚生子女的地位。1990年关于改革成年人监护和代管法的法律废除了对成年人的监护，代之以照管。"两德"统一后，1998年5月德国议会通过《重新规范婚姻法的法律》（同年7月1日生效），关于结婚离婚的规定重新纳入《德国民法典》。同时在1998年7月1日生效的《子女身份改革法》《非婚生子女在继承法上的平等法》《未成年子女生活费统一法》彻底废除了非婚生子女与婚生子女在法律上的差别，从此，德国民法不再使用"非婚生子女"一词。[2] 1980年1月1日生效的《关于父母照顾权的修订法案》（简称"照顾权改革法"）认为，父母照顾权仅为纯粹工具，其存在的意义在于实现子女之福利。在非婚父母照顾权的改革方面，1991年联邦宪法法院指示，允许非婚生子女的父母共同行使父母照顾权。为实现这一目的，立法者设立了"照顾声明"制度：父母双

〔1〕　［德］迪特尔·施瓦布："20世纪德国婚姻家庭法改革综述"，王葆莳译，载夏吟兰、龙翼飞主编：《家事法研究》社会科学文献出版社2012年版，第363～364页。

〔2〕　郑冲、贾红梅译：《德国民法典》，法律出版社1999年版，第3～4页。

方在公开文件上作出声明，表达愿意共同"承担"照顾权，即发生共同照顾的效果。[1]

（二）英美法系国家的婚姻家庭单行法

英美法系以起源于日耳曼习惯法的普通法为基础，判例法为主要表现形式，以英国、美国法律制度为代表，包括加拿大、澳大利亚等英联邦国家及一些原英属殖民地国家。英美法系诸国将婚姻家庭法作为私法的一部分，其表现形式是以判例法为主，以单行成文法为辅。

英国的婚姻家庭法有自身的历史传统。中世纪以来，普通法和衡平法在调整婚姻家庭关系方面发挥了重要作用，后来才更多地采用了成文法的形式。在婚姻家庭法近现代化的过程中，英国早期的立法改革比较缓慢。1836 年《婚姻条例》始承认民事婚，1898 年《婚姻条例》始规定不以举行宗教仪式为结婚的必经程序，1857 年《处理夫妻案件法》始开离婚之禁。在早期立法中，妻依附于夫，父母对未成年子女的监护权不平等。1870 年《已婚妇女财产法》颁行后，妻的财产权利有所扩大，1882 年在法律上允许采用夫妻分别财产制，规定妻有独立的缔结契约的权利。

第二次世界大战之后，英国婚姻家庭法律制度的改革步伐加快，陆续颁布的婚姻家庭方面的单行法达 80 多项，主要有 1949 年《婚姻条例》、1964 年《已婚妇女财产法》、1967 年《堕胎法》和《夫妻住所法》、1969 年《家庭改革法》和《离婚改革法》、1976 年《收养条例》等。这些法律有许多突破，例如，取消若干具有封建色彩的习惯法；放宽对结婚和离婚的限制，在离婚法定理由上，以婚姻无可挽回地破裂代替过错离婚原则；确定夫妻享有自由选择姓氏和住所的权利；改变传统上不准认领非婚生子女的规定；等等。与大陆法系国家制定法不同，英国婚姻家庭制定法无严格的程序法和实体法之分，"几乎每一个制定法法案都既有实体性调整规范，又包有大量的程序性规定"。[2]

在美国，一方面，法律对婚姻家庭关系的调整一直以州立法为主，各州宪法对本州婚姻家庭法的制定具有指导作用。另一方面，各州婚姻家庭法也不得与联邦宪法原则相违背，并受到联邦判例法和制定法的影响。各州婚姻家庭立法的规定有许多是不一致的，例如，男女法定婚龄的规定各州不一，关于婚姻障碍的列举也不尽相同。但是，一州确认的合法婚姻，其他州也承认合法。关于婚姻的效力，各州均规定夫妻有同居、扶养等义务；关于夫妻财产制，许多州采分别财产

---

〔1〕　〔德〕迪特尔·施瓦布："20 世纪德国婚姻家庭法改革综述"，王葆莳译，载夏吟兰、龙翼飞主编：《家事法研究》，社会科学文献出版社 2012 年版，第 373 页。

〔2〕　蒋月等译：《英国婚姻家庭制定法选集》，法律出版社 2008 年版，第 1 页。

制，有些州则对特定财产实行共同财产制；关于婚姻的解除，各州法律均实行诉讼离婚方式，不承认协议离婚。对于离婚的法定理由，20世纪60年代末，加利福尼亚州率先实现了从有责主义到破裂主义的转变。目前所有州都准许以婚姻破裂为依据的无过错离婚，在具体规定上则宽严有别。为减少州际法律冲突，美国州法律全国统一委员会在家庭法领域先后制定了许多法律，主要有《统一结婚离婚法》《统一父母身份法》《统一互惠扶养费强制执行法》《州际家庭扶养法》《统一婚姻财产法》《统一收养法》等。其中，《统一互惠扶养费强制执行法》《州际家庭扶养法》等已经被所有州认可，成为各州的重要立法，而《统一结婚离婚法》则被部分州全部或部分采用，但它对未采用的州也产生了重要影响。[1]

三、作为独立法律部门的社会主义国家婚姻家庭法

1918年苏联社会主义革命胜利后，苏联法学界对婚姻家庭法的地位形成共识，认为社会主义婚姻家庭法是独立于民法的法律部门。以1918年《俄罗斯联邦户籍登记、婚姻、家庭和监护法典》为标志，其后成立的社会主义国家均仿效苏联立法模式，将婚姻家庭法从民法中分离出来，单独制定法典，形成独立的法律部门。中国（1950年）、罗马尼亚（1954年）、捷克斯洛伐克（1963年）、德意志民主共和国（1965年）、保加利亚（1973年）、古巴（1975年）、阿尔巴尼亚（1982年）都颁行了本国的婚姻家庭法。越南于1959年制定了《婚姻法》，1986年改名为《婚姻家庭法》。

苏联婚姻家庭立法以加盟共和国为本位。各加盟共和国婚姻家庭和监护法典是婚姻家庭法的基本渊源，而适用于全联盟的相关法律则是各加盟共和国婚姻家庭法的立法依据。在20世纪40年代，依照苏联最高苏维埃主席团命令，俄罗斯和其他加盟共和国的婚姻家庭和监护法典有重大修改和补充。1968年苏联最高苏维埃颁行《苏维埃社会主义共和国联盟和各加盟共和国婚姻家庭立法纲要》。1969年俄罗斯联邦依据上述纲要颁行了新的婚姻和家庭法典，乌克兰等其他加盟共和国的婚姻家庭法典也作出相应修改。1979年苏联最高苏维埃主席团发布修改上述纲要的命令，各加盟共和国均采取相应的立法措施。

苏联解体后，俄罗斯联邦于1995年制定新的家庭法典——《俄罗斯联邦家庭法典》。该法典从1996年3月1日起施行，原《俄罗斯苏维埃联邦社会主义共和国婚姻和家庭法典》《苏维埃社会主义共和国联盟和各加盟共和国婚姻家庭立法纲要》以及原最高苏维埃主席团颁行的有关婚姻家庭的法令，不再适用于俄罗斯联邦。新的《俄罗斯联邦家庭法典》分总则、结婚和婚姻终止、夫妻的权利

---

〔1〕　夏吟兰：《美国现代婚姻家庭制度》，中国政法大学出版社1999年版，第12～13页。

和义务、父母和子女的权利和义务、家庭成员的扶养义务、无父母照管的子女的教育方式、家庭立法对外国人和无国籍人的适用、附则8编，共21章170条。该法典第1条第3款确定调整婚姻家庭关系的原则是：男女自愿结婚、夫妻在家庭中权利平等、通过相互协商解决家庭内部问题、子女的家庭教育优先、关心子女的物质生活和成长、优先保护未成年人和丧失劳动能力家庭成员的权益。法典规定，结婚必须男女双方同意，并且双方均满18周岁。在征得准备结婚之人同意的前提下，国家和地方医疗保健机构无偿向他们提供医疗检查；医疗检查结果征得被检查人同意后，方可告知将与之结婚的对方。[1] 关于夫妻地位，法典第31条明确指出：夫妻在家庭中平等。夫妻中任何一方都有选择工作、职业、目的地和居住地的自由；父母与子女的关系问题、子女的培养教育问题和其他家庭生活问题，依据平等原则由夫妻共同解决；夫妻应建立以互敬互助为基础的家庭关系，促进家庭的幸福和巩固，关心子女的物质生活条件和成长。法典确定共有制为法定夫妻财产制，在列举夫妻共有财产范围之后，第34条第3款特别指出"在婚姻期间从事家务、照管子女或者由于其他正当原因而没有独立收入的夫妻一方也享有夫妻财产共有权"。关于婚姻的终止，法典确立登记离婚和诉讼离婚两种方式。有下列两种情形之一的，方可在户籍登记机关办理离婚登记：①夫妻双方没有共同的未成年子女；②夫妻一方被法院宣告失踪或者被宣告为无行为能力的人，或者因犯罪被判处剥夺自由3年以上的人，无论是否有共同的未成年子女，经一方申请，可在户籍登记机关办理离婚手续。离婚登记须在当事人双方提出离婚申请之日起满1个月后，方可办理。[2]

适用诉讼程序的离婚有两种情形：①夫妻双方有共同的未成年子女；②夫妻一方不同意离婚，或者虽对离婚无反对意见但拒绝提交离婚申请，不到户籍机关办理离婚登记的。法院准予离婚的标准是"夫妻双方已无法继续共同生活和维持家庭"。[3] 在诉讼程序上法院须调解以使双方和好，双方和解无效，并在3个月的和解期届满后，一方仍坚持离婚的，法院方可作出离婚判决。此外，法典还对未成年子女的权利、父母的亲权、家庭成员之间的扶养义务以及收养等有详尽规定，这些规定总体上体现了儿童利益优先的立法宗旨。

---

〔1〕《俄罗斯联邦家庭法典》第12、13、15条，载中国法学会婚姻法学研究会编：《外国婚姻家庭法汇编》，群众出版社2000年版，第465页、第468～469页。
〔2〕《俄罗斯联邦家庭法典》第19条。
〔3〕《俄罗斯联邦家庭法典》第22条。

【思考题】

1. 如何区分形式意义的婚姻家庭法与实质意义的婚姻家庭法?
2. 婚姻家庭法的特征有哪些?
3. 婚姻家庭法上的财产关系与其他民事法律调整的财产关系的区别有哪些?
4. 我国 1980 年《婚姻法》对 1950 年《婚姻法》有哪些发展?
5. 如何看待我国婚姻家庭法向民法的回归?

第二章

第三章

亲属关系原理

学习目的与要求　学习本章应理解亲属的概念，把握亲属的特征和种类；了解亲属的法律效力以及亲属关系的产生和终止；熟悉亲系的概念及其划分，理解直系血亲和旁系血亲的概念和范围；掌握亲等的概念，能够熟练地运用罗马法亲等计算法和我国《婚姻法》规定的计算方法计算亲属关系的亲疏远近。

■第一节　概述

亲属是人类社会的一种重要的社会关系，其存在久远。亲属关系一经法律调整，便在具有亲属身份的主体之间产生法定的权利和义务。亲属制度是社会制度的组成部分。我国现行婚姻家庭法律尚未对亲属制度进行全面、系统地规定，但在婚姻法、民法、继承法、诉讼法、国籍法等有关法律中，从不同角度对亲属关系作了具体规定。

一、亲属的概念与特征

（一）亲属的概念

亲属的概念具有广义和狭义之分，广义的亲属是指一切具有婚姻、血缘或法律拟制血亲关系的人，范围很广，包括受法律调整或不受法律调整的所有的具有婚姻、血缘或法律拟制关系的成员。"亲属关系是根据生育和婚姻事实所发生的社会关系。从生育和婚姻所结成的网络，可以一直推出去包括无穷的人，过去的、现在的和未来的人。"[1] 狭义的亲属是指具有婚姻、血缘或拟制血亲关系，同时彼此具有法律上的权利义务关系的成员。

亲属和婚姻家庭之间有着密切的关系。婚姻是一切亲属关系的源泉，家庭是

---

〔1〕　费孝通：《乡土中国生育制度》，北京大学出版社1998年版，第26页。

由一定范围的亲属组成的。在不同的社会制度下，亲属关系所起的作用是有区别的。越是在距今较远的古代，亲属关系的作用越大。在当今社会，亲属关系在婚姻家庭中也起着相当重要的作用。

（二）亲属的特征

亲属按其形成特点的不同，可以分为生物学上的亲属和法律学上的亲属。生物学上的亲属，是指因遗传学规律自然形成的血缘亲属，它可以世代延续下去；法律学上的亲属，是指法律规定和承认的亲属，它包括自然形成的血亲，还包括法律所确认的无血缘关系的亲属。法律学意义上的亲属特征有以下几点：

1. 亲属是一种以婚姻和血缘为纽带的社会关系。亲属不同于一般的社会关系，它是一种以两性结合和血缘联系为自然条件的社会关系。①结婚是亲属产生的基础。男女因结婚而形成夫妻关系，也称配偶关系，由此产生夫对妻的父母、兄弟姐妹以及妻对夫的父母、兄弟姐妹等的姻亲关系。②人的出生是亲属自然形成的重要原因。父母子女关系、兄弟姐妹关系以及祖父母、外祖父母与孙子女、外孙子女关系等其他亲属关系，是基于人的出生的事实而产生的，血缘是这类亲属关系的联系纽带。③拟制血亲是产生亲属的又一原因。拟制血亲是指本来没有血亲关系的人，通过某一法律行为或法律事实而创设血亲间的权利与义务关系。如通过收养法律行为，将他人的子女作为自己的子女，产生父母子女亲属关系；通过继父母与继子女之间的抚养法律事实，继父母与继子女之间产生父母子女法律关系。这类法律确认的血亲关系，为拟制血亲。但是，从根本上说，婚姻和血缘是亲属产生的最基本的前提，拟制血亲往往是建立在婚姻和血缘之上的，如养子女和其养父母的亲属产生拟制血亲，其基础是因为养父母与其亲属之间有着以婚姻和血缘为纽带的亲属关系；继父母和受其抚养教育的继子女形成拟制血亲，其生父或生母与继母或继父的结婚是这一拟制血亲关系形成的条件之一。

2. 亲属是有固定的身份和称谓的社会关系。亲属之间有着固定的身份和称谓。身份是指人在社会关系中的地位；称谓是基于身份关系而产生的名称即身份的标志。例如，生育自己的称父母，自己所生育的称子女；男的配偶称妻，女的配偶称夫。由于亲属关系多为自然血亲形成，而血亲关系一般不得变更，其存在具有永久性；婚姻关系和拟制血亲的存在类似血亲关系，与其他社会关系相比，亲属关系具有稳定性，其变更较少。因此，基于婚姻、血缘或法律拟制而产生的亲属间的身份和称谓，随这类关系的永久存在或长期存在而具有永久性或长期性的特点，相对固定。

3. 法律确定的亲属之间具有权利义务关系。亲属之间不仅具有固定的身份和称谓，而且经法律确认的亲属之间具有法律上的权利与义务关系。根据法律规定，父母子女、夫妻以及兄弟姐妹等亲属之间，具有权利义务关系。例如，父母子女之间、夫妻之间具有相互扶养的权利和义务；祖父母、外祖父母与孙子女、外孙子女之间以及兄弟姐妹之间，在一定的条件下也有扶养的权利和义务。这种法定的权利与义务是亲属社会关系特有的。正如恩格斯所指出的："父母、子女、兄弟姐妹等称谓，并不是简单的荣誉称号，而是一种负有完全确定的、异常郑重的相互义务的称呼，这些义务的总和便构成这些民族的社会制度的实质部分。"[1] 法律规定范围以外的亲属间没有权利义务关系，如叔伯与侄子女等，但法律并不妨碍他们之间自觉地履行道义上的社会责任。

此外，亲属与家长、家属、家庭成员具有以下区别：

1. 与家长和家属的区别。传统意义上的家长是指一家中为首的人，一般由家庭成员中辈分高而年长的男性担任。在奴隶社会和封建社会，家长握有经济大权，在家庭中居于支配地位，其他成员都要绝对服从他。家属是家长的对称，是指家长以外的其他家庭成员，处于从属地位。因此，家长与家属在地位上是不平等的。在现代生活中，虽然仍沿用家长和家属的称谓，但是，其含义已与过去大不相同。现代意义上的家长是指父母或其他监护人。例如，学校召开家长座谈会，父亲或母亲均可参加；如父母不能参加的，祖父母或外祖父母等亲属，都可参加。家长不再居于支配地位，所有家庭成员的地位平等。夫妻之间可互为家属。

2. 与家庭成员的区别。家庭成员是指同居一家共同生活、相互具有权利义务关系的近亲属，如夫妻、父母子女、祖孙、兄弟姐妹等。并非所有的亲属都为家庭成员，如叔、姑、舅、姨及侄、甥是亲属，但他们不是家庭成员。因此，家庭成员一般都是亲属关系，而有的亲属关系则不一定是家庭成员。

二、亲属的种类

亲属制度是婚姻家庭制度的组成部分。不同的社会有不同的婚姻家庭制度，也就有不同的亲属制度。

（一）我国古代亲属的分类

在中国古代社会，小农经济和宗法等级制度决定了家庭为封建社会的基本构成单位。封建礼法重视亲属关系，规定了过宽的亲属范围，重男系血统而轻女系血统。我国最早将亲属分为宗亲和外亲两种。明清时将妻族从外亲中分离出来，亲属分为宗亲、外亲和妻亲三种。

1. 宗亲，又称本亲或内亲，指同一祖先的男系血亲及其配偶和在室未嫁的女性亲属。宗亲是封建礼法确认的亲属，由同一宗族的成员组成，其地位高于

〔1〕《马克思恩格斯全集》第21卷，人民出版社1965年版，第40页。

外亲。

宗亲具体由下列成员组成：①同一祖先的男系血亲，一般指包括自己在内的上、下各四代共九代男系血亲，通称为"九族"。如自己为一代，直系血亲向上包括父母、祖父母、曾祖父母、高祖父母；向下包括子女、孙子女、曾孙子女、玄孙子女。还有旁系宗亲，如兄弟姐妹、堂兄妹、叔、伯等。②同一祖先的男系血亲的配偶，即嫁入的妇女，如伯母、婶母、嫂、儿媳、孙媳等。③同一祖先的未出嫁的女性，如未出嫁的女儿、姐妹、姑、侄女等。如果他们结婚，则成为丈夫的宗族成员。

2. 外亲，又称女亲、外姻、外族，是指与女系血亲相联系的亲属，包括与母亲有关的亲属和与出嫁女儿相联系的亲属。与母亲有关的亲属，如外祖父母、舅、姨及表兄妹等。与女儿相联系的亲属，如女婿、外孙子女和姑夫及其子女等。外亲的地位不如宗亲，范围很窄。如母亲的亲属仅算及上下两代，从母亲上溯至她的父母，旁及她的兄弟姐妹，下至她的兄弟姐妹之子，即外祖父母、舅、姨及舅姨的子女，超出这个范围的人就不算亲属。而父系方面的亲属包括上下九代，范围很宽。

3. 妻亲，指与妻子相联系的亲属，包括妻的父母、妻的兄弟姐妹及其子女等。妻亲的范围比外亲更窄。

上述亲属的分类体现了当时社会以宗法为本，具有重男轻女的色彩，早已被淘汰。

（二）现代亲属的分类

现代各国对亲属有两种分类法：①将亲属分为血亲和姻亲两种，如德国、瑞士等国民法典；②将它分为血亲、姻亲和配偶三种，如日本民法典。关于配偶应否作为亲属的组成部分，又有两种不同的主张：①法理主义，认为配偶为血亲、姻亲关系产生的基础和源泉，其本身不发生亲缘关系，又无亲系、亲等可分，所以不应列入亲属范围；②实效主义，认为既然配偶是产生血亲、姻亲关系的源泉，当然应属于亲属范围，否则，"配偶的血亲"为亲属，而配偶之间不算亲属，则不近情理。而且，与其他亲属相比，配偶关系更为密切，所以应列入亲属范围。

现代各国大都根据亲属产生的原因，将亲属分为配偶、血亲和姻亲三种。

1. 配偶。配偶，即夫妻，是指男女双方因结婚而产生的亲属关系。在婚姻关系存续期间，夫妻互为配偶。配偶是血亲的源泉，姻亲关系形成的基础，在亲属关系中起着承上启下的作用。

2. 血亲。血亲是指有血缘关系的亲属。根据血缘的来源不同，分为自然血亲和法律拟制血亲。

（1）自然血亲，指因出生而形成的、源于同一祖先的有血缘联系的亲属。如父母子女、兄弟姐妹等。自然血亲又可分为全血缘的自然血亲和半血缘的自然血亲。全血缘的自然血亲是指同父同母的兄弟姐妹，即同胞兄弟姐妹；半血缘的自然血亲是指同父异母或同母异父的兄弟姐妹。我国《婚姻法》有关兄弟姐妹的权利义务方面的规定，既适用于全血缘的兄弟姐妹，也适用于半血缘的兄弟姐妹。

（2）法律拟制血亲，指本来没有血缘关系，但由法律确认其具有与自然血亲同等的权利义务的亲属。例如，养父母与养子女之间、继父母和受其抚养教育的继子女之间的权利义务，适用婚姻法对父母子女关系的规定。

3. 姻亲。姻亲是指以婚姻关系为中介而产生的亲属。男女结婚以后，配偶一方与另一方的亲属之间产生姻亲关系。例如，儿媳与公婆、女婿与岳父母、丈夫与妻子的兄弟姐妹、妻子与丈夫的兄弟姐妹之间等为姻亲。

姻亲分为三种：

（1）血亲的配偶，指自己直系、旁系血亲的配偶。例如，儿子的妻子、女儿的丈夫是自己直系血亲的配偶；兄弟的妻子、姐妹的丈夫是自己旁系血亲的配偶。

（2）配偶的血亲，指自己配偶的血亲。这包括配偶的直系血亲，如丈夫的父母即公婆、妻子的父母即岳父母；还包括配偶的旁系血亲，如妻子和丈夫的兄弟姐妹。

（3）配偶的血亲的配偶，指自己配偶的血亲的丈夫或妻子。例如，丈夫的兄弟的妻子（妯娌），妻子的姐妹的丈夫（连襟）等。

三、法定近亲属范围

法律对于亲属关系的调整须规定特定的范围。因为，亲属关系以夫妻或父母子女为连接中心，上下各代连绵不断，左右血缘联系无穷。如果不划分界限，其范围将极其广泛。因此，各国根据本国的风俗民情和传统习惯，对亲属作出规定，并对亲属关系的亲疏远近规定了具体的计算方法。关于亲属范围的限定，一般有两种法例：①总体概括性限定法，即法律对亲属范围从总体上作概括性规定，然后根据亲属的种类和亲等的远近，再规定其法律效力。例如，《日本民法典》[1] 第725条规定："六亲等内的血亲和配偶以及三亲等以内的姻亲为亲属。"②个别适用性限定法，即法律根据不同法律关系的需要，对亲属的法律效力作出具体的规定。这样比较灵活和适用性强。如规定禁止一定范围内的亲属结婚；规

---

〔1〕　王书江译：《日本民法典》，中国人民公安大学出版社1999年版。

定一定范围内的亲属具有扶养义务等。我国法律就是采用个别适用性限定法。例如，《婚姻法》禁止直系血亲和三代以内旁系血亲结婚；规定了夫妻、父母子女、祖孙以及兄弟姐妹之间的扶养义务。此外，《民法通则》《刑法》《国籍法》以及三大诉讼法等法律，都对亲属效力作出了限定性规定。可以说，上述法律明确规定赋予某些亲属间权利义务的即为近亲属，其他为远亲。

■第二节　亲系与辈分

一、亲系

亲系是指亲属间的血缘联系，或称亲属的系统。根据亲属间的血缘联系的状况和特点不同，可划分出不同的亲属系统。根据亲属间血缘关系亲疏远近的不同，可分为直系血亲与旁系血亲；根据亲属关系性别的不同，可分为男系亲与女系亲；根据亲属血缘的来源不同，可分为父系亲与母系亲；根据亲属间辈分不同，可分为长辈亲、晚辈亲和平辈亲。

（一）直系血亲和旁系血亲

1. 直系血亲和直系姻亲。直系血亲是指有直接血缘联系的亲属，包括生育自己和自己所生育的上下一代的亲属，如父母与子女、祖（外祖）父母与孙（外孙）子女、曾祖（外祖）父母与曾孙（外孙）子女等。养父母与养子女、形成抚育关系的继父母与继子女之间，是拟制的直系血亲。直系血亲是最亲密的血亲，三代以内的直系血亲间的法定权利义务较多。

直系姻亲是指己身的晚辈直系血亲的配偶或己身的配偶的长辈直系血亲。例如，自己的儿媳、孙媳，自己的公婆、岳父母等均是自己的直系姻亲。

2. 旁系血亲和旁系姻亲。旁系血亲是指具有间接血缘联系的亲属，即除直系血亲以外的，与自己同出一源的亲属。例如，与自己同源于父母的兄弟姐妹；与自己同源于祖父母的伯、叔、姑及堂兄妹和姑表兄妹；与自己同源于外祖父母的舅、姨及表兄妹等。旁系血亲的范围很广，呈网络状向外延伸。其中，只有兄弟姐妹之间具有附条件的法定权利义务；三代以内的旁系血亲之间禁止结婚。

旁系姻亲是指自己旁系血亲的配偶或自己配偶的旁系血亲以及自己配偶的旁系血亲的配偶三类人。例如，自己的嫂子、姐夫、侄媳；自己的小舅子或大伯子；自己的妯娌或连襟，均为自己的旁系姻亲。

（二）男系亲和女系亲

男系亲是指与男子血统相联系的亲属。女系亲是指与女子血统相联系的亲属。封建社会的宗亲即男系亲，如高祖以下、玄孙以上，旁及族兄弟姐妹等九代均为男系亲。女系亲即封建社会的外亲，包括母系亲、女系亲和妻亲等（详见我国古代亲属分类）。

（三）父系亲和母系亲

父系亲是以父亲为中介而产生的亲属。母系亲是指以母亲为中介而产生的亲属。父系亲和男系亲，母系亲和女系亲，既有联系又有区别，有时还相重叠。例如，父亲的兄弟之子女，既是男系亲又是父系亲，相互重合，而父亲的姐妹之子女，为父系亲，但非男系亲。因其间有父之姐妹为中介，故只能为女系亲。

二、辈分

辈分为亲属关系的横向位置。根据血亲的辈分不同，分为长辈亲、晚辈亲和同辈亲。同一世代为一辈。辈分有长辈、平辈、晚辈之分。长辈又有父辈、祖辈之分；晚辈又有子辈、孙辈之分；同辈之内为排行，分长幼。

长辈亲又称尊亲属，指辈分高于自己的亲属，包括父母以及父母同辈以上的亲属。例如，父母、祖父母、外祖父母为自己的直系长辈血亲；伯、叔、姑、舅、姨及祖父母、外祖父母的兄弟姐妹等，是自己的旁系长辈血亲。

晚辈亲又称卑亲属，指辈分低于自己的亲属，包括子女以及子女同辈以下的亲属。例如，子女、孙子女、外孙子女为自己的晚辈直系血亲；侄子女、外甥、外甥女等为自己的晚辈旁系血亲。

同辈亲又称平辈亲，指辈分与自己相同的亲属。例如，同胞兄弟姐妹、兄弟姐妹和表兄弟姐妹等。同辈亲均为旁系血亲。

■第三节　亲等

亲属关系不仅有配偶、血亲、姻亲之分类，同时还有亲疏远近之分。衡量亲属关系远近的方法主要是采用亲等来计算。亲等是计算亲属关系远近的单位，即每经一代为一亲等。亲等数越少，亲属关系越近。世界上有两种亲等计算法：①为世界多数国家所采用的罗马法亲等计算法；②为部分国家所采用的寺院法的亲等计算法。我国《婚姻法》未采用亲等计算法，而是沿用世代计算法。以下分述：

一、罗马法亲等计算法

罗马法亲等计算法是古罗马帝国使用的计算亲属关系远近的单位，是目前国际上通用的亲等计算方法。

1. 直系血亲的亲等计算法。从自己往上数，每经一代为一亲等；从自己往下数，每经一代也是一亲等。例如，父母与子女之间是一亲等；祖（外）父母与孙（外）子女之间是二亲等。

2. 旁系血亲的亲等计算法。从自己往上数至双方共同的直系血亲即同源人，每经一代为一亲等；再往下数至要计算的人，也是每经一代为一亲等，所有数字相加即得出亲等数。例如，计算自己与兄弟姐妹的亲等，首先找到自己与兄弟姐妹的血缘同源人即父母，分别从自己和兄弟姐妹这两边往上数至父母，两边分别为"1"，再将两边的数字相加（1＋1），则自己与兄弟姐妹为二亲等旁系血亲；或先从自己往上数至父母为一亲等，然后再从父母往下数至兄弟姐妹为二亲等，二亲等即是自己与兄弟姐妹的亲等数。具体可参见全书末附的《罗马法、寺院法亲等计算图》。

二、寺院法亲等计算法

寺院法亲等计算法是中世纪教会法计算亲属关系远近的单位，目前为少数国家所采用。

1. 直系血亲的亲等计算法。直系血亲的亲等计算法与罗马法相同。

2. 旁系血亲的亲等计算法。从自己和所要计算的人，分别往上数至血源同源人，两边的亲等数相等时，就采用一边的亲等数；如果亲等数不等，则采用多者一方的亲等数。例如，计算自己与兄弟姐妹的亲等，双方同源人是父母，从自己与兄弟姐妹两边分别往上数，两边都是相同数字"1"，则自己与兄弟姐妹为一亲等旁系血亲；计算自己与伯、叔的亲等，双方血缘同源人是祖父母，从两边分别往上数，自己至祖父母是二亲等，伯、叔至祖父母是一亲等，两边数字不等，则取多的一边的数字，即自己与伯、叔为二亲等旁系血亲。具体可参见全书末附的《罗马法、寺院法亲等计算图》。

在计算旁系血亲关系的远近方面，寺院法亲等计算法没有罗马法亲等计算法准确。例如，计算自己与伯、叔和堂兄妹之间的亲等，用罗马法计算分别为三亲等和四亲等；用寺院法计算，都是二亲等。从血缘联系方面讲，自己与伯、叔的血缘关系明显比自己与堂兄妹的血缘关系要近些，而用寺院法计算则无区分。因此，罗马法的亲等计算法比寺院法的亲等计算法精确，被世界多数国家采用。

三、我国的亲属关系计算法

（一）我国古代的丧服制计算法

丧服，是为哀悼死去的亲属而穿的服装，用本色的粗布或麻布做成。我国古代采用丧服的不同等级差别来区分亲属关系的亲疏远近。根据样式和制作材料质量的精粗，将丧服分为五等：斩衰、齐衰、大功、小功、缌麻。用粗布做的丧服是重服，用细布做的丧服是轻服。重服表示亲属关系亲近，丧期长；轻服表示亲属关系疏远，丧期短。一等丧服斩衰最重，二等丧服齐衰次之，依次推算。

第一等斩衰，服期3年。丧服用最粗的生麻布做成，不缝衣服下边。儿子及未嫁女儿为父母，妻为夫和公婆，嫡孙为祖父母，服斩衰3年。

第二等齐衰，服期长短不等。丧服用稍粗的生麻布做成，缝衣服下边。根据所服对象，服期有杖期（1年之服，须持丧杖。杖，俗称哭丧棒；期，即1年）、不杖期（1年之服，不持丧杖）、5个月、3个月之别。夫（父母不在时）为妻、子为已与父离婚的母亲等，服齐衰杖期。孙为祖父母、出嫁女为父母、夫（父母在时）为妻，服齐衰不杖期。孙子、孙女（未出嫁）为曾祖父母服齐衰5个月。玄孙、玄孙女（未出嫁）为高祖父母服齐衰3个月。

第三等大功，服期9个月。丧服用粗熟布做成。妻为夫的祖父母，父母为子女，公婆为儿媳等，均服大功9个月。

第四等小功，服期5个月。丧服用稍粗熟布做成。己身为伯叔祖父母、堂伯叔父母，妻为夫的伯叔父母，服小功5个月。

第五等缌麻，服期3个月。丧服用细熟布做成。夫为妻的父母，妻为夫的曾祖、高祖父母，服缌麻3个月。

从上述丧服制的具体内容可看出，丧服制维护以男子为中心的宗法等级制度，重视宗亲，而表现为男女极不平等。例如，妻为亡夫要服一等斩衰3年，而夫为亡妻只服二等齐衰；妻为夫的父母服一等斩衰，而夫为妻的父母只服五等缌麻。未出嫁的女儿为父母死亡服一等斩衰，而出嫁后的女儿只能服二等齐衰。同样的血缘关系，丧服则不能真实地反映出来。因此，丧服制不能准确、客观地反映血缘关系的亲疏远近程度，已被废除。

（二）我国婚姻法的亲属计算法

我国《婚姻法》没有采用亲属计算法，而是采用简便的代数来表示血亲关系。

1. 直系血亲的亲等计算法。直系血亲是从自己算起为一代，向上数至父母为二代；至祖父母、外祖父母为三代；至曾祖父母、曾外祖父母为四代；至高祖父母、高外祖父母为五代。往下数也是如此，自己至子女为二代；至孙子女、外孙子女为三代。以此类推。

2. 旁系血亲的亲等计算法。首先找到自己与所要计算的旁系血亲的血缘同源人，然后从两边分别往上数至血缘同源人。如果两边代数相同，取同数；如果两边代数不同，则取多者一方的数字。计算时应注意：代数包括自己或所要计算的旁系血亲。例如，自己与兄弟姐妹为两代以内旁系血亲；与堂兄弟姐妹为三代以内旁系血亲；与伯叔也是三代以内旁系血亲。具体可参见全书末附的《我国直系血亲和三代以内旁系血亲图》。

　　我国以代来计算简便易行，但精确性不够。例如，自己与伯叔姑是三代以内旁系血亲，与他们的子女（堂、表兄弟姐妹）也是三代以内旁系血亲。表面上代数相同，但实际上血缘关系却有远近之别，代数计算法没有准确地反映出来。在计算旁系血亲方面，我国的代数计算法与寺院法亲等计算法有着同样的缺陷，没有罗马亲等法计算得精确。

■第四节　亲属关系的法律效力

一、亲属法律关系

（一）亲属法律关系的概念

　　亲属事实关系是指一种以两性结合和血缘联系为自然条件的亲属社会关系。亲属法律关系是指由婚姻法调整的亲属关系。亲属法律关系与亲属事实关系的区别在于，后者未经法律调整，只是一种事实社会关系。而前者是根据法律发生的，或者虽非根据法律发生，但法律已对关系主体双方的权利和义务作出了规定，亲属关系已进入法律调整之中：其相应权利受到法律保护，相应的义务必须履行，如违反义务应承担相应的法律责任。

　　亲属法律关系与亲属事实关系往往是一体的。因为，亲属关系不同于其他社会关系，它是亲属关系主体即自然人的生存方式受到法律、道德、风俗习惯等多种因素的调整和影响。在古代社会，道德和风俗习惯的调整作用较大；而在现代法制社会，一方面，一定范围的亲属关系主要受到法律的调整，因而上升为亲属法律关系；另一方面，法律调整的亲属关系的范围是有限的，亲属法律关系以外的没有受到法律调整的亲属之间，仍然是亲属事实关系。亲属事实关系的范围大于亲属法律关系。受婚姻家庭法所调整的是亲属法律关系而非亲属事实关系。

　　（二）亲属法律关系的主体

　　亲属法律关系的主体，是指依法享有婚姻法规定的权利和承担其相应的义务的人，其中享有权利的一方为权利主体，承担义务的一方为义务主体。亲属法律关系的主体范围主要是具有婚姻、血缘或法律拟制血亲关系的自然人，如基于出生事实产生的父母子女法律关系，主体为父母子女；因结婚行为而产生的夫妻法律关系，主体为夫妻；因收养行为而产生的拟制父母子女关系，主体为养父母与养子女。

　　亲属法律关系主体的权利能力是指作为主体享有婚姻家庭权利和承担婚姻家庭义务的法律资格，主体的权利能力是平等的；亲属法律关系主体的行为能力是指主体能够以自己的行为享有权利和承担义务的资格。主体之间的行为能力不是完全相同的，取决于主体的智力、年龄、身心健康情况和经济能力等，如在扶养法律关系中，扶养义务人必须成年，具有一定的经济条件，才具有赡养父母或抚养子女的行为能力。

亲属法律关系的主体具有平等的法律地位。虽然主体的身份和称谓不同，但其法律地位相同，这是由我国平等的家庭关系决定的。自新中国成立以来，我国就废除了封建社会不平等的人身依附关系，建立起新型的平等的家庭成员关系。所以，婚姻家庭法律关系的主体之间，不因年龄、性别不同，而是完全平等的。

（三）亲属法律关系的内容

亲属法律关系的内容，是指主体依法享有的婚姻家庭权利和承担的相应的婚姻家庭义务。

1. 婚姻家庭权利。婚姻家庭权利是由婚姻法赋予主体享有的权利的总称。根据婚姻家庭权利的性质，可将其权利分为人身权和财产权两大类。

婚姻家庭人身权，是指与权利主体的人格和身份有关的权利，体现为与主体人身不可分离的利益，主要有婚姻自主权、配偶权、亲权、亲属权等。

婚姻家庭财产权，是指基于家庭成员的身份关系和共同生活而发生的与财产相关的权利，如家庭成员之间的扶养权、家庭成员共同财产所有权、夫妻共同财产所有权及其相应的财产管理权，家庭成员个人财产权，夫妻个人财产权等。

2. 婚姻家庭义务。婚姻家庭义务指由婚姻家庭法规定的主体依法必须为一定的行为或不为一定的行为，以实现主体的权利。义务可以分为作为和不作为两种。作为是指义务人必须积极为一定行为以实现权利人的利益。如扶养义务是一种作为，义务人须积极实施扶养行为，才能满足权利人的需要，对此义务，义务人不得抛弃。不作为是指权利人权利的实现不需要义务人为积极行为。例如，对婚姻家庭中的某些人身权如婚姻自由权的实现，义务人就有不作为的义务，即不得实施干涉他人婚姻自由的行为。

（四）亲属法律关系的客体

亲属法律关系的客体，是指婚姻家庭权利与义务所指向的对象。由于婚姻家庭权利既有身份权又有财产权，且以身份权为主，所以，婚姻家庭权利的客体表现为利益、行为和物。

婚姻家庭人身权的客体一方面体现为与主体人格和身份有密切联系的利益，如婚姻自主权、配偶权和亲权中的人格利益和身份利益；另一方面体现为实现主体利益、满足权利人需要的行为，如扶养行为、监护行为。

婚姻家庭财产权的客体表现为物，由家庭成员的共同生活和财产的共同共有关系性质决定，家庭财产权的客体通常体现为夫妻共同财产、夫妻个人财产和家庭共同财产，另外还有其他家庭成员个人财产等。

二、亲属关系的发生

亲属关系的发生，是指一定的法律事实的出现使当事人之间产生亲属关系。亲属关系既可以因行为发生，如结婚行为；也可以因事件发生，如出生事实。由于血亲和姻亲产生的原因不同，血亲中自然血亲和拟制血亲又有不同，以下分述：

1. 自然血亲关系的发生。出生是自然血亲发生的唯一原因，如父母子女关系、兄弟姐妹关系等，都是以出生这一事件为发生原因。非婚生子女与生父母的血亲关系同样是基于出生这一事件而发生的，不管生父母是否认领，不影响非婚生子女与生父母之间血亲关系的客观存在。

2. 拟制血亲关系的发生。拟制血亲一般经过一定的法律行为而发生。如收养法律行为的实施，使本来没有自然血亲关系的养父母与养子女之间产生父母子女拟制血亲关系。继父母和形成抚养教育关系的继子女之间发生父母子女拟制血亲关系。

3. 配偶关系的发生。配偶是因结婚法律行为的实施而发生的亲属关系，结婚是配偶关系产生的唯一原因。在我国，当事人必须依法履行结婚登记程序，取得结婚证，才产生合法夫妻关系。配偶关系的发生，以取得结婚证的时间为准。

4. 姻亲关系的发生。姻亲是由婚姻关系而发生的亲属关系。婚姻的成立是姻亲关系发生的基础。婚姻成立的时间即为姻亲关系发生的时间。

三、亲属关系的终止

亲属关系的终止，是指因一定的法律事实的出现而终止亲属关系。终止亲属关系的法律事实有事件和行为，血亲关系的终止原因一般是事件，如人的死亡；配偶和姻亲关系的终止原因既包括事件如死亡，也包括行为如离婚。

1. 自然血亲关系的终止。自然血亲关系因死亡而终止。死亡包括自然死亡和宣告死亡。自然死亡的时间和法院宣告死亡判决生效的时间是自然血亲关系终止的时间。自然血亲关系不能通过法律或其他手段人为地解除，例如，收养成立后，被收养人与亲生父母虽然终止了父母子女之间的权利义务关系，但其自然血亲关系并不终止，有关自然血亲方面的法律如禁止近亲结婚的规定，对其仍然适用。

2. 拟制血亲关系的终止。拟制血亲关系除因死亡而终止外，还可因法律行为而终止，如解除收养关系。拟制血亲一方死亡以后，即终止双方的权利义务关系，但双方的身份关系并没有当然消灭。因法律行为人为地解除拟制血亲，则双方的身份关系消灭。有关拟制血亲终止的时间，如因死亡而终止，则以自然死亡

第三章

或宣告死亡的判决生效为准；因法律行为而终止的，则以双方达成协议依法生效的时间、法院准予解除亲属关系的调解书或判决书生效的时间为拟制血亲的终止时间。

3. 配偶关系的终止。配偶关系因婚姻的终止而终止。婚姻的终止有两种原因：①因配偶一方自然死亡或宣告死亡而终止；②因法律行为（即双方离婚）而终止。婚姻因死亡而终止，终止的是双方的权利义务关系，而身份关系没有消灭。自然死亡和判决宣告死亡生效的时间为配偶关系终止的时间。双方办理离婚登记而取得离婚证的时间，法院的离婚调解书或离婚判决书生效的时间均为配偶关系终止的时间。

4. 姻亲关系的终止。姻亲关系因结婚而发生，一般因离婚而终止，也可因一方死亡而终止。夫妻离婚以后，一方与他方亲属之间的姻亲关系自然消灭。夫妻一方死亡，其姻亲关系并不自然终止。根据我国《继承法》和有关司法解释，丧偶儿媳对公婆，丧偶女婿对岳父母，尽了主要赡养义务的，仍可作为第一顺序法定继承人。从这一规定看出，我国的姻亲关系不是因配偶一方死亡而自动终止。姻亲关系是否终止，在一定程度上取决于当事人的愿望。有关法律规定及司法解释的目的在于鼓励发扬养老育幼的优良传统，促进家庭成员间的互助团结。

四、亲属的法律效力

亲属关系一经法律调整，就会产生一定的法律后果，即为亲属的法律效力。

中国古代亲属的法律效力十分强大，涉及民事、刑事、行政、诉讼等诸多领域。在婚姻家庭关系方面，同姓不婚，父母与子孙不得别籍异财，直系亲属之间有扶养义务等。在民事方面，对不动产的买卖，亲属享有优先购买权等。在刑法方面，对亲属之间的伤害行为追究刑事责任时，完全根据丧服制上的亲疏、长幼的次序进行。伤害一等丧服亲属的，承担最重的刑事责任；伤害二等亲尊长的，罪责次于伤害父母、祖父母；伤害大功、小功、缌麻尊长的，逐渐递减刑事责任。例如，根据唐律规定，殴打伯叔父母：徒3年；殴打祖父母、父母：斩。反之，尊长越亲，伤害卑幼所负的刑事责任越轻；尊长越疏，伤害卑幼所负的刑事责任越重。但对危害皇族和统治阶级利益的犯罪，则采取株连九族的酷刑，即一人犯罪灭绝其亲属与家族。在诉讼法方面，法律上对亲属身份有许多特别程序和特别规定，如亲属相隐原则，法律允许包庇亲属犯罪，如果亲属告发，告发者要受到惩罚。卑幼告发尊长的，亲属关系越近，对告发者处罚越重，依次递减。但是，法律规定谋反、谋叛等重大危害统治阶级利益的犯罪不适用亲属相隐的规定。在诉讼程序上还有回避制度，办案人员与当事人有亲属关系的，应自行回避。

　　根据我国现行法律规定，亲属关系的效力主要表现在以下领域：

　　1. 在婚姻家庭法上的效力。这是亲属关系法律效力最直接的表现，法定亲属间的权利和义务，都是基于这种效力而产生的。一定范围的亲属有相互扶养的义务；直系血亲和三代以内的旁系血亲禁止结婚；家庭及夫妻之间有法定的共同财产；亲属有相互继承遗产的权利；一定范围内的亲属是无民事行为能力人和限制行为能力人的监护人；等等。

　　2. 在民法上的效力。一定范围内的亲属为无民事行为能力人和限制民事行为能力人的法定代理人；近亲属可依法对失踪的亲属向法院提出宣告失踪和宣告死亡的申请；失踪人的财产由其一定范围内的亲属代管；根据亲属关系的亲疏远近确定法定继承人的范围和顺序；一定范围内的亲属可以成为遗嘱继承人；晚辈直系血亲在特定情况下有代位继承权。

　　3. 在刑法上的效力。一定的亲属关系才构成某些犯罪的主体，如虐待罪、遗弃罪；某些告诉才处理的犯罪，由被害人的近亲属告诉。

　　4. 在诉讼法上的效力。无论在民事诉讼还是刑事诉讼中，承办人员是当事人的近亲属时，应回避；一定的亲属可担任民事诉讼或刑事诉讼的代理人；被告人的近亲属经被告同意，可以提出上诉等。

　　5. 在国籍法上的效力。中国国籍的自然取得，依据一定的亲属关系，如父母双方或一方为中国公民，本人出生在中国，则具有中国国籍；外国人或无国籍人是中国人的近亲属，可以申请批准加入中国国籍。

　　此外，亲属关系在劳动法、行政法等领域均有一定的法律效力。

【思考题】

　　1. 什么是亲属？亲属关系有什么特点？

　　2. 亲属有哪些种类？

　　3. 什么是直系血亲？什么是旁系血亲？

　　4. 什么是亲等？罗马法亲等制与寺院法亲等制是如何计算亲属关系远近的？

　　5. 亲属关系发生和终止的原因是什么？

　　6. 亲属关系在婚姻家庭法和其他民事法律上的效力主要有哪些？

第四章

婚姻家庭法的基本原则

学习目的与要求　本章学习目的是明确、掌握婚姻法的总体要求和基本原则。总体要求是：夫妻应当互相忠实，互相尊重；家庭成员间应当敬老爱幼，互相帮助，维护平等、和睦、文明的婚姻家庭关系。基本原则是：婚姻自由，一夫一妻，男女平等，保护妇女、儿童和老人的合法权益，实行计划生育。婚姻法的总体要求和基本原则是我国合法婚姻家庭制度的核心，是贯穿在婚姻法各章各节中的指导思想。如有违反，则要视其情节轻重承担相应的法律责任。

■第一节　概述

婚姻法的总体要求和基本原则是在革命和建设进程中逐步发展和完善的。建国初期的 1950 年《婚姻法》就明确规定了婚姻自由、一夫一妻、男女权利平等、保护妇女和子女合法利益的四项基本原则。同时在夫妻关系方面，也规定了夫妻有互爱互敬、互相帮助、和睦团结、劳动生产、教育子女、为家庭幸福和社会建设而共同奋斗的义务。1980 年《婚姻法》针对新情况新问题作了重要的修改：①扩大了一项原则的内容，在保护妇女儿童原则中增加了"保护老人"；②补充了一项新的原则，即实行计划生育。2001 年《婚姻法修正案》在继续肯定历次所确立原则的同时，又作了新的规定。一方面从总体上规范了婚姻家庭关系，提出了要求；另一方面，对如何贯彻基本原则，增加了新的内容。

2001 年修正的《婚姻法》第 4 条规定："夫妻应当互相忠实，互相尊重；家庭成员间应当敬老爱幼，互相帮助，维护平等、和睦、文明的婚姻家庭关系。"这是从总体上对人们的婚姻家庭提出的要求，反映了马克思主义的婚姻家庭观。一个家庭有两种关系：①婚姻关系，也就是夫妻关系或配偶关系；②家庭关系，除夫妻关系以外的父母子女关系、祖孙关系和兄弟姐妹关系。

婚姻是男女双方以永久共同生活为目的的结合。由婚姻而形成的夫妻双方是平等主体，双方具有同等的法律地位，这是男女平等原则的必然要求。这也是夫妻之间互相忠实、互相尊重的思想基础。夫妻之间应当互相忠实、互相尊重，保持性关系的专一性，夫妻任何一方都不应有婚外性行为。在婚姻关系存续期间，如果一方不忠实，则要根据情节的轻重，令其承担道义责任、民事责任或刑事责任。这一规定对于夫妻关系来说，既有规范性，又有导向性。法律要求夫妻互相忠实并不意味着用法律手段强行维持感情确已破裂的夫妻关系。但是，有过错的一方应该付出相应的代价。

家庭关系是指除夫妻关系以外的家庭成员关系。家庭成员之间应当敬老爱幼、互相帮助，是指晚辈家庭成员应当对长辈家庭成员予以尊敬，长辈家庭成员应当对晚辈家庭成员予以爱护。敬老爱幼与保护儿童、老人合法权益的原则，是从不同的角度加以规定的。保护儿童、老人合法权益，是指保护他们的人格权、财产权、知识产权、继承权等具体的权利，而敬老爱幼是在保护儿童、老人合法权益的基础上，根据儿童和老人特殊的生理、心理需要而提出的要求。同时，法律要求家庭成员间互相帮助，即父母子女之间、兄弟姐妹之间、长辈与晚辈之间，要互相尊重人格，在思想、生活和经济方面互相关心和帮助，实现家庭的社会职能。

2001 年《婚姻法修正案》不仅在总体上对婚姻家庭关系提出了新的规范，形成了调整婚姻家庭关系的宗旨，而且在如何贯彻五项基本原则方面，补充了新的内容。第 2 条重申了婚姻法的五项基本原则，第 3 条对如何进一步贯彻方面，增加了"禁止有配偶者与他人同居"和"禁止家庭暴力"，从原来的四个禁止扩大为六个禁止，这对遏制婚外性关系和家庭施暴行为，更全面地保护公民的合法权益，具有重要的现实意义。因为家庭是最小的社会细胞，婚姻家庭的建设是社会文明建设的一个重要方面，要保护一个平等、和睦和文明的婚姻家庭关系，既要依靠道德的力量，又要依靠法律的措施。而 2001 年《婚姻法修正案》这一规定是法治和德治互相结合的体现，只有这样，构建和谐社会才有保证。

■第二节　婚姻自由

婚姻自由是我国婚姻法的一项重要原则，也是宪法赋予公民的基本权利。社会主义国家的婚姻自由是真正的、男女平等的婚姻自由。

一、婚姻自由的产生和发展

婚姻自由的口号是社会发展到一定阶段才提出来的。古代奴隶、封建社会的婚姻关系，反映了当时的生产关系的要求，缔结婚姻和维系婚姻主要是为了实现家族利益，满足传宗接代的要求。父母、家长对子女的婚事享有人身特权，实行包办强迫婚姻，当事人根本没有缔结婚姻和解除婚姻的自由。从世界范围来看，在中世纪结束以前，各国的法律一般都把子女的婚姻置于家长权、亲权的支配之下。有的法学家把罗马万民法上的合意婚作为婚姻自由的古代例证，这种看法是失之偏颇的。恩格斯指出："在整个古代，婚姻的缔结都是由父母包办，当事人则安心顺从。古代所仅有的那一点夫妇之爱，并不是主观的爱好，而是客观的义务，不是婚姻的基础，而是婚姻的附加物。"[1] 在统治阶级内部，婚姻更是以利害关系为基础的。"对于骑士或男爵，以及对于王公本身，婚姻都是一种政治行为，是一种借新的联姻来扩大自己势力的机会；起决定作用的是家世的利益，而绝不是个人的意愿。"[2]

现代意义上的婚姻自由是在资产阶级反对封建制度的斗争中产生的。资产阶级打出了"自由、平等、民主"的旗帜，把婚姻自由宣布为"天赋人权"。一些资产阶级的启蒙思想家主张：只有摆脱束缚自由的封建婚姻，才符合人类的理性要求。随着资产阶级革命的发展，争取婚姻自由的斗争又从思想文化领域发展到政治、法律领域。1791 年《法国宪法》明确指出："法律视婚姻仅为民事契约。"1804 年《法国民法典》规定："未经合意不得成立婚姻。"这些规定把传统观念视为"神作之合"的婚姻从宗教势力的束缚下解放出来，通过共诺婚的形式，肯定了婚姻自由的原则。自此以后，这一原则相继为资本主义各国亲属法所确认，其无疑是具有重大历史意义的。资本主义制度下的婚姻一般不再具有包办强迫的性质，在阶级内部或社会地位相当的阶层中，当事人在婚姻问题上确实享有较大选择自由。但是，在资本主义制度下，婚姻关系仍然无法摆脱私有制的影响。资产阶级的婚姻自由不可避免地带有一定的虚伪性和不彻底性。首先，资产阶级式的婚姻自由是契约自由的特殊形式，它从本质上反映了商品交换的自由。在资本主义社会中，商品货币关系支配一切，这种状况对婚姻具有不可低估的影响，婚姻的缔结正是为了追求基于契约而产生的利益。康德认为：夫妻之间的一切权利和义务，无非是婚姻契约引起的法律后果，婚姻是男女双方关于性器官相互占有和利用的契约。尽管在资产阶级中追求婚姻自由的也不乏其人，但是大多数婚姻关系仍然渗透着财产关系的影响。其次，资产阶级的婚姻自由往往导致对自由的滥用。在许多发达的资本主义国家里，婚姻关系很不稳定，非婚同居相当普遍，离婚率大幅度上升。一些人企图用性生活的自由去取代婚姻自由，否定婚

---

〔1〕《马克思恩格斯选集》第 4 卷，人民出版社 1972 年版，第 72 页。
〔2〕《马克思恩格斯选集》第 4 卷，人民出版社 1972 年版，第 74 页。

姻关系严肃的伦理性质。近若干年来，"性解放"在西方国家中出现了由盛转衰的趋势，一些人的婚姻价值观又向传统回归，这种现象是很值得人们思考的。

在社会主义制度下，生产资料公有制的建立和两性社会地位的深刻变化为男女实现真正的婚姻自由开辟了广阔的道路。我国现在正处于社会主义的初级阶段，虽然已为实现婚姻自由提供了基本条件，但这方面还有许多尚待完成的任务。社会主义社会是由低级阶段向高级阶段前进的，婚姻自由也有一个不断扩大、不断发展的过程。

二、婚姻自由的概念和内容

（一）婚姻自由的概念

婚姻自由是指婚姻当事人按照法律的规定，决定自己婚姻大事的自由，任何人不得强制或干涉。从这一概念中可以作以下两点分析：

1. 婚姻自由是法律赋予人们的一种权利，任何人不能强制或干涉。这是公民民主权利在婚姻问题上的具体体现。《宪法》第49条规定："……禁止破坏婚姻自由……"《民法通则》《婚姻法》也有相应的规定。如果他人侵犯了这一权利，就是违法甚至是犯罪行为，要承担法律责任。

2. 婚姻自由的行使必须符合法律的规定。婚姻自由是公民的一项基本权利，但是这种权利不是绝对的。它和其他权利一样，要受到国家政策、法律的约束，同时还要符合社会主义道德的要求。结婚、离婚都要遵守法律规定的条件和程序，如果违反了不但得不到法律的承认和保护，还要受到法律的制裁。例如，结婚时必须符合一夫一妻制，有配偶者不能再结婚，如果有配偶又与他人结婚的，就构成了重婚行为，要依照刑法有关规定追究刑事责任。

由上可见，我们要正确行使和理解婚姻自由这个权利，一方面，不允许任何人侵犯这个权利，另一方面，也不允许当事人滥用这个权利。应该指出，个人的婚姻自由和社会利益是一致的，社会为公民实现婚姻自由创造条件，公民的婚姻自由的正确行使反过来促进了社会的安定和团结。

（二）婚姻自由的内容

婚姻自由包括结婚自由和离婚自由两个内容。

所谓结婚自由，是指建立婚姻关系的自由。也就是说，和谁结婚、什么时间结婚，完全由当事人自己做主，其他任何人都不能强制或干涉。《婚姻法》第5条已作了明确的规定。但是，实行结婚自由，必须遵守法律的有关规定，婚姻当事人应该以对自己、对社会、对后代严肃负责的态度来对待结婚，只有这样，才有可能建立美满幸福的家庭。

所谓离婚自由，是指解除婚姻关系的自由。结婚是以爱情为基础，以双方自愿为条件，那么，在夫妻感情完全破裂，关系无法维持下去的时候，依法解除这种痛苦的婚姻，是完全必要的。它对于双方，对于社会，都是一件幸事，而不是什么悲剧，更不是什么丑事。解除痛苦的婚姻，如同列宁同志所指出的，并不会使家庭"瓦解"，而相反地会使这种关系在文明社会中唯一可能的坚固民主基础上巩固起来。但是，离婚是一种重要的法律行为，它关系着家庭的离散和子女、社会的利益，因此，婚姻当事人应以慎重的态度来对待婚姻问题，要遵守《婚姻法》有关离婚的规定。我们一方面保障离婚自由，另一方面也反对轻率离婚。

结婚自由和离婚自由，《婚姻法》都作了规定。这些规定体现了婚姻问题上自由和秩序的统一，指明了婚姻自由的范围，划清了婚姻问题上合法与违法、正确与错误的界限。

需要指出的是，结婚自由是普遍行为，因为差不多人人都要结婚；离婚自由是特殊行为，因为并不是人人都要离婚，离婚毕竟是个别人的事情。但是，仅有结婚自由是不够的，必须有离婚自由作为补充，二者互相结合构成了婚姻自由的完整内容。从现实情况看，人们对于结婚自由是能够接受的，但对于离婚自由却不十分赞同。总认为离婚是不光彩的事，自觉或不自觉地反对或限制离婚，这是封建残余思想的表现。列宁同志曾经指出：哪里没有离婚自由，哪里就根本没有也不可能有婚姻自由。这就是说，离婚自由是婚姻自由不可缺少的一个重要方面，我们不能忽视离婚自由，而要切实保障离婚自由，只有这样，婚姻自由才能全面实现。

总的来说，我们的婚姻是自由的，自由婚占了主导地位。但是，由于旧的传统观念的影响和三大差别的存在，加上目前我国生产力水平还不高，所以，从婚姻自由的广度、深度来看，还是不充分的。随着社会的发展，人们婚姻观念的变化，自由婚姻会越来越多，包办强迫婚姻日益减少，这就是我国婚姻自由发展的必然趋势。

三、婚姻自由原则的贯彻

为了进一步贯彻婚姻自由原则，必须做到《婚姻法》第3条第1款所规定的两个禁止。

（一）禁止包办、买卖婚姻和其他干涉婚姻自由行为

包办婚姻是指第三者（包括父母）违背婚姻自由的原则，包办他人婚姻的行为。买卖婚姻是指第三者（包括父母），以索取大量财物为目的，包办强迫他人婚姻的行为。

包办婚姻和买卖婚姻，既有联系，又有区别。买卖婚姻肯定是包办婚姻，但是包办婚姻不一定都是买卖婚姻。只是违背婚姻自由原则而不索取财物的，是包

办婚姻的主要特征。而索取大量财物而又包办的，是买卖婚姻的主要特征。所以，强迫包办是共同的，这是两种婚姻的相同点；而一个索取大量财物，另一个不索取大量财物，这是这两种婚姻的不同点。

在现实生活中，除了包办、买卖婚姻以外，还存在其他违反婚姻自由的行为，表现形式很多，如干涉儿女婚姻、干涉父母再婚、干涉离婚自由、干涉复婚自由等。其中干涉父母再婚比较突出，为了保护老年人的婚姻自由，2001 年《婚姻法修正案》作了专条规定，《婚姻法》第 30 条规定："子女应当尊重父母的婚姻权利，不得干涉父母再婚以及婚后的生活。子女对父母的赡养义务，不因父母的婚姻关系变化而终止。"干涉父母再婚主要原因有三：①世俗偏见的禁锢，如认为老人再婚是"有伤风化"，社会不予支持；②子女的严重干预，认为父母再婚"有辱门风"，父母的财产也会流失；③来自老人自身的障碍，受旧传统的影响，不敢坚持，认为再婚是对原来的配偶的"不忠"。有的老人为躲避子女干涉，只好离家出走，在外流浪。随着社会文明的进步，人们对老人再婚虽然日益宽容，但老人再婚仍然障碍重重，甚至引发各种悲剧，应该给予特别关注。

包办买卖婚姻和其他干涉婚姻自由的行为是违法行为，根据情节的轻重承担相应的责任。如果采用暴力，则构成《刑法》所规定的暴力干涉婚姻自由罪，要受到刑法的惩罚。

（二）禁止借婚姻索取财物

所谓借婚姻索取财物，是指除买卖婚姻以外的其他借婚姻索取财物的行为。这种婚姻双方基本上是自主愿意的。但是，女方（包括女方父母）要向男方索取许多财物，以此作为结婚的先决条件。这种行为不是正确地行使婚姻自由的权利，而是滥用了这一权利。从形式上看，结婚是出于自愿的，但在实际上没有摆脱以金钱为转移的剥削阶级婚姻观的影响。当前，这种行为比买卖婚姻更为普遍，它腐蚀人们的思想，败坏社会风气，影响当事人婚后的生活和生产、工作的积极性，有时还会导致犯罪的发生，其危害性是不可低估的。所以《婚姻法》对这种行为也明令禁止。

不论是包办买卖婚姻和其他干涉婚姻自由的行为，还是借婚姻索取财物的行为，都是建立和发展社会主义婚姻关系，贯彻婚姻自由的障碍。解决这些问题，首先要靠宣传教育，帮助广大群众划清婚姻问题上合法和违法的界限，同时要运用法律手段，同各种违法、犯罪行为作斗争。但在处理过程中，要正确掌握法律和政策的精神，划清以下界限：如包办婚姻与父母主持、本人同意的界限；买卖婚姻与借婚姻索取财物的界限；借婚姻索取财物与男女自愿馈赠的界限等。

■第三节　一夫一妻

一夫一妻制，是人类婚姻文明高度发展的产物。以爱情为基础的自由婚姻必须以一夫一妻为原则，否则是同爱情的专一性和排他性不相容的。1950年《婚姻法》就废除了旧社会以纳妾为形式的多妻制。一夫一妻原则的全面确立，是我国婚姻家庭制度改革的重大成果之一。

一、一夫一妻制的概念

一夫一妻制，是指一男一女结为夫妻的婚姻制度。它是个体婚制，即一个男子和一个女子结婚，和历史上的团体婚（群婚）是对称的。一夫一妻制包含以下含义：

1. 任何人，无论其地位高低，财产多少，都不能同时有两个以上的配偶。这里说的是"同时"，如果是"先后"，那是允许的，如结婚后配偶死亡或离婚，当然可以再结婚。

2. 已婚的在配偶死亡或离婚之前，不得再行结婚。

3. 其他一切公开的、隐蔽的一夫多妻或一妻多夫的两性关系都是非法的，应予以处理或制裁。例如，重婚罪要受刑事处分；通奸、姘居受道德谴责、行政处理或承担民事责任。

一夫一妻制产生于原始社会末期，这是私有制和阶级不平等的产物。在人类初期，男女两性是一种杂乱的关系，无所谓婚姻，也无所谓家庭。随着社会的发展，人们受到自然选择规律的作用，排斥了不同辈分之间的两性关系，这时才出现了群婚的婚姻形态。从群婚到对偶婚，又从对偶婚发展到一夫一妻制（即个体婚），这是人类婚姻关系发展的历史过程。在对偶婚后期，男子在生产中的作用已超过女子，社会上大量财富转归家庭所有，而男子在家庭中占据了重要地位。为了把财产传给父系的子孙，便需要限制妻子，使其绝对保持贞操，以便生育出无可置疑的父系子女，这时一夫一妻制便自然产生了。一夫一妻制从诞生之日起，就具有一种特别的性质：它只是对妇女而言的一夫一妻制，而不是对男子的一夫一妻制。由此可见，一夫一妻制的产生绝不是夫妻间平等相爱、相互忠诚的结果，也不是作为最高的婚姻形态而出现的。从奴隶社会开始，一直到资本主义社会，法律上虽然确立了一夫一妻制，但是，剥削阶级中的男性却可以凭借财产和势力，过着多妻的生活。中国古代的多妻制以纳妾为其主要形式。其他许多国家，也有各具特点的多妻制。孟德斯鸠在《波斯人信札》中揭露的后房制度就是一个明显的例证。到了资本主义时代，公开的多妻制被秘密的多偶制所取代，卖淫、通奸始终是与一夫一妻制同时并存的。

实行一夫一妻制，是社会主义婚姻关系的必然要求。正如恩格斯所说："既然性爱按其本性来说就是排他的，那么，以性爱为基础的婚姻，按其本性来说，就是个体婚姻。"因此，废除一切形式的一夫多妻和一妻多夫，是实现以爱情为基础的婚姻的保证。实行一夫一妻制，符合婚姻这一伦理实体的本质，又符合共产主义道德观念。社会主义经济的发展，为实现一夫一妻制提供了根本的物质保证。在社会主义条件下，消灭了剥削和压迫，人与人之间建立同志式的新型关系，妇女在政治、经济、文化、社会等各方面取得了同男子平等的地位。这样，实现真正的一夫一妻制才有可靠的基础。但是，也应该看到在中国现实社会中，重婚和各种婚外性关系仍然存在。他们不仅违反一夫一妻制，不利于婚姻家庭的稳定和巩固，而且是影响社会安定的因素。因此，一定要加强法制教育和道德教育，对这方面的违法行为要区分情况，严肃处理。

二、一夫一妻原则的贯彻

贯彻一夫一妻原则，必须按照《婚姻法》第 3 条第 2 款的规定，做到两个禁止。

（一）禁止重婚

1. 重婚的概念与形式。重婚是指有配偶者再行结婚的行为，也就是说，已经有了一个合法的婚姻关系，后又与他人缔结第二个婚姻关系，前者叫前婚，后者叫后婚，也叫重婚。重婚是违法行为，如果重婚的当事人主观上存在故意，则构成犯罪，要依照刑法有关规定给予制裁。

具体说来，重婚有以下两种形式：

（1）前婚未解除，又与他人办理了结婚登记。这种重婚称为法律上的重婚。只要双方办理了结婚登记手续，不论是否同居，重婚就已经形成。

（2）前婚未解除，又与他人以夫妻名义共同生活，但未办理结婚登记手续。这种重婚称为事实上的重婚。只要双方事实上以夫妻名义共同生活，虽然未进行结婚登记，但也已经形成重婚。

在现实生活中，事实上的重婚是多数，因为法律上的重婚要办理结婚登记，而办理结婚登记要提供各种证件，如果不是隐瞒、欺骗，一般不会形成法律上的重婚。所谓以夫妻的名义共同生活，情况是多样的，如有的公开举行婚礼，自己宣告婚姻成立；有的以夫妻名义申报了户口；有的以夫妻身份外出探亲等。

2. 对待重婚的法律和政策。为了维护一夫一妻制，《婚姻法》规定禁止重婚，重婚不具有婚姻的法律效力。处理重婚的原则是：一般均承认和保护前婚，否认和解除后婚。但是在处理具体问题时，还要从实际情况出发，考虑重婚形成的原因、后果和情节,分清情况,区别对待。当事人构成重婚罪的,按刑法的有关规定予以制裁。修订后的我国《刑法》第258条规定:"有配偶而重婚的,或者明知他人有配偶而与之结婚的,处2年以下有期徒刑或者拘役。"可见,应按重婚罪追究刑事责任的,是实施重婚行为的有配偶者和明知故犯的无配偶者;反之,不知他人已有配偶而与之结婚的无配偶者,不是重婚罪的主体。后一种情况往往是由于有配偶者的欺骗、隐瞒而造成的。对于没有重婚故意的无配偶者,仅产生婚姻无效的民事后果,并不产生重婚罪的刑事后果。为了加强对现役军人婚姻的保护,修订后的我国《刑法》第259条第1款还规定,"明知是现役军人的配偶而与之同居或者结婚的,处3年以下有期徒刑或者拘役",即构成"破坏军婚罪"。

此外,要区别1950年《婚姻法》颁布前后的重婚、纳妾问题。纳妾指有配偶的男子又娶女子为偏房。妾是旧社会一夫多妻制的产物。1950年《婚姻法》颁布前形成的重婚、纳妾,为旧社会遗留下的问题,一般不予追究。如果男方一直与妻、妾共同生活,并未离婚,男方死亡时,妻、妾均有继承其遗产的权利。而1950年《婚姻法》颁布后形成的重婚、纳妾,不仅是完全无效的,而且应当追究其法律责任。

禁止重婚也是近代、现代各国立法的通例。例如,《日本民法典》第732条规定:"有配偶者,不得重婚。"在亲属法上,重婚是禁止结婚的条件以及婚姻无效或者撤销的原因,亦为判决离婚的法定理由。在刑法上,犯重婚罪须追究刑事责任。当代许多国家都有大体相似的规定。

示例 河南省某县某村农民欧某,于1989年5月与同村女子张某登记结婚。后生一女,欧某为此经常和妻子吵架,夫妻感情产生裂痕。1995年,欧某到某城市打工,经过几年的打拼,当上了小老板。这时,对妻子感情更淡漠了,于是和厂里女工王某交往甚密,并以夫妻名义同居一室,过起了家庭生活。欧某几年来对妻女不闻不问,开始每年还寄一点钱,后来钱也不寄了。张某一个人带着女儿,艰难度日。后因患上眼疾,急需治疗,打电话、写信给欧某都无回音。万般无奈,只好拖着病体,带着女儿到了欧某打工的城市,多方打听,才知道欧某当了老板。好不容易找到了欧某,欧某不让张某进门,给了点钱让她回河南。当张某得知欧某已有了新欢,而且王某已怀孕在身,伤心不已。几次找欧某交涉,都无结果。母女俩只好流浪街头,乞讨为生。在好心人的指点下,不得已到法院起诉。法院受理后,经过查证,认定欧某犯了重婚罪、遗弃罪,依法判处欧某2年徒刑,王某判处1年徒刑,缓刑1年。判决后,欧某在监狱里服刑。服刑期间,欧某向法院提出与张某离婚,他所经营的工厂所得的财产依法处理。张某开始不同意,经过法院调解知道欧某已经变心，感情无法挽回，最后也同意离婚，并对欧某提出了赔偿要求。法院判决夫妻共同财产一人一半，另外欧某有过错，而且遗弃妻女多年，判决欧某付给张某 5 万元。

从这个案例中，我们可以分析以下几点：

（1）这是一桩重婚案，欧某是有配偶者，他与王某以夫妻名义同居，群众也认为他们是夫妻。虽没有办理结婚登记手续，但也构成重婚罪。

（2）由于欧某和张某长期分居，夫妻感情已破裂，婚姻关系已无法维持，依据《婚姻法》的有关规定，准予离婚。虽然欧某先有过错，应该承担相应的责任，但离不离婚则要看双方的感情如何，感情确已破裂应准予离婚。不能以对方有过错而强行维持无感情的婚姻。

（3）欧某有过错，符合《婚姻法》第 46 条的规定，无过错一方可以请求赔偿，同时欧某长期遗弃妻女也应承担责任。法院在分割夫妻共同财产之后，判决由欧某赔偿张某 5 万元。

（二）禁止有配偶者与他人同居

有配偶者与他人同居是指一方或双方已有配偶，而过着相对稳定的婚外同居生活的非法行为。姘居双方虽然公开或隐蔽地共同生活，而且通常有共同的居所，但是同居的双方对外不以夫妻名义，也无永久共同生活的目的。《婚姻法司法解释（一）》第 2 条指出："……'有配偶者与他人同居'的情形，是指有配偶者与婚外异性，不以夫妻名义，持续、稳定地共同居住。"可见，姘居与重婚罪是不同的。一般而言，姘居不构成犯罪（和现役军人的配偶姘居或长期通奸并造成严重后果的除外），而故意重婚则构成犯罪。姘居、重婚之间又是有联系的。如果姘居者对外以夫妻名义同居，则形成事实上的重婚。应当指出，事实上的重婚和姘居是不易区别的，它们涉及罪与非罪的界限。近几年来，在有些地方的"包二奶"、养情人的现象呈增多趋势，它破坏了一夫一妻制的婚姻制度，严重违背社会主义的道德风尚，往往导致家庭破裂，甚至发生情杀、仇杀、自杀的悲剧，严重影响了社会的安定团结，还影响了计划生育国策的落实。

在 20 世纪 50 年代~70 年代之间，姘居、通奸在我国是受到刑事制裁的，因此，当时的姘居、通奸行为非常隐蔽。80 年代以后，姘居、通奸不再受刑法的制裁，因为姘居而引起的离婚纠纷有所上升，大约占离婚纠纷的 10%~20%，有的地区高达 20%~30% 左右。另一个方面，姘居行为日益公开化，有的当事人直言不讳地承认自己有"第三者"；有的"第三者"公然闯入对方家庭，逼迫对方与配偶离婚。由此而引起的伤害、凶杀案件，在刑事案件中占有相当比例。对此现象，2001 年《婚姻法修正案》增加了此项内容，明令禁止姘居，这有利于加大对上述现象的遏制力度，从而更好地保护受害人的合法权益，切实维护一夫一妻制度。首先，当夫妻双方一方有重婚或有与他人婚外同居的行为，另一方诉请离婚时，调解无效的，可视为感情确已破裂，应准予离婚。其次，因一方重婚或与他人婚外同居而导致离婚的，无过错的另一方有权请求损害赔偿。

《婚姻法司法解释（二）》第1条指出：当事人起诉请求解除同居关系的，人民法院不予受理。但当事人请求解除同居关系，属于《婚姻法》第3条、第32条、第46条规定的"有配偶者与他人同居"的，人民法院应当受理并依法予以解除。当事人因同居期间发生了财产分割或子女抚养纠纷提起诉讼的，人民法院应当受理。

■第四节　男女平等

《婚姻法》中的男女平等原则，是《宪法》中男女平等原则的具体体现。它是破除男尊女卑的旧传统，促进妇女的彻底解放、巩固和发展我国社会主义婚姻家庭的根本保证。

一、男女平等的概念

《婚姻法》中的男女平等，是指男女两性在婚姻家庭生活中处于平等地位，即享有平等的权利，负担平等的义务。男女两性在婚姻家庭中的地位是与他们的社会地位相一致的，并且取决于一定的社会制度。当前，世界各国虽然在法律上规定了"男女平等"，但没有彻底实现。新中国成立后，男女平等首先成为宪法原则，同时，在《婚姻法》《刑法》《劳动法》中，也都体现了男女平等的原则。但是，由于受封建的传统观念的影响，男女之间还存在一定的实际差距，男尊女卑的旧思想、旧习俗的影响并未完全消除。所以，进一步贯彻男女平等原则，对于肃清封建残余，建设社会主义精神文明，是有现实意义的。

二、男女平等的内容

男女平等的原则，贯穿在《婚姻法》的各章各条之中，其内容可概括为以下两方面：

1. 在婚姻方面权利平等。按照《婚姻法》的规定，男女在结婚、离婚问题上，权利是完全平等的。例如，男女享有同等的结婚自由和离婚自由；登记结婚后，根据双方的约定，女方可以成为男方的家庭成员，男方也可以成为女方的家庭成员；离婚时，男女双方都有分割共同财产的权利等。

2. 在家庭关系上地位平等。在夫妻关系方面，男女结婚后，人格独立，地位平等，享有同等的权利，负担同等义务。例如，姓名权、人身自由权、住所权、共同财产所有权、遗产继承权等；实行计划生育的义务、互相扶养的义务等。在父母子女关系方面，无论是父和母，子和女，其权利义务都是相互的，地位是平等的。父或母都有抚养教育子或女的义务，同时又有受子或女赡养扶助的权利；子或女都有赡养、扶助父母的义务，同时又有受父或母抚养教育的权利；父或母可以继承子女的遗产，子或女也可以继承父母的遗产。在其他家庭成员关系方面，祖父母和孙子女、外祖父母和外孙子女之间、兄弟姐妹之间，法律地位也都是平等的。

总之，家庭成员依法享有的权利和依法承担的义务，均不因性别、父系和母系亲属、男系和女系亲属的不同而不同。

三、男女平等原则的贯彻

男女平等的真正实现并不是一蹴而就的。新中国成立以来，随着我国社会经济、政治、文化和婚姻家庭等领域的深刻变革，妇女解放运动取得了巨大成就，妇女的地位有了全面的提高。但是，要彻底消除男女两性在社会生活和婚姻家庭生活中的实际差别，还需要经历一个相当长的过程。在社会主义初级阶段，经济和文化还不够发达，男尊女卑的旧制度、旧思想在历史上长期存在，重男轻女、歧视妇女的传统习惯势力还有一定的影响。因此，男女两性在法律上的平等还不等于实际生活中的平等。从男女法律上的平等到实际生活中的平等过程，就是妇女从解放走向彻底解放的过程。从根本上来说，社会主义物质文明和精神文明的高度发展，是男女平等进一步实现的必要条件。目前，要从现阶段的实际情况出发，正确贯彻执行《婚姻法》有关男女平等的各项规定，保障妇女在婚姻家庭方面的合法权益，以利于妇女的解放和社会主义婚姻家庭制度的巩固发展。

■第五节 保护妇女、儿童和老人的合法权益

妇女、儿童和老人是家庭中的重要成员，保护妇女、儿童和老人合法权益是宪法的原则，也是婚姻法的基本原则。它体现了我国关怀妇女、保护儿童、尊敬老人的精神。坚持这一原则，对于贯彻男女平等、树立敬老爱幼的新风尚有重要的意义。

一、保护妇女的合法权益

（一）保护妇女合法权益的必要性

保护妇女的合法权益，是对男女平等原则的必要补充。从历史上看，妇女的地位最低，受的压迫最深，所以需要特别的保护。新中国成立以来，男女两性关

系已经发生了很大变化。特别是实行改革开放以来，广大妇女的经济、政治地位有了显著的提高，男女在婚姻家庭生活中的地位也日趋平等。但是，旧的封建残余，如夫权思想、男尊女卑等性别歧视并没有完全消除。妇女的合法权益仍不同程度地受到侵害。在婚姻家庭生活中，妇女遭遗弃、受虐待的事件时有发生。近年来，遗弃女婴、杀害女婴以及虐待亲生女婴的母亲等事件不断发生。此外，不少地区还存在剥夺寡妇继承权、不许女儿继承父母遗产等现象。从生理情况看，妇女有其特殊性，也应该加以特殊保护。这在《婚姻法》《劳动法》《刑法》《刑事诉讼法》中都有所体现。总之，对妇女的合法权益加以特殊保护，是基于妇女的地位、作用和生理特点确定的。是否保护妇女，是衡量一个国家是否文明的天然尺度。

（二）保护妇女合法权益的内容

《婚姻法》在结婚、家庭关系方面规定了保护妇女的措施，特别是在离婚方面，规定得更为具体和完善。

1. 在离婚程序方面，《婚姻法》明确规定，女方在怀孕期间、分娩后6个月内男方不得提出离婚。《妇女权益保障法》又作了补充，妇女在终止妊娠后6个月内，男方也不得提出离婚。这种在一定时期内对男方离婚诉讼权的限制，是对妇女、儿童身心健康的特殊保护。从这个立法意图出发，女方提出离婚的或人民法院认为确有必要受理男方离婚请求的，不在此限。

2. 在离婚分割共同财产方面，《婚姻法》明确规定，法院判决应当"照顾子女和女方权益"，这是因为女方经济条件一般不如男方，而且子女归女方抚养的情况占多数，这项规定有利于保证离婚后女方的生活。

3. 在离婚的经济帮助方面，《婚姻法》明确规定，离婚时任何一方（主要是女方）生活困难，另一方应从其住房等个人财产中给予适当帮助，这样的规定有利于保证妇女离婚后的生活和子女的抚育。同时，2005年修改的《妇女权益保障法》中，对妇女的婚姻家庭权益又作了进一步补充。

二、保护儿童的合法权益

（一）保护儿童合法权益的必要性

儿童是祖国的未来，是四化建设的接班人，党和国家为培养和造就德、智、体全面发展的一代新人提供了许多必要条件。在旧中国，子女被当作父母的私有财产，他们的利益得不到应有的保障。所谓"父为子纲"被奉为天经地义。在资本主义国家，子女的法律地位虽然有所提高，但是，由于资产阶级利己主义的恶性膨胀，儿童的部分权益仍得不到有效保障，如非婚生子女遭到遗弃、虐待和歧视的现象时有发生，青少年犯罪日益增多等。社会主义国家从根本上改变了儿童的社会地位和家庭地位，其合法权益得到了切实保障。《宪法》第46条第2款、第49第1款明确规定：“国家培养青年、少年、儿童在品德、智力、体质等方面全面发展。”“婚姻、家庭、母亲和儿童受国家的保护。”保护儿童的合法权益，不仅成为国家的任务，也是社会主义家庭的职能。但是，近些年来某些地区又出现了一些旧习惯势力的回潮，如遗弃、虐待女婴；拐骗、贩卖儿童等。因此还必须强调对儿童权益的特殊保护。

（二）保护儿童合法权益的内容

《婚姻法》对儿童的保护是全面的，主要有以下几点：

1. 未成年的子女享有接受父母抚养教育的权利；未成年的子女享有附条件地接受外祖父母、祖父母抚养的权利；未成年的弟妹有接受兄姐附条件的扶养的权利；权利受到侵犯可请求法院保护。

2. 不同类型的子女在法律上处于平等地位。婚生子女、非婚生子女、养子女、继子女的权利同样受到法律的保护。

3. 父母对未成年子女有抚养、教育的权利和义务。

4. 禁止溺婴、弃婴和其他残害儿童的行为。

5. 子女有继承父母遗产的权利。

6. 父母对子女的义务不因父母的离婚而消除。

《未成年人权利保护法》对儿童的权益进行了全面的保护，该法2006年又经过修改，进一步保障了儿童的权益。

三、保护老人的合法权益

（一）保护老人合法权益的必要性

尊敬、赡养老人是中华民族的优良传统美德，老人为革命贡献了青春，为社会创造了财富，为民族培养了后代。当他们年老体衰、丧失劳动能力的时候，有权利获得来自国家和社会的物质帮助以及来自家庭的赡养扶助。作为子女，应当在生活上对父母给予关心，在经济上给予帮助，在精神上给予安慰，使他们能够幸福地安度晚年。这是子女的法定义务，也是他们的道德责任。我国《宪法》第45条第1款规定：“中华人民共和国公民在年老、疾病或者丧失劳动能力的情况下，有从国家和社会获得物质帮助的权利。国家发展为公民享受这些权利所需要的社会保险、社会救济和医疗卫生事业。”我国老人的生活状况不尽相同，职工、干部在退休和离休后有固定的经济来源，农村中的孤寡老人有“五保”制度做依靠，但是，家庭成员对老人的赡养扶助和精神安慰是国家或集体无法取代的。当前老人的数量迅速增加，如何对待老人已经成为一个世界性的问题。在我国，老人处处受到国家和社会的关心，国家对老人问题还提出了“五有”政策，即老有所养，老有所为，老有所学，老有所医，老有所乐。大多数家庭的子女在家庭生活方面，为实现"五有"作出了贡献。但是，个别家庭出现了虐待、遗弃老人的现象，因此，保护老人合法权益的问题必须受到全社会的普遍关注。

（二）保护老人合法权益的内容

老人的合法权益不仅涉及财产方面的内容，而且具有人身方面的内容。现行《婚姻法》规定了许多保护老人合法权益的条款：子女应当尊重父母的婚姻权利；子女对父母有赡养的义务；孙子女、外孙子女对于祖父母、外祖父母有附条件的赡养义务。可见，赡养年老的父母，是我们社会主义家庭的重要职能，也是社会主义"尊老爱幼"道德风尚的要求。

1996 年颁布实施的《老年人权益保障法》对老年人的合法权益作了全面的规定，特别在家庭赡养方面作了重要补充。2012 年 12 月修订、2013 年 7 月 1 日施行的《老年人权益保障法》进一步强化了对老年人权益的保护，在家庭赡养部分增加了精神赡养的内容，明确规定家庭成员应当关心老年人的精神需求，不得忽视、冷落老年人。与老年人分开居住的家庭成员，应当经常看望或者问候老年人。

四、保护妇女、儿童和老人合法权益原则的贯彻

《婚姻法》对保护妇女、儿童和老人的合法权益，也作了两个禁止性的规定。

（一）禁止家庭暴力

保护妇女、儿童和老人的合法权益，是当前各国都关注的社会问题。2001年婚姻法修正案明确规定禁止家庭暴力，《婚姻法司法解释（一）》第 1 条指出：家庭暴力是指行为人以殴打、捆绑、残害、强行限制人身自由或者其他手段，给其家庭成员的身体、精神等方面造成一定伤害后果的行为。持续性、经常性的家庭暴力，构成虐待。具体而言，家庭暴力发生在家庭内部，从主体来看，施暴者和受害人之间具有特定的亲属关系，施暴者一般是家庭中处于强势地位的成员，受害者一般是在家庭中处于弱势地位的成员（大多数是妇女、儿童和老人）。家庭暴力侵害的客体主要是受害者的人身、生命健康、婚姻自由等。

在第 48 届联合国大会通过的《消除对妇女的暴力行为的宣言》中，把对妇女的暴力界定为：对身体的暴力、性暴力以及心理上的暴力。心理上的暴力包括侮辱谩骂、精神恐吓等行为。它可以给我们提供一定的启示。总之，国际社会对家庭暴力的界定是比较宽泛的。过去，由于我国《刑法》没有规定"家庭暴力罪"，所以对有些家庭暴力行为，执法机关无法介入，使施暴者逍遥法外。修改后的《婚姻法》明确规定禁止家庭暴力，最高人民法院又作了司法解释。特别是《婚姻法》第 43 条，规定了对家庭暴力受害者的法律救助措施和施暴者的法

律责任。在一般情况下，居民委员会、村民委员会以及所在单位给予劝阻、调解，对正在实施的家庭暴力或虐待行为，公安机关应予以制止或给予行政处罚，情节严重构成犯罪的应追究其刑事责任。

2016年3月1日实施的《中华人民共和国反家庭暴力法》，是一部预防和制止家庭暴力的专门立法，它是我国人权保障立法的重要成果，是法治中国进程中完善社会主义法律体系的重要一环。反家庭暴力法强调国家和政府责任，对受害的家庭成员，特别是无行为能力、限制行为能力的弱势一方给予特殊照顾，提供各种的救助措施，彰显了尊重和保障人权的宪法精神，体现了对家庭暴力受害者的人文关怀。《反家庭暴力法》构建起预防和制止家庭暴力的制度体系，通过强制报告、公安告诫、临时庇护救助、人身安全保护令等一系列措施使受害人求助有门，让公权力介入有据，达到早期发现，及时制止，保护家庭成员合法权益的目的。

1. 明确规定家庭暴力概念。家庭暴力的概念决定反家庭暴力法对受害者的保护范围及保护力度。反家暴法规定的家庭暴力概念，是指家庭成员之间以殴打、捆绑、残害、限制人身自由以及经常性谩骂、恐吓等方式实施的身体、精神等侵害行为。

就主体范围而言，家庭成员是指在法律上具有权利义务关系的近亲属，包括夫妻、父母子女、兄弟姐妹、祖父母外祖父母、孙子女外孙子女。除了家庭成员之外，共同生活的非家庭成员也视为家庭暴力的主体。《反家庭暴力法》通过在附则中明确规定"家庭成员以外共同生活的人之间实施的暴力行为，参照本法规定执行"，扩大了对家暴受害者的保护范围。现实生活中同居关系或非亲属的抚养寄养关系之间发生的暴力现象客观存在，且具有家庭暴力所特有的隐蔽性、频发性、周期性及以控制对方为目的等特点，通过参照执行的准用条款将他们纳入反家暴法中予以保护既不会扩大家庭成员的内涵，破坏法律体系的一致性，也有利于更好地保护受害人的权益。

《反家庭暴力法》通过列举与概括相结合的方式规定了家庭暴力的行为类型，明文列举了殴打、捆绑、残害、限制人身自由等行为属于身体暴力，经常性谩骂、恐吓等行为属于精神暴力，并以"等"字加以概括，性暴力可以纳入"等"的行为类型之中。

2. 建立强制报告制度。强制报告制度是及时发现家庭暴力的重要路径。《反家庭暴力法》首次明确规定了强制报告义务，那些在工作中有可能与受害者接触的机构及其工作人员都有强制报告的义务。包括：学校、幼儿园、医疗机构、居民委员会、村民委员会、社会工作服务机构、救助管理机构、福利机构及其工作人员在工作中发现未成年人、精神病人、失智老人、残障人士等无行为能力或限制行为能力人遭受或疑似遭受家庭暴力的，应当及时向公安机关报案。如知情不报，并造成严重后果的，要承担行政责任。由上级主管部门或者本单位对直接负责的主管人员和其他直接责任人员依法给予处分。强制报告义务可以及时发现家庭暴力，最大限度地保障弱势群体。

3. 建立公安告诫制度。告诫制度是公安及时介入家庭暴力的中国经验，是中国《反家庭暴力法》的重要制度创新，丰富了公权力适度干预家庭暴力的手段。

公安机关接到家庭暴力报案后，应当及时出警，制止家庭暴力。对于实施家庭暴力情节轻微，构不成治安管理处罚的，公安机关通过出具书面告诫书，明令禁止加害人再次施暴。告诫书不仅要送交加害人、受害人，并且还要通知当地的居民委员会、村民委员会。居民委员会、村民委员会、公安派出所应当对收到告诫书的加害人、受害人进行查访，监督加害人不再实施家庭暴力。

同时，书面告诫可以直接作为人民法院认定家庭暴力的证据。根据这一证据，法院可以裁定人身安全保护令，或者判决准予离婚，对受害人给予损害赔偿。

4. 建立临时庇护救助制度。县级或者设区的市级人民政府可以单独或者依托救助管理机构设立临时庇护场所，为家庭暴力受害人提供临时生活帮助。

为了更好地保护受害者的权益，《反家庭暴力法》将对弱势群体的特殊保护作为其重要原则之一，对未成年人、老年人、残疾人、孕期和哺乳期的妇女、重病患者遭受家庭暴力的，给予特殊保护。无民事行为能力人、限制民事行为能力人因家庭暴力身体受到严重伤害、面临人身安全威胁或者处于无人照料等危险状态的，公安机关应当通知并协助民政部门将其送到临时庇护场所、救助管理机构或者福利机构。对监护人实施家庭暴力严重侵害被监护人合法权益的，人民法院可以依法撤销其监护人资格，另行指定监护人。

5. 建立人身安全保护令制度。人身安全保护令是人民法院为保护家庭暴力受害人的人身和财产安全，免受加害人实施暴力行为的一项司法救济措施。凡当事人遭受家庭暴力或面临家庭暴力现实危险的，人民法院都应当受理其人身安全保护令的申请。人身安全保护令制度包括人身保护令的申请、管辖、申请条件、保护令的形式、措施、期限、执行等。除当事人和近亲属之外，公安机关、妇联、居委会、村委会以及救助机构均可以代为申请。对于书面申请有困难的还允许口头申请，由法院记入笔录，以最大限度地保护受害人。人身保护令分为一般保护令和紧急保护令。一般保护令在 72 小时内发出，紧急保护令在 24 小时内发出。紧急保护令对于受到严重威胁、严重家暴的人，可以起到及时隔离、制止暴力，避免暴力升级的作用。

人身安全保护令主要包括禁止被申请人实施家庭暴力、禁止被申请人骚扰、跟踪、接触申请人及其相关近亲属；责令被申请人迁出申请人住所等措施。被申请人违反人身安全保护令，构成犯罪的将依法追究刑事责任。构不成犯罪的，根据情节轻重处以 1000 元以下罚款、15 日以下拘留。

（二）禁止家庭成员间的虐待或遗弃

虐待是指家庭成员的一方以作为或不作为的形式，对家庭成员歧视、折磨、摧残，使其在精神上、肉体上遭受损害的违法行为，如打骂、恐吓、冻、饿、患病不予治疗、居住条件上的歧视性待遇、限制人身自由等。遗弃是指家庭成员中负有赡养、抚养、扶养义务的一方，对需要赡养、抚养或扶养的另一方，不履行其应尽义务的违法行为。例如，成年子女不赡养无劳动能力或生活困难的父母；丈夫不扶养妻子；由兄姐抚养长大的、有负担能力的弟弟、妹妹，对于缺乏劳动能力又无生活来源的兄姐，不尽扶养义务等。虐待和遗弃行为的受害人，往往是家庭中的老弱病残和缺乏独立生活能力的人。对于虐待或遗弃家庭成员的人，应当进行严肃的批评教育，责令其改正错误，并予以适当的处分。对于拒不履行赡养、抚养、扶养义务的人，可依法强制其履行义务。对虐待、遗弃家庭成员情节恶劣构成犯罪的，应依法追究刑事责任。修订后的我国《刑法》第 260 条规定："虐待家庭成员，情节恶劣的，处 2 年以下有期徒刑、拘役或者管制。犯前款罪，致使被害人重伤、死亡的，处 2 年以上 7 年以下有期徒刑。第 1 款罪，告诉的才处理……"第 261 条规定："对于年老、年幼、患病或者其他没有独立生活能力的人，负有扶养义务而拒绝扶养，情节恶劣的，处 5 年以下有期徒刑、拘役或者管制。"

> **示例**　家住西安的郑某夫妇，生有二子，长子在外经商，收入颇丰，次子从小弱智，生活不能自理。郑某夫妇在某工厂工作，因厂里效益不好夫妻双双下岗，依靠救助维持生活。郑某希望长子能给予帮助，但长子拒不承担，父子为此吵闹不休。一年春节，郑某又向长子要生活费，但长子不但不给，反而恶语相加，甚至动手打了父亲，一拳击中了郑某的头部，将其按倒在地，狂踢郑某的腰部，经鉴定属于重伤。法院在经过审理后认定长子犯了故意伤害罪，且情节恶劣，判处 15 年有期徒刑，同时责令其负责解决郑某的医疗费及生活费等问题。

从这个案例中，我们可以分析以下几点：

1. 这是一桩因家庭暴力而引起的"故意伤害罪"。"故意伤害罪"的处理有两个层次：①判决 3 年以下有期徒刑、拘役或者管制；②致人重伤的，处 3 年以上 7 年以下有期徒刑，致人死亡或者以残忍手段使人重伤造成严重残疾的，处 7 年以上有期徒刑，无期徒刑或死刑。郑某受重伤而且造成腰部严重伤害瘫痪在床，故判决郑某长子 15 年有期徒刑。

2. 这个案件又涉及郑某长子的遗弃行为，虽未构成犯罪，但长子长期不履行对父母的赡养义务，加上郑某因受伤应获得民事赔偿，所以法院责令郑某长子负责郑某的赡养费、医疗费。

总之，保护妇女、儿童和老人合法权益，是我国《婚姻法》的重要原则，也是全社会的共同责任，随着社会主义建设事业的发展，社会文明程度的提高，这一基本原则将得到更好的贯彻。

■第六节　计划生育

实行计划生育是我国的一项国策。《宪法》第 25 条明确规定："国家推行计划生育，使人口的增长同经济和社会发展计划相适应。"2001 年修改《婚姻法》时，根据宪法的精神，保留了 1980 年《婚姻法》的立法宗旨，仍然把计划生育作为一项基本原则。

一、计划生育的概念和意义

计划生育是指通过生育机制有计划地调节人口的增长速度，包括提高和降低人口增长率，其内容不以节制生育为限。从我国的实际情况来看，实行计划生育是要降低人口发展速度。

我国实行计划生育有以下两方面的意义：

1. 实行计划生育是社会主义制度下人口再生产的客观要求，也是实现四化建设的重要条件。恩格斯指出：社会生产包括两方面，"一方面是生产资料即食物、衣服、住房以及为此所必需的工具的生产；另一方面是人类自身的生产，即种的繁衍"。[1] 人口的生产和再生产是受一定社会物质资料的生产方式制约的。人口状况虽然不能决定社会制度的性质，却能促进或延缓社会的发展。我国是世界上人口最多的国家。解放前，经济十分落后，人民生活极端贫困，人口再生产处于盲目状态。人口出生率高，死亡率也高，因此增长不快。解放后，经济发展了，人民生活条件普遍改善了，人口出现了高出生率、低死亡率的局面，增长速度很快。这样就给国家的四化建设带来了很大的困难。而且，我国是社会主义国家，只有自觉地调节人口再生产，才能正确处理生产和需要、积累和消费以及经济和社会发展中的各种重要比例关系，促进社会主义现代化建设，提高人民的物质文化生活水平。

---

〔1〕《马克思恩格斯选集》第 21 卷，人民出版社 1956 年版，第 20~30 页。

第四章

2. 实行计划生育有利于减轻家庭的经济负担，提高人口素质和保护父母的健康。从家庭生活来说，子女太多、太密，父母花费的物力、财力和精力就高，就必然影响家庭的生活水平，影响父母的健康，影响父母参加社会生产。从子女的质量来说，实行计划生育，就是要控制人口数量，提高人口素质。子女过多、过密，不可能得到充分、良好的抚育条件，不符合优生学的要求。所以，实行计划生育也在于提高人口素质，保障中华民族的兴旺发达。

20世纪90年代以来，我国的总和生育率下降到更替水平以下，正式进入世界低生育水平国家行列，我国的计划生育政策开始有所调整。

二、国家对计划生育的要求

自1980年婚姻法规定计划生育原则以来，我国在法律层面对计划生育不断做出更为明确具体的规定。1994年10月第八届全国人民代表大会常务委员会第十次会议通过了《母婴保健法》，制定了妇女婚前保健和孕产期保健的具体规定，以法律保障了母婴健康。2002年9月1日，《中华人民共和国人口与计划生育法》（以下简称《人口与计划生育法》）开始实施，标志着计划生育政策被正式纳入法制轨道：鼓励晚婚晚育，推行和奖励一胎，合理安排和严格控制生育二胎，禁止计划外生育和生育多胎。实行计划生育，成为中国公民的法定义务。2013年11月《中共中央关于全面深化改革若干重大问题的决定》明确规定：坚持计划生育的基本国策，启动实施一方是独生子女的夫妇可生育两个孩子的政策，逐步调整完善生育政策，促进人口长期均衡发展。2013年12月28日通过的《全国人民代表大会常务委员会关于调整完善生育政策的决议》中进一步明确：①坚持计划生育的基本国策；②逐步调整完善生育政策具有必要性，同意启动实施一方是独生子女的夫妇可生育两个孩子的政策。2015年12月27日，第十二届全国人民代表大会常务委员会第十八次会议通过了《关于修改〈中华人民共和国人口与计划生育法〉的决定》，将第18条"提倡一对夫妻生育一个子女"修改为"国家提倡一对夫妻生育两个子女"，并取消了"鼓励公民晚婚晚育"的规定。这一修改意味着不再鼓励公民晚婚晚育，且实施多年的鼓励一对夫妻只生育一个子女的生育限制进一步放宽。但全面放开二胎生育，并未从根本上改变以节制生育为基本内容的我国生育政策。

根据修正后的《人口与计划生育法》的规定，公民有生育的权利，也有依法实行计划生育的义务，夫妻双方在实行计划生育中负有共同的责任。国家提倡一对夫妻生育两个子女。符合法律法规规定条件的，可以要求安排再生育子女。计划生育主要有以下两方面的内容：

（一）提倡一对夫妻生育两个子女

根据修正后的《人口与计划生育法》第18条的规定，国家提倡一对夫妻生育两个子女。对于在国家提倡一对夫妻生育一个子女期间，自愿生育一个子女的夫妻，国家依然给予给予奖励扶助。第27条规定，在国家提倡一对夫妻生育一个子女期间，自愿终身只生育一个子女的夫妻，国家发给《独生子女父母光荣证》。获得《独生子女父母光荣证》的夫妻，按照国家和省、自治区、直辖市有关规定享受独生子女父母奖励。法律、法规或者规章规定给予获得《独生子女父母光荣证》的夫妻奖励的措施中由其所在单位落实的，有关单位应当执行。获得《独生子女父母光荣证》的夫妻，独生子女发生意外伤残、死亡的，按照规定获得扶助。在国家提倡一对夫妻生育一个子女期间，按照规定应当享受计划生育家庭老年人奖励扶助的，继续享受相关奖励扶助。

为了贯彻实施新修订的《人口与计划生育法》，2016年3月24日修订的《北京市人口与计划生育条例》第17条第1款规定，提倡一对夫妻生育两个子女。生育两个以内子女的，按照国家有关规定实行生育登记服务制度。第19条规定，已经获得《独生子女父母光荣证》的夫妻，凭证享受以下奖励和优待：①每月发给10元独生子女父母奖励费，奖励费自领取《独生子女父母光荣证》之月起发至其独生子女满18周岁止；②独生子女的托幼管理费和18周岁之前的医药费，由夫妻双方所在单位依照有关规定报销；③独生子女父母，女方年满55周岁，男方年满60周岁的，每人享受不少于1000元的一次性奖励；④农村在推行养老保险制度时，应当为独生子女父母优先办理养老保险，农村安排宅基地，对独生子女父母应当给予优先和照顾；⑤乡镇人民政府和农村集体经济组织应当扶持独生子女家庭发展生产。

（二）有条件地生育多胎

《人口与计划生育法》第18条第2款规定，符合法律、法规规定条件的，可以要求安排再生育子女。具体办法由省、自治区、直辖市人民代表大会或者其常务委员会规定。《北京市人口与计划生育条例》第17条第2～4款规定：符合下列情形之一的，夫妻双方可以要求再生育一个子女：①再婚夫妻婚前仅生育一个子女，婚后已生育一个子女的；②再婚夫妻婚前生育两个以上子女，婚后未共同生育子女的；③夫妻共同生育两个子女，其中一个经指定医疗机构鉴定为非遗传性病残，不能成长为正常劳动力的。再婚夫妻按照本条第2款第2项规定共同生育的子女，经指定医疗机构鉴定为非遗传性病残，不能成长为正常劳动力的，可以要求再生育一个子女。要求再生育子女的夫妻应当向一方户籍所在地乡镇人民政府、街道办事处提交相关材料；乡镇人民政府、街道办事处核实后，报区卫生和计划生育行政部门确认。需要提交的材料、办理程序及期限，由市卫生和计划生育行政部门制定并公布。

　　实行计划生育是人类生育史上的伟大变革，是我国婚姻家庭生活的一场革命。推行计划生育政策，必然会受到封建思想和旧习惯势力的干扰。我国曾经是一个封建古国，男尊女卑的封建思想根深蒂固。从生育的目的看是为了传宗接代；从生育数量来看，崇尚多子多福。这种封建主义的生育观，是贯彻计划生育的最大思想障碍。因此，要真正实行计划生育，就要大力破除封建的生育观，树立和宣传社会主义生育观。同时，也要进一步完善社会保障制度，使老年人老有所养，老有所医，解除养老的后顾之忧，彻底改变传统的生育观念。

　　我国《婚姻法》的基本原则是相互联系、相互制约的一个不可分割的整体。全面贯彻基本原则，对于巩固发展社会主义婚姻家庭制度，彻底肃清旧思想的影响，建设高度的精神文明，维护一个平等、和睦和文明的婚姻家庭关系，从而构建和谐社会，具有重要的意义。

■第七节　外国婚姻家庭法的基本原则

　　从目前世界各国婚姻家庭状况来看，大体上有以下基本原则：

一、个人本位原则

　　个人本位原则是资产阶级在反对封建家族本位主义时明确提出来的。根据这项原则，成年的家庭成员在法律上享有完全的自由权和自主权。这一原则通常是以"人权"或"个人尊严"的名称规定在法律中。例如，日本《新民法》在接受个人本位思想后，完全废除了旧民法中的家长制，仅规定未成年人结婚时要经其父母同意。财产继承的长子制也为子女平权继承所取代。

二、一夫一妻制原则

　　为了维护一夫一妻制的形式，许多国家都规定了严格实行一夫一妻制，禁止重婚行为。例如，《德国民法典》第 1309 条规定："任何人不得在前婚解除或宣告无效前再行结婚。"《美国统一结婚离婚法》第 207 条规定："禁止一方尚未离婚而又与他人结婚。"《日本民法典》第 732 条规定："有配偶者不得重婚。"《法国民法典》第 147 条规定："第一次婚姻解除之前，不得再婚。"《蒙古人民共和国家庭法》第 3 条规定："禁止重婚。"《罗马尼亚家庭法》第 5 条规定："已婚男子或已婚女子不能再行结婚。"

三、男女地位平等原则

许多国家的立法者认为，男女平等是人类社会发展的必然趋势，它体现了在法律面前人人平等。《南斯拉夫塞尔维亚共和国婚姻法》第40条规定："在婚姻结合中夫妻是平等的。"第43条规定："夫妻双方以协商的办法决定共同的家务。夫妻共同依照自己的可能对供养家庭作出贡献。"《古巴家庭法》第1条规定："巩固正式缔结或得到法律承认的以男女平权绝对平等为基础的婚姻。"《罗马尼亚家庭法典》第1条规定："在夫妻相互关系中以及在行使对子女的权利时，夫妻享有同等的权利。"

四、私法自治原则

私法自治原则是和国家干预原则相对应的。尽管资本主义国家都明确地用法律调整婚姻家庭关系，但是都标榜婚姻家庭属于私生活，家庭法作为私法，实行国家不干涉主义。这一原则是资产阶级针对封建专制提出来的口号。根据这一原则，人人都有处分自己民事权利的自由，不受国家和其他人的干涉。许多资本主义国家的宪法都根据这一原则规定了公民的私生活权。婚姻家庭方面的诉讼完全是自诉案件。有些国家将虐待、遗弃和重婚也作为自诉案件，不告不理。目前资本主义社会的一些当事人即利用私法自治这一原则规避社会道德和法律，同性恋者、婚外恋者在意思自治、私生活权利受保护的原则下日益增多。这一现象已经引起社会的关注。

五、契约自由原则

当代资本主义各国的法律几乎都将婚姻作为一种民事契约，即婚姻契约只能基于当事人双方的自由意志，依双方的结婚合意而产生；夫妻间的一切权利义务都是根据这种自由合意的契约而产生的。资产阶级革命初期，已经明确地将婚姻契约自由宣布为"天赋人权"。1792年法国立法会议宣布："法律上承认婚姻是一种民事契约。"1804年《法国民法典》第146条规定："未经合意，不得成立婚姻。"此后，资本主义各国宪法、亲属法或婚姻家庭法，大多规定了类似的条款。这一原则至今是资本主义国家家庭法神圣不可侵犯的基本原则。

综观世界各国家庭法的基本原则，其中有一些在形式上是相同的，这种相同性导致了一些国际条约的形成。其中最突出的是婚姻自由和男女平等的原则，它们在我国全国人民代表大会批准参加签署的1979年第34届联合国大会通过的《消除对妇女一切形式歧视公约》中被肯定下来。该公约第16条规定："在婚姻关系存续期间以及解除婚姻关系时，男女有相同的权利和义务。在有关子女的事务中，作为父母有相同的权利和义务。配偶双方在财产的所有、取得、经营、管理、享有、处分方面……具有同等的权利。"此外，一些国家还批准签署了《关于非婚生子女地位公约》。

【思考题】

1. 婚姻法有哪些基本原则？
2. 《婚姻法》第 4 条规定有何意义？
3. 婚姻自由的概念和内容是什么？
4. 什么是一夫一妻制？
5. 什么是重婚？国家对待重婚的法律政策是什么？
6. 为什么要禁止有配偶者与他人同居？
7. 如何保护妇女、儿童和老人的合法权益？
8. 家庭暴力与虐待有何区别？
9. 国家对计划生育有哪些要求？
10. 婚姻法对家庭暴力、虐待、遗弃的受害者有何救助措施？

第四章

第五章

结　婚

　　学习目的与要求　学习本章应当了解结婚的概念、特征，掌握结婚需要结婚行为人具备的法律规定的要件，包括实质要件和形式要件。明确违反结婚要件的婚姻不具有法律效力，可被确认婚姻无效或可撤销婚姻。了解与结婚制度有关的规定，包括婚约和事实婚姻的法律规定以及相关的司法解释。重点在于掌握结婚的条件和程序以及对违法婚姻的处理所适用的无效婚姻和可撤销婚姻制度，能够运用法律规定处理相关问题。

■第一节　概述

一、结婚的概念、特征和要件

（一）结婚的概念和特征

　　结婚又称婚姻的成立或婚姻的缔结，指男女双方依照法律规定的条件和程序，建立夫妻关系的民事法律行为。结婚的概念有广义和狭义之分。广义的结婚不仅包括夫妻关系的确立，也包括婚约的订立。狭义的结婚仅指男女完婚，而不包括婚约的订立。从历史的发展看，结婚概念是一个从广义向狭义演进的过程。古代法多采用广义说，近现代法多采用狭义说。我国《婚姻法》不承认婚约的效力，亦采用狭义说。

　　结婚行为具有以下三个方面的特征：①结婚行为的主体必须是男女异性。两性的差别和性的本能是婚姻关系成立的自然条件，同性不能结成婚姻。结婚行为只能发生在男女两性之间，这是由婚姻关系的自然属性和社会属性所决定的，同时也是一夫一妻制度的要求。②结婚行为是一种法律行为，必须依照法律规定的条件和程序进行。男女双方不按结婚条件和程序而自行结合的，一般不发生婚姻的效力。③结婚行为的结果是确立稳定的夫妻关系。"婚姻实质上是伦理关系。

婚姻是具有法的意义的伦理性的爱,这样就可以消除爱中一切稍忽即逝的、反复无常的和赤裸裸主观的因素。"[1] 男女双方因结婚而建立了夫妻身份,互为配偶,相互承担法律规定的权利义务。未经法定程序,双方不得任意解除已确立的夫妻关系。

(二) 结婚的要件

合法性是婚姻的本质属性。在国家形态下,结婚是一种法律行为,必须具备法定的要件。法律规定结婚的要件,是国家对婚姻这种社会关系的形成进行干预、审查和监督的手段。法律所规定的结婚要件,无不取决于一定社会的经济基础和社会制度,反映着统治阶级的意志和利益。所以,在不同的历史时期和不同性质的国家中,关于结婚要件的规定差别很大。我国法律所规定的结婚要件,体现了当事人、国家和社会利益的统一。在通常情况下,凡是欠缺法定要件的男女结合,不具有婚姻的效力。

根据各国的婚姻立法,对结婚要件主要有以下分类:

1. 实质要件和形式要件。实质要件是指法律规定的关于结婚当事人本身及双方之间的关系必须符合的条件。例如,当事人必须达到一定的年龄;必须无禁止结婚的疾病;必须有双方的合意;必须非近亲属等。在我国婚姻法学中,将实质要件称为结婚条件。形式要件是指法律规定的结婚程序及方式。

2. 必备条件和禁止条件。结婚的实质要件分为必备条件和禁止条件。必备条件又称积极要件,是指结婚当事人双方必须具备的不可缺少的条件,如须双方合意;须达法定婚龄等。禁止条件又称消极要件,或称婚姻障碍,它是指法律规定不允许结婚的情况,如近亲不得结婚;有法律禁止结婚的疾病者不得结婚等。

3. 公益要件和私益要件。公益要件是指与社会公共利益有关的要件。例如,结婚当事人须非重婚,禁止近亲结婚等。私益要件是指仅与私人利益有关的要件,如当事人须有结婚的合意等。

二、结婚制度的沿革

结婚制度始于个体婚制,源于原始社会末期私有财产的出现,随着社会的演变而发展变化,经历了不同的发展阶段,其结婚形式有掠夺婚、有偿婚、聘娶婚、宗教婚和合意婚。

掠夺婚又称抢婚,指男子以暴力形式抢劫女子为妻的婚姻。掠夺婚是在对偶婚制向个体婚制转变的过程中产生的。恩格斯在《家庭、私有制和国家的起源》一书中指出:"抢劫女子的现象,已经表现向个体婚过渡的迹象⋯⋯当一个青年

第
五
章

---

[1] [德] 黑格尔:《法哲学原理》,范扬、张企泰译,商务印书馆1996年版,第177页。

男子，在朋友们的帮助下劫得或拐得一个姑娘的时候，他们便轮流同她发生性交关系；但是在此以后，这个姑娘便被认为是那个发动抢劫的男子的妻子。"[1] 因此，抢婚是群婚在向个体婚过渡。我国古代有"女子往时举燎以送"的记载；《礼记·曾子问》中记载："嫁女之家，三夜不息烛……娶妇之家，三日不举乐。"我国历史学家董家遵先生认为，"举燎以送"很像是掠夺婚的遗俗：男家在黄昏时分去掠夺女子，自然容易逃走藏匿，女家在天色苍茫里，势必举燎往追。"三夜不息烛"，似是女家于事后的防备；"三日不举乐"，似是男家藏匿行为。[2] 现代社会有些民族还保留了抢婚习俗，但仅作为结婚成立的形式，不再具有暴力和违背女方意志的内容。掠夺婚形式的出现，反映了人类婚姻从对偶婚的"从妇居"向着个体婚的"从夫居"的转化。

有偿婚指男方向女方家庭支付一定的代价为条件而成立的婚姻。依据男方支付的代价的种类的不同，又可分为：买卖婚、交换婚和劳役婚。买卖婚指男方支付女方的身价而成立的婚姻。交换婚又称互易婚或换亲，指双方父母互换其女儿为儿媳，即以人易人。劳役婚指男方的为女方家庭提供劳役为条件而成立的婚姻。由于是以力代财，所以在这种婚姻中男子的地位较低。

聘娶婚指男方家庭向女方家庭支付一定数量的聘财为要件而成立的婚姻。我国的聘娶婚源于西周时期的"六礼"，即婚姻成立的具体程序：纳采、问名、纳吉、纳征、请期、亲迎。其中，纳征是重要的一步，即订婚，是"六礼"的核心所在，聘财的多少依据双方的身份和地位而定。"六礼备，谓之聘；六礼不备，谓之奔。"六礼程序到后来虽有变通，但是聘娶婚的本质则始终如一，是变相的买卖婚姻。

宗教婚指欧洲中世纪盛行的结婚方式，由基督教的寺院法规范人们的结婚行为。随着基督教的广泛传播，教会法在调整婚姻家庭关系方面具有很大的权威。当时的基督教认为婚姻是神作之合，结婚是一种宣誓圣礼，故教会法规定结婚须经公告程序并在神职人员面前举行宣誓仪式。法定婚龄为男 16 岁、女 14 岁。当事人双方合意是结婚成立的必备条件，不能人道、重婚、相奸婚、近亲婚等是婚姻不能成立及有效的原因。随着欧洲中世纪的结束，宗教婚被法律婚所取代。

共诺婚又称自由婚或契约婚，指男女双方合意而成立的婚姻。欧洲宗教改革的后果之一就是婚姻还俗运动，婚姻由宗教婚发展成民事婚。16 世纪荷兰最先规定了选择民事婚制度，允许当事人自由选择采用宗教婚还是法律婚，1787 年被法国效仿。此后不久，法国宪法正式宣布了用法律婚取代宗教婚。19 世纪英

〔1〕 《马克思恩格斯选集》第 4 卷，人民出版社 1972 年版，第 41 页。
〔2〕 董家遵：《中国古代婚姻史研究》，广东人民出版社 1995 年版，第 219 页。

国和德国也相继肯定了法律婚的地位。自由婚强调双方合意，这是以契约论为基础的，即认为婚姻是夫妻双方以互相占有、共同生活为目的而自愿订立的契约。婚姻契约虽因涉及人身关系而具有本身的特点，但是它仍须符合一般契约的原则。共诺婚的确立无疑是一个历史的进步，它把婚姻的自主权从父母或其他人手中转移归还给了当事人，使当事人享有了自由支配自己人身的权利，有利于民主、和睦的现代婚姻关系的建立。

1950 年我国《婚姻法》就规定了婚姻自由原则，实行自由婚，要求结婚的男女双方必须完全自愿，法律保障结婚当事人的合法权益，禁止封建社会的包办婚姻和买卖婚姻。结婚形式方面，实行登记婚制度，保障当事人的自由合法的婚姻关系的建立，保障人们婚姻自由权利的实现。因此，不仅应当注重实现自由婚的形式，更应当注重实现自由婚的内容，使自由婚日臻完善。

■第二节　结婚实质条件

结婚的实质条件包括结婚的必备条件和结婚的禁止条件。我国《婚姻法》从两方面作了规定，现行《婚姻法》第 5 ~ 7 条规定了结婚的必备条件和禁止条件。

一、结婚的必备条件

必备条件又称结婚的积极要件，指当事人结婚时必须具备的法定条件。根据我国《婚姻法》的规定，结婚必须具有以下三个条件：

（一）必须男女双方完全自愿

《婚姻法》第 5 条规定："结婚必须男女双方完全自愿，不许任何一方对他方加以强迫或任何第三者加以干涉。"这是婚姻自由原则在结婚制度中的具体体现。这条规定的核心是：在符合法律规定的条件下，当事人是否结婚、与谁结婚的决定权属于当事人本人。男女双方完全自愿包括以下三层含义：①男女双方完全自愿，不附加任何条件。男女双方的结合应以爱情为基础，法律为这种婚姻的建立提供了保障。婚姻自由的实现不应有附加条件。②男女双方完全自愿的具体要求是：男女双方自愿，不是一方一厢情愿；男女双方本人自愿，不是父母同意或他人同意；男女双方完全自愿，不是勉强同意。③要求当事人必须具有结婚的行为能力和无婚姻障碍。因为，结婚行为是法律行为，结婚当事人应当具有完全的民事行为能力，才能做出结婚的真实意思表示，才能对自己的行为负责。而且，结婚行为还有达到法定年龄的要求。所以，当事人须具有结婚的行为能力，结婚的意思表示必须真实自愿。凡是未达法定婚龄的人、丧失行为能力的人以及有其他婚姻障碍的人所作的同意结婚的意思表示，违反了这一规定，均属无效。因受胁迫、欺诈所做出的虚假的意思表示，因重大误解所做出的错误的意思表示，其意思表示有瑕疵，所以不产生同意的效力。不以结婚为目的而成立的虚假的婚姻，也是无效的。

结婚须当事人双方合意，是现代世界各国法律规定的共同要求。各国对同意结婚的要求，不尽一致。有的国家规定，须双方同意，不附加任何其他条件；有的规定，同意须在主管结婚机关或官员面前为意思表示；有的国家规定，除在结婚申报机关为意思表示外，还必须有两个证人在场；有的国家规定，须以"双方填写结婚申请书"等以示同意。美国《统一结婚离婚法》就是采用此种方法的。外国法关于婚姻合意的条件，概括起来有两个：①成立合意的人必须具有结婚的能力，即具有成立婚姻的行为能力；②有关结婚意思表示无重大瑕疵，即不是欺诈、胁迫、恐吓、重大误解、虚伪婚姻、附条件或附期限的婚姻等。结婚属于身份行为，当事人享有专属权。多数国家要求当事人必须亲自到场，不得委托代理。

（二）必须达到法定婚龄

法定婚龄是指法律规定的最低的结婚年龄，即结婚当事人在此年龄以上始得结婚，在此以下不许结婚。《婚姻法》第6条规定："结婚年龄，男不得早于22周岁，女不得早于20周岁。晚婚晚育应予鼓励。"这一规定说明，结婚自由虽然是我国公民享有的一项权利，但是，并不是任何公民都可以成为婚姻法律关系的主体。婚姻关系的自然属性和社会属性要求结婚行为人必须达到一定的年龄，古今中外的法律对年龄均有明确的规定。

确定法定婚龄的因素有两方面：①自然因素，即人的生理、心理发育情况和智力成熟情况。同时，还包括这一地区的气候、地理条件等影响。一般来说，女性在18岁左右，男性在20岁左右，身体发育基本成熟。在确定婚龄时，应考虑男女的这种生理和心理特点，尊重自然规律。②社会因素，即当事人所在国的政治、经济、文化和人口发展的要求。在不同的历史时期、不同的环境条件和不同的社会制度下，对结婚行为人的年龄要求有所不同。我国现行法定婚龄的确定，既反映了自然规律的要求，也符合现阶段我国的实际情况。现行法定婚龄是从我国国情出发所作的规定，符合人民群众、国家和社会的利益。

法定婚龄不是人们结婚的最佳年龄，也不是必须结婚的年龄。达到法定婚龄，只是行为人具备了结婚的生理条件，不一定充分具备了结婚的心理条件和组成家庭的物质条件。《婚姻法》强调"晚婚晚育应予鼓励"。在生活实践中，人们也不是到了法定婚龄就结婚，而是自觉遵守晚婚晚育。所谓晚婚是指男25周岁、女23周岁以上结婚。晚育是指女青年24周岁后生育第一胎。从效力来看，法定婚龄属于法律规定，是强制性的规则，是人们必须遵守的结婚的最低年龄界限；晚婚年龄是号召性和鼓励性的措施。因此，在实践中既不能用晚婚年龄代替法定婚龄，同时又必须认真贯彻《婚姻法》的精神，大力宣传提倡适当晚婚的重要性。对实行晚婚的，应按规定予以鼓励和照顾。

（三）必须符合一夫一妻

一夫一妻制要求结婚的当事人必须属于单身无配偶身份。有配偶者只能在原婚姻关系终止后始得再婚，否则构成重婚。离婚的双方要求复婚，必须是双方单身情况。任何人不论职务、年龄、性别等不同，要求结婚的双方必须符合一夫一妻制。详见本书第四章第三节一夫一妻制原则。

二、结婚的禁止条件

结婚的禁止条件，又称消极条件或婚姻的障碍，是指法律不允许结婚的情况。按照我国《婚姻法》的规定，一定范围内的血亲和患有特定疾病的人禁止结婚。

（一）禁止结婚的血亲关系

禁婚亲是指禁止结婚的亲属。从广义上说，他们不仅包括一定范围的血亲，有的国家还包括一定范围的姻亲。禁止一定范围内的血亲结婚，其根据主要有两大方面：①基于遗传学和优生学原理。根据遗传学，血缘太近的男女结婚容易将生理上和精神上的疾病或缺陷遗传给子女，违反优生学原理，不利于民族的健康和人类的发展。②基于伦理观念的要求。"儿子和母亲结婚，就要搞乱事物的秩序。儿子应该对母亲有无限的尊敬……如果母亲和儿子结婚的话，就将把双方的天然地位都推翻了。父亲和女儿结婚同样是违背自然的"[1]。各国禁止结婚的血亲范围不同，往往与风俗习惯有关。从人类婚姻禁忌的历史发展来看，人类自身由最初的杂乱的两性关系发展到血缘婚、亚血缘婚、对偶婚，再到一夫一妻制婚，其发展呈现为不断自我限制、禁止亲属通婚的过程。有些国家禁止姻亲结婚，则是基于伦理和习惯的考虑。因此，我国《婚姻法》一方面尊重自然规律；另一方面尊重人们长期形成的伦理道德，禁止一定范围的近亲结婚，这也是婚姻家庭关系的自然属性和社会属性的必然要求。

我国《婚姻法》关于禁婚亲的规定。我国《婚姻法》第7条第1项规定，"直系血亲和三代以内的旁系血亲"禁止结婚。因此，禁止结婚的血亲范围分为两大类：①直系血亲，即父母和子女之间，祖父母、外祖父母和孙子女、外孙子女之间，曾祖父母、曾外祖父母和曾孙子女、曾外孙子女之间。直系血亲之间禁

第五章

〔1〕〔法〕孟德斯鸠：《论法的精神》（下），张雁琛译，商务印书馆1961年版，第185～186页。

止结婚。我国《婚姻法》规定，养父母和养子女、继父母与受其抚养教育的继子女之间的权利和义务，适用法律关于父母子女关系的有关规定，因此，法律拟制的直系血亲之间也不得结婚。②三代以内旁系血亲，其范围包括：一是兄弟姐妹之间，含同胞兄弟姐妹和同父异母和同母异父的兄弟姐妹。他们是同源于父母的同辈分旁系血亲。二是堂兄弟姐妹和表兄弟姐妹之间。他们是祖父母或外祖父母的同辈分旁系血亲。三是叔伯与侄女之间、姑姑与侄子之间、舅舅与外甥女之间、姨与外甥之间。他们是同源于祖父母或外祖父母的不同辈分的旁系血亲。拟制的旁系血亲之间，只要不存在三代以内的旁系血亲，无论辈分相同或不同，均不在禁止结婚的范围之内。《婚姻登记条例》第6条第4项规定，"属于直系血亲或者三代以内旁系血亲的"，婚姻登记机关不予结婚登记。

（二）禁止患一定疾病的人结婚

《婚姻法》第7条第2项规定，"患有医学上认为不应当结婚的疾病"的人，禁止结婚。《婚姻登记条例》第6条第5项规定，"患有医学上认为不应当结婚的疾病的"，婚姻登记机关不予结婚登记。纵观世界各国有关法律，禁止结婚的疾病分为两类：①严重的精神方面的疾病，如痴呆和精神病等。患有这类疾病的人，一般属于无民事行为能力人，对自己的行为及后果欠缺理性的判断，无法建立身份行为和从事民事活动。而且，婚后有将精神疾病遗传给后代的可能。②重大的不治的传染性疾病，患者婚后会危害他方和后代的健康。

患有法律规定禁止结婚的疾病患者，禁止结婚。我国《婚姻法》关于禁止患有医学上认为不应当结婚的疾病是概括性规定，具体哪些疾病属于不应当结婚的疾病，不能任意解释，在认定时必须有充分的科学依据。卫生部2002年《婚前保健工作规范（修订）》规定婚前医学检查的主要疾病为：①严重遗传性疾病——不宜生育的；②指定传染病：艾滋病、梅毒等影响结婚和生育的；③精神病：精神分裂症、躁狂抑郁型精神病等；④其他与婚育有关的疾病，如重要脏器疾病和生殖系统疾病等。

经检查后出具的医学意见有以下几条：①建议不宜结婚：一方或双方患有重度、极重度智力低下，不具有婚姻意识能力；重型精神病，在病情发作期具有攻击危害行为的。无法控制自己、痴呆、智力低下的，注明"建议不宜结婚"。②建议不宜生育：严重的遗传性疾病或其他重要脏器疾病，以及不宜生育的疾病的。③建议暂缓结婚：传染病在传染期内，精神病在发病期内等，注明"建议暂缓结婚"。④建议采取医学措施：对于婚检发现的可能会终生传染的不在发病期的传染病患者或病原体携带者，应向受检者说明情况，提出预防、治疗等医学措施意见。如果受检者坚持结婚，应充分尊重受检双方的意愿，注明"建议采取医学措施，尊重受检者意愿"。⑤未发现医学上不宜结婚的情形即法定允许结婚。

■第三节 结婚形式要件

一、结婚程序的概念及其类型

结婚的程序又称结婚的形式要件，指法律规定结婚必须采取的方式。符合结婚实质要件的当事人，只有履行法定的结婚程序，其婚姻关系才被国家和社会承认，产生法律效力。从世界各国的法律规定看，结婚的程序主要有登记制、仪式制、登记与仪式结合制。登记制是指依法办理结婚登记是婚姻成立的唯一要件。要求结婚的当事人必须向婚姻登记机关提出结婚申请，接受婚姻登记机关的审查，履行登记手续，婚姻成立。登记制体现了国家与政府对结婚行为的监督与管理。登记制是近代发展起来的结婚程序，为现代许多国家采纳，如我国、德国、日本和墨西哥等国均实行结婚登记制。仪式制是指以举行结婚仪式为婚姻成立的形式要件。仪式制又有三种：宗教仪式、世俗仪式和法律仪式。宗教仪式是根据宗教教义的要求，在神职人员的主持下举行的结婚仪式，如西班牙、希腊等国；世俗仪式是按照民间习俗，在主婚人和证婚人的主持下举行的结婚仪式，反映民族和地域的文化传统；法律仪式是依据法律规定，在政府官员的主持与参与下举行结婚仪式，如瑞士。有些国家采取法律仪式与宗教仪式双轨制，当事人可任选其一，均有法律效力，如英国、丹麦等国。登记与仪式结合制是既要求办理结婚登记程序，又要求举行法定的结婚仪式，两个程序完成后，婚姻成立。这种结婚制度使得结婚程序既严格又庄重，既能实现国家监督，又能满足当事人结婚仪式隆重热烈的愿望。采用此制的有法国和罗马尼亚等国。

二、我国结婚登记制度

（一）结婚登记的目的和意义

我国《婚姻登记条例》第1条规定："为了规范婚姻登记工作，保障婚姻自由、一夫一妻、男女平等的婚姻制度的实施，保护婚姻当事人的合法权益，根据《中华人民共和国婚姻法》（以下简称婚姻法），制定本条例。"据此规定，结婚登记的目的就是规范管理婚姻登记工作，保障我国婚姻制度的实施，保护婚姻当事人的合法权益。因此，结婚登记的意义主要有以下三方面：

1. 保障社会主义婚姻制度的实行。国家通过结婚登记，可以对公民的婚姻的建立进行监督，有利于维护法律的严肃性，防止包办、买卖婚姻、早婚和重婚事件的发生，以国家的强制力确保社会主义婚姻家庭制度的巩固。

2. 保护婚姻当事人的合法权益。国家实行结婚登记制度，可给予争取婚姻自主的男女及时的法律援助，保护基于爱情而要求结合的男女的正当权利；还可以帮助、指导婚姻当事人，避免因无知或受欺骗而陷于不幸的婚姻之中。

3. 及时防止和惩治违反婚姻法的行为。通过结婚登记，国家工作人员可以直接对婚姻当事人开展法制教育，及时发现违反婚姻法的行为，并采取相应的有效措施。

（二）结婚登记的机关和程序

《婚姻登记条例》第2条第1款规定："内地居民办理婚姻登记的机关是县级人民政府民政部门或者乡（镇）人民政府，省、自治区、直辖市人民政府可以按照便民原则确定农村居民办理婚姻登记的具体机关。"办理结婚登记的机关是县级人民政府民政部门或者乡（镇）人民政府。婚姻登记管理机关管辖的范围，原则上与户籍管辖范围相适应。结婚当事人的户口在同一地区的，到共同的户口所在地婚姻登记机关办理结婚登记。结婚当事人的户口不在同一地区的，可以到任何一方户口所在地的婚姻登记机关办理结婚登记。由于结婚登记是建立当事人身份关系的行为，因此要求结婚的男女双方必须亲自到婚姻登记机关办理结婚登记。

1. 申请。自愿结婚的男女，必须亲自到婚姻登记机关申请结婚登记。办理结婚登记的当事人应当出具下列证件和证明材料：①户口本；②身份证；③本人无配偶以及与对方当事人没有直系血亲和三代以内旁系血亲关系的声明。关于婚前医学检查证明，由双方当事人自主自愿选择，不是必须提交的材料。

2. 审查。婚姻登记机关依法对当事人的结婚申请进行审核查实。婚姻登记机关一方面审查结婚登记当事人双方是否符合法定的结婚条件；另一方面对结婚登记当事人出具的证件、证明材料进行审查并询问相关情况。

3. 登记。婚姻登记机关对当事人的结婚申请进行审查后，符合结婚条件的，应当当场予以登记，发给结婚证。对离过婚的，应当注销其离婚证。当事人从取得结婚证起，确立夫妻关系。

婚姻登记机关在审查中，如果发现申请结婚登记的当事人有下列情形之一的，不予登记：①未到法定结婚年龄的；②非双方自愿的；③一方或者双方已有配偶的；④属于直系血亲或者三代以内旁系血亲的；⑤患有医学上认为不应当结婚的疾病的。婚姻登记机关对当事人不符合结婚条件不予登记的，应当向当事人说明不予登记的理由。根据2003年通过的《婚姻登记条例》，2003年10月1日后公民申请结婚登记要签署声明书。根据声明书式样，公民申请结婚登记要在声明书中写明本人和对方的姓名、性别、国籍、出生日期、民族、职业、文化程度、身份证件号、常住户口所在地、婚姻状况等基本情况，并申明本人与对方均无配偶，没有直系血亲和三代以内旁系血亲关系，了解对方的身体健康状况，并强调白愿结为夫妻。最后，声明人和监誓人共同在声明书上签字。

■第四节 无效婚姻与可撤销婚姻

一、无效婚姻和可撤销婚姻的概念

无效婚姻或可撤销婚姻是指当事人婚姻的成立，因违反结婚的实质或形式要件而不具有合法婚姻的法律效力。如：违反一夫一妻制的重婚；违反近亲结婚的限制；受欺诈、胁迫的婚姻；患法定禁婚疾病等。外国学者将婚姻成立要件分为公益要件和私益要件。违反公益要件者，一般为无效婚姻，如违反近亲结婚的限制；而违反私益要件者，为可撤销婚，如未达适婚年龄；未经法定代理人同意；违反女子待婚期等。从国外法理确认的效力上看，无效婚和可撤销婚的根本区别是：无效婚姻为自始无效，有溯及力；可撤销婚为可能无效，即撤销后无效，无溯及力，即婚姻被撤销无溯及既往的效力，在被撤销之前仍具有法律效力。

我国《婚姻法》亦将婚姻无效分为无效婚姻和可撤销婚姻两大类。无效婚姻是指违反婚姻成立要件的违法婚姻，由于欠缺婚姻成立的有效要件，因而不具有婚姻的法律效力。可撤销婚姻是指违背当事人真实意思而成立的婚姻，主要指当事人因受胁迫而结婚的，受胁迫的一方可以请求撤销该婚姻。但是，可撤销婚姻在其被撤销效力方面与国外不同，我国的可撤销婚姻的效力是溯及既往的，即一旦婚姻被撤销，其无效的效力溯及既往，自始无效。

无效婚姻制度的起源。从历史上来看，因欠缺婚姻成立要件的结合而无效，自古就有。例如，古巴比伦王国的《汉穆拉比法典》规定："倘自由民娶妻而未订契约，则此妇非其妻。"即指事先未订婚约的结合，视为无效婚姻。对违反结婚的必备条件和婚姻禁例的，罗马市民法不认其为正式婚姻。依照传统的亲属法学比较公认的见解，婚姻无效制度始于欧洲中世纪寺院法全盛的时代。由于基督教教义奉行禁止离婚主义，对于无法共同生活的男女双方，只能基于一定理由，经教会宣告其婚姻无效。我国古代的礼和法也是否定违法结合的婚姻效力的。礼制方面有"六礼皆备谓之聘，六礼不备谓之奔"。法律对违反封建礼法结合的婚姻不仅否定其效力，而且还给予刑罚处罚，如《唐律·户婚》对为婚女家妄冒、有妻更娶、居父母丧嫁娶、同姓为婚等既否定其效力，又对当事人规定了刑事责任。我国在解放后的 1950 年和 1980 年《婚姻法》中，虽然对婚姻成立的必备条件和禁止条件以及结婚登记要求作了明确概括的规定，从正面积极引导人们的结婚行为，但是对违法婚姻一直没有立法上的认定和处理条文。司法实践中对无效婚姻按照离婚案件处理，只是对重婚宣布重婚关系无效。1986 年民政部颁发的

《婚姻登记办法》规定了行政程序的宣告婚姻无效制度。1986 年 3 月 15 日《婚姻登记办法》（已失效）第 9 条第 2 款规定："婚姻登记机关发现婚姻当事人有违反婚姻法的行为，或在登记时弄虚作假，骗取《结婚证》的，应宣布该项婚姻无效，收回已骗取的《结婚证》，并对责任者给予批评教育。触犯刑律的，由司法机关依法追究刑事责任。"

2001 年修正后的《婚姻法》第 10、11、12 条增加了婚姻无效和可撤销的规定。从此，我国《婚姻法》正式确立了无效婚姻和可撤销婚姻制度。

二、婚姻无效与婚姻撤销的事由

无效婚姻的事由是与结婚有效要件相对应的，违反结婚的有效要件即为无效婚姻的依据。

（一）外国立法例

根据各国婚姻家庭法的规定，无效婚姻可分为违反结婚成立的形式要件和实质要件两大类。违反结婚的形式要件的无效婚姻，是指行为人没有依据结婚的法定程序而建立婚姻关系，如未登记婚。违反结婚的实质要件，指违反结婚成立的必备条件和禁止条件的，主要有以下几种：

1. 欠缺结婚的意思表示。意思表示不真实，即非自愿婚姻，如包办买卖婚姻、欺诈胁迫婚姻等均属此类。这类婚姻的建立，缺乏当事人的真实自愿的意思表示，属于无效婚姻。例如，英国 1949 年《婚姻法》规定，一方头脑不清醒、酗酒或者受欺诈、威胁而结婚的，其婚姻无效。美国《统一结婚离婚法》规定，一方由于无智力能力或智力不健全，或由于酒精、毒品及其他能致人麻醉的物质的作用而没有能力表示同意，或一方是在暴力胁迫下，或是在有关婚姻的重大问题上受到欺骗的情况下而缔结的婚姻无效。《瑞士民法典》《德国民法典》等也有类似的规定。我国《婚姻法》规定了结婚必须男女双方完全自愿，禁止包办、买卖婚姻。据此规定，我国的非自愿婚姻、包办婚姻和买卖婚姻等应属无效婚姻。

2. 重婚。重婚违反了一夫一妻制，大多数国家都将其作为无效婚姻的事由。

3. 早婚，即未达法定婚龄婚。当今各国有关结婚的立法对法定婚龄都作了明确规定，未达法定婚龄不得结婚。未达法定婚龄而缔结的婚姻属无效婚姻，但是，由于无效的原因仅在于时间因素，如果经过一段时间，当事人的年龄已达到法定婚龄，即此类无效婚姻可以转化为有效婚姻，有的国家的法律不确认为无效婚姻，如德国民法的规定。

4. 近亲结婚。近亲结婚违反了禁止近亲结婚的法律规定，应属无效婚姻。对于直系血亲间的禁止结婚，是古今中外各国的立法通例。对旁系血亲、姻亲和收养关系之间禁婚的规定，各国立法有所差异。德国、日本和法国等规定因收养形成的拟制直系血亲禁止结婚。

5. 疾病婚。疾病婚违反了禁止某些疾病的人结婚的法律规定，这类婚姻应无效。一些国家还将一方患有不治之症、传染病、遗传病对后代造成威胁的，视为无效婚姻。

6. 无性行为能力。无性行为能力指因生理缺陷、无性能力、不能人道者结婚的婚姻无效。有的国家要求：不能人道而不能治的，以在结婚时必须为他方不知道为条件，如丹麦、瑞典、挪威和意大利。不以此为条件的国家和地区有西班牙、英国及美国部分州。

7. 同性婚姻。同性结合违反结婚主体必须是男女异性的这一婚姻成立的基本条件，世界上只有极少数国家确认同性婚姻的合法性，而我国同性结合属无效婚姻。

·违反结婚的形式要件的无效婚姻，一般是指违反了结婚程序要件的婚姻，如未登记婚、未依法举行仪式婚等，此类婚姻因违反了法律关于结婚程序的强制性规定而无效。

（二）我国《婚姻法》的规定

我国 2001 年修订后的《婚姻法》增设了无效婚姻制度，依据当事人违反结婚要件的不同，将无效婚姻分为无效和可撤销两大类。根据现行《婚姻法》的规定，婚姻无效的情形有：

1. 重婚的。重婚是指有配偶者又与他人登记结婚或以夫妻名义同居生活的违法行为。无论构成法律上的重婚，还是事实上的重婚，后一个婚姻关系均属无效。

2. 有禁止结婚的亲属关系的。禁止结婚的亲属关系，是指直系血亲或三代以内的旁系血亲。

3. 婚前患有医学上认为不应当结婚的疾病，婚后尚未治愈的。医学上认为不应当结婚的疾病，是指精神方面的疾病和重大不治的传染性疾病或遗传性疾病。所谓婚后尚未治愈，是指结婚时该配偶一方的疾病尚未痊愈。

4. 未到法定婚龄的。所谓法定婚龄，是指法律规定的男女结婚时必须达到的最低年龄界限。根据我国《婚姻法》规定，男 22 周岁、女 20 周岁为我国的法定婚龄。

可撤销的婚姻指违背当事人真实意思而成立的婚姻，主要指因胁迫而结婚的情形。因胁迫结婚的，受胁迫的一方可以向婚姻登记机关或者人民法院请求撤销该婚姻。构成"胁迫"必须具有以下要件：①须有胁迫的故意，包括胁迫行为人有通过胁迫行为使被胁迫人产生恐惧心理，因而被迫作出违心意思表示的故意；

②须有胁迫的行为，即胁迫行为人须有威胁被胁迫人的意思表示，并已达到让被胁迫人产生恐惧的程度；③胁迫须具有违法性，即非法的目的和非法的手段；④须被胁迫人因恐惧心理而同意结婚的意思表示与胁迫行为间具有因果关系。婚姻自由是婚姻法的一项基本原则。如果婚姻一方当事人因受到威胁而产生恐惧，不得不作出同意结婚的意思表示，鉴于其本人不具有结婚的真实意愿，因而，法律赋予其请求撤销该婚姻关系的权利。需要说明的是，婚姻撤销的事由仅限于胁迫。

为了促使权利人尽快行使权利，避免婚姻关系长期处于不稳定的状态，《婚姻法》第 11 条赋予了受胁迫配偶一方享有撤销婚姻请求权的同时，规定了其行使权利的除斥期间："受胁迫的一方撤销婚姻的请求，应当自结婚登记之日起 1 年内提出。被非法限制人身自由的当事人请求撤销婚姻的，应当自恢复人身自由之日起 1 年内提出。"这一规定说明，具有撤销权的当事人在婚姻关系成立后 1 年内，或被非法拘禁的当事人已恢复人身自由 1 年内，如果没有明确表明要行使撤销权的，或者没有以行为表明要行使撤销权的，撤销权则因法定期间的经过而归于消灭。

三、无效婚姻和可撤销婚姻的请求权主体、宣告机关及其法律后果

（一）请求权主体

1. 无效婚姻的请求权主体。无效婚姻的请求权主体是指有权向人民法院或婚姻登记机关就已办理结婚登记的婚姻申请宣告婚姻无效的主体，包括当事人、近亲属及其基层组织。在我国，宣告婚姻无效的机关是婚姻登记机关和人民法院。请求权人可以依行政程序向婚姻登记机关申请宣告婚姻无效，也可以依诉讼程序向人民法院申请宣告婚姻无效。

有权请求婚姻无效的主体是当事人、近亲属及基层组织。《婚姻法司法解释（一）》第 7 条规定："有权依据婚姻法第 10 条规定向人民法院就已办理结婚登记的婚姻申请宣告婚姻无效的主体，包括婚姻当事人及利害关系人。利害关系人包括：①以重婚为由申请宣告婚姻无效的，为当事人的近亲属及基层组织；②以未到法定婚龄为由申请宣告婚姻无效的，为未达法定婚龄者的近亲属；③以有禁止结婚的亲属关系为由申请宣告婚姻无效的，为当事人的近亲属；④以婚前患有医学上认为不应当结婚的疾病，婚后尚未治愈为由申请宣告婚姻无效的，为与患病者共同生活的近亲属。"这里所谓"近亲属"，是指婚姻当事人的父母、子女、兄弟姐妹、祖父母、外祖父母、孙子女、外孙子女。《最高人民法院关于贯彻执行〈中华人民共和国民法通则〉若干问题的意见（试行）》第 12 条规定："民法通则中规定的近亲属，包括配偶、父母、子女、兄弟姐妹、祖父母、外祖父母、

孙子女、外孙子女。"所谓"基层组织",是指婚姻当事人所在的居民委员会、村民委员会以及有关的国家机关。

2. 可撤销婚姻的请求权主体。有权请求撤销婚姻的主体是当事人。《婚姻法司法解释（一）》第 10 条第 2 款规定："因受胁迫而请求撤销婚姻的,只能是受胁迫一方的婚姻关系当事人本人。"因为两者损害的利益不同,无效婚姻违反的是社会公德,损害国家和社会的公共利益。可撤销婚姻违反的是当事人个人的意愿,损害的是私人利益,国家、其他组织和个人不宜干涉,只有当事人本人可以提起。

（二）宣告机关

1. 无效婚姻的宣告机关。大多数国家规定通过诉讼程序由法院宣告婚姻无效。请求宣告婚姻无效的权利人包括:当事人、利害关系人、近亲属、法定代理人、监护人和检察官等。为了保障请求宣告婚姻无效的权利的正常行使,保护婚姻关系的稳定,各国在规定无效婚姻的请求权人的同时,还对无效婚姻的请求权作了时效方面的规定。根据无效婚姻的事由不同,其时效规定不同。世界各国无效婚姻的后果主要有三种:①有追溯力的无效婚姻,婚姻自始无效,当事人间不产生夫妻身份,所生的子女为非婚生子女。②有部分追溯力的无效婚姻。无效婚姻当事人善意的,产生合法婚姻的效力;当事人一方或双方恶意的,不产生合法婚姻的效力。③无追溯力的无效婚姻。自法院宣告无效之日起才发生婚姻无效的效力,在此之前,发生婚姻效力。无效婚姻制度是结婚制度的重要组成部分,对于保障结婚条件和程序的执行,保护合法婚姻,预防和制裁违法婚姻具有重要意义。

我国有权宣告婚姻无效的机关可以是人民法院。当事人以诉讼程序请求确认婚姻无效时应注意以下问题:

（1）法院受理申请宣告婚姻无效案件的,不得撤诉。法院受理申请宣告婚姻无效案件后,经审查确属无效婚姻的,应当依法作出宣告婚姻无效的判决。原告申请撤诉的,不予准许。法院受理离婚案件后,经审查确属无效婚姻的,应当将婚姻无效的情形告知当事人,并依法作出宣告婚姻无效的判决。无效婚姻是违反法律禁止性规定,人民法院如果发现有人违反这一禁止性规定,有责任通过宣告该婚姻关系无效来维护法律的尊严。

（2）对婚姻效力及其后果的处理应分别裁定。法院审理无效婚姻案件,涉及财产分割和子女抚养的,应当对婚姻效力的认定和其他财产纠纷的处理分别制作裁判文书。法院审理宣告婚姻无效的案件,对婚姻效力的审理不适用调解,应当依法做出判决。判决一经做出,即发生法律效力,当事人不得再就婚姻效力问题提出上诉。适用特别诉讼程序,实行一审终审,体现国家对违法婚姻案件的干预和严厉制裁。对于涉及子女抚养和财产分割的，可以调解；如以判决形式作出的，对此部分可以上诉，适用普通诉讼程序，实行二审终审。

（3）合法配偶可作为第三人参与诉讼。在审理因重婚导致的无效婚姻案件时，涉及财产处理的，应当准许合法婚姻当事人作为有独立请求权的第三人参加诉讼。对原有配偶而重婚的一方，不得以协议的方式将财产转移给另一方，已达成协议将财产转移给另一方的，应确认为无效，以确保合法配偶的财产权益。

（4）未达法定婚龄的可补办结婚登记。一方或者双方未达婚龄结婚，一方要求解除同居关系起诉至法院时双方均达婚龄的，法院可以调解和好，经调解和好的，法院应当责令双方在法定审限内补办结婚登记，然后法院送达调解书。经调解无效的，应当依法判决解除同居关系。

（5）一方或双方死亡后的处理。夫妻一方或者双方死亡后 1 年内，生存一方或者利害关系人依据《婚姻法》第 10 条的规定申请宣告婚姻无效的，法院应当受理。利害关系人依据《婚姻法》第 10 条的规定，申请人民法院宣告婚姻无效的，利害关系人为申请人，婚姻关系当事人双方为被申请人。夫妻一方死亡的，生存一方为被申请人。夫妻双方均已死亡的，不列被申请人。

（6）当事人以《婚姻法》第 10 条规定以外的情形申请宣告婚姻无效的，法院应当判决驳回当事人的申请。当事人以结婚登记程序存在瑕疵为由提起民事诉讼，主张撤销结婚登记的，告知其可以依法申请行政复议或者提起行政诉讼。

2. 可撤销婚姻的宣告机关。《婚姻法》第 11 条第 1 款明确赋予了婚姻登记机关或人民法院宣告婚姻撤销的权利。该款规定为："因胁迫结婚的，受胁迫的一方可以向婚姻登记机关或人民法院请求撤销该婚姻。"这一条款说明，可撤销婚姻关系的消灭，必须有撤销行为，仅有可撤销的事由而无撤销行为的，其婚姻关系的效力并不消灭。撤销权人行使撤销权的意思表示，必须是向婚姻登记管理机关或人民法院作出，而非向相对人作出。凡是已经在婚姻登记管理机关履行了结婚登记手续的，受胁迫的配偶一方应当到婚姻登记管理机关请求撤销婚姻登记，该机关可以依行政程序予以撤销；凡是未在婚姻登记管理机关进行婚姻登记的，受胁迫的配偶一方则应向人民法院提起撤销婚姻的诉讼，人民法院审理后可根据情况作出婚姻撤销的宣判。根据 2003 年《婚姻登记条例》第 9 条的规定，因胁迫结婚的，受胁迫的当事人依据《婚姻法》第 11 条的规定向婚姻登记机关请求撤销其婚姻的，应当出具下列证明材料：①本人的身份证、结婚证；②能够证明受胁迫结婚的证明材料。婚姻登记机关经审查认为受胁迫结婚的情况属实且不涉及子女抚养、财产及债务问题的，应当撤销该婚姻，宣告结婚证作废。

（三）法律后果

宣告婚姻无效是绝对无效，只要符合宣告无效婚姻的几种情形即无效，不因时间的经过而消灭,如重婚。但是,在司法实践中存在着如下例外情形:①因未到法定婚龄而结婚,起诉离婚时双方年龄均已在法定婚龄之内;②有禁止结婚的亲属关系但已生有子女或不能生育的。这属于《婚姻法司法解释(一)》第8条规定的情形:"当事人依据婚姻法第10条规定向人民法院申请宣告婚姻无效的,申请时,法定的无效婚姻情形已经消失的,人民法院不予支持。"可撤销婚姻是相对无效,它有时间限制即撤销权的除斥期间为1年,具有撤销权的当事人1年内不行使的,撤销权则因法定期间的经过归于消灭。

1. 人身关系。无效婚姻因违反法律强制性规定,可撤销婚姻因当事人欠缺婚姻的合意,均视为婚姻未成立。《婚姻法》对无效婚姻和可撤销婚姻均采取了溯及既往的立法原则,凡是婚姻被确认为无效或者被撤销的,男女双方自始不发生夫妻间的权利和义务关系。无效婚姻从一开始就不具有法律效力,即溯及既往,自始无效。

2. 财产关系。婚姻被确认无效或者被撤销,当事人不具有夫妻的权利和义务。同居前属于个人的财产,归各自所有。同居前一方自愿赠给对方的财物,可按照赠与关系处理。同居期间双方共同创造的财产和经营权,一方未经他方同意擅自处分,另一方提出异议的,该处分行为无效。双方应协议处理同居期间的财产,协议不成的,由人民法院根据照顾无过错方的原则判决。无效婚姻或可撤销婚姻中一方存在过错的,应由过错方承担相应的过错责任。分割财产时,应当照顾无过错方。无效婚姻双方当事人都有过错的,应分别承担相应的过错责任。同居期间当事人一方对另一方造成损害的,应当承担损害赔偿责任。同居期间为共同生活所负的债务,应当共同承担清偿责任,适当照顾无过错方。当事人一方或者双方重婚的,对重婚期间所得财产的处理,不得侵害合法婚姻当事人的财产权益。在解除因重婚造成的无效婚姻时,凡属于合法婚姻当事人的合法财产,不能分割给第三者,以保障配偶的财产权益。

示例 甲某与乙某是夫妻,甲某经营着一家公司,身为公司老总的甲某喜欢上女秘书丙某,丙某明知道甲某有妻子,但经不住甲某的诱惑与之同居,两人在丙某的家乡又进行了结婚登记。甲某以自己名义购买了一套价值60万元的商品房,供自己和丙某居住。甲某的合法妻子乙某发现了丈夫与丙某重婚的事实,愤然提出离婚,并控告两人的重婚罪。丙某提出商品房是甲某与她同居期间买下并供两人用的,她可得一半产权。法院受理后,查明了甲某与丙某的重婚及商品房是用甲某的钱买的事实,据此,法院以重婚罪判处甲某有期徒刑1年,判处丙某有期徒刑6个月,驳回了丙某要求分割商品房产权的起诉。因此,对于因重婚造成婚姻无效的情况,在分割财产时,不得侵犯合法婚姻当事人的财产权益,该商品房属于甲某与乙某的夫妻共同财产，丙某无权主张。

3. 子女方面。婚姻被确认无效或被撤销后，对当事人所生的子女，享有婚姻法规定的关于父母子女的权利。双方当事人均有抚养、教育子女，承担子女的生活费和教育费的义务。一方抚养子女的，另一方享有探望权。

■第五节　与结婚制度相关的规定

一、婚约

婚约是男女双方以将来结婚为目的所作的事先约定。成立婚约的行为称订婚或定婚，婚约当事人称未婚夫妻。婚约在历史上大致经历了两大发展阶段：①早期型婚约。在奴隶社会和封建社会，婚约是结婚的必经程序，具有法律约束力。订立婚约须由父母做主，当事人无任何自由意志。婚约订立不得反悔，无故悔约，要受到法律制裁。中国古代的"六礼"，十分重视订婚程序，订婚是结婚的必备条件。由于早期型的婚约往往是父母等其他家长包办订立的，所以，违约责任亦由父母等其他家长承担。《唐律》规定，订婚后，男方反悔者不得索回聘财，女方反悔者须追究主婚人的刑事责任。罗马市民法规定，订婚后男女在一定时期内有履行结婚的义务。欧洲中世纪寺院法对违反婚约者给予宗教上的处罚。②晚期型婚约，即近、现代的婚约。与早期型婚约不同，首先，订立婚约已不是结婚的必经程序，是否订立婚约，由当事人自由抉择。有的国家对婚约采取不干涉主义，法律不规定婚约条款，如法国、日本、美国、俄罗斯等。有的国家虽规定婚约，但不将其视为结婚的必经程序，如墨西哥、秘鲁等国。其次，婚约的订立仅取决于当事人本人的自愿，家长等无权包办代理。最后，婚约无约束力，当事人双方或一方，可随时解除。但对解除引起的财产纠纷，法律予以规定处理。关于双方的赠与物，瑞士、德国、法国和日本等国的法律和判例认为得依不当得利原则而请求返还。例如，《瑞士民法典》第94条规定："①婚约双方的赠与物，在解除婚约时可请求返还。②如赠与物已不存在，可依照返还不当得利的规定办理。"[1]《德国民法典》第1301条规定："不履行结婚的，婚约当事人的任何一方均可以依返还不当得利的规定，向他方请求返还其向他方所赠与的或作为婚约的标志所给予的物。"[2] 关于因解除婚约而造成的实际财产损失，各国法律规定不同（有的国家认为婚约不是独立的契约，法律不追究违约责任。有的国家

---

[1] 殷生根、王燕译：《瑞士民法典》，中国政法大学出版社1999年版。

[2] 杜景林、卢谌译：《德国民法典》，中国政法大学出版社1999年版。

将婚约视为以婚姻为目的的契约行为，规定过错方有赔偿责任）。关于因一方过错而解约造成他方的"精神损害"，墨西哥、秘鲁、瑞士等国，在法律上赋予受害的无过错方请求赔偿的权利。

我国对婚约的态度和处理原则是：①订婚不是婚姻成立的必经条件，法律既不提倡，也不禁止。我国 1950 年《婚姻法》和 1980 年《婚姻法》以及 2001 年修订后的《婚姻法》都没有关于婚约的规定。②婚约没有法律约束力。法律对婚约不予保护，不强制履行。③对因解除婚约引起的财产纠纷，区别情况，妥善解决。对属于包办买卖婚姻性质的订婚所受的财物，应依法没收或酌情返还。对以订婚为名诈骗钱财的，原则上应返还受害人。对以结婚为目的赠送价值较高的财物，如彩礼，应酌情返还。一些学者认为：对婚约期间的无条件赠与，受赠人无返还义务；另外一些学者认为：以结婚为目的的财物赠送，应属附条件（即结婚）的法律行为，如婚约解除，接受财物方应返还财物。最高人民法院 2003 年《婚姻法司法解释（二）》第 10 条规定了彩礼返还的条件，即当事人请求返还按照习俗给付的彩礼的，如果双方未办理结婚登记的，人民法院应当予以支持。因为，这种彩礼的给付一般是基于当地的风俗习惯，很少有心甘情愿主动给付的，与一般意义上的无条件的赠与行为不同。而且，作为给付彩礼的代价中，本身就蕴涵着以对方答应结婚为前提。如果没有结婚，彩礼应当退还。

示例 24 岁的甲男与 22 岁的乙女开始恋爱，两人约定 3 年后结婚，甲男送给乙女价值 2 000 元的订婚戒指一枚和价值 3 000 元的金项链一条。恋爱第 2 年，乙女认为甲男心胸狭窄、性格暴躁，不愿与其继续恋爱，提出解除婚约。甲男起初不同意解除婚约，后来提出：如果解除婚约，乙女应退还金项链和金戒指。由于婚约在我国不受法律保护，婚约没有法律约束力，一方可以向另一方提出解除婚约，中断恋爱关系。对因一方解除婚约而引发的财产纠纷，法院可以受理。根据司法解释的规定，甲男有权要回自己送给乙女的金戒指和金项链。金戒指和金项链可以看作彩礼给付，如果双方没有结婚，乙女应当退还给甲男。

二、非婚同居

非婚同居是指没有配偶的男女，没有办理结婚登记而同居生活。非婚同居包括了事实婚姻。鉴于 1994 年 2 月 1 日民政部《婚姻登记管理条例》（现已失效）施行之后，以夫妻名义同居生活的男女，如果没有补办结婚登记手续，则不再承认其婚姻的效力。因此，将 1994 年 2 月 1 日以后出现的无配偶的男女同居，称为非婚同居，不再使用"事实婚姻"一词。

（一）事实婚姻

1. 事实婚姻的概念。事实婚姻广义上为形式婚（要式婚）的对称。在实行宗教婚的国家里未举行宗教仪式的婚姻，中国古代"六礼"不备的婚姻，都是事实婚姻。狭义上为法律婚的对称，是指没有配偶的男女，未经结婚登记，便以夫妻名义同居生活，群众也认为他们是夫妻的两性结合。

2. 事实婚姻的特征。事实婚姻有如下特征：①事实婚姻的男女应无配偶，有配偶则成为事实重婚；②事实婚姻的当事人具有婚姻的目的和共同生活的形式；③欠缺结婚法定形式要件，即未办理结婚登记手续。对事实婚姻的法律态度主要有三种：①不承认主义，即法律不承认事实婚姻的效力，如日本法律；②承认主义，即法律对符合结婚的实质要件的事实婚姻承认其效力，英美的普通法婚姻属此类；③相对承认主义，又称有条件的承认，是指法律为事实婚姻设定一些有效条件，一旦具备了这些条件，事实婚姻便转化为合法婚姻。有关条件主要有：达到法定同居年限、法院确认、补办法定手续。我国虽然实行登记结婚制度，但现实生活中还存在事实婚姻。事实婚姻的存在给社会和当事人及其利害关系人带来许多危害。事实婚姻在缔结时缺乏国家的指导和监督，使一些不符合结婚条件的婚姻，如包办买卖婚姻、早婚、近亲婚和疾病婚等得以发生，干扰了婚姻家庭的正常秩序，有害于当事人的身心健康，影响了优生优育和我国人口质量的提高，助长了违法婚姻的出现。

我国 1994 年以前对事实婚姻的处理的具体步骤如下：①1986 年 3 月 15 日《婚姻登记办法》颁布以前，未办理结婚登记即以夫妻名义同居生活，如起诉时双方符合结婚条件的，认定为事实婚姻关系，同居期间共同所得的财产为夫妻共同财产。如起诉时双方或一方不符合结婚条件的，认定为非法同居关系。②1986 年 3 月 15 日《婚姻登记办法》颁布以后，未办理结婚登记即以夫妻名义同居，一方向法院起诉"离婚"，如同居时双方符合结婚条件，可认定为事实婚姻关系；如同居时双方或一方不符合结婚条件则认定为非法同居关系。因此，直至 1994 年 2 月 1 日《婚姻登记管理条例》（已失效）公布施行以前，男女双方符合结婚实质要件的，均按事实婚姻处理。当时，我国对事实婚姻的处理比较宽松。

（二）非婚同居

非婚同居关系的构成要件有三：①欠缺结婚法定形式要件；②同居关系的男女或者以夫妻名义，或者不以夫妻名义；③男女双方公开同居生活，具有公开性。

1994 年 2 月 1 日《婚姻登记管理条例》（已失效）施行之日起，我国对事实婚姻的处理日趋严格，没有配偶的男女，未办理结婚登记即以夫妻名义同居生活的，男女双方符合结婚实质要件的，法院应当告知其在案件受理前补办结婚登记。补办婚姻登记后，婚姻关系的效力从双方均符合结婚的实质要件时起算。未补办结婚登记的，按解除同居关系处理。被认定为同居关系的，同居期间共同劳动所得和购置的财产，按一般共同财产处理。但应考虑财产的实际情况和双方的过错程度，本着照顾儿童和妇女利益原则妥善分割。同居所生的孩子为非婚生子女，《婚姻法》第25条第1款规定："非婚生子女享有与婚生子女同等的权利，任何人不得加以危害和歧视。"当事人的子女抚养问题适用《婚姻法》的有关父母子女关系的规定，以保护子女的合法权益。

示例 20岁的男子章某与25岁的女子黄某于打工相识，经过半年左右的交往，双方建立了恋爱关系。2005年6月，章某与黄某自行举行了结婚仪式。因章某当时尚未达到法定婚龄，双方未办理结婚登记。2005年10月，黄某在某医院剖腹产下一女婴，住院费、医药费、抢救费共花去8000元，此费用都是由黄某向他人所借，黄某向章某索要，章某不愿负担。于是，黄某向法院起诉，要求章某负担其生育住院费用、女儿的医疗费及抚育费。黄某为证明其主张，向法院提供了章某签字的手术志愿书、输血治疗同意书、产科术前同家属谈话记录单、女儿出生医学证明、医药费发票等。章某辩称：我与黄某只是同居关系，其生育及女儿出生的医药费、抢救费我已支付了4000多元，我同意给付非婚生女的抚育费，但我尚无固定工作，我只能逐月给付女儿抚育费100元。但章某对其已支付4000多元未能提供证据予以证实。法院审理后认为：黄某与章某在章某尚未达到法定婚龄时即以夫妻名义同居生活，事后未按照《婚姻法》的有关规定办理结婚登记，故双方之间形成同居关系，本案是一起因同居而引起的财产和抚育纠纷案。黄某因生育产生的住院费、抢救费、医疗费和所生小孩住院期间产生的费用，是双方同居期间为共同生活而形成的债务，应当由黄某与章某共同负担。双方所生女儿为非婚生女，根据法律规定，非婚生子女享有与婚生子女同等的权利，不直接抚养非婚生子女的生父或生母，应当负担子女生活费和教育费，直至子女能独立生活为止。故黄某要求章某给付小女儿抚育费的诉讼请求，应当予以支持。抚育费数额应当按照女儿的实际需求、章某的经济承受能力、当地儿童的平均生活水平等因素确定。章某辩称已支付相关费用4000元，但未能提供相应证据。最后，法院依法判决：①被告章某于判决发生法律效力后10日内给付原告黄某因生育和抢救女儿所支出费用8000元；②非婚生女随原告黄某生活，被告章某从2006年5月起每月给付原告黄某非婚生女抚育费200元，直至女儿独立生活时止。

【思考题】

1. 结婚的必备条件和禁止条件有哪些?
2. 确定法定婚龄的依据是什么?
3. 结婚登记的程序及意义是什么?
4. 无效婚姻与可撤销婚姻的区别有哪些?
5. 如何处理因婚约引起的人身和财产纠纷?
6. 婚前赠与财产的法律性质是什么?
7. 无效婚姻的立法价值是什么?

第五章

第六章

婚姻的效力

学习目的与要求　学习本章应掌握婚姻效力的概念，了解夫妻法律地位的历史变迁，以及我国《婚姻法》婚姻人身效力的内容。全面学习和掌握我国《婚姻法》和司法解释关于法定夫妻财产制和约定夫妻财产制的具体内容，尤其对于婚后所得共同制的概念、夫妻共同财产与夫妻个人财产的范围界定，夫妻在不同财产制中的财产权利与义务，以及约定财产制类型、效力等内容，还应能结合实际处理具体问题。

■第一节　概述

一、婚姻效力的概念

婚姻效力是指婚姻成立后在法律上所导致的一切后果。它随婚姻关系的成立而发生，并随婚姻关系的消灭而终止。

婚姻效力有广义、狭义之分。广义的婚姻效力，是指婚姻成立后，夫妻关系在所有法律部门中产生的法律后果。例如，诉讼法上的回避制度、刑法中的重婚罪和虐待罪等、行政法上自然人国籍的取得与丧失，以及民法中关于自然人的法定代理人和死亡宣告申请人的确定等。狭义的婚姻效力，仅指婚姻成立后夫妻关系在婚姻家庭法上的效力。它又进一步区分为直接效力和间接效力。直接效力，是指因婚姻成立而在当事人之间产生的夫妻的权利和义务关系；间接效力，则指因婚姻成立而产生的对夫妻之外第三人的效力，如父母子女关系、姻亲关系的产生等。本章关于婚姻效力的阐述，仅限于狭义婚姻效力中的直接效力。

婚姻的直接效力就其性质而言，可分为婚姻的人身效力和婚姻的财产效力。婚姻的人身效力，是指与夫妻的配偶身份相关的权利和义务，主要有姓名权、人身自由权、生育权、婚姻住所决定权和日常家事代理权等，这些可总称为夫妻人身关系；婚姻的财产效力，是随婚姻的人身效力而依法产生的，具体表现为夫妻财产关系。夫妻财产关系从属于夫妻人身关系，以夫妻人身关系为存在前提，是直接体现一定经济内容的夫妻之间在财产所有、扶养和遗产继承等方面的权利义务关系，主要包括夫妻财产制、夫妻经济上的供养关系和夫妻遗产继承关系。夫妻财产关系是夫妻生存的经济基础，是家庭经济职能的具体体现。其中，夫妻财产所有关系是夫妻财产关系的核心，为各国法律普遍重视，并以夫妻财产制表现出来。鉴于夫妻财产制内容复杂并相对独立，本章在婚姻的财产效力之后，设专节阐述夫妻财产制。

二、夫妻法律地位的演进

夫妻在婚姻家庭中的地位由男女的社会地位决定，是两性社会地位的缩影，其发展变化与社会生产力发展水平和社会制度相适应。在不同国家的不同时代，夫妻的法律地位是不同的，它随社会制度的变迁而发展变化。学理上，通常通过对夫妻地位立法主义的考察，来描述夫妻法律地位的演进。

（一）夫妻一体主义立法

夫妻一体主义，也称夫妻同体主义，是指男女结婚后人格互相吸收，合为一体。这种立法主义多为古代和欧洲中世纪的婚姻家庭立法所采用。在此立法主义下，法律规定男女结婚后，妻子的人格为丈夫所吸收，丈夫的人格为妻子所吸收，似乎夫妻在婚姻和家庭中的地位是平等的。实际上，从当时各国法律的规定看，普遍是妻子的人格为丈夫所吸收，她们由此丧失独立的法律人格，成为无行为能力或限制行为能力人。在人身方面，妇女婚后须随丈夫姓，没有独立的姓名权。在财产方面，财产交由丈夫所有和支配。例如，中国古代礼教提倡"男帅女，女从男，夫妇之义由此始，妇人从人者也，幼从父兄，嫁从夫，夫死从子"；"夫者天也。天固不可逃，夫固不可离也"[1] 在中国封建法律中，妻子无独立的姓名权，婚后须冠以夫姓，所生子女也随父姓。妻子无财产权，其财产归丈夫或丈夫家族所有。妻子未经丈夫及夫家人许可动用财产，被视为"窃盗"行为。丈夫有纳妾和休妻的特权，妻子则要"从一而终"。并且，在刑事责任上，夫妻相犯同罪不同罚，法律对丈夫从轻或减轻处罚，对妻子则从重或加重处罚。在我国古代，丈夫人格为妻子所吸收的情形，只发生在男方入赘之时。所以，当时的夫妻一体主义其实是夫权主义的别名。欧洲中世纪盛行的宗教法律也采用夫妻一体主义。资本主义早期各国的婚姻家庭法中，也具有夫妻一体主义色彩。

[1]（后汉）班昭："女诫"，载刘素萍主编：《婚姻法学参考资料》，中国人民大学出版社 1989 年版，第 335～339 页。

（二）夫妻别体主义立法

夫妻别体主义，也称夫妻异体主义，是指男女结婚后各自保持独立人格，法律地位平等，享有和承担平等的权利与义务。这种立法主义以个人为本位，源于古罗马万民法的无夫权婚姻，在近现代国家立法中，逐渐得到确立。

19世纪初，资产阶级革命主张天赋人权、人人生而平等，提出男女平等口号。早期的婚姻家庭立法如法国、英国、德国等，逐渐摆脱"夫妻一体主义"影响，开始赋予妻子独立的权利。例如，1804年《法国民法典》确认妇女享有继承权，具有一定的行为能力，但又明文规定，夫应保护其妻，妻应顺从其夫；未经夫之许可，妻不得进行诉讼，不得赠与、转让、抵押财物。1882年英国《已婚妇女财产法》首次确立夫妻分别财产制，规定已婚妇女可以独立享有一定的财产权利。但直到1935年，英国《婚姻改革法》方确认已婚妇女有取得、占有、使用和处分任何财产的能力。20世纪以来，西方国家工业化进程加快，随着社会发展和女权运动的展开，有关夫妻关系的立法发生根本变化。各国相继采取以个人为本位的立法思想，法律上规定了夫妻地位平等，相互享有权利义务。在法国，1965年法律明确了夫妻协商选定住所的原则。在日本，1947年第222号法律对民法亲属编作出全面修改，确立了夫妻权利平等的内容。宪法中专条第24条对家族生活中个人的尊严与两性平等作出规定，指出："在权利平等基础上，夫妻双方应当相互协力、维持婚姻。有关配偶的选择、财产权、继承权、住所选定、离婚以及婚姻与家族其他事项的法律规定，应当以个人的尊严与两性平等为基础。"在德国，1957年《男女平等权利法》和1976年关于改革婚姻法和家庭法的第1号法律颁布之后，妻子在家庭中的地位有明显提高[1]。

社会主义制度下，法律确认男女具有平等的社会地位，夫妻的家庭地位亦完全平等。在我国，男女平等是宪法的基本原则。《妇女权益保障法》明确规定，妇女在政治的、经济的、文化的、社会和家庭的生活等方面享有与男子平等的权利；国家保障妇女享有与男子平等的婚姻家庭权利。我国《婚姻法》为全面彻底贯彻宪法基本原则，在家庭关系一章，首先规定"夫妻在家庭中地位平等"[2]。这是男女平等原则在夫妻关系中的体现，是对我国夫妻关系的原则性规定，是法律确立夫妻权利与义务的基础。它表明夫妻之间权利义务平等，不允许任何一方只享有权利而不履行义务，或只履行义务而不享有权利。夫妻在家庭中地位平等，既是确定夫妻间权利义务的原则，也是司法实践中处理夫妻纠纷缺乏具体法律依据时的根据。

---

〔1〕　参见本书第二章第三节

〔2〕　《婚姻法》第13条。

■第二节 婚姻的人身效力

一、配偶身份权

（一）配偶身份权的概念

配偶身份权，是指男女结婚后基于配偶身份而产生的特定的人身权利与义务，即夫对妻、妻对夫基于婚姻互享、互负的身份权利和义务。与配偶身份权相对应的是配偶财产权，它是夫妻之间基于配偶身份具有的财产上的权利和义务。在我国，学术界多将配偶身份权和配偶财产权统称为"配偶权"，并将配偶身份权归于狭义的配偶权[1] 其实，在配偶权中，配偶身份权居于核心地位，配偶财产权不过是为保持配偶身份而产生的，其内容也远不如配偶身份权多样和丰富，因此，有学者在对配偶权的定义中，将之界定为身份权[2] 在此意义上，配偶身份权与配偶权是同一概念。

配偶权（Consortium, Conjugal Rights）一词源于英美法，原意是"配偶的权利"。英美法关于配偶权的定义，以《牛津法律大辞典》为代表，认为它是"配偶相互之间要求对方陪伴、钟爱和帮助的权利"，"尤指同居和性交的权利"，又可称为"婚姻权"[3] 大陆法系国家民法中没有配偶权概念，但民法典有关婚姻家庭的规定涉及它的具体内容。例如，法国、德国、日本、瑞士等国民法典在婚姻的效力中，普遍将为共同的婚姻生活、相互扶助、忠实作为夫妻相互义务予以规定。夫妻一方得以配偶身份向另一方主张权利或因配偶身份负担特定的义务。

迄今为止，我国学术界对配偶权概念认识尚不统一。总括起来有三种观点：①配偶权是夫妻之间权利义务的总称，是表示夫妻关系的法律专有名词。它包括夫妻享有的各项人格权、身份权和财产权。②配偶权是夫妻间人格权和身份权的集合，具体包括 2 项人格权和 6 项身份权，即姓名权、人身自由权、生育权、亲权、住所决定权、同居生活权、相互忠实和扶助的权利和义务、家事代理权。③配偶权是身份权。它基于男女结婚、配偶身份的确立产生，以配偶身份的存在为前

第六章

---

[1] 蒋月："配偶权研究"，载夏吟兰、蒋月、薛宁兰：《21 世纪婚姻家庭关系新规制——新婚姻法解说与研究》，中国检察出版社 2001 年版，第 248 页；杨大文主编：《婚姻家庭法学》，复旦大学出版社 2002 年版，第 158 页。

[2] 杨立新：《人身权法论》，中国检察出版社 1996 年版，第 719 页；杨立新：《亲属法专论》，高等教育出版社 2005 年版，第 223 页。

[3] ［英］戴维·M. 沃克：《牛津法律大辞典》，北京社会与科技发展研究所译，光明日报出版社 1988 年版，第 199 页。

提。姓名权、人身自由权作为独立的人格权，是公民与生俱来的，与配偶身份无关，不属于配偶权的范畴。同居权、住所决定权、相互忠实和扶助的权利和义务以及日常家事代理权是配偶权派生的具体身份权。

（二）配偶身份权的特征

身份权是一项古老的权利。早在古代习惯法时期就出现了亲属权、亲权和夫权的概念。在古代成文法时期的罗马法中，最重要的身份权是家父权。中世纪以前的身份权以实行专制统治和权利主体地位不平等为其主要特征，以支配特定人的人身为其存在的基础，漠视子女和妻子的利益。当代的身份权不再是人身支配关系，而是体现亲属之间平等支配身份利益的人身关系。身份权的性质随时代的进步发生了根本性改变：①身份权的内容由过去男性支配女性、父母支配子女的人身，变为双方平等地支配由亲属身份产生的身份利益；②身份权由过去以权力为中心变为当今以义务为中心。例如，亲权曾是父权或者是家父权，是对未成年子女人身的占有，然后对其人身进行支配，进而左右他们的行动。现今，亲权是以照顾、养护未成年子女为内容，主要体现为父母双方的义务，父母作为亲权人必须对未成年子女尽到照护义务。这在当代德国法上称为人身照护权和财产照护权。再如，存在于夫妻之间的配偶权，过去曾是丈夫单方享有的对妻子的人身支配权，即夫权；现代意义上的配偶权，则是夫妻双方平等支配配偶身份利益的权利，夫妻通过对内、对外支配和享有配偶的身份利益，以实现和谐共处。

配偶权是身份权，具有如下法律特征：

1. 配偶权的权利主体是夫妻双方。配偶权由夫妻双方平等享有，是夫妻法律地位平等的要求，也是现代民法上的配偶权与古代民法中夫权的根本区别。正是由于当代配偶权的平等性，才使它具有了存在的价值。

配偶权是权利义务一体性的权利。它所反映的权利义务关系具有双重性：一方面是夫妻作为权利主体与其他人之间的权利义务关系，即外部关系；另一方面是夫妻相互间的权利义务关系，即内部关系。在内部关系中，夫妻各自作为配偶权的主体，都有权实施某种行为，以实现自身的配偶利益，他们也都有权要求对方履行相应义务，如同居、协助、性忠实等，以保证自己配偶权的实现。所以，对夫妻双方而言，配偶权既是他们享有的权利，又以义务的形式制约着他们的行为。他们既是这一关系的权利主体，又是义务主体。只有夫妻双方既享有权利，又履行相应的义务，他们作为配偶的身份利益才能实现，其婚姻生活的幸福美满也才是可能的。

2. 配偶权的客体是配偶的身份利益。配偶权是基本身份权，它的客体是基于配偶身份而产生的利益，因此不包括财产所有权、财产继承权等财产利益，也不包括已婚男女姓名权和人身自由权等人格权。配偶权作为平等的身份利益支配

第
六
章

权，配偶双方依法支配的是他们共同的身份利益。而传统的夫权由丈夫独享，丈夫可支配的是妻子的人身。这是配偶权与传统夫权的又一重要区别。

3. 配偶权是一种具有相对性的绝对权。配偶权由配偶双方专属所有，其他人作为配偶权的义务主体，负有不得侵犯配偶权的义务。配偶权在性质上是绝对权，即对世权。它向世人宣告某对男女依法具有配偶身份，任何人必须尊重这种关系，不得侵害其配偶利益。值得注意的是，配偶权是夫妻相互享有的权利，夫对妻是配偶，妻对夫亦为配偶。配偶权的相对性与共有权的性质一样，体现的是权利主体内部的权利义务关系，表明了夫妻之间的权利义务关系。

（三）配偶权的民法救济

配偶权是夫妻一方行使请求权、诉权的基础权利。民法对配偶权的保护是通过权利主体行使请求权实现的。英美法上关于配偶权的保护，具有两方面特点：一方面，配偶中的任何一方不能通过强制行为实现自身的配偶权利。在英国，1970 年以前，配偶一方无充分理由而与对方分居的，对方可提起婚姻权恢复之诉，但法院判决只能通过定期支付金钱的命令执行，而不能采取对人身强制的方法。另一方面，法律在一定范围内承认第三人对此权利所实施的干预和侵害。在美国，许多州的法律规定，对因配偶一方人身伤害或死亡所造成的他方配偶的损失，侵权人应当予以赔偿。因为，第三人的故意或过失，会造成配偶他方的配偶权行使受阻或丧失。至于第三人以通奸行为使夫妻关系受到严重威胁甚至解体的，一些州规定，受害的配偶一方有权要求第三人赔偿。只要通奸行为对婚姻有所损害，就可判决第三人赔偿。[1]

我国《婚姻法》中没有明文使用"配偶权"一词。2001 年《婚姻法修正案》"总则"一章增加处理夫妻关系的若干原则性规定。例如，"禁止有配偶者与他人同居"，"夫妻应当互相忠实，互相尊重"。[2] "法律责任"一章增设离婚损害赔偿责任，第 46 条对于配偶一方与他人同居、重婚、实施家庭暴力、虐待或遗弃另一方的，规定无过错方（受害方）有权请求损害赔偿。这是对配偶权民法救济增加的保护措施。上述条文表明，在我国，配偶权的若干主要内容已经在法律上得到确认。

> **示例**　2001 年 4 月 27 日，汽车司机徐某在工作时间驾驶自卸车倒车时，将正在车后部帮其关车门的张某撞伤。医院诊断张某左骨盆骨折，后尿道损伤。法医鉴定张某因外伤致阴茎勃起功能障碍。张某妻子王女士认为，丈夫因车祸丧失性功能，使自己的生理及心理健康受到严重伤害，今后将陷入漫

〔1〕 夏吟兰：《美国现代婚姻家庭制度》，中国政法大学出版社 1999 年版，第 81 页。
〔2〕 《婚姻法》第 3 条、第 4 条。

长的、不完整的夫妻生活。夫妻二人以徐某所在单位为被告向法院起诉，要求赔偿各项损失 152 700 元，其中包括性权利损害的精神损失赔偿。

法院审理认为，司机徐某工作中倒车时疏于观察，将张某撞伤，其单位应负全部责任。性权利是公民健康权的一个方面，正是由于徐某的侵害，使王女士作为妻子的性权利受到了侵害。法院于 2002 年 9 月 2 日做出判决，被告徐某单位赔偿张某医疗费、残疾生活补助费、残疾赔偿金等损失 109 207 元，赔偿王某精神损害抚慰金 10 000 元。

问：司机徐某的行为是否侵害了王女士的配偶权？

二、我国法上的婚姻人身效力

夫妻人身关系是与夫妻的人格和身份有关的，不具有直接财产内容的权利义务关系。我国《婚姻法》确立的夫妻人身关系有姓名权、人身自由权、婚姻居所决定权、计划生育义务等。《婚姻法》关于夫妻各自享有使用自己姓名的权利、夫妻双方都有参加生产、工作、学习和社会活动的自由的规定，是对夫妻独立姓名权和人身自由权的规定。它们是包括夫妻在内的所有自然人享有的基本人格权，在当代"夫妻别体主义"立法中，这两项权利与夫妻身份的确立无关，不属于婚姻所产生的身份效力，当然也不是配偶身份权的内容。

夫妻姓名权和人身自由权虽不属配偶身份权范畴，却是夫妻人身关系的必要方面，应属婚姻的人身效力。

（一）姓名权

姓名，是自然人借以相互识别的文字符号，在法律上它是自然人成为独立民事主体，维持其个性必不可少的要素，体现自然人的人格利益。在民法中，姓名权是人格权的重要组成部分，是公民（自然人）的一项重要人身权利。它表现为权利人享有决定、变更和使用自己姓名并排除他人干涉或非法使用的权利。有无独立的姓名权，是自然人有无独立人格的标志。夫妻姓名权涉及的是夫妻双方或一方婚后是否在姓氏上有所改变的问题。它既是一个文化传统问题，更是社会发展、两性地位变化的反映。

我国《婚姻法》第 14 条规定："夫妻双方都有各用自己姓名的权利。"这一规定平等地保护夫妻各自的姓名权。立法重点在于改变"妻从夫姓"的传统，赋予已婚妇女独立的姓名权，确立其在法律上具有独立的人格。依照我国《民法通则》，婚姻关系存续期间，夫妻双方可就姓名问题达成自愿协议，无论选择夫姓或妻姓或其他姓氏均属合法；夫妻任何一方有权使用或依法改变自己的姓名，他方不得干涉。夫妻享有平等独立的姓名权还表现在他们对子女姓氏的确定上，《婚姻法》第 22 条第 1 款规定："子女可以随父姓，可以随母姓。"这不仅否定了子女只能随父姓的旧传统，也体现了民法男女平等的基本宗旨。当然，父母协商确定子女姓名后，并不妨碍子女成年后享有变更自己姓名的权利，这同样是民法关于公民姓名权规定的要求。《民法通则》第 99 条第 1 款规定："公民享有姓名权，有权决定、使用和依照规定改变自己的姓名，禁止他人干涉、盗用、假冒。"

在世界范围内，各国关于夫妻姓名权的立法，取决于其采取何种立法主义。古代父系家长制下，实行"夫妻一体主义"，妻从夫姓是各国的通例。妻在本姓之前冠以夫姓，标志着已婚妇女归属于夫之亲族，置于夫权之下。近代资本主义国家民法在夫妻姓名权问题上一直继承着古代传统。1900 年《德国民法典》规定"妻称夫之姓"。"两德"统一后，修改后的《德国民法典》第 1355 条允许婚姻双方协议"确定一个共同的家庭姓氏（婚姻姓氏），双方未确定的，结婚后仍然使用其直至结婚之时所使用的姓氏"；夫妻双方可以约定"以丈夫的出生姓氏或妻子的出生姓氏作为婚姻姓氏"。几经修订的《日本民法典》第 750 条规定"夫妻可以依结婚时所定，称夫或妻的姓氏"。在我国，1930 年国民党政府制定的《中华民国民法》第 1000 条也以"妻以其本姓冠以夫姓"为原则，该项规定直到 1998 年才在我国台湾地区得以修订，变为"夫妻各保有其姓"；允许夫妻双方可以"书面约定以其本姓冠以配偶之姓，并向户政机关登记"。

（二）人身自由权

自由为公民最重要的人身权，受宪法、民法和其他法律保护。它由两部分组成：①政治自由权，如言论、出版自由、信仰自由等；②民事自由权，如人身自由、婚姻自由、契约自由等。人身自由权属民法上的权利，是自然人依法享有的具体人格权。夫妻人身自由权，则是已婚夫妇参加社会活动、进行社会交往、选择社会职业的权利。从两性关系的历史发展看，法律确立这一权利的实质在于保障已婚妇女享有从事社会生活的各项权利。

我国现行《婚姻法》第 15 条规定："夫妻双方都有参加生产、工作、学习和社会活动的自由，一方不得对他方加以限制或干涉。"这是夫妻家庭地位平等的体现，是夫妻人身关系的重要内容，有助于促进夫妻关系平等和家庭成员和睦。它适用于夫妻双方，每一方都有权参加生产、工作、学习和社会活动，另一方不得进行限制或干涉。然而，其针对的还是保障妇女婚后享有人身自由权，禁止丈夫限制或干涉妻子的人身自由。这是宪法保障妇女在政治的、经济的、文化的、社会的和家庭生活等方面同男子权利平等的体现，也是妇女生存权和发展权实现的基础。

在整个古代社会，已婚妇女处于夫权支配之下，没有参加社会活动的权利。资本主义国家早期的婚姻家庭立法，继承古代法传统，对已婚妇女的行为能力多有限制，例如，《法国民法典》规定，妻子经营商业须经丈夫同意。到 19 世纪末，各资本主义国家的法律先后赋予已婚妇女部分享有参加社会活动的权利，主要是就业和选择职业的自由权。第二次世界大战之后，西方妇女社会地位发生明显变化，妻子开始在法律上享有较多的人身自由权。法国 1965 年修订《民法典》（1965 年 7 月 30 日第 570 号法律），该法第 223 条规定："妻得不经其夫的同意具有从事某种职业的权利，并为此职业的需要，得单独随时对其有完全所有权的个人财产进行让与或承担义务。" 1985 年 12 月 23 日第 85—1372 号法律对此条的修改是"夫妻各方得自由从事职业，获得收益与工资，并且在分担婚姻所生负担后，得自由处分之"。不过，在德国法和瑞士法中对夫妻职业选择也有一定限制。《德国民法典》第 1356 条第 2 款规定："婚姻双方均有权就业。在选择就业和从事职业时，必须对对方和家庭的利益予以应有的考虑。"《瑞士民法典》也指出，配偶在选择和从事职业或事业时，任何一方应充分顾及配偶他方及婚姻共同生活之幸福。[1]

关于夫妻人身自由权，早在我国 1950 年《婚姻法》中就有明确规定了"夫妻双方均有选择职业、参加工作和参加社会活动的自由"。现行 1980 年《婚姻法》在此基础上作了必要的修改和补充，强调"一方不得对他方加以限制或干涉"。我国 1992 年《妇女权益保障法》进一步强调了对已婚妇女各项人身自由权的保护。当然，夫妻行使上述人身自由权以不得滥用权利损害他方和家庭利益为限。

（三）婚姻居所决定权

婚姻居所，是指夫妻婚后共同居住和生活的场所，是夫妻共同生活，维持婚姻关系的基本条件。为保持夫妻生活具有一定的独立性，需要一个隐秘的稳定场所，与其他社会成员之间保持适当的距离与间隔，以实现婚姻的特定内容。因此，婚姻居所的确定，对于保持夫妻生活的独立性，实现婚姻的特定功能具有重要意义。婚姻居所决定权，是夫妻双方享有的选择、确定婚后共同居住和生活住所的权利。夫妻享有平等的居所决定权，任何一方不得强迫另一方接受自己的居所选择意愿。双方可以协商男到女家或女到男家居住，也可以另择居所居住。夫妻双方既可以协商确定婚姻居所，也可以协商变更婚姻居所。

我国现行《婚姻法》第 9 条规定："登记结婚后，根据男女双方约定，女方可以成为男方家庭的成员，男方可以成为女方家庭的成员。"严格说来，这一规定并不是有关婚姻居所决定权的直接规定。但其立法目的在于破除男娶女嫁、妻从夫居的传统婚姻习俗和观念，提倡男到女家落户，以解决有女无儿户的实际困

第
六
章

---

[1]《瑞士民法典》第 167 条。

难，改变"养儿防老"的传统观念，树立新的生育观。该条款在一定程度上具有婚后居所选择的意义，客观上使夫妻双方平等地享有了婚姻居所决定权。男方或女方自愿成为对方家庭成员后，仍然具有独立人格，具有与配偶平等的法律地位。他们各自与配偶的亲属形成姻亲关系，与自己的父母仍然保持权利义务关系，承担对生父母的赡养义务。

古代社会实行夫妻一体主义立法，"妻从夫居"被视为天经地义的准则。资本主义早期立法，仍将婚姻居所的决定权单方赋予夫方，规定已婚妇女应服从丈夫的"居所指定权"。例如，1938 年修改后的《法国民法典》仍规定："夫为一家之长，有选定其家居处之权利。"20 世纪中期女权运动和民主运动高涨，促成许多国家修改婚姻家庭法，相继废止丈夫单方决定婚姻居所的制度，改采由夫妻双方协商决定婚姻居所的原则。例如，现行《法国民法典》第 215 条规定："家庭住所应设在夫妻一致同意选定的处所。"《瑞士民法典》第 162 条关于婚姻住宅亦明定："配偶双方共同决定其婚姻住宅。"因婚姻居所与夫妻同居相关，近现代立法例在规定婚姻居所决定权的同时，大多规定夫妻有同居的义务。

婚姻居所的确定并非单纯地关系到夫妻地位的法律问题，它还是一个社会问题，既受传统习惯的影响，也受客观条件的制约。一定的社会物质条件是夫妻双方充分享有居所选择自由的保障。

（四）计划生育的义务

生育是维持个人生命延续，人类繁衍，社会发展的基本活动。它是现代法治国家必须规范，关系到民族、种族和国家发展的基本问题。自婚姻与家庭作为社会的基本组织形式出现以来，人类种的繁衍一直是它的社会职能。当代人工生殖技术并不会导致家庭生育功能的丧失，反而在某种程度上强化了家庭的这一功能。当夫妻一方或双方因机体障碍不能正常生育时，可采用人工生殖技术予以救济。婚姻家庭法应从民事权利保护的角度对夫妻生育行为进行规制。

在我国，计划生育是一项基本国策。它在宪法上获得确认，我国《宪法》第 49 条第 2 款明确规定："夫妻双方有实行计划生育的义务。"《婚姻法》也把实行计划生育作为一项基本原则。在夫妻权利义务中，《婚姻法》第 16 条再次重申"夫妻双方都有实行计划生育的义务"。它表明夫妻在行使生育权的同时，对国家负有一定的义务，即依法计划生育。关于本条规定，可做两方面理解：①实行计划生育是夫妻双方共同承担的法定义务。育龄夫妇应按照国家计划生育政策和法律规定，决定生育子女的时间和胎次，不得计划外生育；夫妻双方应当共同协商、相互配合，采取有效措施，自觉履行义务，不得将实行计划生育视为妻子单方的义务。②实行计划生育还是夫妻双方的法定权利。夫妻依照法律规定生育子女，受国家保护，他人不得侵犯；夫妻双方有不生育的自由，他人亦不得强迫或干涉；计划生育部门应当为实施节育的夫妻，提供安全有效的避孕药具和技术；对虐待、摧残不生育或只生女孩妇女的行为，应给予必要的法律制裁。

我国《婚姻法》在婚姻人身效力中，突出夫妻在生育问题上对国家的义务，不是对夫妻生育权的否定，而是从国情出发的应然之举。虽然《婚姻法》没有从权利角度规定婚内生育权，但是我国《妇女权益保障法》和《人口与计划生育法》都有关于生育权的规定。《妇女权益保障法》第51条第1款指出："妇女有按照国家有关规定生育子女的权利，也有不生育的自由。"《人口与计划生育法》进一步明确了生育问题上权利与义务的一致性，第17条指出："公民有生育的权利，也有依法实行计划生育的义务，夫妻双方在实行计划生育中负有共同的责任。"

生育权是一项基本人权。1974年联合国世界人口会议上通过的"世界人口行动计划"指出：生育权是"所有夫妇和个人"享有的基本权利。联合国"世界人口行动计划"关于生育权指出："所有夫妇和个人都享有自由负责地决定其子女的数量和生育间隔时间以及为此目的而获得信息、教育与方法的基本权利；夫妇和个人在行使这种权利时，应考虑他们现在子女和未来子女的需要以及他们对社会的责任。"[1] 婚姻是生育的前提和起点，通过婚姻实现两性结合繁衍后代，是人类生育的主要途径。因此，夫妻生育权是生育权的重要表现。它在性质上属于一种自由权，在婚姻关系存续期间，权利人（夫妻双方）有依照法律规定自主决定是否生育、生育时间以及生育次数。我国香港特别行政区法律第182章《已婚人士地位条例》规定："夫妇任何一方均不得以无理要求剥夺配偶生育下一代的机会。"在人类的生育过程中，从卵子受精、十月怀胎，到一朝分娩，女性起着男性难以取代的作用，因此，法律确认和保障妇女的生育权并对其生殖健康予以特殊保护是必须的。生育又是夫妻双方共同的行为，丈夫在生育过程中的作用不可忽略，生育权不是妇女的特权，而是男女共同享有的权利。夫妻既是生育权的共同主体，也是相对独立的主体，行使这一权利时，必须协调一致，尊重对方的生育意愿，接受来自对方的限制，不得采取强迫、欺诈等手段，使另一方在违背真实意思的情况下生育。当丈夫的生育意愿与妻子的生育意愿、身体权和健康权发生冲突时，应对妻子的生育意愿、身体权和健康权予以特别保护。

三、外国立法例关于配偶身份权的规定

从外国立法例看，在夫妻人身权利义务的法律规定中，除"姓名权""人身自由权""婚姻居所决定权"外，还规定有"同居义务""忠实义务""日常家

---

〔1〕　参见张作华、徐小娟："生育权的性别冲突与男性生育权的实现"，载《法律科学》2007年第2期。

事代理权"等内容，这些权利都属于配偶身份权的内容，在此做一介绍。

（一）同居义务

夫妻同居义务，指男女双方婚后以配偶身份共同生活的义务。夫妻同居除了以有共同的婚姻居所为外在的条件外，其内容包括了夫妻间的性生活，相互尊重、理解、安慰等共同的精神生活，以及相互扶助、共负家庭生活责任等物质生活。同居是夫妻之间的本质性义务，是婚姻关系存在并得以维持的基本条件和表现。男女双方一经决定结为夫妻，便意味着承诺与对方共同生活。双方不同居，婚姻便徒有其表。当然，夫妻同居义务以一方要求正当、合理为限。

外国民事立法，关于夫妻同居义务经历了两个不同的历史发展阶段。资本主义早期，婚姻家庭立法受"夫妻一体主义"影响，关于夫妻同居义务的规定带有明显的歧视性，将同居视为妻子的单方义务。例如，日本旧民法规定，妻负有与夫同居之义务，夫须允许妻与之同居。从 20 世纪 40 年代开始，为顺应男女平等潮流，各国纷纷修订婚姻家庭立法，关于夫妻同居义务的规定渐趋平等。1947年修订后的《日本民法典》第 752 条规定："夫妻应同居，相互协力，相互扶助。"1970 年修订的《法国民法典》第 215 条规定："夫妻相互负有共同生活的义务。"《德国民法典》第 1353 条第 1 款指出："婚姻终生有效。婚姻双方相互之间有义务过婚姻的共同生活；婚姻双方相互向对方负责。"

婚姻是一种以双方当事人的感情为基础的特殊人身关系。夫妻一方行使同居请求权时，另一方享有抗辩权。许多国家法律规定了同居的抗辩事由，当法定抗辩事由出现，同居义务便中止履行。这主要有两种情形：①因正常理由暂时中止同居。如一方因工作、学习等造成两地分居，或者因生理原因部分或全部不能履行同居义务。这种原因对夫妻关系不产生实质影响，中止原因消失，夫妻同居义务自动恢复。所以，法律通常对此不作规定。②因法定事由而停止同居。法律对此常做专门规定，如夫妻一方违背互负的忠实义务；有不堪同居的事实导致婚姻关系破裂；离婚诉讼期间等。例如，《德国民法典》第 1353 条第 2 款规定："在建立共同的婚姻生活之后，婚姻一方如果滥用其权利而提出要求或者婚姻已破裂，则婚姻一方无义务满足其要求。"《瑞士民法典》第 175 条也规定，配偶一方，在其健康、名誉或者经济状况因夫妻共同生活而受到严重威胁时，在威胁存续期间有权停止共同生活；提起离婚或分居的诉讼后，配偶双方在诉讼期间均有停止共同生活的权利。

婚姻作为特殊的人身关系，配偶的任何一方不得通过强制行为实现其同居权；法律也不能采取强制手段迫使当事人履行同居义务。因此，同居义务不得强制，是各国立法的通例。尽管如此，一些国家法律还是对夫妻无故不履行同居义务的法律后果有相应规定。它将成为一方起诉离婚的法定理由，还会因此免除或部分免除一方对不履行义务方的扶助义务，违反义务方将承担损害赔偿责任。例如，《法国民事诉讼法》规定，夫妻一方无正当理由不与对方同居时，对方可以拒绝支付其生活费用；也可以申请扣押其收入或赔偿精神损失。再者，还有国家法律将不履行同居义务视为遗弃行为，构成"司法别居"的法定理由。例如，在英国，夫妻一方违反同居义务，他方可以提起恢复同居之诉。尽管法院判决不能强制执行，但被告不执行法院判决就构成对配偶的遗弃。

（二）忠实义务

夫妻忠实义务，是指夫妻婚后双方应当互相尊重，在感情上互相专一，不为婚外性生活。外国法上的夫妻忠实义务，主要是指夫妻不为婚姻外之性交，在性生活上保持专一，也包含一方不得恶意遗弃配偶，以及不得为第三人利益而损害配偶利益的内容。[1]

夫妻相互忠实是个体婚姻的本质要求，是一夫一妻的婚姻制度与其他婚姻形态的最大区别。一夫一妻制的实质在于通过法律、道德来规范配偶间的性关系，使人的性要求通过个体婚姻得到合理满足。夫妻相互忠实不仅是法定义务，也是社会伦理道德规范的要求。

外国当代民事立法关于夫妻忠实义务的规定，已经排除了早期立法虽规定夫妻互负忠实义务，但严于妻而宽于夫的特征。许多国家立法关于夫妻的忠实义务的规定是平等地适用于夫妻双方的。例如，1970 年修订的《法国民法典》第 212 条规定："夫妻互负忠实、帮助、救援的义务。"《瑞士民法典》第 159 条第 3 项规定："配偶双方互负诚实及扶助的义务。"《葡萄牙民法典》中也有配偶之间相互受尊重、忠实、合作和帮助义务拘束的规定。对于没有明定夫妻这一义务的国家，如果法律将夫妻一方与他人通奸作为离婚原因的，学说解释上多认为在这些国家民法中夫妻负忠实义务是存在的。[2]

在外国法中，虽然法律上对夫妻履行忠实义务不能强制，但有违背忠实义务法律责任的规定。夫妻一方违反该项义务，无过错方可以此为由提请离婚，并可在离婚时，向过错方提出损害赔偿的请求。《法国民法典》第 266 条规定："在因一方配偶单方过错而宣告离婚的情况下，该一方对另一方配偶因婚姻解除而受到的物质上与精神上的损失，得受判处负损害赔偿责任。"然而，目前也有国家在立法中删除了夫妻一方违背忠实义务法律责任的规定。1970 年，英国婚姻诉讼法删除配偶一方因他方与第三人通奸而享有损害赔偿请求权的规定，仅将此作

〔1〕　李志敏主编：《比较家庭法》，北京大学出版社 1988 年版，第 105 页。
〔2〕　王洪：《婚姻家庭法》，法律出版社 2003 年版，第 114 页。

为证明婚姻关系破裂的法定情形之一。[1]《瑞士民法典》第 151 条关于离婚损害赔偿制度的规定，已于 2000 年被取消。修改后的瑞士民法亲属编设离婚扶养制度，通过离婚后的扶养来保护和救济因离婚而在人身或财产方面遭受损失的原配偶一方。[2]

（三）日常家事代理权

日常家事代理权，是指夫妻一方因家庭事务而与第三人为一定法律行为时互为代理的权利。该代理行为的后果由夫妻双方共同承担，被代理方对代理方从事家事行为所产生的债务承担连带责任。日常家事代理权基于夫妻身份而产生，不以夫妻一方明示为必要。家事代理的范围以日常家庭生活之必要为条件。所谓"日常家事"，是指夫妻共同生活及家庭共同生活中，必须发生的各种事项，包括一般家庭日常所发生的事项，如购置食物、衣服、家具等生活用品，娱乐、保健、医疗以及子女教育、雇工、对亲友的馈赠、订购报纸杂志等事项。

日常家事代理权起源于罗马法。古罗马时期，妇女婚后发生人格减等，成为他权人。她们没有缔结契约自行承担债务的能力，必须接受丈夫的支配。后来，妻子取得了在丈夫委任之下为一定民事行为的能力。丈夫作为家长，为日常生活便利，给予从事家政的妻子一定的处理日常家事的权利。大陆法系各国民法基本上承认罗马法日常家事代理权这一概念。早期立法仅承认妻子就日常家事为丈夫的代理人。第二次世界大战之后，随着妇女地位的提高，大陆法系各国民法均规定夫妻具有同等的处理家庭事务的权利。家事代理权由妻子对丈夫单方面的代理，转变为夫妻双方在日常家事范围内的相互代理。例如，《德国民法典》第1357 条第 1 款规定："婚姻的任何一方均有权处理使家庭的生活需求得到适当满足并且其效力也及于婚姻对方的事务……"《韩国民法典》第 827 条规定："夫妻就日常家事，互有代理权。"第 832 条对于因家事引起的债务的连带责任，规定："夫妻一方，就日常家事与第三人为法律行为的，另一方就因此而产生的债务负连带债务。但已向第三人明示另一方不负责任的，则不同。"[3] 英美法系国家和地区也有家事代理的规定，表述为"不可否认的代理""必要的代理"以及"同居的代理"。必要的代理是指在丈夫不供给妻子必要扶养时，妻子在法律上享有以丈夫的信用购置必需品的代理权。例如，英国 1970 年《婚姻程序及财产法》规定，夫妻互有家事代理权。苏联和东欧国家婚姻家庭法，多数无夫妻相互代理权的规定，仅规定子女教育和其他家庭生活由夫妻共同解决，但原东德家庭

---

[1]《外国婚姻家庭法资料选编》，中国政法大学民法教研室 1984 年印，第 49 页。

[2] 夏吟兰："离婚衡平机制研究"，载《中华女子学院学报》2004 年第 5 期。

[3] 金玉珍译："韩国民法典"，载易继明主编：《私法》（第 3 辑第 2 卷），北京大学出版社 2004 年版。

法曾对夫妻相互代理问题有专门条文规定。

夫妻日常家事代理权不同于一般的法定代理权。法律设立这一权利的目的在于满足夫妻共同生活之需，保护善意第三人利益，保障民事交易的安全。夫妻相互代理权的行使范围仅限于"日常家事"，行为的性质多为民事实体活动。在权利行使的方式上，夫妻一方在日常家事范围内与第三人为民事行为时，不必向对方作出明示。夫妻一方可以他方名义、双方名义或仅以自己一方名义为之。婚姻被宣告无效、夫妻双方离婚、夫妻一方死亡等原因发生，将导致日常家事代理权消灭。日常家事代理权的法定性表明，此项代理权虽名为权利，实为夫妻相互得为代理人的资格，是一种法律上的地位。因此，只有基于法定原因，对对方可加以限制或部分、全部地剥夺。法国法对该项权利限制的理由是"明显过分的开支"；瑞士法以"一方越权代理婚姻共同生活或被证明无法胜任代理权"为全部或部分剥夺代理权的原因。德国法、韩国法仅赋权婚姻一方可以限制或排除婚姻另一方行为的效力及于自身的事务。

四、我国婚姻人身效力的立法完善

我国《婚姻法》关于婚姻人身效力的规定，包括了夫妻人格权和身份权两方面内容。与外国法规定比较而言，我国现行《婚姻法》对于配偶身份权的规范还有不尽完善之处。加强和完善配偶身份权立法，在我国具有积极的现实意义。

尽管在我国现行《婚姻法》中没有专条明确规定夫妻互负同居和忠实的义务，互享日常家事代理权，但从《婚姻法》第3条第2款、第4条以及第32条和第46条的内容出发，应当认为在法律上夫妻有同居的义务、忠实的义务。至于夫妻日常家事代理权，最高人民法院《婚姻法司法解释（一）》关于《婚姻法》第17条"夫妻对共同所有的财产，有平等的处理权"规定的解释，实际上肯定了夫妻在日常生活所需范围内互有代理权，填补了《婚姻法》规定之不足。该条指出："①夫或妻在处理夫妻共同财产上的权利是平等的。因日常生活需要而处理夫妻共同财产的，任何一方均有权决定。②夫或妻非因日常生活需要对夫妻共同财产做重要处理决定，夫妻双方应当平等协商，取得一致意见。他人有理由相信其为夫妻双方共同意思表示的，另一方不得以不同意或不知道为由对抗善意第三人。"该条之①明确了夫妻双方平等享有日常家事代理权。任何一方在日常生活所需范围内对共同财产所作的处分行为，将产生对内和对外的效力。该条之②是关于夫妻日常家事代理权行使限制的解释。夫妻一方对另一方滥用代理权行为的限制，仅对行为人有效，不及于善意第三人；滥用代理权的一方就其行为向善意第三人负责，以保护善意第三人利益，维护交易安全。

由此可见，我国未来编纂民法典婚姻家庭编时，关于婚姻人身效力的规定还有进一步完善的空间。

■第三节　婚姻的财产效力

婚姻的财产效力是婚姻效力的组成部分。它随婚姻身份效力的确立产生，具体表现为夫妻之间的财产关系。夫妻财产关系从属于夫妻人身关系，以夫妻人身关系为前提，具有直接的经济内容。夫妻财产关系又是夫妻生存的经济基础，是家庭经济职能的具体体现。它包括了夫妻财产所有关系、夫妻经济上的供养关系和夫妻财产继承关系。其中，夫妻财产所有关系是夫妻财产关系的核心，为各国法律普遍重视，并表现为夫妻财产制。

一、配偶财产权的概念

配偶财产权是与配偶身份权相对应的概念。从配偶权的基本特征和主要内容看，配偶权主要是男女基于配偶身份依法产生的特定的人身权利与人身义务，即配偶身份权。但是，从配偶权涵盖的方面看，具有配偶身份的夫妻之间依法产生的财产上的权利和义务，也应属于配偶权的组成。关于此点，当前学术界的认识尚不一致，有待不断深入地探讨。

配偶财产权具有附随性。它以配偶身份权的存在为前提，并为配偶身份权的存续提供物质保障。从这个意义上看，配偶共同生活的延续有赖于配偶之间产生一定的财产关系，例如，夫妻共同财产所有权、夫妻相互扶养权在维持夫妻共同生活方面都发挥着重要的作用。至于夫妻相互继承权，其取得有赖于双方主体具有配偶身份，它的实现以配偶一方死亡为可能。换言之，具有配偶身份是夫妻取得相互继承权的依据，因死亡导致双方配偶身份的丧失则是夫妻继承权得以实现的法律事实。由此可见，配偶身份权是配偶财产权的基础，两者密不可分。

配偶财产权特征的某些方面既与配偶身份权相同，又有显著差别：①配偶财产权的权利主体主要是夫妻双方。配偶财产权由夫妻双方平等享有，是权利义务一体性的权利。它既是夫妻作为权利主体与其他人之间的权利义务关系即外部关系，又是夫妻相互间的权利义务关系，即内部关系。夫妻双方既享有权利，又履行相应的义务。②配偶财产权的客体是配偶双方共有或一方所有的物（财产）以及行为，而不是身份利益。③配偶财产权也是一种具有相对性的绝对权。它首先是绝对权，其他任何人作为义务主体，负有不得侵犯的义务。这在配偶财产所有权上表现得尤为突出。配偶财产所有权是财产所有权的一种，具有所有权的一般特征。对夫妻双方而言，配偶财产权又是相对权，夫妻相互之间不得干涉或妨碍对方享有和行使财产权利。

二、我国法上的婚姻财产效力

（一）夫妻财产所有权

夫妻财产所有权包括夫妻个人财产所有权和夫妻共同财产所有权两部分。夫妻个人财产所有权，是指夫妻一方在婚姻关系存续期间，依法或依约定享有的对其个人财产的所有权。夫妻个人财产独立于夫妻共同财产，其权利主体是夫妻一方。夫或妻依法对个人财产在婚内享有完全的所有权，即占有、使用、收益和处分的权利。夫妻共同财产所有权，是指夫妻双方在婚姻关系存续期间，依法或依约定享有的对共同财产的所有权。夫妻共同财产是夫妻共同财产所有权的客体，夫妻共同财产的范围主要由法律确定，法律还允许夫妻双方约定某些财产属于双方共同所有。夫妻共同财产的权利主体是夫妻双方，其来源主要是夫妻双方或一方的婚后所得。夫妻依法享有对共同财产的平等占有、使用、收益和处分的权利。民法上的共有可细分为按份共有和共同共有。夫妻共同财产所有权的性质是共同共有，即夫妻双方对共有的动产及不动产平等地、不分份额地享有占有、使用、收益和处分的权利。夫妻财产共有关系以夫妻身份关系为存在前提，在婚姻关系终止（一方死亡或双方离婚）时，夫妻财产共有关系才能终止，发生对夫妻共有财产的分割或继承问题。

我国《婚姻法》顺应市场经济发展潮流，于2001年修改时，坚持将婚后所得共同制作为法定夫妻财产制，同时增设夫妻个人特有财产。关于夫妻约定财产制，修改后的《婚姻法》增加规定：夫妻可以约定婚姻关系存续期间所得的财产以及婚前财产归各自所有、共同所有或部分各自所有、部分共同所有。这表明夫妻个人财产和共同财产除法定外，亦可通过签订夫妻财产制协议来确定。我国《婚姻法》关于夫妻财产所有权的立法宗旨是：强调婚姻家庭生活的共同财产基础，同时尊重夫妻个人财产权利的要求，加强对夫妻个人财产所有权的保护。关于我国夫妻财产所有权的具体内容，详见本章第四节夫妻财产制相关部分。

（二）夫妻相互扶养义务

扶养是指一定范围内的亲属相互供养和扶助的行为。扶养通常发生在有血亲关系和配偶关系的亲属之间，如父母对子女的抚养，子女对父母的赡养，夫妻之间的扶养等。扶养人的义务是一种积极义务，由法律保证履行。然而，扶养义务的履行是有条件的，以义务人有扶养能力和权利人需要扶养为条件。我国《婚姻法》根据亲属的不同辈分，将扶养细分为"抚养""赡养"和"扶养"三种。长辈对晚辈的扶养称"抚养"，晚辈对长辈的扶养称"赡养"，同辈如夫妻之间的扶养则称"扶养"。

第六章

学理上以扶养的程度为根据，将扶养义务细分为生活保持义务和一般生活扶助义务。前者是指扶养义务人必须无条件地履行供养和扶助的责任，以维持被扶养人具有与扶养人相同水平的生活。父母对未成年子女的抚养，便属此例；后者是指扶养义务人在对方不能独立生活或者需要扶养时，方负有供养和扶助的义务。这是一种有条件的扶养，扶养义务人仅在不降低本人生活水平的限度内给予对方扶养，并且扶养人与受养人无须保持同一水平的生活，如兄弟姐妹间的扶养、祖孙间的扶养等。夫妻扶养是亲属扶养的首要内容。它依男女结婚具有配偶身份而产生，具有一定的经济内容，是婚姻的当然效力之一。夫妻间的扶养是一种无条件的扶养，夫妻双方应相互给予经济上的供养、精神上和体力上的扶助。世界各国立法例多从义务角度将夫妻间的扶养与扶助法律化。因此，所谓"夫妻相互扶养义务"，是指夫妻在物质上和生活上相互帮助、相互供养的义务。

我国现行《婚姻法》第20条规定："夫妻有互相扶养的义务。一方不履行扶养义务时，需要扶养的一方，有要求对方付给扶养费的权利。"我国法关于夫妻间的扶养义务是夫妻双方为维持共同婚姻生活所必须履行的义务，它是生活保持义务，是无条件的必须履行的义务。理解这一规定，需注意以下几点：

1. 夫妻之间的扶养权利义务关系，以配偶身份关系存在为前提，当事人之间不具有合法配偶身份关系的，则不产生相互的扶养关系。

2. 夫妻既负有扶养对方的义务，也享有接受和要求对方扶养的权利。一方不主动履行扶养义务的，另一方有权请求其履行。我国《婚姻法》第44条规定，被配偶遗弃的一方，有权请求居民委员会、村民委员会以及所在单位予以劝阻、调解。受害人还有权向人民法院提起追索扶养费诉讼，由法院裁决强制义务人履行。

3. 扶养是夫妻之间的法定义务，具有强制性。夫妻之间不得以约定改变此项法定义务。夫妻一方没有生活来源或者无独立生活能力的，另一方必须履行扶养义务。我国《婚姻法》不仅规定对不履行扶养义务人的强制性条款，还规定遗弃配偶的，构成离婚的法定理由，无过错配偶一方在离婚时可要求遗弃方给予离婚损害赔偿。[1] 情节严重的还可构成遗弃罪，应负刑事责任。

（三）夫妻继承权

夫妻继承权，是指夫妻相互继承对方死亡时遗留的个人财产的权利。它是以配偶身份关系为前提的一种财产权，既是民法继承制度的组成部分，又是夫妻权利义务中不可或缺的内容。它随夫妻关系的成立而产生，在夫妻离婚或婚姻关系被宣告无效时依法消灭。

---

〔1〕《婚姻法》第32、46条。

我国《婚姻法》第 24 条第 1 款指出："夫妻有相互继承遗产的权利。"我国《继承法》对夫妻继承权有进一步规定。根据《继承法》第 9、10 条规定，夫妻之间享有平等的继承权，配偶是法定的第一顺序继承人，夫对妻的遗产享有法定的第一顺序继承权，妻对夫的遗产亦享有法定的第一顺序继承权。

夫妻继承权的客体是夫妻一方的个人遗产。夫妻互相继承遗产时，应首先对夫妻共同财产和家庭成员共同财产进行分割，确定遗产范围，防止将夫妻或家庭成员共有的财产作为遗产分割，侵犯生存配偶和其他家庭成员的合法财产利益。按照我国《继承法》《婚姻法》《妇女权益保障法》，夫妻平等享有对对方财产的继承权，配偶与父母、子女都是被继承人的第一顺序继承人，对其遗产进行继承。基于男女平等和权利义务相一致原则，同一顺序的法定继承人分割遗产时原则上应当均等，对死者生前扶养较多的可以多分，不尽扶养义务的可以少分或不分。法律还规定，配偶一方故意杀害对方、为争夺遗产杀害其他继承人、遗弃或虐待对方情节严重的，丧失继承权。

在我国现阶段，歧视妇女的传统继承观念还在一定程度上影响着人们的继承行为。司法实践中处理夫妻间的继承案件时，应特别注意保护妻子依法享有对丈夫财产的继承权。根据《妇女权益保障法》第 31、32 条规定，在同一顺序法定继承人中，不得歧视妇女；丧偶妇女有权处分继承的财产，任何人不得干涉；丧偶妇女对公婆尽了主要赡养义务的，作为公婆的第一顺序法定继承人，其继承权不受子女代位继承的影响。

■第四节 夫妻财产制

一、概述

（一）夫妻财产制的概念

夫妻财产制，或称婚姻财产制，是指规范夫妻婚前财产和婚后所得财产的归属、使用、管理、收益、处分和债务清偿、婚姻终止时财产的分割与清算，以及夫妻财产制的设立、变更与终止的法律制度。夫妻财产制是婚姻家庭法的内容，也是整个社会财产制度的组成部分。它关系到夫妻间财产权利义务的确定，关系到婚姻家庭的基本物质生活条件，也与民事交易安全密切相关，并关涉社会、经济的协调与持续发展。某一国家夫妻财产制的结构和内容既受自身立法传统、风俗习惯和思想文化因素的影响，又与社会经济发展阶段、家庭结构变化，乃至夫妻各自经济独立紧密相连。夫妻财产制因而是各国婚姻家庭法的一项重要制度。

夫妻财产制是婚姻财产效力的最重要表现。它随夫妻身份效力的发生而产生，具有人身附随性，故由婚姻家庭法规制。夫妻的共同生活关系不同于物权法上的共同共有关系，也别于债法中的合伙关系。婚姻家庭法对夫妻财产制的规制，与物权法等普通财产法相比，具有特别法的地位：一方面，物权法是调整婚姻家庭成员之间财产关系的基础性法律；另一方面，当婚姻家庭法的规定与物权法一般性规定不相一致时，应适用婚姻家庭法的特别规定。这一法律适用原则在我国《物权法》中有所体现，其第8条指出"其他相关法律对物权另有特别规定的，依照其规定"。

以夫妻财产制的发生为依据，其法律表现形式总体上有法定夫妻财产制和约定夫妻财产制两种。这两种财产制通常也构成各国夫妻财产制的基本立法结构，以此确定夫妻间的财产所有关系。

1. 法定夫妻财产制。法定夫妻财产制是指依法律规定直接适用的夫妻财产制。强制适用是法定夫妻财产制有别于约定夫妻财产制的突出法律特征。

学理上，以适用的原因不同，将法定夫妻财产制分为通常法定财产制与非常法定财产制两种。①通常法定财产制，是指夫妻在婚前或婚后没有作出夫妻财产约定，或者所作财产约定无效或被撤销的，便当然适用法律按一般情形所确定的夫妻财产制类型。目前，各国婚姻家庭法中的通常法定财产制类型大致有共同财产制、分别财产制，以及共同财产制与分别财产制的复合形态所得分配制、剩余分配制等。②非常法定财产制，是指婚姻关系存续期间，因特定事由的发生，适用通常法定财产制或约定财产制难以维持正常夫妻关系或者不利于夫妻一方及第三人利益保护时，依法终止原夫妻财产制类型，而强制适用分别财产制。[1] 非常法定财产制又可细分为当然的非常法定财产制和宣告的非常法定财产制两种。当然的非常法定财产制，是指在适用通常法定财产制或约定财产制期间，因发生特定情事，依法律规定直接适用某一种财产制；宣告的非常法定财产制，则是当法定事由出现时，经夫妻一方或债权人请求，由法院裁决宣告夫妻财产制适用分别财产制。大陆法系国家的民法典，如法国、德国、瑞士、意大利等国均设非常法定财产制。立法模式有两种：①单一的宣告制，如法国、德国；②当然与宣告并行的双轨制，如瑞士、意大利。[2]

法定财产制是立法对多数婚姻当事人意愿的推定，目的是为处理夫妻财产关系提供明确的法律依据。婚姻当事人未就夫妻财产关系作出约定或者约定无效时，其夫妻财产关系一律适用法定财产制。法定财产制的内容由法律直接规定，

---

[1] 王洪：《婚姻家庭法》，法律出版社2003年版，第119页；梁慧星主编：《中国民法典草案建议稿附理由：亲属编》，法律出版社2006年版，第50页。

[2] 薛宁兰："法定夫妻财产制立法模式与类型选择"，载《法学杂志》2005年第2期。

具有适用简单方便，节约当事人成本的特点。

2. 约定夫妻财产制。约定夫妻财产制是夫妻双方以契约形式对婚前、婚后财产的归属、占有、使用、管理、收益和处分等权利加以约定的制度。约定夫妻财产制在适用上具有优先于法定财产制的效力，只要当事人的夫妻财产约定合法有效，其财产所有关系即适用约定的财产制，而不适用法定财产制。学者因此称约定财产制是"正常的夫妻财产制"，法定财产制为"补充的夫妻财产制"[1]。约定财产制是夫妻双方对共同生活期间财产归属、使用等意愿的体现，是法律尊重婚姻生活特殊性和个性的体现，得到当今各国法律的普遍肯定。

从各国关于夫妻财产制契约的立法例来看，约定夫妻财产制可分为自由式约定财产制与选择式约定财产制两种：①自由式约定财产制，是法律不对财产制种类做任何限制，只要不违反法律关于财产契约的一般禁止性规定，即允许当事人以契约方式自由选择或创设夫妻财产制类型，并且，法律对约定的形式也无特别要求，如英国法和日本法。这种立法模式赋予当事人充分的缔约自由，体现了民法契约自由原则，但也会使得夫妻财产关系的种类繁多，难以把握，还可能损害第三人利益，不利于民事交易安全。②选择式约定财产制，是法律允许当事人以契约方式确定适用的夫妻财产制类型，但当事人只能在法律明定的若干财产制中选择其一，超出法律允许范围的将归于无效。在这种立法模式下，当事人的契约自由受到严格限制，但是，他们在选定的财产制中的权利义务是明确的，可避免一方利用感情等因素引导他方订立显失公平的财产制契约。同时，也有利于维护民事交易安全。这种模式为当今多数国家或地区的夫妻财产制立法所采用，如瑞士、德国、法国等。

夫妻财产制契约是具有身份性质的财产契约，属双方法律行为，采选择式立法模式的国家，多从以下方面对其予以限制：

1. 约定的有效条件。实质要件包括：①必须由完全民事行为能力的婚姻当事人双方亲自订立，不得由他人代理。《德国民法典》第1411条规定："法定代理人不得为限制行为能力的婚姻一方或有行为能力的被照管人订立婚姻合同。""法定代理人不得达成婚姻财产共有制协议或撤销婚姻财产共有制。如果法定代理人是监护人或照管人，则他必须经监护法院批准方得订立婚姻合同。"②双方意思表示必须真实、自愿。③约定的内容不得超越当事人双方所享有的财产权利范围，不得规避养老育幼等法律义务，不得有违社会公德。《法国民法典》规定，夫妻间的财产契约不得违背善良风俗，不得违反因结婚而产生的义务和权利，不得违反有关亲权和监护规定，不得改变继承的法定顺序，等等。④关于约

---

〔1〕　史尚宽：《亲属法论》，中国政法大学出版社2000年版，第332页。

定的形式要件，当代各国立法例普遍采要式主义，即采用书面形式订立，并履行公示程序。公示程序又分为登记和公证两种。采取登记程序的有德国、日本、韩国及我国澳门和台湾地区，法律要求双方在办理婚姻登记时一并办理财产制契约登记。实行公证程序的有法国、瑞士、意大利等国，要求夫妻财产制契约须以书面形式订立并经过公证。

2. 约定的时间。一些国家仅限于婚前订立，如法国、意大利、荷兰、日本等；还有一些国家，如德国、瑞士、美国、英国等无此限制，当事人在婚前、婚后均可订立。

3. 约定的效力。夫妻财产契约是双方自愿订立的，对双方有直接约束力。但并不当然及于第三人。只有在第三人明知或者夫妻就财产制契约履行了某种程序（如到指定机关登记），才对第三人产生效力。

4. 约定的变更与撤销。各国立法例一般允许夫妻财产制契约生效后可以变更和撤销，但必须履行与订立契约时相同的程序。《俄罗斯联邦家庭法典》第43条规定："婚姻合同，根据夫妻双方的协议可随时变更或解除。关于变更或解除婚姻合同的协议，应采用与婚姻合同相同的形式。"当然，也有些国家严格限制当事人婚后对婚前财产契约的变更。《韩国民法典》第829条规定："夫妻于婚姻成立前对财产有约定的，婚姻中不得变更。但有正当理由的，可经法院的许可变更。夫妻就其财产另行约定，但至婚姻成立仍未登记的，不得以之对抗夫妻的继承人或第三人。"还有的国家通过规定一定的年限来限制夫妻婚后对财产制的变更或撤销。《法国民法典》第1397条指出："夫妻财产制，不论系约定，还是法定，在其实施2年之后，夫妻双方得为家庭利益，通过经夫妻住所地的法院认可的公证证书，协议变更，甚至完全改变之。"

我国《婚姻法》在确立法定夫妻财产制的同时，允许双方按照自己的意愿作出财产约定，以排除法定财产制的适用。根据《婚姻法》第19条，我国也采取选择式立法模式。婚姻法提供的夫妻约定财产制类型有分别财产制、一般共同财产制、限定共同财产制三种。

（二）夫妻财产制的种类

不同时代、不同国家立法，关于夫妻财产制的类型多种多样。历史上曾有过和现今实行的夫妻财产制种类主要有：

1. 妆奁制。妆奁，又称"嫁资"，即妻子陪嫁带入夫家的财产，包括动产和不动产。妆奁制，又称嫁资制，是指规定妻子陪嫁财产的提供、归属、管理、使用、收益和处分及返还的夫妻财产制度。

这一制度起源于罗马法。古罗马前期，妆奁是妻或妻的血亲对丈夫的赠与，婚姻关系一经成立，其所有权便归于夫；古罗马后期，妆奁虽仍由夫管理，但已由所有权转变为债权，婚姻关系解除后夫负有返还义务。近现代有些国家如法国、瑞士、意大利、巴西、葡萄牙、西班牙等，继承了古罗马传统，曾经或现今的法律中有妆奁制的规定。瑞士民法在分别财产制中规定夫妻双方可以约定奁产，以负担婚姻费用，但奁产不得让与。某些国家如印度，虽然法律全面废止妆奁制，但妇女结婚须携入奁产作为对夫家补偿的习俗，仍然影响着人们的婚姻关系。妇女有因奁产不足难以成婚或者婚后受到夫家歧视、虐待，甚至被迫自杀的。

我国古代法中虽没有夫妻财产制度，但对妆奁财产的归属仍有所规定。如宋"户令"规定，"诸应分田宅者及财物，兄弟均分，妻家所得财产不在分限"。婚姻解除时，妻子可取回随嫁奁产；妻子若再婚，则不得取回妆奁财产。至今，我国民间嫁女仍沿袭娘家随送嫁妆的习惯。基于对传统婚姻习俗的尊重，我国1950年《婚姻法》特别规定离婚分割财产时，妻子婚前财产归妻子所有，而丈夫婚前财产则按夫妻共同财产分割。[1] 现行《婚姻法》基于男女平等考虑，规定夫妻各自婚前财产均属个人所有。

2. 吸收财产制。古代社会，在夫妻一体主义立法思想下，夫妻人身关系的不平等决定了他们在财产关系上的不平等，夫妻财产制也具有不平等的内容。吸收财产制便是当时的夫妻财产制形式之一。

吸收财产制，是指婚后妻子的人格被丈夫人格吸收，在法律上没有财产权，妻子婚前和婚后财产均归丈夫所有的制度。古巴比伦、古印度、古罗马前期以及欧洲中世纪的国家，多实行这一财产制。在近现代法律中，这种夫妻财产制已经不复存在。

3. 统一财产制。统一财产制，是指婚后妻子将其全部财产的所有权转给丈夫，仅保留在婚姻终止时的财产返还请求权。这一财产请求权不是基于物权的请求权，而是债权请求权，即妻子因结婚而失去财产所有权，仅在婚姻终止时享有财产返还请求的债权。这一财产制度仍带有浓厚的夫权色彩，多为早期资本主义国家的婚姻家庭法采用。与吸收财产制相比，它的进步之处在于，承认已婚妇女的财产权利，但是，妇女因结婚即丧失原有全部财产的所有权，转化为婚姻终止时的返还请求权。这使妇女在财产权方面处于不利地位。

统一财产制是夫妻一体主义立法思想的体现，近现代各国已经逐渐不采用这种财产制。

4. 联合财产制。联合财产制，又称管理共同制，是指婚后夫妻在保留各自财产所有权的前提下，将双方财产合并在一起，由夫管理，夫对妻的财产有使

第
六
章

---

〔1〕 1950年《婚姻法》第23条第1款。

用、收益的权利，对妻之财产的孳息享有所有权，家庭生活全部费用由夫负担。

联合财产制发端于中世纪日耳曼民族习惯法，后被近现代一些资本主义国家婚姻家庭法沿用并得以发展。例如，1900 年《德国民法典》规定，"妻之财产因结婚而归夫管理及用益"，"妻未得夫之同意而以单独行为处分其携入财产者无效"。再如，我国 1930 年的《中华民国民法亲属编》，仿照《瑞士民法典》，确定联合财产制为法定夫妻财产制，其内容主要有三方面：①夫与妻的财产各分为特有财产和原有财产。夫妻对各自的特有财产和原有财产均保有其所有权，不受婚姻状况的影响。②夫妻的原有财产（包括结婚时属于夫妻之财产及婚姻关系存续中夫妻所取得之财产）为其联合财产。联合财产，由夫管理，管理费用亦由其负担；夫对于妻之原有财产有使用、收益之权；夫处分妻之原有财产时，除基于管理需要而为的必要处分之外，应征得妻的同意；妻对于联合财产的处分限定在日常家事代理权范围内；家庭生活费用由夫负担，夫无支付能力时，由妻就其财产之全部负担。③联合财产制终止时，由妻或其继承人取回其原有财产，但妻原有财产孳息的所有权归夫；联合财产中，妻不能证明是自己原有财产的，均推定为夫所有。

联合财产制较之于统一财产制有明显进步。它具有分别财产制的某些色彩，但在这种制度下，夫妻双方的财产地位仍然是不平等的。第二次世界大战后，联合财产制因与男女平等的时代潮流不符，陆续被曾采用这一制度的国家，如德国、瑞士等废除。我国台湾地区于 2002 年 6 月对"民法典"亲属编法定夫妻财产制作出修改，联合财产制终被废止。

5. 分别财产制。分别财产制，是指夫妻各自婚前和婚后所得财产归本人所有，夫妻各自独立行使管理权、收益权及处分权的制度。这一制度并不排斥妻以契约形式将个人财产的管理权转让给夫，也不排斥夫妻双方拥有一部分共同财产。

古罗马时期万民法所确立的"无夫权婚姻"是分别财产制的雏形，但当时的法律仍确认女方家庭负有设定嫁资的义务，婚后丈夫对妻的嫁资仍有处分权。近代许多资本主义国家以夫妻别体主义为立法思想，确立了分别财产制。1882 年英国《已婚妇女财产法》规定，凡 1883 年 1 月 1 日后结婚的妇女，有权以其婚前所有或婚后所得的动产及不动产作为分别财产，单独行使所有权及处分权。英国 1935 年《法律改革（已婚妇女与侵权行为人）法》进一步规定，已婚妇女有取得、占有和处分任何财产的能力，有对任何侵权行为、契约、债务、义务主动或被动地承担责任的能力。英国法律还规定，为满足婚姻共同生活及抚养教育子女的需要，夫妻之间可用明示或默示的方式订立婚姻财产协议。目前，英美法系国家和地区多采用这一制度，大陆法系的日本、奥地利、希腊等国，也以分别财产制为法定财产制。例如，日本 1947 年修正后的《民法典》第 762 条规定："夫妻一方的婚前财产及婚姻中以自己名义所得财产，为其特有财产，""夫妻间归属不明的财产，推定为属其共有。"还有相当多的国家，如德国、瑞士、法国、意大利等把分别财产制作为当事人可选择的一种约定财产制类型。

6. 共同财产制。共同财产制，是指除夫妻个人特有财产外，夫妻一方或双方财产部分或全部合并为共同所有财产，双方平等享有占有、使用、收益和处分权利的制度。共同财产制又称共有财产制，它较之统一财产制更能反映夫妻关系的本质和特征，在当代夫妻财产关系立法中，占有重要地位。

当代各国实行的共同财产制，依夫妻共同财产的范围不同，具体可分为四种：

（1）一般共同制。夫妻各自的财产，无论婚前取得还是婚后取得，是动产还是不动产，都属于夫妻共同财产，但法律另有规定的除外。法律设定例外的，又称"限制的一般共同制"。巴西、荷兰等国家以一般共同制为法定财产制，瑞士、德国将之作为约定财产制的一种形式。我国 1950 年《婚姻法》虽未明确法定夫妻财产制类型，但依照中央人民政府法制委员会的立法解释，当时我国的法定夫妻财产制类型是一般共同共有制。[1]

（2）动产及所得共同制。它是指夫妻婚前动产及婚后所得财产归夫妻共同所有的制度。这种制度中的夫妻共同财产包括：夫妻结婚时的全部动产及婚姻中归属于夫妻的全部动产；婚姻期间夫妻有偿取得的不动产以及由夫妻特有财产产生的一切收益及双方劳动所得。1804 年《法国民法典》《比利时民法典》以此为法定财产制。瑞士、德国民法将之作为约定财产制的一种。

（3）婚后所得共同制。它是指婚姻关系存续期间夫妻所得财产以及原有财产的孳息归双方共同共有，法律另有规定的除外。适用这一财产制国家的法律又规定若干婚后所得是夫妻个人特有财产，不属于共同财产。1965 年，法国将原法定财产制改为婚后所得共同制。民法典明确夫妻共同财产的范围后，第 1404 条、第 1405 条、第 1406 条又规定：一切具有个人特点的财产及专属个人的财产，如夫妻一方的衣服及其使用的日用布制品、赔偿身体或精神上损害的诉权、不能让与的债权及抚恤金等；一方为其职业所需的劳动工具，但如该工具为其商业资产的附属物时除外；各自在婚姻期间因继承、赠与或遗赠而取得的财产；个人所有有价证券的增值等，仍构成个人自有财产。

（4）劳动所得共同制。它对夫妻共同财产的范围有进一步限制，仅以夫妻在婚姻关系存续期间的劳动所得作为共同财产，其他财产如一方因继承、受赠等

第
六
章

---

〔1〕　刘素萍主编：《婚姻法学参考资料》，中国人民大学出版社 1989 年版，第 64~65 页。

获得的非劳动所得，归其个人所有。前南斯拉夫以此为法定财产制。

共同财产制的立法目的在于谋求夫妻经济生活与身份生活的一致。它符合婚姻共同生活的本质，能够保障夫妻中无经济能力一方，尤其是从事家务劳动而无社会收入或收入较低配偶一方的利益，有助于实现夫妻事实上的平等。在夫妻财产制演变的历史中，共同财产制是最具男女平等时代特征的财产制度。许多国家和地区的法律都将它作为法定夫妻财产制或者约定财产制的种类。我国现行婚姻法以婚后所得共同制作为法定夫妻财产制。

7. 共同财产制与分别财产制的三种复合形态。20 世纪以来，一些国家在共同财产制和分别财产制基础上，先后创设出三种新型的夫妻财产制[1]：

（1）延期共同制，又称配偶应有分权制。它将夫妻财产分为配偶财产与特有财产，婚姻期间配偶一方非经他方同意，不得擅自处分配偶财产；婚姻解除时，按照平均分配的原则对上述配偶财产进行分割。延期共同制由 1920 年《瑞典婚姻法》首创，后为丹麦（1925 年）、挪威（1927 年）、芬兰（1929 年）相继采用，故又称"新斯堪的那维亚式"。

（2）所得参与制。它以分别财产制为原则，夫妻对婚前财产及婚后所得的财产，各自保留所有权，分别行使管理权、使用权、收益权及有限制的处分权；配偶双方在婚姻中取得的财产形成共同财产，在婚姻解除时予以分配，故又称为所得分配制。现行《瑞士民法典》、中国澳门地区《澳门民法典》均以此制作为法定夫妻财产制。

（3）剩余共同制，又称附加利得共同制。它以分别财产制为原则，婚姻解除时，以配偶各自在婚姻解除时的财产（最终财产），扣除结婚时的财产（原始财产）后，计算各自财产的剩余额。剩余额较少的配偶，对于剩余额较多的配偶，就剩余差额的 1/2 享有债权的请求权。此制为 1957 年前西德《男女同权法》首创，是现今《德国民法典》所采用的法定财产制，但它只适用于死亡以外原因导致的婚姻终止。因配偶一方死亡而使婚姻终止的，则通过增加生存配偶法定继承份额的方法解决。补偿的方式是在生存配偶的法定继承份额上增加遗产的 1/4。

我国台湾地区"民法"亲属编废除联合财产制后，参考瑞士、德国民法典确定的法定财产制，由以下内容构成："夫或妻之财产分为婚前财产与婚后财产，由夫妻各自所有""夫或妻各自管理、使用、收益及处分其财产""夫妻各自对其债务负清偿之责""夫妻之一方以自己财产清偿他方之债务时，虽于婚姻关系存续中，亦得请求偿还""法定财产制关系消灭时，夫或妻现存之婚后财产，扣

---

[1] 史尚宽：《亲属法论》，中国政法大学出版社 2000 年版，第 330～332 页。

除婚姻关系存续中所负债务后，如有剩余，其双方剩余财产之差额，应平均分配……"台湾地区"民法典"第1017、1018、1023、1030-1条。可见，新制以分别财产制为基本架构，但关于婚后财产剩余分配的规定表明，它已经不是传统意义上的分别财产制，而是吸收了所得共同制的精神。因此，台湾学者有人将之称为"改良式分别财产制"，也有人称之为"剩余财产分配制"。[1]

二、我国现行夫妻财产制度

我国夫妻财产制立法经历了不断完善的过程。这不仅体现在立法条文数量有所增加，还反映在夫妻财产制的结构与类型不断得以健全与明确。1950年《婚姻法》关于夫妻财产制只有1个条文，其第10条规定："夫妻双方对于家庭财产有平等的所有权与处理权"。它只是明确了夫妻双方对于家庭财产享有平等的权利，并没有确立法定夫妻财产制的类型，更没有对夫妻约定财产制有所规定。1980年《婚姻法》确立约定财产制与法定财产制并行的夫妻财产制结构，并且选择婚后所得共同制为法定夫妻财产制类型。2001年修正后的现行《婚姻法》，关于夫妻财产制的规定增加到3个条文，除继续坚持婚后所得共同制的法定财产制类型外，还通过列举夫妻共有财产的种类，设立个人特有财产，限定并相对缩小了夫妻共同财产的范围。对于约定财产制，修正案进一步明确了夫妻约定时可选择的财产制类型，以及约定的对内和对外效力。

（一）法定夫妻财产制

1. 婚后所得共同制的概念及意义。我国《婚姻法》第17条规定："夫妻在婚姻关系存续期间所得的下列财产，归夫妻共同所有：①工资、奖金；②生产、经营的收益；③知识产权的收益；④继承或赠与所得的财产，但本法第18条第3项规定的除外；⑤其他应当归共同所有的财产。夫妻对共同所有的财产，有平等的处理权。"根据这一规定，我国的法定财产制是婚后所得共同制。夫妻双方对财产未作约定，或者约定不合法、不明确的，当然适用法定财产制。

所谓婚后所得共同制，是指婚姻关系存续期间夫妻双方或一方所得的财产，除法律另有规定或夫妻另有约定外，均为夫妻共同所有的夫妻财产制度。夫妻对共同所有的财产平等地享有占有、使用、收益和处分的权利。

前已叙及，法定夫妻财产制类型的确立，既受到一国立法传统、风俗习惯和思想文化因素的影响，又与社会发展、家庭结构变化，夫妻各自经济状况紧密相连。我国法律以婚后所得共同制为法定财产制的理由主要有：

（1）在伦理上，它与夫妻关系的特性较为吻合，使夫妻间的经济生活与身

---

〔1〕　王如玄："新修正夫妻财产制介绍"，载《月旦法学》2002年第88期。

份生活趋同一致，有利于鼓励夫妻同甘共苦，促进婚姻的稳定，发挥家庭养老育幼的职能。

（2）实行婚后所得共同制，在我国有着深厚的社会文化心理基础，符合中国人对婚姻普遍持有的"同居共财"的观念。相关调查表明，我国现阶段，夫妻通过约定确定婚后财产制类型的很少，城市居民中仅有 2.7%，农村居民中仅有 1.1% 的夫妻有采取分别财产制的愿望。[1] 2001 年《婚姻法修正案》通过之后，学者在部分大城市的调查显示，夫妻婚后适用法定财产制即婚后所得共同制的占绝大多数。[2] 可见，我国以婚后所得共同制作为法定夫妻财产制，符合绝大多数夫妻婚姻生活的实际情况，有利于减少夫妻财产纠纷，保护双方在婚姻中的财产利益。

（3）实行婚后所得共同制，有利于承认家务劳动与社会劳动具有同等的价值，是我国现阶段夫妻家庭劳动分工和社会经济地位的必然结果。2001 年第二期中国妇女社会地位调查数据显示，目前在我国城乡，以女性为主承担家务劳动的格局仍然没有改变。女性平均每天做家务的时间长达 4 小时 14 分钟，比男性多 2 小时 41 分钟。在经济收入上，1999 年我国城镇在业女性包括各种收入在内的年均收入为 7409.7 元，是男性收入的 70.1%。[3] 2011 年公布的第三期中国妇女社会地位调查数据表明，2010 年城乡在业女性工作日用于家务劳动的时间分别为 102 分钟和 143 分钟，比 2000 年减少了 70 分钟和 123 分钟。有 91.2% 的受访女性和 82% 的受访男性认同"男人也应该主动承担家务劳动"的主张。尽管如此，与男性相比，女性实际的家务劳动负担依然比较重；在经济收入上，城乡在业女性的年均劳动收入仅为男性的 67.3% 和 56.0%。[4]

可见，无论从我国社会经济发展的一般水平出发，还是从夫妻社会收入差距与他们从事家务劳动时间的长短考虑，我国还不具备以分别财产制为法定财产制的社会基础与社会性别基础。婚后所得共同制，将婚姻关系存续期间夫妻"协力"所得的各种财产及婚前财产的孳息，一并作为共同财产，由夫妻双方平等享有使用、收益和处分的权利，实际上承认了妻子从事家务劳动的社会价值，是当前我国法律承认家务劳动社会价值，弥补男女之间社会经济地位差距，促进两性实质平等的必要举措。

2. 夫妻共同财产的概念与范围。我国婚后所得共同制下的夫妻共同财产，

---

〔1〕 蒋月：《夫妻的权利与义务》，法律出版社 2001 年版，第 176～177 页。
〔2〕 巫昌祯主编：《婚姻法执行状况调查》，中央文献出版社 2004 年版，第 88 页。
〔3〕 参见全国妇联、国家统计局 2001 年 9 月发布的《第二期中国妇女社会地位抽样调查主要数据报告》。
〔4〕 参见全国妇联、国家统计局于 2011 年 10 月发布的《第三期中国妇女社会地位调查主要数据报告》。

是指在婚姻关系存续期间，夫妻一方或双方所得的财产，除法律另有规定或夫妻另有约定外，归夫妻共同所有的财产。需注意的是，"婚姻关系存续期间"，是指男女双方从取得结婚证之日起，到一方死亡或者双方离婚时止。夫妻分居期间或者离婚判决尚未生效期间，仍然是婚姻关系存续期间。"婚后所得"，是指夫妻一方或双方取得的财产权是在婚姻关系存续期间。"所得"，是指对某项财产所有权的取得，而不是必须实际占有该项财产。

夫妻共同财产具有如下法律特征：①该项财产所有权的主体是具有合法婚姻关系的夫妻双方。无效婚姻、同居关系的男女不能作为其主体。②该项财产的范围只限于婚后所得的财产。③该项财产的来源包括夫妻双方共同所得的财产，也包括夫妻一方所得的财产。但是，不包括法律另有规定或夫妻双方已约定为一方所有的财产。

根据《婚姻法》第17条和《婚姻法司法解释（二）》第11条，构成夫妻共同财产的有：

（1）工资、奖金。工资、奖金均为劳动所得报酬。夫妻一方或双方婚后从事劳动所获得的一切劳动报酬均是共同财产。无论各方收入多寡或者有无收入，都不影响他或她对该项财产的共有权。现实生活中夫妻的劳动报酬除上述列举的外，还有一些表现形式，如讲课费、咨询费、会议费、劳务费等，一方或双方婚后从事劳动所获得的这些劳动报酬也是共同财产。故在此项中应增加"及其他收入"。

（2）从事生产、经营的收益。凡是在婚姻关系存续期间夫妻一方或双方从事生产、经营，如承包、合伙、开办私营企业、租赁等产生的收益，均为夫妻共同财产。夫妻以一方或双方所有财产从事生产、经营的行为，属于对原物的直接投资，其收益在民法上是孳息的一种，这表明，夫妻一方婚后以个人财产从事生产、经营获得的收益，不是其个人财产，依法属于夫妻共有财产。

（3）知识产权的收益。知识产权是智力成果所有人的专有权利。它包括人身权和财产权两方面内容。人身权是指与智力成果所有者的人身不可分离的诸项权利，如署名权、获得荣誉证书、荣誉称号、奖章的权利等；财产权是指当智力成果被使用后，其所有者依法获得一定财产利益的权利，例如，作品被出版、上演或者以其他方式被利用后，作者享有的获得一定报酬、奖金的权利；专利或商标被他人使用后，发明人、设计人享有的获得使用费、转让费的权利，等等。两权一体，是知识产权的基本特征。人身权与所有人的人身不可分离，不能转让、赠与和继承；财产权则可以转让、赠与和继承。夫妻一方或双方在婚姻关系存续期间，因专利权、著作权、商标权、发明权、发现权等知识产权取得的经济收益，不论权利人是夫妻一方或双方，其收益均属于夫妻共同财产。《婚姻法司法解释（二）》第12条将"知识产权的收益"解释为"婚姻关系存续期间，实际取得或者已经明确可以取得的财产性收益"。因此，对于婚姻关系存续期间一方完成的著作，已经订立出版合同并且合同关于稿酬的条款是明确的，该笔稿酬即便在离婚时尚未支付，仍应属于夫妻共同财产。

（4）继承或受赠的财产。通常不论继承人或受赠人是夫妻一方还是双方，他们在婚后继承和受赠的财产，是夫妻共同财产。但是，如果遗嘱或赠与合同中指明，只将遗产或者财产处分给夫或妻一方的，则不作为夫妻共同财产，而是夫妻一方的个人财产。

（5）其他应当归夫妻共同所有的财产。此为概括性规定，是指除以上各项规定以外的，应当属于夫妻共有的财产。近年来，我国公民个人收入除工资、奖金、津贴之外，还出现了一些前所未有的表现形式，它们成为夫妻财产来源中很重要的组成。例如，夫妻一方或双方购买彩券中奖所得，购买股票的增值；再如，一方的住房公积金、住房补贴等。《婚姻法司法解释（二）》第11条对婚姻法"其他应当归共同所有的财产"解释为："①一方以个人财产投资取得的收益；②男女双方实际取得或者应当取得的住房补贴、住房公积金；③男女双方实际取得或者应当取得的养老保险金、破产安置补偿费。"

《婚姻法司法解释（三）》第5条指出，"夫妻一方个人财产在婚后产生的收益，除孳息和自然增值外，应认定为夫妻共同财产"。换言之，夫妻一方个人财产在婚后的孳息和自然增值均不属于夫妻共有财产，而是其个人财产。将夫妻一方婚前财产在婚后所生孳息一律排除在夫妻共有财产之外，是否与婚姻法第17条第1款第2项规定冲突，值得商榷。

3. 夫妻对共同财产的权利和义务。夫妻共同财产所有权的性质是法定的共同共有，在婚姻关系存续期间，夫妻双方不论职业、社会地位和收入，对全部共同财产平等地、不分份额地享有占有、使用、收益和处分的权利，并承担相应的义务。换言之，在婚姻关系终止前，夫妻共同财产是不确定份额的整体。夫妻作为上述财产的共有人，各自对共有财产享有平等的占有权、使用权、管理权、收益权和处分权。根据《婚姻法》第17条第2款规定："夫妻对共同所有的财产，有平等的处理权。"此处所谓"平等的处理权"，是指夫妻在对共同财产行使处分权时，应平等协商，取得一致意见；夫妻在对重大的婚姻共同财产处理时，须双方同意，任何一方不得擅自处分。对于婚姻期间，一方擅自处分夫妻共有财产的行为，在性质上应认定为侵害另一方财产权的行为。为此，《婚姻法司法解释（三）》第11条，基于民法善意取得制度要求，对出卖房屋的效力作出认定，又从保护配偶财产权出发，规定离婚时人民法院对另一方赔偿损失的请求，应予支持。这体现了兼顾配偶权利保护和保障交易安全的现代法治精神。但将另一方请求赔偿损失的时间限于离婚之时，似不利于对受害配偶财产权益的及时救济。此外，按《婚姻法司法解释（三）》第4条，此属于受害配偶请求婚内分割夫妻共同财产重大理由中的第一种情形，她/他除请求对方赔偿损失外，还可请求分割其他夫妻共同财产。

夫妻在共同财产上的权利平等，并不意味一切家庭支出都需经过双方的事前协商。法律创设夫妻日常家事代理权，就是对一方为日常生活需要独立对共同财产的管理、处分行为的认可。另一方面，为维护婚姻关系稳定，维持婚姻的共同生活，夫妻任何一方非因日常家事需要，如不动产买卖、大额借贷等，而将共同财产用以投资、赠与、抵押的，应当与对方平等协商，在双方合意的基础上，才能进行处分。否则，构成对他方财产权利的侵害。当然，为维护正常交易秩序，夫妻一方对外进行的民事行为，他人有理由相信其为夫妻双方共同意思表示的，另一方不得以不同意或不知道为由对抗善意第三人。前述《婚姻法司法解释（一）》第17条关于夫妻日常家事代理权的解释，就是有关夫妻处理共同财产的债权行为有效性的规定。他人有理由相信其为夫妻双方共同意思表示的，则该债权行为有效，当事人应按约履行，不履行的应承担违约责任。

在法定共同财产制下，夫妻双方的权利义务是相互对应的。夫妻双方平等地对共同财产享有权利外，还负有同等的义务。例如，为保障一方权利的充分行使，另一方负有不得非法干涉、妨碍的义务；对第三人非法干涉、妨碍一方正常行使权利的，另一方有义务予以制止；双方对共同财产负有维修、保管等义务；双方对因家庭共同生活、共同经营所负债务负连带清偿责任，等等。

4. 夫妻个人特有财产。夫妻个人特有财产，是与婚后所得共同制相匹配的一项财产制度。它是指在共同财产制下，专属配偶一方所有并排斥夫妻共有的财产。婚后所得共同制并不排斥夫妻一方对特定财产的个人所有权，确定夫妻个人财产与划定夫妻共有财产范围，是我国法定夫妻财产制两个相辅相成的方面。

个人特有财产制度作为共同财产制的组成部分，可在实现婚姻本质特征的同时，充分尊重和保护夫妻个人的财产利益，实现个体利益和婚姻共同体利益的均衡。我国婚姻法关于夫妻个人特有财产的规定，是2001年修订《婚姻法》时增设的，它进一步明确了家庭生活中各种不同性质财产的范围。为婚姻当事人灵活处理财产关系提供了空间，有利于明确夫妻间财产权利的范围，减少纠纷。根据《婚姻法》第18条，下列财产属于夫妻个人特有财产：

（1）一方的婚前财产，是指夫妻各自结婚前就已经取得所有权的财产，包括动产和不动产。例如，婚前一方劳动所得的财产，现金、有价证券以及购置的物品；一方婚前通过继承、受赠等获得的动产与不动产。

《婚姻法司法解释（一）》第19条特别指出："婚姻法第18条规定为夫妻一

方的所有的财产，不因婚姻关系的延续而转化为夫妻共同财产。但当事人另有约定的除外。"由此可见，1993年最高法院《关于人民法院审理离婚案件处理财产分割问题的若干具体意见》中"一方婚前个人所有的财产，婚后由双方共同使用、经营、管理的，房屋和其他价值较大的生产资料经过8年，贵重的生活资料经过4年，可视为夫妻共同财产"的规定，已经失效。

（2）一方因身体受到伤害获得的医疗费、残疾人生活补助费等费用。我国《民法通则》第119条规定："侵害公民身体造成伤害的，应当赔偿医疗费、因误工减少的收入、残废者生活补助费等费用……"身体健康权是公民的基本人格权，受到侵害的，权利人可依法请求侵权人承担民事赔偿责任。权利人在婚内获得的上述人身损害赔偿费用应归其本人所有。具有同等人身专属性的财产还有军人的伤亡保险金、伤残补助金、医药生活补助费。《婚姻法司法解释（二）》第13条明确指出，它们属于夫妻一方个人财产。

（3）遗嘱或赠与合同中指明归夫或妻一方的财产。根据《继承法》，公民可以在生前立遗嘱将个人财产指定由法定继承人的一人或数人继承，也可以将个人财产赠给国家、集体或者法定继承人以外的人所有。如果被继承人在遗嘱中指明其遗产只归夫或妻个人继承或受赠，那么，夫妻一方在被继承人死亡之后因此获得的财产，属于其个人财产。根据《合同法》，赠与合同是赠与人将自己的财产无偿给予受赠人，受赠人表示接受赠与的协议。如果赠与人在与受赠人达成赠与协议时指明赠与财产是给夫或妻一方的，则此财产属于夫妻个人财产。对于一方父母为双方购置婚姻住房出资的归属，《婚姻法司法解释（二）》第22条指出：当事人结婚前，父母为双方购置房屋出资的，该出资应当认定为对自己子女的个人赠与，但父母明确表示赠与双方的除外。当事人结婚后，父母为双方购置房屋出资的，该出资应当认定为对夫妻双方的赠与，但父母明确表示赠与一方的除外。《婚姻法司法解释（三）》第7条第1款进一步明确："婚后由一方父母出资为子女购买的不动产，产权登记在出资人子女名下的，可按照婚姻法第18条第3项的规定，视为只对自己子女一方的赠与，该不动产应认定为夫妻一方的个人财产。"

（4）一方专用的生活用品，是指婚后以夫妻共同财产购置的供夫妻一方日常生活需要的物品，如个人衣物、饰物等，残疾一方使用的轮椅及其他辅助器械等。

（5）其他应当归一方的财产，是指依照其他法律规定，属于特定行为人个人所有的财产。例如，夫妻一方参加各种竞赛活动获得的奖杯、奖牌及其他带有明显纪念意义的奖品。从《婚姻法司法解释（三）》的内容看，其第5条（一方个人财产婚后产生孳息或增值收益）、第7条（婚后由一方父母出资购买的不动产）、第10条（夫妻一方婚前按揭购房），当是对婚姻法第18条第5项的解释。

夫妻一方对属于个人所有的法定特有财产享有完全物权，即所有权，他方负有不得干涉或妨碍其行使权利的义务；权利人对于婚姻期间个人对外所负债务和在特有财产上所生债务，应当以特有财产负清偿责任；夫妻双方可约定共同债务以某一方个人特有财产承担清偿责任，但不得对抗善意第三人。

（二）约定夫妻财产制

1. 约定夫妻财产制的概念及意义。约定夫妻财产制，是夫妻双方通过协议商定其婚前财产、婚后财产的占有、使用、管理、收益、处分等事项，并排除法定夫妻财产制适用的制度。

基于民法原理，夫妻双方关于财产制的约定，可称为"夫妻财产制契约"。夫妻财产制契约的主体限于夫妻双方或即将成为夫妻的男女双方，并以婚后财产的归属为内容。该项契约除在婚姻当事人之间发生物权效力外，并将在婚姻关系存续期间成为决定家庭生活费用负担的根据，在婚姻关系终止时将成为夫妻财产清算与分配的基础。因此，夫妻财产制契约有别于财产法上的契约（合同），属于身份法上的契约。根据我国现行《合同法》第2条，夫妻财产契约性质上属于"有关身份关系的协议"，不适用《合同法》的规定，而应适用婚姻家庭法的规定。鉴于我国现行《合同法》及民法理论采取狭义合同（契约）的概念，因此，有关身份关系的协议不宜称为"合同"或者"契约"。本书关于我国约定财产制的内容一律使用"夫妻财产约定"表示。

我国婚姻法关于夫妻约定财产制的规定，始于1980年《婚姻法》。虽然1950年《婚姻法》没有关于约定财产制的明文规定，然而，从当时中央人民政府法制委员会《关于中华人民共和国婚姻法起草经过和起草理由的报告》的解释看，法律允许夫妻双方实行约定财产制。该报告指出，《婚姻法》第10条的概括性规定"不仅不妨碍夫妻间真正根据男女权利平等和地位平等原则来作出对于任何种类家庭财产的所有权、处理权与管理权相互自由的约定；相反，对一切种类的家庭财产问题，都可以用夫妻双方平等的自由自愿的约定方式来解决，也正是夫妻双方对于家庭财产有平等的所有权与处理权的另一具体表现"[1] 遗憾的是这一立法解释在其后的30年间，并没有产生应有的实际效果。改革开放以来，我国市场经济得到充分发展，个人拥有财产的价值剧增，财产构成也发生很大变化，种类不断增多。过去夫妻财产多为日常生活用品，是价值较低的动产；现在夫妻财产中出现了个人投资资产、私人企业等价值巨大的动产和不动产。这些变化难免使夫妻双方产生采用多种形式处理财产关系的需求，在不影响夫妻感情前

第
六
章

───────────

[1]　刘素萍主编：《婚姻法学参考资料》，中国人民大学出版社1989年版，第65页。

提下，通过双方协商，依法保护个人财产所有权。再者，我国四大法域中关于夫妻财产制立法也存在着一定的差异，随着内地居民与港澳台居民、与外国人通婚的增多，这类婚姻财产关系的特殊性也日益显现。可见，我国若采取单一的法定夫妻财产制结构，是难以满足婚姻当事人复杂多样的夫妻财产制需求的。立法必须提供尊重夫妻意愿，符合婚姻生活多样性需求的约定财产制形式，与法定夫妻财产制共同承担起适应社会生活实际需要，应对夫妻财产关系未来变化的重任。

2001 年《婚姻法修正案》对约定夫妻财产制有重大补充和完善。首先，在立法技术上，变《婚姻法》原第 13 条第 1 款将约定财产制与法定财产制同条规定的做法，取消"双方另有约定的除外"的立法表述方式。这有利于转变长期以来学界和普通民众中普遍存在的约定财产制是法定财产制补充的认识。其次，专条对约定财产制相关内容作比较详尽的规定。第 19 条规定："夫妻可以约定婚姻关系存续期间所得的财产以及婚前财产归各自所有、共同所有或部分各自所有、部分共同所有。约定应当采用书面形式。没有约定或约定不明确的，适用本法第17 条、第 18 条的规定。夫妻对婚姻关系存续期间所得的财产以及婚前财产的约定，对双方具有约束力。夫妻对婚姻关系存续期间所得的财产约定归各自所有的，夫或妻一方对外所负的债务，第三人知道该约定的，以夫或妻一方所有的财产清偿。"

这一规定表明，我国关于夫妻约定财产制规定采取了选择式的立法模式。它明确了夫妻财产约定的内容、约定的形式以及约定的效力。

2. 夫妻财产约定的内容。关于约定财产制类型，现行《婚姻法》第 19 条对夫妻财产约定内容有较为明确的规定，提供了三种夫妻财产制类型供婚姻当事人选择，即分别财产制、一般共同制和限定共同制。婚姻当事人订立财产约定时，只能在法律允许约定的这三种财产制中进行选择，超出该范围的财产约定将不为法律承认，在当事人之间也无约束力，双方的财产关系当然适用法定财产制的规定。

3. 夫妻财产约定的形式。我国《婚姻法》第 19 条明确指出，夫妻财产约定应以书面形式订立。这是对夫妻财产约定形式要件的规定。关于夫妻财产约定的形式要件，前已叙及，当今各国普遍采要式主义，并且许多国家还要求夫妻达成书面财产协议后，履行一定的公示程序。我国《婚姻法》要求夫妻财产约定必须采用书面形式，但未要求夫妻双方履行公示手续。而对于未经公示的夫妻财产约定，当然不具有对抗第三人的效力。

4. 夫妻财产约定的效力。按照《婚姻法》第 19 条第 2 款和第 3 款，夫妻财产约定的效力有对内效力和对外效力之分。对内效力，是指夫妻财产约定一经生效，便对夫妻双方产生拘束力。具体而言，婚前订立的夫妻财产约定，自婚姻关

第六章

系成立时起对双方具有约束力；婚后订立的夫妻财产约定，自约定依法成立时起对双方具有约束力。夫妻双方应当依照约定的内容享有权利和承担义务。在婚姻关系终止时，应当按照约定分割夫妻财产；约定因不符合法定条件而部分无效的，有效的部分适用约定；全部无效的，则依照法定共同财产制分割。非经夫妻双方同意，任何一方不得擅自对约定作出变更或撤销。

对外效力，是指夫妻财产约定对与夫妻一方发生债权债务关系的第三人的对抗效力。民法为维护交易安全，避免第三人遭受不测风险，往往规定以登记作为某些重要法律事实的公示方法。关于登记的效力，又有登记生效主义与登记对抗主义之别。我国《婚姻法》上未规定夫妻财产约定的公示方式。《婚姻法》第19条第3款仅以"第三人知道该约定"作为夫妻约定分别财产制时的对抗要件。如果第三人知道该约定，即对第三人发生效力；否则，该约定不对第三人发生效力。对此，《婚姻法司法解释（一）》第18条指出，与第三人有交易行为的夫妻一方对此负有举证责任。夫妻一方在与第三人进行财产交易时，应当告知第三人其夫妻财产制的状况，而第三人并无当然的注意义务。由于夫妻财产约定具有相当的私密性，不易为他人所知。因此，在我国法律还未确定夫妻财产约定公示方式的情形下，为保护善意第三人利益，夫妻财产约定不得对抗善意第三人。2003年《婚姻法司法解释（二）》第24条进一步指出，夫妻一方如果不能证明第三人知道其约定实行分别财产制的，其在婚姻关系存续期间以个人名义所负债务，应当按夫妻共同债务处理。

我国《婚姻法》关于夫妻约定财产制，既已采用选择式严格立法模式，今后在编纂我国民法典婚姻家庭编时，应当对约定的有效要件、约定的时间、约定的变更与撤销等作明确规定。

示例　李某与王某结婚1年后明确约定双方婚前、婚后财产均归各自所有。2004年6月，丈夫李某辞职，投资开办音像店。10万元注册资金中，有4万元是向好友林某借的。妻子王某向丈夫李某明确表示不参与音像店经营。2004年7月夫妻两人对音像店归属等问题作出书面约定，明确音像店归李某个人所有，盈亏与王某无关。

音像店开张后，生意不景气。李某便开始销售盗版音像制品，后被有关部门查封，受到行政处罚，音像店不久关闭。李某经营音像店未赚到钱，反亏4万元。林某得知此事，找到李某、王某二人，要求他们还钱。根据夫妻双方对其财产的约定，妻子王某对李某的个人债务无法定清偿义务。

第六章

【思考题】

1. 婚姻的效力是什么?
2. 如何理解配偶权的概念、范围和特征?
3. 何谓日常家事代理权?
4. 我国婚姻法对婚姻的身份效力有哪些规定?
5. 夫妻间的扶养义务包括哪些内容?
6. 如何理解夫妻财产制在婚姻财产效力中的地位与作用?
7. 法定夫妻财产制与约定共同财产制的区别有哪些?
8. 我国婚姻法确立婚后所得共同制的立法基础是什么?
9. 婚姻法增设夫妻个人特有财产制度的意义是什么?
10. 如何理解夫妻财产约定对第三人的效力?
11. 如何完善我国现行夫妻财产制?

第六章

第七章

父母子女关系

学习目的与要求　学习本章应当了解父母子女关系是家庭关系的重要组成部分；掌握亲子关系的概念特征，明确亲子关系的种类包括婚内生育的父母子女关系，非婚内生育的父母子女关系和人工生育的父母子女关系，也包括养父母与养子女关系和继父母与继子女关系等。掌握父母子女之间的权利义务，了解亲权和监护制度，理解法律拟制的父母子女的法律地位，能够运用法律、法规和司法解释处理相关问题。

■第一节　概述

一、父母子女关系的概念和种类

（一）父母子女关系的概念

父母子女关系，又称亲子关系，亲即指父母，子是指子女。父母子女是最近的直系血亲，是家庭中的主要成员，相互享有法律规定的权利和义务。父母子女关系就是指父母子女之间的权利与义务关系。

父母子女关系是特定的，基于出生事实形成特定的父母子女关系。在这一关系中，血缘是父母子女生物学联系的纽带，客观地决定了父母子女间的社会身份关系。父母子女的内在自然血亲联系，通过外在身份关系的确定而稳定，亲子关系的内在血缘联系的自然性和外在身份关系的社会性巧妙地结合，依托家庭载体延续了人类的代际传承，使得人类社会延续下来。康德认为儿童对于抚养和获得父母照管拥有固有法权，直至他们能自我照管为止，因为，儿童作为具有意志的存在者的本体论身份，父母要对孩子们来到这个世界所遭受的人身损害负责，父母有义务确保使孩子们来到这个世界上的行动不会导致他们遭受人身损害，父母必须照顾和教育儿童，直至他们成年。[1]

（二）父母子女关系的种类

根据我国《婚姻法》的规定，父母子女关系可分为三大类：

1. 自然血亲的父母子女关系。它是指基于出生事实而产生的父母子女关系，主要包括婚生的父母子女关系和非婚生的父母子女关系，还包括经人工生育技术、同质并由妻子怀孕分娩的子女与父母关系。自然血亲的父母子女关系，除因依法送养子女而解除，一般只能因死亡而终止。

2. 拟制血亲的父母子女关系。它是指基于收养法律行为或再婚后事实上存在着抚养关系而形成的父母子女关系，主要包括养父母和养子女的关系、继父母和受其抚养教育的继子女的关系。拟制血亲的父母子女关系，除因死亡终止外，可人为地解除。

3. 人工生育形成的父母子女关系。它是指基于人工授精技术受孕而产生的父母子女关系。

现代医学科学的发达，尤其是现代生物工程在医学领域的广泛应用，人工生育技术使得人类可以用人工方法代替自然生殖过程中某一或某些步骤进行生殖，出现非男女两性性行为受孕生育的子女。经人工生育手段出生的子女的法律地位如何规定，本章在第六节作专门探讨。

二、父母子女的法律地位

父母子女的法律地位在不同的社会制度中有很大差别，它是由一定的社会制度决定的。从历史上看，父母子女关系总体上由以家族为本位的父母子女关系向以个人为本位的父母子女关系发展。在我国封建社会，实行小农经济和家族本位主义，父母子女关系从属于宗法家族制度。父母主要是父亲一方，对子女拥有很大的权利。子女在人身和财产方面都处于无权的地位，如在人身方面，父母对子女有教令权、惩戒权、主婚权等；在财产方面，子女没有自己的财产，只要父母健在，子女不能分家产。否则，将犯"不孝"之罪，受到法律严惩。

古代和中世纪欧洲各国的亲子法，也以家族为本位。罗马法中的家父权就是对子女的支配权。资本主义社会早期，有关父母子女关系的法律还保留了一些封建残余。以后，随着社会的发展，社会化的大生产使家庭成为消费单位，家庭成员关系趋于平等。因此，立法上摆脱了家族本位主义的束缚，规定了个人本位主义的原则，使父母子女处于平等的法律地位。

---

〔1〕 ［美］莱斯利·阿瑟·马尔霍兰：《康德的权利体系》，赵明、黄涛译，商务印书馆 2011 年版，第240～241 页。

新中国成立以后,不久就颁布了《婚姻法》,该法重视父母子女关系,设专章规定了"父母子女之间的关系",父母子女间的法律地位完全平等。1980年《婚姻法》在规定原有的父母子女具有平等的扶养权利义务内容的基础之上,增加了关于子女姓氏、权利请求权及父母对子女的管教、保护权的规定,确定了以保护未成年子女合法权益为原则、父母子女间平等、相互扶养和相互继承的权利义务关系。我国婚姻法完善保护子女利益的同时,增加了保护父母的条款,即增设了子女对父母的赡养义务,不因父母的婚姻关系变化而终止。

三、父母子女间的权利和义务

有关父母子女间的权利和义务,《婚姻法》第21~24条作出了明确规定:父母对子女有抚养、教育和保护的义务;子女对父母有赡养扶助的义务;父母子女有相互继承遗产的权利。

(一) 父母对子女的抚养、教育和保护的义务

1. 抚养义务。抚养是指父母从物质上供养子女和在日常生活中照料子女。抚养义务是父母对子女所负的最主要的义务,目的是保障子女的生存,使子女健康成长。在一般情况下,父母对子女的抚养义务到子女成年为止,但是,如果子女成年仍不能独立生活的,父母仍须承担抚养义务。《婚姻法》第21条第2款规定:"父母不履行抚养义务时,未成年的或不能独立生活的子女,有要求父母付给抚养费的权利。"未成年子女或不能独立生活的成年子女在父母不履行抚养义务时,他们有权向父母追索抚养费。《婚姻法司法解释(一)》第20条规定,《婚姻法》第21条中的"不能独立生活的子女",是指尚在校接受高中及其以下学历教育,或者丧失或未完全丧失劳动能力等非因主观原因而无法维持正常生活的成年子女。父母对未成年子女以及不能独立生活的子女的抚养是无条件的,除法律另有规定外,任何情况下父母都必须履行抚养义务。《婚姻法司法解释(三)》第3条规定:"婚姻关系存续期间,父母双方或者一方拒不履行抚养子女义务,未成年或者不能独立生活的子女请求支付抚养费的,人民法院应予支持。"

2. 教育义务。教育是指父母在思想品德等方面对子女的培养。①父母应当以健康的思想、品行和适当的方法教育子女,预防和制止子女实施不良行为,使子女的身心健康地成长。②父母有义务保证未成年子女上学接受义务教育,不得让子女中途辍学。按照《中华人民共和国义务教育法》第5条第2款的规定,适龄儿童、少年的父母或者其他法定监护人应当依法保证其按时入学并完成义务教育。

3. 保护义务。保护是指父母应保护未成年子女的人身安全和合法权益,防止和排除来自自然界的损害和他人的侵害。未成年人是无民事行为能力人和限制

民事行为能力人，他们缺乏对事物正确的理解和处理能力。因此，父母有义务保护子女的健康和安全，使子女健康成长。同时，父母有义务防止未成年人损害他人和社会利益。在未成年子女对国家、集体或他人造成损害时，父母有承担民事责任的义务。

　　示例　中学生张某骑自行车从背后撞倒李某，治疗共花去医疗费6000多元。李某找到张某的父母要求赔偿，但是张某的父母早已离婚，张某随母生活，其母无力单独赔偿。其父却认为自己每月付给了儿子生活费，不应赔偿。根据法律规定，未成年子女致人损害的，其父母应共同承担赔偿责任。①未成年子女致人损害，其父母必须承担民事责任。我国《民法通则》第133条第1款规定："无民事行为能力人、限制民事行为能力人造成他人损害的，由监护人承担民事责任……"第16条第1款规定："未成年人的父母是未成年人的监护人。"本案中撞伤李某的是一名中学生，属《民法通则》第12条规定的限制民事行为能力人，依据上述法律规定，他致人损害，父母必须承担法律上的责任。其父母是他的法定代理人和监护人，既有抚养的义务又有教育的责任，对撞伤李某的行为，理应承担法律上的责任，即使父母离婚，也不能作为拒绝承担赔偿义务的理由。②父母离婚后，未与未成年子女共同生活的一方在一定条件下也有共同承担民事责任的义务。最高人民法院在《关于贯彻执行〈中华人民共和国民法通则〉若干问题的意见（试行）》中指出："夫妻离婚后，未成年子女侵害他人权益的，同该子女共同生活的一方应当承担民事责任；如果独立承担民事责任确有困难的，可以责令未与该子女共同生活的一方共同承担民事责任。"因此，父母离婚后，未成年子女致人损害的，首先应由与其共同生活的监护人承担责任，但当该方监护人独立承担民事责任确有困难时，其他监护人也有共同承担民事责任的义务。本案张某的母亲独立承担赔偿责任确有困难，张某的父亲依法应共同承担相应的民事赔偿责任。

　　《婚姻法》第21条第4款规定："禁止溺婴、弃婴和其他残害婴儿的行为。"父母抚养子女的义务，始于子女出生。无论男婴女婴，父母都有义务予以抚养，任何溺死或遗弃婴儿以及除此之外的其他残害婴儿的行为，都是违法甚至犯罪的行为。从严格意义上讲，溺婴是杀人罪的一种特殊类型，应按《刑法》第232条的规定予以制裁。

　　（二）子女对父母的赡养、扶助义务

　　我国《宪法》规定，公民在年老、疾病或丧失劳动能力的情况下，有从国家和社会获得物质帮助的权利。同时还规定，成年子女有赡养扶助父母的义务。《婚姻法》第21条第1款规定，子女对父母有赡养扶助的义务。赡养是指子女应在经济上为父母提供必要的生活条件。扶助是指子女在日常生活上关心和照顾父母，在精神上尊重父母。子女对父母的赡养扶助是无期限的，直到父母死亡时止。关于赡养费的数额，应根据父母的实际需要和子女的负担能力确定，一般不低于子女本人或当地的平均生活水平。赡养费的支付方式，可以根据不同的情况确定：有固定收入的，可以采取按期按月给付；无固定收入的，可以按收益季节给付。根据《婚姻法》的规定，子女不履行赡养义务时，无劳动能力的或生活困难的父母，有要求子女付给赡养费的权利。而且，子女对父母的赡养义务，不因父母的婚姻关系变化而终止。子女更不能以放弃继承权为由，或以"先分家析产，后赡养老人"或"分家析产不公"为借口而拒绝履行赡养父母义务。

关于赡养与抚养应否对等的问题，有的子女从小没有享受到被父母抚养的权利，成年后是否应当履行赡养扶助父母的义务呢？对此应具体情况具体分析。如果由于客观原因父母没能履行或无力履行抚育子女的义务，子女成年后，仍应赡养父母，如特大自然灾害、战争等导致父母子女失散，或者父母长期患病卧床、丧失劳动能力、在监狱服刑等。如果父母有负担能力，基于主观原因，对子女犯有故意伤害罪（未遂）、虐待罪、遗弃罪或者强奸罪（父亲奸污女儿）的，子女成年后，允许他们不赡养父母。因为这些罪行构成对子女感情的伤害，严重侵害了子女的合法权益。但是，如果父母仅有虐待、遗弃子女行为，尚未构成犯罪的或犯有其他罪行的，子女仍应尽赡养义务。

示例　原告人王某于 1984 年娶妻张某，生有二子（即被告王甲、王乙）。王某在 1995 年外出打工，1998 年认识第三者李某后，没有再寄钱回家。当时，王甲 13 岁，王乙 11 岁。2003 年王某患病，李某与王某分手。2006 年王某因病失去劳动能力，生活无着，回到乡下，要求已经成年的两个儿子扶养，遭到两子的拒绝。王某便诉至法院请求法院判令王甲、王乙每人每月给付其 150 元赡养费。王甲、王乙辩称："我们的生父多年前遗弃了我们，是母亲单独抚养我们成人。我们不同意给付生父赡养费。"最后，法院判决二被告每月各给原告赡养费 120 元。虽然原告王某 1998 年以后未对两被告尽抚养义务，鉴于原告曾经抚养过被告，其父母子女关系存在，现在被告患病需要赡养，而且王甲、王乙有赡养能力。因此，被告有义务赡养原告。

（三）父母子女间相互继承遗产的权利

《婚姻法》第 24 条第 2 款规定："父母和子女有相互继承遗产的权利。"父母和子女是最近的直系血亲，他们是我国《继承法》中规定的第一顺序继承人，相互享有继承权。法律所指的父母包括：生父母、养父母和形成扶养关系的继父母；子女包括：婚生子女、非婚生子女、养子女和形成扶养关系的继子女。

第七章

■第二节　亲　权

一、亲权的概念

亲权是指父母享有对未成年子女人身方面的养育管教和财产方面的保护管理的权利与义务的总和。这一概念有以下几层含义：

1. 亲权是基于父母子女身份关系而产生的，包括因自然血亲关系而产生的，也包括因拟制血亲关系和人工生育而产生的。

2. 亲权既是父母对子女享有的权利，更是父母对子女、对社会必须承担的义务。

3. 亲权是为保护未成年子女利益设立的。

4. 亲权源于罗马法的家父权和日耳曼法的父权，[1] 是大陆法系国家特有的术语。亲权最初强调父母的权利；后来转变为以保护未成年子女利益为宗旨。罗马法的家父权以亲权人的利益为出发点，而日耳曼法的父权以子女利益为出发点。近现代许多国家的亲权制度一般多继受了日耳曼法，以保护教育未成年子女为中心。

我国没有使用"亲权"一词，但在封建社会，亲权内容是存在的。依据封建法律，父母对子女在人身方面有教令权和惩戒权；在财产方面，家庭财产由家长掌管，子女没有个人财产。新中国成立以后，我国 1950 年和 1980 年《婚姻法》以及 2001 年修改后的《婚姻法》都规定了父母子女关系，规定了父母对子女有抚养教育和管教保护的权利与义务，虽没有使用亲权一词，但都具有亲权的实质内容。

二、亲权的主体及行使

（一）亲权的主体

亲权的主体是指对子女有抚养及管教权利义务的父母，包括养父母双方、非婚生子女的生父母双方、人工生育子女的父母双方、形成抚养关系的继父或继母。

（二）亲权的行使

亲权的行使是指由谁来具体实施亲权。通常有两种情况：

1. 父母双方共同行使。在一般家庭中，父母与未成年子女共同生活，父母

---

〔1〕　史尚宽：《亲属法论》，中国政法大学出版社 2000 年版，第 656 页。

都是亲权的主体，双方共同行使亲权。在亲权行使方面，应本着维护子女的利益，双方共同代理子女行为。如果双方意见不一，应相互协商，合理解决。

2. 父母一方单独行使亲权。如果父母一方由于各种原因不能行使亲权，如下落不明、被判重刑、被剥夺亲权或双方离婚，另一方可单独行使亲权。

三、亲权的内容

亲权的内容很广泛，包括对未成年子女人身和财产两方面的权利与义务。

（一）人身方面的亲权

亲权在人身方面的权利与义务，主要有抚养、教育、管教保护及身份行为上的代理权。具体有以下几方面：

1. 抚养权。抚养是指亲权人即父母养育、照顾未成年子女，使其享有必要的生活条件而健康地成长。亲权人具有的抚养权利和义务，称抚养权。抚养权是亲权的一部分，也是父母双方共同享有的权利和承担的义务。大多数情况下，亲权人双方与未成年子女生活在一起，抚养权由亲权人父母共同行使，即父母双方直接养育、照料子女，共同负担生活费。特殊情况下，如父母离婚，亲权人一方与子女共同生活，抚养权分为两种情况：与子女共同生活的一方，成为主要亲权人，直接抚养教育子女；不与子女共同生活的父母一方，以提供抚养费、履行部分照料子女的义务行使抚养权。

2. 教育权。教育是指亲权人即父母在思想品德等方面对子女的关怀和培养。父母是子女的第一任老师，应从思想、品德、学业等各方面关心子女，以爱祖国、爱人民、爱劳动、爱科学、爱护公共财物、遵纪守法的思想教育子女，将子女培养成为德、智、体等方面全面发展的一代新人。根据《中华人民共和国义务教育法》第5条第2款的规定，适龄儿童、少年的父母或者其他法定监护人应当依法保证其入学接受并完成教育。

3. 管教保护权。对未成年子女的管教和保护既是亲权人父母的权利，也是父母的义务。管教是指父母按照法律和道德要求，对未成年子女进行管理和教育，对其行为加以必要的约束。未成年子女在法律上属于无行为能力或限制行为能力人，他们缺乏对事物的正确理解和处理能力，因此，法律赋予父母有管教未成年子女的权利和义务。

保护是指父母有权防止和排除来自自然界和他人的非法侵害，当未成年子女的人身和财产权益受到侵害时，父母有权以法定代理人的身份进行自力救济以排除妨害或赔偿损失；或向法院起诉，请求排除妨害或赔偿损失。

4. 身份代理权。身份代理权是指父母是未成年人的法定代理人。由于未成年子女没有完全民事行为能力，或仅具有限制行为能力，即只能进行与其年龄智

第七章

力相当的民事活动，为维护未成年人的合法权益，父母代理没有完全行为能力的未成年子女进行民事活动，代理限制行为能力未成年子女进行超出其行为能力范围的民事活动。在未成年子女对国家、集体或他人造成损害时，父母应承担民事责任。

（二）财产方面的亲权

1. 财产管理权。父母作为未成年子女的法定代理人，对其财产有管理、使用、收益的权利和义务。

2. 一定条件下的处分权。对于未成年子女的财产，父母原则上不享有处分权，必要时父母可以代为行使处分权以维护未成年子女的合法权益。

四、亲权的消灭、停止和剥夺

（一）亲权的消灭

亲权的消灭可分为绝对消灭和相对消灭两种。

1. 绝对消灭是指因子女死亡或子女成人，亲权存在的法定要件消灭。

2. 相对消灭是指亲权主体父母一方死亡，死亡的一方亲权消灭，他方的亲权仍然存在。父母双方死亡的，可另设亲权人。

（二）亲权的停止

亲权的停止有以下几种情况：

1. 亲权人为限制民事行为能力或无民事行为能力人。亲权人为限制民事行为能力或无民事行为能力人的，无能力行使亲权，视为亲权停止。如果亲权人具有完全民事行为能力，可恢复亲权。

2. 亲权人父母离婚。未与未成年子女共同生活的一方的亲权行使受到了限制，部分亲权被停止。如果情况发生变化，亲权人与子女生活在一起，可恢复全部亲权的行使。

3. 亲权人父母一方或双方不能与子女共同生活。亲权人父母一方或双方不能与子女共同生活的，如生病、长期外出、下落不明或被判重刑不能与未成年子女共同生活，其亲权暂时停止。待妨碍亲权行使的原因消除以后，亲权恢复。

（三）亲权的剥夺

亲权的剥夺是指亲权人不履行亲权义务或滥用亲权，严重侵害未成年子女的利益，而被法院宣告剥夺其亲权。

亲权被剥夺的原因主要有：

1. 有犯罪行为。父母一方或双方对未成年子女有重大犯罪行为，严重损害未成年子女利益的，如断绝其未成年子女的生活来源，虐待遗弃子女，故意侵犯子女生命健康权等。

2. 滥用亲权。父母一方或双方对未成年子女滥用亲权的，如惩戒未成年子女过重、严重侵害未成年子女财产权益等。

对以上品行恶劣、滥用亲权的父亲或母亲，应由法院判决宣告剥夺其亲权，以维护未成年人的利益。

■第三节　监　护

一、监护的概念和意义

（一）监护的概念和特征

监护是指对未成年人和精神病人的人身、财产以及其他合法权益进行监督和保护的法律制度。履行监督和保护职责的人，称为监护人；被监督和保护的人，称为被监护人。

监护具有以下法律特征：

1. 监护人必须具有监护能力。监护能力是指监护人具有民事行为能力、管教和保护被监护人的能力。这是由监护的性质所决定的，监护关系是一种民事权利义务关系，在这一关系中，监护人对被监护人有监督和保护的义务，在必要时还须代理被监护人进行一定的民事活动，因而，要求监护人既具有民事行为能力，又有管教和保护监护人的能力，才能承担起监护任务。

2. 被监护人是无民事行为能力和限制民事行为能力人。被监护人是无民事行为能力和限制民事行为能力人，即为不具有完全民事行为能力的人。

3. 监护人必须是与被监护人关系密切的人或有关组织。监护人与被监护人之间具有亲属关系，或者朋友关系，或者是行政上的隶属关系。

4. 监护人与被监护人之间依法产生权利义务关系。这种权利义务关系由法律明文规定，不得自行改变。监护人如果不履行监护职责，就要承担相应的责任。

（二）监护的意义

监护制度是我国民事法律制度中的一项重要制度。实行监护制度的主要意义如下：

1. 有利于保护未成年人和精神病人的合法权益。自然人的民事权利能力是基于出生而取得的，人人平等。但是享有民事权利能力的自然人并不都具有民事行为能力。由于年龄和精神健康方面的问题，在行为能力方面，我国《民法通则》将自然人的行为能力分为：无行为能力人、限制行为能力人和完全民事行为能力人。只有完全行为能力人才能独立地参加民事活动，限制行为能力人只能从事与其年龄、智力和精神健康状况相适应的民事活动，无行为能力人不能以自己的行为参与民事活动。由于欠缺完全的民事行为能力，无民事行为能力人和限制民事行为能力人，不能参加民事活动而满足自己物质和精神生活的需要，而且在他们的利益受到侵犯时，也没有能力保护自己，因此需要对他们予以特殊的保护。监护制度正是为了保护无民事行为能力人和限制民事行为能力人的合法权益而设立的，目的就是为了使未成年人和精神病人享受到同其他自然人一样的权利。

2. 有利于社会的正常秩序。由于缺乏责任能力，未成年人和精神病人实施违法行为侵害他人利益时，他们没有能力承担民事责任，会使受害人的利益得不到充分的保护。因此，设立监护制度，既能维护无行为能力人或限制行为能力人的合法权益，补救他们没有行为能力的缺陷，使他们的民事权利得到实现。同时，又能防止无民事行为能力人或限制民事行为能力人实施违法行为侵害他人的合法权益，从而维护正常的社会秩序。

二、监护人的设定

监护的设立一般有三种方式：①法定监护，即由法律对监护人直接规定；②遗嘱监护，即由未成年人的父母以遗嘱方式指定监护人；③指定监护，即由法院指定监护人。我国民法规定了法定监护和指定监护两种设定监护人方式。

（一）未成年人的监护人

1. 未成年人监护人的范围。根据我国《民法通则》第16条的规定，未成年人的监护人有以下几种情形：①未成年人的父母担任其监护人；②在未成年人的父母已经死亡或没有监护能力的情况下，由该未成年人的祖父母、外祖父母、兄、姐或其他愿意承担监护责任的亲属、朋友担任监护人；③没有上述法定监护人时，由未成年人的父、母的所在单位或未成年人住所地的居民委员会、村民委员会或民政部门担任监护人。

根据上述规定，未成年人的监护人的范围包括：父母、祖父母、外祖父母、兄姐、愿意承担监护责任且与被监护人关系密切的亲属和朋友等。

未成年人的父母是未成年人的直系血亲，他们之间存在着法律上的权利义务关系。《婚姻法》第21条第1款规定："父母对子女有抚养教育的义务；子女对父母有赡养扶助的义务。"第23条规定："父母有保护和教育未成年子女的权利和义务。在未成年子女对国家、集体或他人造成损害时，父母有承担民事责任的义务。"从上述规定可以看出，父母有抚养、管教和保护未成年子女的权利和义务，父母应对未成年子女承担监护责任，这是父母义不容辞的责任。未成年子女一般与父母共同生活，他们之间在血缘上和感情上有着极为密切的联系，父母也便于对未成年子女进行监护。

未成年人的祖父母、外祖父母，是未成年人父母以外的最近的直系长辈血亲。在社会生活中，常有祖父母与孙子女、外祖父母与外孙子女共同生活、相互扶养的情况。我国《婚姻法》第28条规定："有负担能力的祖父母、外祖父母，对于父母已经死亡或父母无力抚养的未成年的孙子女、外孙子女，有抚养的义务。有负担能力的孙子女、外孙子女，对于子女已经死亡或子女无力赡养的祖父母、外祖父母，有赡养的义务。"据此规定，祖父母、外祖父母有担任未成年的孙子女、外孙子女的法定监护人的义务。

未成年人的兄、姐是未成年弟、妹最近的旁系血亲，包括同父异母或同母异父的兄、姐和养兄、姐。这些兄弟姐妹一般在一起共同生活、关系密切。我国《婚姻法》第29条规定："有负担能力的兄、姐，对于父母已经死亡或父母无力抚养的未成年的弟、妹，有扶养的义务……"因此，兄、姐也属于未成年的弟、妹的法定监护人。

关系密切的"其他亲属"是指除父母、祖父母、外祖父母、兄、姐等近亲属以外的亲属，如未成年人的伯、叔、姑、舅、姨等。"朋友"是指彼此熟悉或要好的人。

未成年人没有上述亲属朋友的，由未成年人的父母的所在单位或者未成年人住所地的居民委员会、村民委员会或民政部门担任监护人。未成年人的父母是职工，给所在单位做一定的贡献，单位应承担对职工的未成年子女的监护。未成年人住所地的居民委员会或者村民委员会是群众性自治组织，在未成年人没有亲属及朋友担任监护人的情况下，有义务担任未成年人的监护人。民政部门负责生活救济和生活福利工作，对无以上监护人的未成年人，可将未成年人送到儿童福利院等福利机构，由社会福利机构担任监护人。

2. 父母离婚后未成年子女的监护人的认定。离婚是解除夫妻关系的法律行为，父母子女关系不因父母离婚而解除，子女仍然是父母双方的子女，父母仍有抚养教育子女的义务。离婚后，父母对子女仍有平等的监护权。但是，由于离婚，父母抚养教育子女的权利和义务方式发生了变化，父母双方失去了共同抚养教育子女的条件，失去了共同监护未成年子女的可能，抚养子女的一方应当承担对子女的主要监护责任。

根据《婚姻法》有关离婚后子女抚养归属方面的规定，哺乳期内的子女，以其母亲为监护人，有特殊情况的除外。哺乳期后的子女，应由父母双方协商决定。父母双方可以协议轮流担任监护人，一方对另一方监护的子女，有探望的权利，另一方有协助的义务。如果父母双方因监护问题发生争执不能达成协议，由人民法院根据父母双方的具体情况和有利于未成年子女的原则判决。父或母探望子女，不利于子女身心健康的，由人民法院依法中止探望的权利；中止的事由消失后，应当恢复探望的权利。

3. 对担任监护人有争议的指定。对担任监护人有争议的，如多个法定监护人都愿意担任监护人而互不相让的，或多个法定监护人都不愿意担任监护人而互相推诿的，由未成年人的父、母所在单位或者未成年人住所地的居民委员会、村民委员会在近亲属中指定。对指定不服提起诉讼的，由人民法院裁决。这样，通过指定监护的方式来确定未成年人的监护人。

（二）监护人的资格

监护人的资格是指监护人具有胜任监护工作的能力，它关系到被监护人的合法权益能否得到切实保障的问题，法律应对此作出规定。《最高人民法院关于贯彻执行〈中华人民共和国民法通则〉若干问题的意见（试行）》第 11 条认为："认定监护人监护能力，应当根据监护人的身体健康状况、经济条件，以及与被监护人在生活上的联系状况等因素确定。"在我国，下列人员不能担任监护人：①无民事行为能力或限制行为能力人；②在身体和经济方面没有监护能力的人；③被判有期徒刑、有不良嗜好者；④其他具有明显不利于被监护人的因素的人。

（三）监护监督人

监护监督人是指对监护人的监护活动负有监护监督责任的人。监护监督人可以是自然人，也可以是法人。

设立监护人的目的就是为了维护被监护人的合法权益，如果监护人违背这一监护宗旨，实施侵犯被监护人利益的行为，则会严重侵害被监护人的权益。因为被监护人属于无行为能力和限制行为能力人，在监护关系中，处于应被保护的被动地位，如受到监护人的侵害，既没有识别能力，也没有自卫能力。因此，为确保被监护人的合法权益不受侵犯，我国婚姻家庭法应设立监护监督人。关于监护监督人，应规定以下内容：

1. 监护监督人的产生。下列情况下应设置监护监督人：①未成年人的监护人不是其亲权人的；②无民事行为能力或限制民事行为能力的成年人的监护人不是其配偶、父母、成年子女的。监护监督人可由最后行使亲权的人通过遗嘱指定；如没有遗嘱指定，可由法院或有关部门如监护行政机关根据一定的条件选任。监护人是被监护人的亲属或其他人，以监护人以外与被监护人亲等最近的、有监护能力的亲属为监护监督人。但是，监护监督人不能为监护人的配偶、直系血亲、其他近亲属。监护人是居民委员会、村民委员会或社会福利机构的，以其上一级主管部门为监护监督人。

2. 监护监督人的职责。监护监督人应监督监护人依法行使监护的权利，履行监护的义务。在监护人欠缺时，有权请求法院指定监护人。如果发现监护人不能胜任监护工作或侵害被监护人利益的，有权请求法院撤销监护人的监护资格。

三、监护人的职责

（一）监护人的职责

监护人的职责，是指监护人依法承担的对被监护人的义务。被监护人由于不具有完全的民事行为能力，对自己的身体健康、财产权利及其他合法权益，无法进行有效的自我保护。因此，需要监护人来保护被监护人的身体健康和人身安全，管理和保护被监护人的财产，维护被监护人的其他合法权益。

根据《民法通则》第18条的规定以及《最高人民法院关于贯彻执行〈中华人民共和国民法通则〉若干问题的意见（试行）》第10条的解释，监护人的监护职责主要有以下几项：

1. 保护被监护人的人身方面的合法权益。被监护人的人身方面的合法权益，主要是指被监护人的人身权。人身权是指与被监护人的人身不可分离而又没有直接财产内容的权益。根据法律规定，公民享有生命健康权、姓名权、肖像权、名誉权、荣誉权等。监护人应保护被监护人的这些人身权。

（1）保护被监护人的生命健康权。生命健康权是自然人依法享有的生命安全和身心健康不受侵害的权利。它是被监护人的最基本的权利，是享有其他合法权益的基础。监护人应当依法保护被监护人的生命健康权。监护人对他人侵害被监护人的生命健康权的行为，有义务保护被监护人的生命安全，并有权请求司法保护、惩处违法者。

监护人对于他人侵害被监护人身体造成伤害并造成经济损失的，应当要求赔偿医疗费、因误工减少的收入、伤残生活补助费等；造成死亡的，还应要求支付丧葬费、死者生前扶养的人的必要的生活费等。

（2）保护被监护人的姓名权。自然人享有姓名权，有权决定、使用和改变自己的姓名，禁止他人干涉、盗用和假冒被监护人的姓名。对他人干涉、盗用和假冒被监护人的姓名权的违法行为，监护人有权向人民法院起诉，要求侵害人停止侵害、消除影响、恢复名誉、赔礼道歉，造成损失的，可要求赔偿损失。

（3）保护被监护人的肖像权。被监护人的肖像是指被监护人的相片或画像。他人未经监护人的同意，不得以营利为目的而使用被监护人的肖像。如果他人侵害被监护人的肖像权，监护人有权要求停止侵害、恢复名誉、消除影响、赔礼道歉、赔偿损失。

（4）保护被监护人的名誉权。名誉是指人的名声、声誉。被监护人依法享有名誉权。被监护人的名誉如果受到他人侮辱、诽谤时，监护人有权要求停止侵害、恢复名誉、消除影响、赔礼道歉、赔偿损失。

第
七
章

（5）保护被监护人的荣誉权。荣誉是社会对自然人或法人的积极评价，一般表现为国家对有重大贡献的自然人或法人授予的先进、模范等荣誉称号。被监护人依法享有荣誉权，禁止非法剥夺其荣誉称号。被监护人的荣誉权受到侵害的，监护人有权要求停止侵害、恢复名誉、消除影响、赔礼道歉、赔偿损失。

2. 照顾和管教被监护人。监护人应在日常生活方面关心和照顾被监护人，使其安全、健康地成长。未成年人的监护人应对未成年人进行道德品质和文化知识等方面的教育，使其成为德、智、体全面发展的人才。对精神病人，监护人应照顾其生活，须到医院治疗的，监护人应将其送往医院治病。

3. 保护被监护人财产方面的合法权益。被监护人财产方面的合法权益，主要是指被监护人依法享有的个人的财产所有权、继承权和受赠权等。

（1）保护被监护人的个人财产所有权。被监护人的个人财产所有权是指被监护人对其个人财产，享有占有、使用、收益和处分的权利。被监护人的个人财产所有权，受到法律的保护。监护人有义务保护被监护人的个人财产，对侵害被监护人财产所有权的行为，监护人有权要求加害人停止侵害、恢复原状、赔偿损失。

（2）保护被监护人的财产继承权。被监护人依法享有财产继承权，监护人有义务保护被监护人的这一权利。对依法享有继承权的未成年的被监护人、生活困难的和患病的被监护人，在分割财产时，应当予以照顾。

（3）保护被监护人的受赠权。被监护人享有受赠权，监护人应依法保护被监护人的受赠权，代表被监护人接受赠与的财产。

4. 保护和管理被监护人的财产。监护人应依法保护被监护人的财产。监护关系成立以后，监护人应及时清点被监护人的财产，列出财产清单。在监护关系存续期间，对财产的增加、减少和变化等情况，登记造册。

对被监护人的生活费、教育费、医疗费等各项开支，应及时记录，保存好收据、发票等单据。

被监护人的财产有收益的，监护人应依法及时收取，并妥善保管。

对被监护人的财产，监护人有保护和管理的义务。除为被监护人的利益以外，无权处理被监护人的财产。因此，监护人只有为被监护人的利益，才可以处理被监护人的财产。如用于被监护人的生活费、教育费、医疗费，或支付因被监护人造成他人损害而进行赔偿的费用等。

5. 代理被监护人进行民事活动和参加诉讼。代理被监护人进行民事活动，必须以被监护人的名义进行，取得民事权利，履行民事义务。

当被监护人的人身、财产和其他合法权益受到侵害时，监护人有权代理被监护人请求法院给予保护，代为参加诉讼活动。

第
七
章

（二）监护人的责任

监护人应当履行监护职责，积极维护被监护人的利益，而不能作出有损于被监护人利益的行为。《民法通则》第 18 条第 3 款规定："监护人不履行监护职责或者侵害被监护人的合法权益的，应当承担责任；给被监护人造成财产损失的，应当赔偿损失。……"侵犯被监护人的人身和财产权益时，监护人应承担相应的法律责任。

四、监护的终止

监护的终止是指成立监护的要件消灭。监护既可以基于一定的原因产生，也会在一定的条件下终止。引起监护终止的原因如下：

（一）被监护人方面的原因

1. 被监护人已经长大成年具有完全的民事行为能力；

2. 被监护人死亡或被宣告死亡；

3. 被监护人被他人收养；

4. 被监护人的父母的亲权恢复。

由上述被监护人方面的原因而导致监护关系终止的，将引起监护关系的绝对终止。

（二）监护人方面的原因

1. 监护人死亡或被宣告死亡；

2. 监护人丧失监护能力；

3. 监护人被法院撤销监护职务；

4. 监护人因正当理由辞退了监护职务。

由于上述监护人方面的原因出现后，将引起监护关系的相对终止，监护关系转移，将另设监护人，继续履行监护职责。

（三）终止监护后监护人的义务

监护人应在终止监护后一定的期限内，清点监护人的财产。监护监督人具有协助监护人完成监护终止后一切事物妥善处理的义务。

■第四节　亲生子女

一、亲生子女的概念

亲生子女是指与父母有直接血缘关系的子女，包括婚内生育子女和非婚内生育子女两种情形。

（一）婚内生育子女

在原始社会，人类的婚姻为群婚方式，生育行为处于自然状态，所生子女没有婚内生育与非婚内生育之分。由于社会生产力的发展，私有财产的出现，人类需用继承方式来延续私有财产的所有权。婚姻形式由群婚发展为个体婚，以保证妻子生育出血统纯正的后代来继承丈夫的遗产。从此，人类进入了一夫一妻制的私有制社会。只有具有合法婚姻关系的夫妻所生的子女即婚内生育子女，才能继承家庭中的遗产和传宗接代。因此，人类的生育行为有了合法与非法之分，所生子女也相应有婚内生育和非婚内生育之区别。

婚内生育子女是指具有合法婚姻关系的父母所生的子女。婚内生育子女须具备以下条件：①父母有合法的夫妻身份关系；②子女由生父之妻分娩；③子女与生母之夫有着血缘关系。在特殊情况下，如在婚姻关系前受孕，结婚后出生的；或在婚姻关系期间受孕，在婚姻关系消灭后出生的子女，仍为婚内生育子女。

（二）非婚内生育子女

非婚内生育子女是指没有婚姻关系的男女所生的子女，简称非婚生子女。历史上曾对非婚内生育子女采取歧视的态度，称为"私生子"。

我国《婚姻法》虽然使用了婚生子女的概念，但未对婚生子女的概念作出明确规定。现代各国法律规定婚生子女的推定及有关制度，目的在于尊重婚姻制度、保护未成年人利益。

非婚生子女产生的原因比较复杂，未婚男女所生的子女、有配偶者与他人通奸所生的子女、无效婚姻当事人所生的子女、妇女被强奸后所生的子女，均属于非婚生子女。

在私有制社会，非婚生子女历来处于受歧视和不公正的待遇的低下地位，被称为"私生子""奸生子"。事实上，非婚生子女的出现，是由于其父母的过错造成的，非婚生子女本身是无辜的，对非婚生子女的歧视是不公平的社会现象。现代社会趋向于保护非婚生子女的权益，不少国家开始规定非婚生子女享有与婚生子女同等的权利。

在我国非婚生子女处于与婚生子女平等的法律地位。《婚姻法》第25条规定："非婚生子女享有与婚生子女同等的权利，任何人不得加以危害和歧视。不直接抚养非婚生子女的生父或生母，应当负担子女的生活费和教育费，直至子女能独立生活为止。"《继承法》第10条规定："遗产按照下列顺序继承：第一顺序：配偶、子女、父母……本法所说的子女，包括……非婚生子女……"

二、亲生子女的认定

（一）婚生子女的推定

婚生子女的推定是指在婚姻关系存续期间，妻子受胎所生的子女，推定为婚生子女。婚生子女的父母必须有婚姻关系的存在，子女由母亲所生。但是，是否为父亲的血统，仍较难准确认定。为保护子女利益不受侵犯，各国法律普遍规定推定婚生子女制度。通常采用以下原则：

1. 妻子在婚姻关系存续期间怀孕所生的子女推定为婚生子女。婚姻关系成立以后，夫妻有同居的义务。因此，婚姻关系存续期间受胎所生的子女，应为夫妻所生。

2. 在婚姻关系存续期间怀孕而于婚姻解除后出生的子女推定为婚生子女。据医学研究，女子怀孕至分娩最短为 180 天，最长为 300 天，该期间视为受胎期。如果在婚姻关系存续期间怀孕，婚姻解除后 300 天以内出生的子女，应推定为婚生子女。

（二）非婚生子女的认定

非婚生子女的认定是指无婚姻关系的父母对自己所生子女的认定，包括男女非婚同居生育的子女。对非婚生子女的认定是通过认领制度实现的。

1. 非婚生子女的认领。非婚生子女的认领是指非婚生子女的生父承认该子女是自己的子女。认领一般为单方法律行为，有认领人的意思表示，无须经非婚内所生子女及其母亲的同意。

认领有两种形式，自愿认领、强制认领。

（1）自愿认领又称任意认领，是指生父承认该非婚生子女是自己所生，并自愿承担抚养责任，无须他人或法律的强制。

认领人是指认领行为的主体。多数国家规定，非婚生子女的生父为非婚生子女的认领人，如罗马尼亚、瑞士、德国等国采此规定。有的国家规定，父母均为认领人，如日本等。

被认领人，即认领行为的对象或客体。一般是指已出生的子女。

认领是一种确认人身关系的重要的法律行为，涉及子女的人身权利和财产权利，应为要式行为。各国规定认领的方式不同。主要通过以下方式进行：①公证认领，如德国和法国认领非婚生子女需进行公证；②登记认领，如苏联苏维埃法典规定父母双方共同到户籍机关登记认领；③事实认领，即生父已经抚养非婚生子女，并且有认为该子女是自己的子女的意思表示，视为认领，如我国台湾地区"民法"亲属编。

我国《婚姻法》没有有关自愿认领非婚生子女的规定。在司法实践中，如

第七章

果生父提出确认和认领非婚生子女，需提出充分的证据。如果该子女的生母也承认，可到当地公证部门办理认领亲子公证。如果生母已婚，还得征求其丈夫的意见。公证处认为有必要时，可要求当事人提供亲子鉴定。当事人间有纠纷争执的，应到法院通过诉讼程序解决。

（2）强制认领。强制认领又称寻认生父，是指非婚生子女的生父不自动认领，由有关当事人诉请法院予以认领。

强制认领的原因主要有：①未婚女子所生的子女，生母指认的生父不承认该子女是他所生，生母向法院提起确认生父之诉；②已婚女子与第三人所生子女，女方指认第三人为子女的生父而遭否认的，生母向法院提出确认生父之诉。

2. 我国的司法实践。我国《婚姻法》未规定强制认领非婚生子女的制度，但在审判实践中受理过该类案件。通常有两种情况：①被女方指认的生父不承认孩子是他所生。这就由生母向法院提供有关证据材料，如在受孕期间与被告有过性关系或被被告强奸的事实和证据；生父所写的文字资料，如情书等。②法院在必要时，可委托有关部门进行亲子鉴定。目前，鉴定的方法是用人体组织细胞核（简称 DNA）进行抗原试验。1986 年 4 月，广州市中级人民法院审理广东省人民医院诉陈郁权、苏敏捷代领女婴案，采用血型测定，确定了女婴的亲生父母，判决被告（女婴的亲生父母）将子女领回抚养。最高人民法院 1987 年 6 月 15 日《关于人民法院在审判工作中能否采用人类白细胞抗原作亲子鉴定问题的批复》，认可了用该鉴定技术进行亲子鉴定。亲子鉴定报告内容包括：检验的方法和主要操作过程；检验结果；亲子关系概率或认定有亲子关系的准确率。鉴定结果是判断被鉴定人之间有无亲子关系的主要证据。

人民法院对于亲子关系的确认，要进行调查研究，尽力收集其他证据。对亲子鉴定结论，作为鉴别亲子关系的证据之一，一定要与本案其他证据相印证，综合分析，作出正确的判断。为了保护未成年子女的权益，《婚姻法司法解释（三）》第 2 条第 2 款明确规定："当事人一方起诉请求确认亲子关系，并提供必要证据予以证明，另一方没有相反证据又拒绝做亲子鉴定的，人民法院可以推定请求确认亲子关系一方的主张成立"。经人民法院查证属实，能证明非婚生子女与生父母的关系的，即可判决确认非婚生子女与生父母的关系，责令生父母履行抚养子女的义务。

三、亲生子女的否认

亲生子女的否认是指丈夫证明在受胎期内，未与妻子有同居行为，否认子女是自己的亲生子女。因为，在婚内所生子女的父亲身份既然只是一种法律上的推定，就有可能被相反的事实所推翻。为了维护亲生父母子女关系的血缘真实性，使法律推定与事实尽可能相一致，以保护当事人的权益，各国家庭法在设立婚内生育子女推定亲生子女的同时，也允许提出对婚内所生子女否认其为亲生子女的诉讼。

（一）否认的原因

对否认的原因，一般采取概括主义，不规定具体原因。只要提供足以推翻子女为自己亲生的证据即可。否认的基本原因是丈夫在妻子受孕期间未与妻子同居。未同居主要分为两种：物理上的和精神上的未同居。所谓物理上的未同居，指丈夫在妻子的受孕期间，未与妻子在一起，如在外地或在监狱内服刑等，即夫妻在此期间完全没有共同生活。所谓精神上的未同居，指夫妻反目，分床别寝，或丈夫没有生育能力等。

（二）否认亲生子女之诉

在司法实践中，法院受理婚内否认亲生子女之诉，丈夫应负举证责任，证明在妻子受孕期间，没有与妻子同居的事实。必要时，法院也可委托有关部门进行亲子鉴定。如果否认婚内亲生子女之诉成立，丈夫可以不承担对该子女的抚养责任。反之，可推定该子女为夫妻双方的亲生子女。亲子鉴定否认为亲生子女，是最具说服力的反对推定的证据，在实务中广泛采用。在目前的科技条件下，已经能够作出否定或肯定亲子的鉴定。但是，由于亲子鉴定关系到夫妻双方、子女和他人的人身关系和财产关系，当事人不能随意提出，要求提出亲子鉴定的一方提交相关的证据，如有足够证据，证明孩子在受胎期间双方没有同居，在时间上和空间上，或者由于自己生理上有问题不能同房或者对方有第三者等相关证据。

> **示例** 远洋轮海员张某（男）与赵某（女）于2001年结婚。婚后，双方感情较好。2004年1月，张某随远洋轮出国。赵某的一同事郑某，早就垂涎赵某的年轻美貌，趁赵某一人在家，常请赵某吃饭，到赵家帮助干重体力家务活，后与赵某发生性关系。6月底，张某随船归国，发现女方怀孕，感到吃惊。因为，妻子在电话中从未提过，而且预产期是12月底，与自己外出时间不符。在张某的再三追问下，女方承认了与郑某发生不正当性关系的事实。张某非常气愤，起诉到法院，坚决要求离婚。法院认为确有必要受理张某的离婚请求。经法庭调查，女方承认胎儿非张某之子女，经法院调解，双方达成离婚调解协议。张某不承担对即将出生婴儿的抚养义务。

《婚姻法司法解释（三）》第2条第1款规定："夫妻一方向人民法院起诉请求确认亲子关系不存在，并已提供必要证据予以证明，另一方没有相反证据又拒绝做亲子鉴定的，人民法院可以推定请求确认亲子关系不存在一方的主张成立。"

如果是双方协商同意第三人使女方怀孕的，即使鉴定不是丈夫的亲生子女，视为丈夫同意，丈夫不再享有否认权。如《瑞士民法典》第256－3条规定：

"夫同意第三人使其妻怀孕的,无诉权。"[1]

(三) 亲生子女被否认的后果

由亲子鉴定确认为非亲生子女后,离婚案件中法院判决准予离婚的,还会应当事人的要求作出以下的判决:①子女由女方抚养,并由女方承担子女的抚育费。当亲子鉴定一旦证实子女非男方所生,丈夫就没有义务负担其抚育费。其日后的生活费、教育费、医疗费等由女方承担。②女方承担男方一定数额的精神赔偿金。女方在夫妻关系存续期间与其他异性保持性关系,生育非丈夫的亲生子女,给男方带来重大的精神损害。女方应依法予以损害赔偿。③女方应返还男方原所承担的子女抚养费。对男方已经付出的抚养费应当酌情返还。对于返还多少,法律没有作出具体规定。具体数目应根据女方的偿还能力及男方的收入情况而定。

(四) 对生父否认的限制

鉴于亲子鉴定关系到夫妻双方、子女和他人的人身关系和财产关系,是一项严肃的工作。因此,对一方提出否认亲生子女要求作亲子关系鉴定的案件,应从保护妇女、儿童的合法权益,有利于增进团结和防止矛盾激化出发,区别情况,慎重对待。对于双方当事人同意作亲子鉴定的,一般应予准许;一方当事人要求作亲子鉴定的,或者子女已超过3周岁的,应视具体情况,从严掌握,对其中必须作亲子鉴定的,也要做好当事人及有关人员的思想工作。

在亲子血缘的真实与子女利益的冲突下,为稳定现存婚姻家庭关系,出于对子女的保护,一些国家规定了对一方行使否认权的时间限制。如《瑞士民法典》第256-3条规定:"①夫在知悉生育及知悉本人并非子女之父或第三人在妻受胎期间与其同居的事实之后,得在1年的期限内起诉。超过出生后的5年,诉权自行失效。②子女最迟得在其成年后的1年内起诉。③超过上述期限,须因重要原因得到谅解后,始得起诉。"[2] 第1600b条规定:权利人自知悉否定生父的情形后2年内有权提起否认生父之诉。我国法律没有规定亲生子女的否认内容,司法实践中为了保护子女利益,稳定家庭关系,对子女超过3岁的从严掌握。

■第五节　法律拟制子女

法律拟制子女是法律上确认本来没有血缘关系的自然人之间形成父母子女之间的权利义务关系。在我国法律拟制血亲的亲子关系,分为养父母子女关系与继

---

〔1〕 殷生根、王燕译:《瑞士民法典》,中国政法大学出版社1999年版。
〔2〕 《德国民法典》杜景林、卢谌译:《德国民法典》,中国政法大学出版社1999年版。

父母子女关系。

一、继子女

（一）继父母与继子女的概念

继子女是指妻与前夫或夫与前妻所生的子女。继父母是指子女对母之后夫或父之后妻的称呼。继父母和继子女的关系是由于父母一方死亡，另一方带子女再婚，或者由于父母离婚，抚养子女的一方或双方再婚而形成的。继父母与继子女的关系是一种姻亲关系。在旧中国，继子女往往受到社会和继父或继母的歧视和虐待，继父母在年老丧失劳动能力或缺乏生活来源时，遭到继子女的虐待和遗弃。在现代社会，家庭成员关系平等，为保护继父母和继子女的合法权益，《婚姻法》第 27 条第 1 款规定："继父母与继子女间，不得虐待或歧视"。

（二）继父母与继子女间的权利义务关系

继父母与继子女关系是由婚姻关系派生出来的姻亲关系，继父母与继子女之间是否产生父母子女之间的权利义务关系，应视继父母与继子女的实际生活情况而定。修改后的《婚姻法》第 27 条第 2 款规定："继父或继母和受其抚养教育的继子女间的权利和义务，适用本法对父母子女关系的有关规定。"

在实际生活中，继父母与继子女的关系主要有三种情况：

1. 未受抚养。生父或生母再婚时，子女已成年并独立生活；或者虽未成年，但与其他亲属共同生活如祖父母或外祖父母，由生父母提供抚养费，未受继父或继母的抚养教育。这类继父母与继子女关系仅属姻亲关系。

2. 共同生活并受抚养。继子女与继父或继母长期共同生活，由继父或继母负担继子女的抚养费的一部或全部；或继子女的生活费由生父或生母供给，但与继父或继母共同生活，受到继父或继母的教育和照顾。

3. 共同生活。继子女在未成年时曾与继父或继母共同生活，成年以后独立生活。

上述第一种情况中的继父母与继子女之间不产生父母子女之间的权利义务关系。第二种情况，继子女与继父母形成法律上的父母子女关系。在第三种情况下，如果继子女与继父母共同生活时间较长，则产生拟制血亲关系，双方产生父母子女间的权利义务关系。

形成抚养关系的继父母和继子女，适用《婚姻法》对父母子女之间的权利义务的规定，即受继父母抚养教育的继子女，成年以后有赡养继父母的义务；继父母与继子女之间有相互继承遗产的权利。在继承方面，形成抚养关系的继子女的继承权是双份的，既可继承生父母的遗产，也可继承继父母的遗产。

（三）继父母子女关系的解除

继父母子女之间的亲属关系，能否解除问题，应区分不同情况分别处理。

1. 未形成抚养教育关系的。没有形成抚养教育关系的继父母与继子女，在法律上不产生父母子女间的权利义务关系，仅为姻亲关系。在生父与继母或生母与继父离婚时，这种继父母子女关系随之解除。

2. 形成抚养教育关系的。形成抚养教育关系的继父母子女关系为法律拟制血亲，能否解除，应视具体情况而定：

（1）在生父与继母或生母与继父的婚姻关系存续期间，如果继子女未成年，为维护子女的利益，已形成抚养关系的继父母子女关系，一般不得解除。

（2）生父与继母或生母与继父的婚姻关系因死亡而终止，另一方生父母要求将子女领回抚养；或生父母与继父母离婚，未成年子女由生父或生母带走的，该继子女与继父母的关系自然解除。

（3）在生父与继母或生母与继父的婚姻关系存续期间，受继父或继母抚养教育的继子女已长大成人，为维护老人的合法权益，继子女应负担赡养继父或继母的义务，继父母子女关系一般不得解除。但如果继父母子女关系恶化的，继父母提出解除的，可以解除。

（4）生父与继母或生母与继父的婚姻关系因生父母死亡而终止，或生父与继母、生母与继父离婚，受继父母抚养教育的继子女已经成年，继子女与继父母的权利义务关系不能自然解除。继父母或继子女一方或双方提出解除继父母子女关系的，可以准许。但是，对年老体弱、生活困难的继父母，继子女应当承担赡养扶助的义务。

> **示例**　原告李某于 1985 年与刘某结婚。当时，刘某有与前妻生育的 2 个子女，即被告刘甲（10 岁）、刘乙（7 岁）。婚后，李某对 2 个继子女尽了抚养教育的义务。继子女成年后，对继母也承担了一定的赡养义务。李某与刘某婚后又生育了女儿刘晓，在中专读书。2005 年，李某与刘某协议离婚。离婚后，李某以年老体弱（59 岁）、丧失劳动能力，提出由成年继子女承担赡养费。刘甲和刘乙认为，李某已与他们的生父离婚，他们不再存在与继母的法律关系，拒绝给付。李某诉至法院。法院认定，刘甲和刘乙与李某曾经形成有抚养关系的继母子权利义务。现在，有负担能力的刘甲和刘乙，对曾长期抚育过他们的年老体弱、生活困难的继母李某，应承担其晚年的生活费用。

二、养子女

养子女与亲生子女、有抚养教育关系的继子女相比，在法律上有其共同点，即他们的法律地位相同，均享有父母子女之间的权利并承担相应义务。养子女与后者的不同点在于：①这三类子女法律关系的形成不同。亲生子女因出生的事实而与父母自然形成亲子关系；有抚育关系的继子女，则由生父（母）与继母（父）再婚，并由继父或继母自愿承担对继子女的抚育义务，亲子关系也随之形成。两者均无须经特殊的法定程序。养子女则不同，必须符合法定的收养条件、程序，才能形成与养父母的关系。②这三类子女法律关系的解除不同。父母与亲生子女是自然血亲关系，除法律另有规定外，其相互间的权利义务是不得任意解除的。有抚育关系的继父母子女关系，除生父（母）与继母（父）离婚外，也不能任意或自然解除。而养父母子女之间的法律关系，可以依法解除。因此，养父母子女关系是一种独立的法律关系，关于养父母子女法律关系的形成、效力等具体内容，后面将专章阐述（详见第八章收养）。

■第六节 人工生育子女

一、人工生育子女的概念和种类

人工生育子女即人工授精生育子女，法律上称为辅助生殖技术，是指根据生物遗传工程理论，采用人工方法取出精子或卵子，然后用人工方法将精子或受精卵胚胎注入妇女子宫内，使其受孕，所生育的子女。

根据授精方法的不同，人工生育子女可分为同源人工授精（AIH）和异源人工授精（AID）两类。同源人工授精是采用丈夫的精子或妻子的卵子进行人工授精。异源人工授精是指用第三人的精子或卵子进行人工授精。涉及人工授精生育子女问题，还有"代孕"即代理母亲，妻子不生育，借用第三人的子宫怀孕并分娩子女。但是，关于代孕问题，2001年2月20日国家卫生部出台了《人类辅助生殖技术管理办法》，该办法明确规定从2001年8月1日起禁止实施任何形式的代孕技术。

二、人工生育子女的法律地位

人工授精技术在治疗不育和优生等方面具有重大作用，得到了许多国家的关注和应用。同时，它给父母子女关系也带来新的变化，向传统法律提出了挑战。人工生育子女的法律地位及其权利义务等问题，亟须法律规定。

同源人工授精所生育的子女，与父母均有血缘关系，容易被人们所接受。异源人工授精所生育的子女，仅与父母一方有血缘关系，涉及子女的身份及亲子关系的确认等方面，在现实生活中易产生法律问题。因为，异源人工授精所生育的子女只和母亲一方有着自然血亲关系，而提供精源者与母亲并无婚姻关系，所以只在母亲与子女之间存在单边的自然血亲关系，和父亲之间没有自然血亲关系。由于父亲与这种子女之间并未发生收养问题，他们之间不成立养父与养子女的关系。该子女又是在夫妻婚姻关系期间受孕和出生的，父亲与该子女的关系又不是继父与继子女的关系。因此，不能借助于传统的婚姻家庭法理论和法律规定直接确定人工授精情况下父与所生子女之间的关系。

对异源人工授精，法律应规定严格的条件和程序。①夫妻双方的同意是实施异源人工授精的必要条件，因为人工授精非人的自然行为受孕，其结果将生育出与一方没有血缘联系的子女，所以，事先需由当事人同意，而非事后确认。②采用人工授精进行生育，无论是同源人工授精，还是异源人工授精，夫妻双方都必须共同与进行手术的医疗单位签署书面协议并进行公证。对同源人工授精所生育的子女，在法律上一般应视为双方的婚生子女；对非配偶间的异源人工授精所生育的子女，可推定其为婚生子女，适用父母婚生子女关系的有关法律规定。

示例　原告某女与被告某男于 1978 年 7 月结婚，婚后多年不孕，经医院检查，某男没有生育能力。1984 年下半年，夫妻二人通过熟人关系到医院为某女实施人工授精手术，未成功。1985 年初，二人到医院，又为某女实施人工授精手术。不久，女方怀孕，于 1986 年 1 月生育一子。之后，夫妻双方常为生活琐事发生争吵，又长期分居，致使感情破裂。受理的人民法院认为，原告与被告的夫妻感情确已破裂，经法院调解，双方同意离婚，依照当时我国《婚姻法》第 25 条的规定，应当准予离婚。婚姻关系存续期间所生一子，是夫妻双方在未办理书面同意手续的情况下，采用人工授精方法所生。实施人工授精时某男在现场，并未提出反对或者不同的意见；孩子出生后的 10 年中，某男一直视同亲生子女养育，即使在夫妻发生矛盾后分居不来往时，某男仍寄去抚养费。最高人民法院于 1991 年 7 月 6 日在《关于夫妻关系存续期间以人工授精所生子女的法律地位的函》中明确指出："在夫妻关系存续期间，双方一致同意进行人工授精，所生子女应视为夫妻双方的婚生子女，父母子女之间权利义务关系适用《婚姻法》的有关规定。"根据《婚姻法》的有关规定和最高人民法院的复函规定，某女和某男婚姻关系存续期间，双方一致同意进行人工授精所生的孩子，应视为夫妻双方的婚生子女。某男现在否认当初同意某女做人工授精手术，并借此拒绝负担对孩子的抚养义务，其理由不能成立。根据《婚姻法》第 15、29 条的规定，无论子女随哪一方生活，父母对子女都有抚养教育的义务。根据最高人民法院《关于人民法院审理离婚案件处理子女抚养问题的若干具体意见》第 5 条关于"父母双方对 10 周岁以上的未成年子女随父或随母生活发生争执的，应考虑该子女的意见"的规定，经征求孩子本人的意见，孩子表示愿意随母亲生活，应予同意。据此，该人民法院于 1996 年 7 月 15 日判决：①准予原告某女、被告某男离婚。②孩子由原告某女抚养教育，被告某男自 1996 年 7 月份起每月支付孩子抚养费 130 元，至其独立生活为止。③财产分割双方无争议。宣判后，某男、某女均未提出上诉。[1]

虽然我国《婚姻法》对人工生殖子女的法律地位没有明确的规定，但是，2001 年 2 月 20 日卫生部发布的《人类辅助生殖技术管理办法》以及 1991 年 7 月 6 日最高人民法院《关于夫妻关系存续期间以人工授精所生子女的法律地位的函》中认为，在夫妻关系存期间，双方一致同意进行人工授精的，所生子女应视为夫妻双方的婚生子女，父母子女之间的权利义务关系适用《婚姻法》的相关规定。

【思考题】

1. 父母子女之间有哪些权利义务？
2. 亲权的概念及其特征是什么？
3. 法律关于亲生子女的推定或否认有何规定？
4. 非婚生子女的法律地位如何？
5. 继父母子女的概念及其种类有哪些？其法律地位如何？
6. 人工授精生育的概念及其法律地位如何？

---

[1] 参见《中华人民共和国最高人民法院公报》1997 年第 1 期。

第八章

收　养

学习目的与要求　学习本章应掌握收养的概念和特征，理解收养的基本原则，掌握收养成立和解除的法定条件及法定程序。了解依法成立的收养在被收养人与收养人及其近亲属之间、被收养人与亲生父母之间所产生的一系列法律后果。能够熟练地运用法律、法规和相关的司法解释处理收养问题。

■第一节　概述

一、收养的概念及特征

（一）收养的概念

收养，是指公民依照法定的条件和程序，将本属他人的子女作为自己的子女领养，从而使原本没有父母子女关系的当事人产生父母子女权利义务关系的民事法律行为。因该种民事法律行为而成立的法律关系称收养关系。领养他人子女的人为收养人，即养父母；被他人收养的人为被收养人，即养子女；将子女或儿童送给他人收养的父母、其他监护人和社会福利机构为送养人。

收养与寄养不同。寄养是指父母因特殊原因不能直接抚养子女而委托他人代为抚养的行为。寄养仅是对子女抚养方式的改变，这种行为一般不会导致亲属关系和权利义务关系的改变。

（二）收养的特征

1. 收养是一种要式民事法律行为。公民依照法律规定进行收养行为，从而在收养人和被收养人之间确立父母子女权利义务关系，这种行为在性质上是民事法律行为。收养行为与国家设立社会福利院对孤儿、遗弃儿和残疾儿的收容和抚育行为，在性质、方式和效力方面均有所不同：社会福利院的收容和抚育行为是一种社会救济措施，只要符合条件即可自行决定，且无须经其他机关的准许或同意，且它只能发生对儿童的监护关系，而不是亲属关系。

由于收养不仅涉及当事人的人身和财产关系，而且涉及社会公共利益，因而我国《收养法》对收养关系的成立不仅规定了具体的实质要件，而且在形式要件上也作了特别规定，要求必须办理收养登记手续，因此收养是一种要式的民事法律行为。

2. 收养是只能发生在特定主体之间的行为。我国《收养法》对收养人、被收养人、送养人都作了明确的限定。收养只能发生在非直系血亲的自然人之间，原本具有直系血亲关系的人之间通常不得进行收养行为。自然人以外的权利主体不能成为收养人、被收养人。

3. 收养是变更法律上亲属身份和权利、义务关系的行为。收养关系依法成立，一方面使收养人和被收养人之间产生了拟制血亲关系，具有了父母子女间的身份和权利、义务，另一方面也使被收养人与其生父母之间的身份关系和权利、义务关系随之消除。由于收养使收养人和被收养人之间建立的是拟制直系血亲关系，也称为"法亲"，因而收养改变的仅是法律上的身份和权利义务，而不能改变养子女与生父母及其他血亲之间的自然血缘关系，所以法律上规定的有关血亲禁例，如结婚的亲属禁例等，并不因收养关系的成立而废除。

二、我国收养法的基本原则

为了保护合法的收养关系，维护收养关系当事人的权利，我国《收养法》在总则部分规定了收养的五项基本原则。

（一）有利于被收养的未成年人的抚养、成长的原则

建立收养制度的主要目的是为了使被收养的未成年人，包括丧失父母的孤儿、查找不到生父母的弃婴和儿童、生父母有特殊困难无力抚养的子女，能够在收养人的抚育下健康成长。因而，有利于被收养的未成年人的抚养、成长是我国收养法最重要的基础性原则。这一原则既是我国收养法社会主义本质属性的必然要求，也是当今国际社会"儿童优先"理念在我国法律中的体现。这一原则要求，收养应当有利于被收养的未成年人的抚养、成长，充分保障被收养人的合法权益，促进他们在品德、智力、体质等方面全面发展。为此，我国《收养法》明确规定，收养成立时，收养人必须是有抚育被收养人能力的人；收养年满10周岁以上未成年人的，应当征得被收养人的同意；养父母与养子女间的权利、义务，适用法律关于父母子女关系的有关规定；收养人在被收养人成年以前，不得解除收养关系，但生父母与养父母协议解除的除外；收养人不履行抚养义务，有虐待、遗弃等侵害未成年子女合法权益行为的，送养人有权要求解除收养；借收养名义拐卖儿童的，依法追究刑事责任；等等。

（二）保障被收养人和收养人的合法权益的原则

收养涉及收养人和被收养人双方的利益，因此，保障被收养人和收养人的合法权益既是收养法的基本功能，也是收养法必须坚持的原则。保障被收养人的合法权益主要体现在《收养法》把有利于被收养的未成年人的抚养、成长作为首要原则和核心价值。保障收养人的合法权益则主要体现在既规定了收养人作为养父母享有法律规定的父母子女之间应有的权利，也规定了收养人可以在特定条件下收养成年人、依法解除收养关系、要求养子女补偿收养期间支出的生活费和教育费等权利。这些规定既满足了收养人通过养育儿童得到精神上的安慰和寄托，使不完善的家庭得以完善的要求，也保障了养父母得到养子女的赡养以安度晚年的权利。

（三）平等、自愿的原则

遵守平等自愿原则，是收养作为民事法律行为的必然要求。这一原则要求，无论是收养关系的成立还是解除，当事人都必须地位平等，能够自由表达其真实意思。所谓平等原则，是指收养关系当事人在成立或解除收养关系的民事活动中的地位是平等的。无论是收养人、送养人之间，还是收养人、送养人中的夫妻之间都是平等的。所谓自愿原则，是指当事人在建立或解除收养关系的活动中，应当由当事人自愿决定、协商一致地进行，任何一方都不得以欺诈、胁迫的手段或者乘人之危强令对方在违背真实意思的情况下进行。自愿原则不仅要求收养人、送养人之间不得欺诈、强迫，对于年满10周岁以上的养子女，也应当征得其本人同意，不得欺诈、强迫。

（四）不得违背社会公德的原则

收养是一种法律性、伦理性都很强的行为，它不仅关涉收养关系当事人之间的个人利益，而且影响到社会公共利益。尊重社会公德，不损害社会公共利益，是我国社会主义社会公民应遵守的道德规范和行为准则。公民在建立、维护、解除收养关系时，必须在遵守法律规定的同时，自觉维护道德规范，使自己的收养行为符合社会的公序良俗。我国《收养法》规定的无配偶的男性收养女性须有法定年龄差，将虐待、遗弃作为解除收养的法定理由等，也都是这一原则的具体体现。

（五）不得违背计划生育法律、法规的原则

计划生育是我国的基本国策。收养制度作为亲属制度的重要组成部分，也是补充自然生育的重要手段，其涉及子女抚育问题，必须遵守计划生育原则。为了防止借收养之名，破坏计划生育政策现象的发生，《收养法》不仅在总则中规定了"收养不得违背计划生育的法律、法规"，而且对收养人和送养人的条件也作出了限制。如中国公民作为收养人的，一般必须是年满30周岁尚无子女的人；

中国公民收养时，除了收养孤儿或残疾儿童外，只能收养一名子女。此外，还规定了送养人不得以送养子女为理由，违反计划生育的规定再生育子女。

三、收养的意义

在我国社会主义制度下，实行收养制度具有重要的现实意义：

1. 收养是妥善解决特定未成年人抚育问题的重要途径。在我国，既存在由于天灾人祸及其他原因而出现一些弃儿、孤儿，也存在由于种种原因生父母无力抚养的孩子的情况。对此，尽管国家已建立了社会福利机构，《未成年人保护法》第43条第2款也明确规定了"对孤儿、无法查明其父母或者其他监护人的以及其他生活无着的未成年人，由民政部门设立的儿童福利机构收留抚养"。但是，国家的"公养公育"尚无法取代公民间的收养。公民间收养的存在，使很多弃儿、孤儿和生父母无力抚养的孩子获得了家庭的照顾和抚育，使他们有了更好的成长条件和环境。这对于保障这些未成年人的合法权益和身心健康是有利的。

2. 收养是完善家庭关系的重要手段。收养制度作为亲属制度不可缺少的组成部分，它在使无家的孩子获得家庭的同时，也使无子女家庭因收养而得以完善。养父母子女关系的建立，在有助于实现"幼有所育、老有所养"的基础上，更好地满足了人们心理上、生活上和精神上的需求，从而使家庭因此而更加圆满和谐。

3. 收养制度有助于弘扬社会主义的道德风尚。在社会主义制度下，实行公民间收养，有利于实现相互扶助的社会职能，发扬扶老携幼的道德风尚，对促进社会的安定团结和精神文明建设，都有重要意义。

■第二节 收养成立的实质要件

收养行为是民事法律行为的特定种类，收养成立的实质要件既要符合民法中有关民事法律行为的一般规定，又要符合收养法中有关收养行为的特别规定。关于收养成立的实质要件，我国《收养法》对被收养人、送养人、收养人的条件和合意等都作了明确的规定。同时还对某些特殊情况下的收养作了特别规定。

一、一般收养成立的实质要件

收养是涉及收养人、送养人和被收养人利益的民事法律行为。在一般情况下，这三类民事活动主体各自应依法具备一定的条件。

（一）收养人的条件

我国《收养法》第6条规定："收养人应当同时具备下列条件：①无子女；②有抚养教育被收养人的能力；③未患有在医学上认为不应当收养子女的疾病；④年满30周岁。"据此，收养人应当具备的实质要件有：

1. 收养人须无子女。收养人"无子女"，包括未婚者无子女，已婚者尚无子女或所生子女死亡以及因夫妇一方或双方欠缺生育能力而不可能生子女等情况。这里的子女应理解为包括婚生子女和非婚生子女及养子女。计划生育是我国的基本国策，为了防止当事人借收养规避有关计划生育的法律政策，收养法要求收养人应当无子女，只有无子女者，才被允许通过收养途径，使家庭得以完善，感情得以慰藉。外国收养法中一般没有此项限制，这一条件主要是从我国的实际情况出发，与计划生育基本国策的要求相适应的。

2. 收养人应有抚养教育被收养人的能力。由于收养的主要目的是为了使被收养的未成年人（包括丧失父母的孤儿、查找不到生父母的弃婴和儿童、生父母有特殊困难无力抚养的子女）能够在收养人的抚育下健康成长，因此具备抚养教育被收养人的能力是具有收养人资格的先决条件。收养人应有的抚养教育被收养人能力包括收养人应有完全的民事行为能力，以及在家庭经济条件、住房保障、思想道德品质等方面具有抚育被收养人的能力，以确保养父母很好地履行抚养和管教养子女的职责。无行为能力人、限制行为能力人以及道德品质恶劣、好逸恶劳、自身生活无着落的人不能成为收养人。

3. 收养人未患有在医学上认为不应当收养子女的疾病。养父母自身的良好健康状况也是成立收养关系的必备条件。如果患有在医学上认为不应当收养子女的疾病，如精神病患者、痴呆症患者、严重传染病患者，这些疾病不仅影响他们自身的行为能力，而且直接影响被收养子女的健康成长，甚至会对被收养的未成年人的生命健康和人身安全构成威胁，因此法律禁止他们实施收养行为。

4. 有配偶者收养子女，须夫妻共同收养。收养子女是一个家庭的重大事项，有配偶者收养子女，须夫妻首先取得一致意见，共同收养，否则，如果夫妻在收养子女问题上不一致，必然会给夫妻关系和被收养人带来不利影响。我国法律要求有配偶者收养子女须夫妻共同收养，不承认单方收养的效力，既有利于收养后养子女的健康成长，也有利于夫妻关系的和睦和收养关系的稳定。

5. 收养人一般只能收养1名子女。除法律另有规定外，收养人只能收养1名子女，这也是根据计划生育的基本国策加以规定的。

6. 收养人须年满30周岁。这是我国取得收养人资格的最低年龄。收养是建立拟制直系血亲关系，只有达到一定年龄的公民才具有履行父母职责的心理素质和经济能力。同时，养父母与养子女之间也应有合理的年龄差距。我国要求收养人达到 30 周岁，而要求被收养人为 14 周岁以下，这一规定既符合我国的人口状况和收养传统，也与世界各国收养法对年龄的限制较为接近。目前，世界各国法律均规定收养人必须是成年人，有些国家同时设定了年龄下限，如德国为 25 岁，秘鲁为 50 岁。

关于收养人的最低年龄，1992 年《收养法》规定必须年满 35 周岁，实践证明，未生育子女的夫妻一般要在婚后 10 多年才允许收养子女，这既阻碍了一些符合被收养条件的未成年人被收养，也不利于一些公民收养子女意愿的满足，同时造成了事实收养的大量存在。1998 年修正后的《收养法》从实际出发，将取得收养人资格的最低年龄降到了 30 周岁。30 周岁以上的养父母也会因年龄的优势而有更多的精力悉心照护好养子女。

（二）被收养人的条件

依照现行《收养法》的规定，被收养人应当符合下列条件：

1. 被收养人应是不满 14 周岁的未成年人。以 14 周岁以下的未成年人为收养对象，有利于培养建立养亲子间的感情，有利于收养关系的稳定和发展。所以，没有特定亲属关系的一般公民是不允许收养成年子女的。

2. 被收养人应是丧失父母的孤儿，或是查找不到生父母的弃婴和儿童，或是生父母有特殊困难无力抚养的子女。对于被收养人来说，之所以需要被收养，原因是生父母缺失或生父母有特殊困难无力抚育，这使被收养人缺乏生父母的抚育。生父母缺失的情况包括丧失父母的孤儿，以及查找不到生父母的弃婴和儿童。按照我国民政部在《关于在办理收养登记中严格区分孤儿与查找不到生父母的弃婴的通知》（1992 年 8 月 11 日）中所作的解释，这里所指的"孤儿"，是指父母自然死亡或被人民法院宣告死亡的不满 14 周岁的未成年人。"查找不到生父母的弃婴和儿童"，是指被父母或其他监护人丢弃而脱离家庭或监护人的未满 14 周岁的未成年人。当有关组织多方查找弃婴的生父母无望时，通常由社会福利院将他们收养起来。

生父母是否有特殊困难，只能根据当事人的具体情况来认定。比如，父母由于无经济负担能力、患有严重疾病、丧失民事行为能力等原因，以致无法或不宜抚育子女，均可视为有特殊困难，无力抚养。

3. 收养年满 10 周岁以上的未成年人的，应当征得被收养人的同意。根据我国《民法通则》的规定，年满 10 周岁的未成年人属于限制民事行为能力人。限制民事行为能力人虽然不能像完全行为能力人那样有充分的意思表示能力，但与不满 10 周岁的未成年人相比，他们本身已经有了一定的意思能力，初步具备了判断、辨明一些事物后果的能力。因此，在实施收养这种直接关系他们利益的行为时，征求、尊重其本人的意愿，取得其同意，对于更好地建立和睦的养父母子女关系是必需的。

关于被收养人的条件，从外国收养立法来看，有些国家对被收养人的年龄不加限制，即使成年人也可以被收养，如德国；有些国家则规定被收养人应为未成年人，其中有些国家还规定了年龄上限，如法国为 15 岁，西班牙为 14 岁。[1]同时，很多国家还规定了被收养人与收养人之间的年龄差距方面的限制，如《瑞士民法典》第 265 条第 1 款："养子女最少得比养父母年少 16 岁。"还有的国家规定收养者与被收养者之间必须宗教信仰相同，如以色列。[2]

（三）送养人的条件

根据我国现行《收养法》的规定，下列公民和单位可以为送养人：

1. 孤儿的监护人。孤儿已丧失父母，处于他人的监护之下。根据我国《民法通则》的规定，未成年人的父母已经死亡或者丧失监护能力的，由下列人员中有监护能力的人担任监护人：祖父母、外祖父母；兄、姐；关系密切的其他亲属、朋友愿意承担监护责任，经未成年人的父、母所在单位或者未成年人住所地的居民委员会、村民委员会同意的。对担任监护人有争议的，由未成年人的父、母所在单位或者未成年人住所地的居民委员会、村民委员会在近亲属中指定。对指定不服提起诉讼的，由人民法院裁决。没有上述监护人的，由未成年人的父、母所在单位或者未成年人住所地的居民委员会、村民委员会或者民政部门担任监护人。

由于孤儿的监护人不是未成年人的父母，为了防止孤儿的监护人通过送养损害孤儿的权利，我国《收养法》一方面规定了孤儿的监护人可以作为送养人，另一方面又对孤儿的监护人实施送养行为加以限制。我国《收养法》第 13 条规定："监护人送养未成年孤儿的，须征得有抚养义务的人同意。有抚养义务的人不同意送养、监护人不愿意继续履行监护职责的，应当依照《中华人民共和国民法通则》的规定变更监护人。"由于孤儿的祖父母、外祖父母、兄、姐等近亲属，是与孤儿有法定权利义务关系的人。因此，由孤儿的近亲属行使同意权，更有利于未成年孤儿的抚养成长。

2. 社会福利机构。我国的社会福利机构主要是指各地民政部门主管的收容、养育孤儿和查找不到生父母的弃婴的社会福利院。这些机构事实上履行着监护孤儿、弃婴、儿童的职责，因此，当收养人自愿收养弃婴、孤儿时，应当由收容他们的社会福利院作为送养人。而对于某些生父母自费送到福利院寄养的残疾儿童，福利院则无权将他们送养。

---

[1] 陶毅：《婚姻家庭法》，高等教育出版社 2006 年版，第 217 页。

[2] 于静：《比较家庭法》，人民出版社 2006 年版，第 262～263 页。

3. 有特殊困难无力抚养子女的生父母。父母对未成年子女有抚养教育的义务，这既是我国《婚姻法》的强行性规定，也是我国社会主义伦理道德的必然要求，因此在一般情况下，不允许父母随意将自己的亲生子女送给他人收养。但在社会实际生活中，如果父母具有因患病、重残等原因丧失劳动能力而无可靠经济来源，或因自然灾害等原因造成其无力抚养子女等事由的，则允许生父母将子女送他人收养。

我国《收养法》对以生父母作为送养人的情形作了如下特殊要求：

（1）有配偶者送养子女，须双方共同送养。子女是父母双方的子女，父或母任何一方都无权剥夺另一方对未成年子女的监护权，因此，生父母送养子女，须经协商一致共同送养。不论是婚姻关系存续期间还是离婚以后，也不论被送养的子女是婚生的还是非婚生的，父或母要将未成年子女送养他人都必须经过对方同意。一方不同意或未作同意的意思表示的，另一方不得单独送养。

（2）如果父母一方不明或者查找不到，可以单方送养。现实生活中，父母一方不明主要是指非婚生子女的生父不明；父母一方查找不到是指父或母已经失踪。在这种情况下，法律允许一方单独送养。

　　示例　林某于 1995 年离家出走，从此杳无音讯。1998 年其妻张某向当地人民法院申请宣告林某失踪，人民法院经审理判决宣告林某失踪。由于张某身体不好，家中没有足够的经济能力给其患病的女儿治病，2001 年张某将 9 岁的女儿送给膝下无子的邻村姜某夫妇收养，并办理了收养登记。2006 年，失踪多年的林某突然返回。林某提出女儿被收养未征得他的同意，违反我国《收养法》规定是无效的，要求姜某夫妇将孩子送回。张某与姜某夫妇都不同意，林某诉至法院。法院认为，林某失踪后杳无音讯，其妻张某在林某下落不明期间是女儿唯一的法定监护人。张某在自己无力抚养时将女儿送养且办理了收养登记，符合我国《收养法》的规定，其女儿被他人收养是合法的，林某仅以未经本人同意而主张收养关系无效不应准许。最后法院驳回了林某要求确认收养关系无效的诉讼请求。

（3）如果被收养人的父母一方死亡的，法律允许另一方单方送养，但死亡一方的父母有优先抚养的权利。这里所说的死亡一方的父母，是生存另一方的公婆或岳父母，即被送养人的祖父母或外祖父母。祖孙之间在法律上有附条件的权利义务关系。如果祖父母、外祖父母出于对死者的眷念和生者的爱怜，主张对第三代人进行抚养，这不仅合情合理，而且有利于未成年人的健康成长，因而法律应当予以肯定和支持。死亡一方的父母主张抚养的，生存父（母）一方不得未经其同意就将孩子送给他人收养。祖父母或外祖父母的抚养优先权构成了生存的父或母送养子女的法定障碍。

（4）送养人不得以送养子女为理由违反计划生育的规定再生育子女。这一规定是指生父母送养子女后，不得以送养子女后无子女或者子女少为理由，再申请生育指标并生育子女。

此外，我国《收养法》第12条规定："未成年人的父母均不具备完全民事行为能力的，该未成年人的监护人不得将其送养，但父母对该未成年人有严重危害可能的除外。"这是因为在未成年人的父母均不具备完全民事行为能力的情况下（如属于发病期间的精神病、痴呆症患者），他们不可能表达是否同意送养的真实意愿，而未成年人又没有自我保护能力。在这种情况下，如果允许监护人将未成年人送养，就可能产生对其父母不利的影响，使其失去了可期待的受赡养扶助的权利。为了维护父母和子女的权益，法律禁止该未成年人的监护人将其送养。但是，在生父母对该未成年子女有可能存在严重危害的情况下，则允许监护人将未成年人送养。

（四）当事人的收养合意

收养关系的成立，以有关当事人的意思表示一致为其必要条件。按照我国《收养法》的有关规定，法律对收养合意问题有下列两方面的要求：

1. 收养人收养与送养人送养必须双方自愿。即收养人和送养人都有权按照自己的意愿进行收养活动。在收养活动中，收养人和送养人可以充分表达自己的意志，根据自己的意志决定进行或不进行收养活动，而不受对方或第三者的支配和控制。收养必须为收养人内心真实的意思表示，送养必须为送养人内心真实的意思表示。当他们受到欺诈、胁迫或在他人乘其之危下作出的意思表示并为收养行为，可以被依法宣告收养无效。当然，收养人和送养人的这种意志自由必须在收养法允许的范围内，不得超越法律的限制。

2. 收养年满10周岁以上的未成年人的，还应征得被收养人的同意。关于收养合意问题，外国法中也有类似的立法例。按照多数国家规定，当事人的合意是指收养方和送养方的意思表示一致；如收养方或送养方为有配偶者，须得配偶双方同意。在一定条件下，须得到有识别能力的被收养人本人的同意。许多国家在法律上还规定了允许单方收养的各种具体形式。在被收养人达到一定年龄时，收养关系的成立须经其本人同意，这也是许多国家收养立法的通例。[1]

二、特殊收养成立的实质要件

我国《收养法》针对某些特殊收养关系，对收养条件作了适当放宽或从严的规定。这里所说的特殊，主要与收养关系主体的身份状况有关。

---

〔1〕 杨大文主编：《婚姻家庭法学》，复旦大学出版社2004年版，第242～243页。

（一）无配偶的男性收养女性

无配偶者，是指因未婚、离婚或丧偶而处于非婚姻状态的人。其中有些人因生活孤独而希求家庭的温暖，或使自己老有所养，而要求收养子女。为维护这些人的切身利益，我国收养法允许他们收养子女。与此同时，由于无配偶者是单身生活，如果收养的子女是异性，也往往会有一些不便，在特定的情况下甚至会发生诸如借收养之名行娶妻同居之实等违背收养目的和社会公德的情形。为了预防这种情况的发生，我国《收养法》第9条作了限定性规定："无配偶的男性收养女性的，收养人与被收养人的年龄应当相差40周岁以上"。但是，无配偶的男性收养三代以内同辈旁系血亲的女儿或收养继女的，不适用这一年龄差的规定。对于单身男性收养养女的行为，除年龄差的特殊限定外，还必须符合一般收养成立的各项条件。

（二）我国公民或华侨收养三代以内同辈旁系血亲的子女

我国《收养法》第7条对这两类特殊主体作出了放宽性规定，即我国公民收养三代以内同辈旁系血亲的子女（被收养人往往是收养人的侄子女、甥子女，以及堂侄子女或表侄子女、表甥子女），可以不受一般收养条件中下列条款的限制：①被收养人为"生父母有特殊困难无力抚养的子女"；②送养人"为有特殊困难无力抚养子女的生父母"；③"被收养人应当不满14周岁"；④"无配偶的男性收养女性的，收养人与被收养人的年龄应当相差40周岁以上"。而华侨收养三代以内同辈旁系血亲的子女，在上述放宽条款基础上，还可以不受"收养人无子女"的限制。

（三）继父（或继母）收养继子女

我国《婚姻法》第27条第2款规定："继父或继母和受其抚养教育的继子女间的权利和义务，适用本法对父母子女关系的有关规定。"据此可知，我国法律没有在继父母子女之间规定强行性的权利义务。继父母子女关系是随着父或母的再婚而形成的，继父母子女关系的形成并不必然带来继父或继母抚养继子女的义务，继父或继母对继子女的抚养教育是以自愿为前提的。一旦形成这种抚育关系，孩子就会与生父母和继父（或继母）形成双重的法定权利、义务。继子女随其生父或生母与继父或继母同居一家，共同生活，关系十分密切，一般说来放宽条件鼓励对继子女的收养是适当的。收养继子女不仅有利于在继父母与继子女之间建立稳定的权利义务关系，而且有利于消除继子女与继父或继母间、与生父或生母间的双重权利义务关系。为此，我国《收养法》允许继父（或继母）经继子女的生父母同意，将继子女收养为养子女，并在条件上作出了放宽性规定，可以不受一般收养条件中的下列条款的限制：①被收养人为生父母有特殊困难无力抚养的子女；②送养人为有特殊困难无力抚养子女的生父母；③收养人应当是

第八章

年满 30 周岁、无子女、有抚育被收养人能力、未患有在医学上认为不应当收养子女疾病的人；④被收养人应当不满 14 周岁；⑤只能收养 1 名子女。继子女被继父（母）收养后，其与再婚关系之外的一方生父（母）的权利义务，因收养关系的成立而消除。然而，他们与再婚婚姻关系之内的生母（父）一方之间仍保留原直系血亲的权利义务关系。

（四）收养孤儿、残疾儿童或者社会福利机构抚养的查找不到生父母的弃婴和儿童

我国《收养法》第 8 条第 2 款规定："收养孤儿、残疾儿童或者社会福利机构抚养的查找不到生父母的弃婴和儿童，可以不受收养人无子女和收养 1 名的限制。"孤儿、残疾儿童、弃婴和儿童被他人收养，有利于其在养父母的抚育下健康成长。收养孤儿、残疾儿童或者弃婴的行为是奉献爱心的表现，具有援助弱者的人道主义性质。国家为鼓励这种行为，放宽了收养的条件。当然，有配偶者应夫妻共同收养；无配偶的男性收养孤女或残疾女或被遗弃的女婴的，仍须有 40 周岁以上的年龄差。

■第三节　收养成立的形式要件

收养是一种要式民事法律行为，我国收养法要求收养关系当事人在各自符合收养关系成立的实质要件的情况下，还必须符合法定的形式要件，即履行一定的收养程序后收养关系才能合法成立。

关于收养成立的形式要件，我国的法律规定经历了这样一个过程：1992 年《收养法》实施以前，我国法律对收养成立的形式要件没有特别的要求，只要亲友、群众公认，或有关组织证明确以养父母与养子女关系长期共同生活的，虽未办理合法手续，也按收养关系对待。1992 年施行的《收养法》对收养的形式要件规定也比较灵活，根据不同的使用范围采取了三种不同的程序：登记程序；书面协议或者书面协议和公证并用程序；书面、登记和公证并用程序。1998 年修正后的《收养法》对收养的程序则实行了统一的登记制度。这一改变，表明了我国对收养程序采取了从严的态度，加强了监督和管理。从外国有关收养立法来看，现代收养立法中国家监督主义色彩日趋浓厚，在收养成立过程中设立日趋严格的程序性要件，从而更好地保护收养当事人特别是未成年被收养人的合法权益，已成为各国收养立法的普遍趋势。[1] 我国收养法有关收养成立的形式要件的改变与这种趋势是吻合的。

---

［1］　陈苇主编：《外国婚姻家庭法比较研究》，群众出版社 2006 年版，第 373 ~ 374 页。

一、收养登记程序

由民政部门办理收养登记是收养成立的必经程序。我国《收养法》第 15 条第 1 款规定："收养应当向县级以上人民政府民政部门登记。收养关系自登记之日起成立。"

（一）办理收养登记的机关

根据我国《收养法》的规定，办理收养登记的机关是县级以上人民政府的民政部门。

1. 收养非社会福利机构抚养的查找不到生父母的弃婴、儿童的，在弃婴或儿童发现地的收养登记机关办理收养登记。

2. 收养社会福利机构抚养的查找不到生父母的弃婴、孤儿的，在社会福利机构所在地的收养登记机关办理收养登记。

3. 收养生父母有特殊困难无力抚养的子女或者由监护人监护的孤儿的，在被收养人生父母或者监护人常住户口所在地（组织作监护人的，在该组织所在地）的收养登记机关办理登记。

4. 收养三代以内同辈旁系血亲的子女，以及继父或者继母收养继子女的，在被收养人生父或者生母常住户口所在地的收养登记机关办理登记。

（二）收养登记的具体程序

收养登记的具体程序分为申请、审查、登记三个步骤。

1. 申请。为了保证收养当事人意思表示的真实性，收养关系当事人应当亲自到收养登记机关办理成立收养关系的登记手续。夫妻共同收养子女的，应当共同到收养登记机关办理登记手续；一方因故不能亲自前往的，应当书面委托另一方办理登记手续，委托书应当经过村民委员会或者居民委员会证明或者经过公证。收养登记员受理收养登记申请，应当按照下列程序进行：①区分收养登记类型，查验当事人提交的证件和证明材料、照片是否符合此类型的要求；②询问或者调查当事人的收养意愿、目的和条件，告知收养登记的条件和弄虚作假的后果；③见证当事人在《收养登记申请书》上签名；④将当事人的信息输入计算机程序，并进行核查；⑤复印当事人的身份证件、户口簿。单身收养的，应当复印无婚姻登记记录证明、离婚证或者配偶死亡证明；夫妻双方共同收养的，应当复印结婚证。

收养人应当向收养登记机关提交收养申请书和下列证件、证明材料：①收养人的居民户口簿和居民身份证；②由收养人所在单位或者村民委员会、居民委员会出具的本人婚姻状况、有无子女和抚养教育被收养人能力等情况的证明；③县级以上医疗机构出具的未患有在医学上认为不应当收养子女的疾病的身体健康检查证明。

收养查找不到生父母的弃婴、儿童的，应当提交收养人经常居住地计划生育部门出具的收养人生育情况证明。其中收养非社会福利机构抚养的查找不到生父母的弃婴、儿童的，收养人还应当提交下列证明材料：①收养人经常居住地计划生育部门出具的收养人无子女的证明；②公安机关出具的捡拾弃婴、儿童报案的证明。

收养继子女的，可以只提交居民户口簿、居民身份证和收养人与被收养人生父或者生母结婚的证明。

送养人应当向收养登记机关提交下列证件和证明材料：①送养人的居民户口簿和居民身份证（组织作监护人的，提交其负责人的身份证件）；②收养法规定送养时应当征得其他有抚养义务的人同意的，并提交其他有抚养义务的人同意送养的书面意见。

社会福利机构为送养人的，并应当提交弃婴、儿童进入社会福利机构的原始记录，公安机关出具的捡拾弃婴、儿童报案的证明，或者孤儿的生父母死亡或者宣告死亡的证明。

监护人为送养人的，并应当提交实际承担监护责任的证明，孤儿的父母死亡或者宣告死亡的证明，或者被收养人生父母无完全民事行为能力并对被收养人有严重危害的证明。

生父母为送养人的，并应当提交与当地计划生育部门签订的不违反计划生育规定的协议；有特殊困难无力抚养子女的，还应当提交其所在单位或者村民委员会、居民委员会出具的送养人有特殊困难的证明。其中，因丧偶或者一方下落不明由单方送养的，还应当提交配偶死亡或者下落不明的证明；子女由三代以内同辈旁系血亲收养的，还应当提交公安机关出具的或者经过公证的与收养人有亲属关系的证明。

被收养人是残疾儿童的，并应当提交县级以上医疗机构出具的该儿童的残疾证明。

2. 审查。收养登记机关收到收养登记申请书及有关材料后，应当自次日起30日内进行审查。审查的内容主要包括：收养申请人是否符合法律所规定的条件；收养的目的是否正当；被收养人是否符合法定的被收养人条件；送养人是否符合法定的送养人条件；当事人意思表示是否真实；提交的有关材料是否齐全有效等。

3. 登记。经审查，对证件齐全有效、符合《收养法》规定的条件的，应为当事人办理收养登记，颁发收养登记证，收养关系自登记之日起成立；对不符合收养登记条件的，不予受理，但应当向当事人出具《不予办理收养登记通知书》，并将当事人提交的证件和证明材料全部退还当事人。对于虚假证明材料，收养登记机关予以没收。

收养查找不到生父母的弃婴、儿童的，收养登记机关应当在登记前公告查找其生父母；自公告之日起满60日，弃婴、儿童的生父母或者其他监护人未认领的，视为查找不到生父母的弃婴、儿童。公告期间不计算在登记办理期限内。

收养登记机关在依法办理收养登记过程中形成的记载收养当事人收养情况、具有保存价值的各种文字、图表、声像等不同形式的历史记录是收养登记档案的重要内容。收养登记档案主要供收养登记管理机关使用；其他单位、组织或个人因特殊原因需要借阅时，须经主管领导批准，并办理借阅手续。收养登记档案由各级民政部门实行集中统一管理，任何个人不得据为己有。档案管理人员要严格遵守《中华人民共和国档案法》和《中华人民共和国保守国家秘密法》的有关规定，严密保管档案，同时维护当事人的隐私权，不得泄露档案内容，未经批准不得擅自扩大借阅范围。

二、收养协议和收养公证

我国《收养法》第15条第3款规定："收养关系当事人愿意订立收养协议的，可以订立收养协议。"第15条第4款规定："收养关系当事人各方或者一方要求办理收养公证的，应当办理收养公证。"法律的这一规定表明，收养协议和收养公证并不是法律规定的我国公民收养子女的法定必经程序，而是允许当事人自由选择的形式。

1. 收养协议。对于收养人收养与送养人送养，法律允许双方按照平等自愿的原则自行订立书面收养协议。收养当事人之间订立的协议应当符合下列要求：①订立协议的当事人均符合法定的条件和资格；②法律规定需要征得被收养人或其他权利人同意的，应征得他们的同意；③协议的主要内容应包括：收养人、被收养人和送养人的基本情况，收养的目的，收养人不虐待、不遗弃被收养人和抚育被收养人健康成长的保证，当事人要求签订的其他内容等；④协议的形式应为书面协议；⑤收养协议自当事人正式签订之日起生效。

2. 收养公证。收养公证是根据收养当事人各方或一方的要求由公证机关对其订立的收养协议依法作出的公证证明。我国收养法允许依收养关系当事人的意愿办理收养公证，以示收养行为的庄重性。收养公证属于可选择性的、非必经的程序。

■第四节 收养的效力

收养作为民事法律行为，它的成立将产生一系列的法律后果。因收养民事法律行为的成立而导致的相应法律后果，就是收养的效力。我国《收养法》对收养成立的法律效力作了具体规定，同时对无效收养行为及其法律后果也作了规定。

一、收养成立的效力

我国《收养法》第 23 条规定："自收养关系成立之日起，养父母与养子女间的权利义务关系，适用法律关于父母子女关系的规定；养子女与养父母的近亲属间的权利义务关系，适用法律关于子女与父母的近亲属关系的规定。养子女与生父母及其他近亲属间的权利义务关系，因收养关系的成立而消除。"我国《婚姻法》第 26 条规定："国家保护合法的收养关系。养父母和养子女间的权利和义务，适用本法对父母子女关系的有关规定。养子女和生父母间的权利和义务，因收养关系的成立而消除。"由此可知，收养一旦成立，将同时产生拟制效力和解消效力。

（一）收养的拟制效力

收养的拟制效力，是指因收养关系的成立而发生的拟制亲属关系及相应的权利义务的效力。

1. 养父母与养子女间产生拟制直系血亲关系。自收养关系成立之日起，收养人与被收养人之间形成了法律拟制的直系血亲关系，即形成了与父母子女相同的权利义务关系，养子女取得与婚生子女完全相同的法律地位。养父母对养子女有抚养教育的义务；养子女对养父母有赡养扶助的义务。养父母与养子女之间互为第一顺序法定继承人，有相互继承遗产的权利。

关于养子女的姓氏问题，我国《收养法》规定，养子女可以随养父或者养母的姓，经当事人协商一致，也可以保留原姓。养子女有识别能力时，还应征求其本人对姓名变更的意见。

收养成立后，为了实现抚育子女和共同生活的目的，必然产生养子女户口迁移问题。但是，收养行为与户口迁移的性质截然不同。收养属于民事法律关系，它是亲属关系的转移和变更。户口属于行政法律关系，它是国家对社会实行人口管理的手段。关于被收养人的户口迁移，《中国公民收养子女登记办法》第 8 条规定："收养关系成立后，需要为被收养人办理户口登记或者迁移手续的，由收养人持收养登记证到户口登记机关按照国家有关规定办理"。

2. 养子女与养父母的近亲属间形成拟制直系或旁系血亲关系。自收养关系成立之日起，养子女与养父母的近亲属间的权利义务关系，适用法律关于子女与父母的近亲属关系的规定。

（1）养子女与养父母的父母之间形成法律拟制的（外）祖孙关系，产生了附条件的抚养或赡养义务。养孙子女取得了代位继承养（外）祖父母遗产的权利，养（外）祖父母成为了养（外）孙子女的第二顺序法定继承人。

（2）养子女与养父母的婚生子女及其他养子女之间形成法律拟制的兄弟姐妹关系，分别产生了附条件的赡养或扶养义务，同时也互为第二顺序法定继承人。

（二）收养的解消效力

收养的解消效力，是指因收养的成立而终止原有的亲属关系及其权利义务的效力。我国《收养法》规定，自收养关系成立之日起，养子女与生父母及其他近亲属间的权利义务关系，因收养关系的成立而消除。收养关系成立后，养子女与生父母、（外）祖父母、亲兄弟姐妹等自然血亲之间的法定权利义务关系立即消除。由于养子女与生父母及其他近亲属间的血缘关系是不可改变的客观存在，因此，这里解消的是养子女与生父母、（外）祖父母、亲兄弟姐妹等自然血亲之间的法定权利义务关系，而不是自然血缘关系。我国《婚姻法》有关禁止与直系血亲和三代以内的旁系血亲结婚的规定，对养子女与生父母及其他近亲属间仍然适用。

二、无效收养

为了确保法律的严肃性、权威性，我国《收养法》在肯定合法有效收养行为的同时，设立了确认收养无效的制度。

（一）无效收养的概念和原因

无效收养，是指不具备收养民事法律行为的有效要件，因而不能产生收养当事人预期法律后果的行为，也就是不发生收养法律效力的收养行为。我国《收养法》第25条规定："违反《中华人民共和国民法通则》第55条和本法规定的收养行为无法律效力。收养行为被人民法院确认无效的，从行为开始时起就没有法律效力。"民政部1999年5月25日颁布的《中国公民收养子女登记办法》第12条规定："收养关系当事人弄虚作假骗取收养登记的，收养关系无效，由收养登记机关撤销登记，收缴收养登记证。"据此可知，有下列情形之一时，即为无效收养：

1. 收养当事人不合格。收养当事人不合格，主要是指收养当事人不具有完全的民事行为能力和法律要求的应具备的特定条件。前者如正处于发病期间的精神病、痴呆症患者。后者如收养人有子女而收养非孤儿或非残疾儿童的；收养人未满30周岁而收养的；非近亲收养时，无配偶的男性收养女性，双方年龄差距不足40周岁的或被收养人超过14周岁等情况。

示例　2002年7月7日，原告王某夫妻生育一对儿女（双胞胎），由于其生活困难，无力抚养，经人介绍将双胞胎中的儿子送于被告陈某、李某夫妇抚养。刚开始，两家协商按亲戚往来，原告可以随时看望孩子。在儿子送养期间，原告也多次到被告处看望儿子。2004年3月，双方因探视问题发生争执，原告诉至本院要求解除收养关系。在收养时，被告陈某、李某夫妇已生育有二女，2002年11月收养原告儿子时只有双方协议但未到民政部门办理登记。人民法院审理后认为，陈某、李某收养时已生育有二女，不具备法律规定的收养人的条件，且双方在送养收养时没有向县以上民政部门登记，因此，原被告双方的收养行为无效。鉴于被告陈某、李某夫妇将原告的儿子抱回家实际抚养1年有余，为抚养幼小的孩子付出了较大的精力和财力。在双方作为亲戚走动期间出于对原告的帮助，送给原告4400元。据此，判决被告陈某、李某收养原告王某之子的收养行为无效。被告陈某、李某于本判决生效后3日内将原告王某之子送还原告。原告王某于本判决生效后3日内补偿被告15 000元。

2. 收养当事人意思表示不真实。收养人同意收养或送养人同意送养以及被收养人的同意不是自己真实意志，而是他人以欺诈、胁迫手段或者乘人之危，使当事人在违背真实意愿的情况下所作出的为收养、送养行为的表示。如生父母在送养时有意隐瞒了被收养人的生理缺陷等。

3. 收养行为违反了法律或者社会公共利益。收养行为违反了法律主要是指收养行为违反了法律法规的禁止性规定或者没有具备法律法规要求应有的条件。如当事人弄虚作假、欺骗收养登记机关或公证机关等；收养行为违反社会公共利益则主要是指收养行为违反了国家的公共秩序和社会的一般道德。如近亲间晚辈对长辈的收养就违反了社会的公序良俗。

4. 以收养的合法形式掩盖非法目的。以收养的合法形式掩盖非法目的是指收养当事人通过实施形式上合法的收养行为来掩盖其真实的非法目的的行为。这种情况下，收养当事人在收养行为的外在表现形式上并不违反法律，但是这并不是收养当事人所要达到的目的，不是收养当事人的真实意图。他们真正要做的是通过这样的合法形式来掩盖和达到法律或者行政法规所禁止的真实目的，以此规避法律、行政法规的强制性规定，如借收养名义拐卖儿童等。

此外，没有履行法定程序、不符合收养成立形式要件的收养也是无效的。

（二）确认收养无效的程序

1. 诉讼程序。诉讼程序是指通过民事诉讼程序由人民法院确认某一收养行为无效。根据我国《收养法》的规定，收养行为被人民法院确认无效的，从行为开始时就没有法律效力。

2. 行政程序。行政程序是指由办理收养登记的机关确认某一收养行为无效。收养关系当事人弄虚作假骗取收养登记的，收养关系无效，由收养登记机关撤销登记，收缴收养登记证。

（三）无效收养的法律后果

无效收养因欠缺收养民事法律行为的有效要件，收养行为从开始时就没有法律效力，因而不能产生收养当事人预期的法律后果。无效收养行为既不产生法定的拟制效力，也不产生法定的解消效力。当然，无效收养行为并不是不产生任何法律后果，如果当事人实施的无效收养行为侵害了他人合法权益或社会利益，也要依法承担相应的民事责任、行政责任，构成犯罪的还要承担刑事责任。

■ 第五节　收养的解除

收养关系是一种民事法律关系，可以因一定的法律事实而产生，也可因一定的法律事实而终止。收养的终止，即合法有效的收养关系因发生一定的法律事实，无法继续亲子关系而使该收养关系归于消灭。引起收养关系终止的法律事实有两种：①因收养关系一方当事人死亡而终止；②因收养当事人依法办理了解除收养的手续而终止。我国《收养法》就收养关系解除的原因、形式、法律效力等问题作了规定。

一、收养解除的原因

依据我国《收养法》的规定，有下列情形之一的，可以解除收养关系：

1. 收养人、送养人、被收养人协议解除收养关系的。我国《收养法》第26条第1款规定："收养人在被收养人成年以前，不得解除收养关系，但收养人、送养人双方协议解除的除外，养子女年满10周岁以上的，应当征得本人同意。"此条规定表明，我国《收养法》基于"有利于未成年人抚养成长"和"平等自愿"的基本原则，一方面要求保证收养关系的稳定，原则上收养关系一旦确立，在被收养人成年以前不得解除，以便确保被收养人权利的实现，防止发生因收养人、送养人相互推卸抚育责任而侵害未成年被收养人权益的现象。另一方面，考虑到收养毕竟是一种民事行为，当事人的意愿也应得到必要的尊重。据此，在养子女未成年的情况下，只有当收养人、送养人双方自愿协议解除收养关系，并且年满 10 周岁以上的养子女也同意回到生父母身边生活的，才允许协议解除收养关系。如果养子女已经成年，具备了完全民事行为能力，收养人与被收养人达成解除收养的协议即可，而无须送养人同意。

2. 送养人因收养人的特定过错行为而要求解除收养关系的。我国《收养法》第 26 条第 2 款规定："收养人不履行抚养义务，有虐待、遗弃等侵害未成年养子女合法权益行为的，送养人有权要求解除养父母与养子女间的收养关系。送养人、收养人不能达成解除收养关系协议的，可以向人民法院起诉。"收养关系成立后，养父母与养子女间形成拟制直系血亲关系，养父母即须依法承担抚养教育、保护养子女的义务。如果养父母对未成年养子女经常以打骂、捆绑、冻饿、限制自由、凌辱人格、不给治病或者强迫作过度劳动等方法进行虐待，或者有能力抚养却拒绝抚养而遗弃养子女的，就会直接损害养子女的身心健康。这种情况下，被收养人的权利受到了严重侵犯，收养的目的也难以实现，因此，法律规定送养人有权要求解除养父母与养子女间的收养关系。

3. 养父母与成年养子女关系恶化，无法共同生活的。我国《收养法》第 27 条规定："养父母与成年养子女关系恶化、无法共同生活的，可以协议解除收养关系。不能达成协议的，可以向人民法院起诉。"在养子女成年以后，由于某种原因导致养父母子女之间关系恶化，双方无法再继续共同生活时，养父母或者成年养子女中的任何一方，都可以要求解除彼此间的收养关系。

二、收养解除的程序

由于收养是一种关涉当事人人身和财产权利的重要民事法律行为，因此我国《收养法》不仅要求收养的成立必须遵守法定的程序，而且要求收养的解除也必须通过法定的程序。根据我国《收养法》的规定，解除收养的程序，通常有两类，即行政程序和诉讼程序。

（一）通过行政程序解除收养

我国《收养法》第 28 条规定："当事人协议解除收养关系的，应当到民政部门办理解除收养关系的登记。"

当事人经行政程序协议解除收养关系，应符合相应的法定条件：

1. 收养当事人已自愿达成解除收养关系的协议。解除收养关系时，养子女为未成年人的，应由收养人、送养人双方协议解除；对于已有识别能力的 10 周岁以上的未成年被收养人，还须征得其本人同意。养子女已经成年的，应由养父母与成年子女双方协议解除收养关系。

2. 收养双方当事人须对财产和生活无争议，并在协议中对经济问题作出妥善处理。由于收养当事人通过收养拟制和解消了各种涉及人身、财产方面的权利义务，因此收养当事人协议解除收养关系时，应在协议中一并解决有关收养关系解除后的财产和生活问题。特别是在养子女已经成年，养父母因年老、丧失劳动能力而生活困难的情况下，协议中应当有保护养父母利益的相关内容。

3. 解除收养关系的协议具备合法有效的条件。当事人签订解除收养关系协议，应具备主体有完全民事行为能力、当事人的意思表示真实、协议的内容合法、书面形式等法定条件。

符合上述条件的当事人双方，应当持居民户口簿、居民身份证、收养登记证和解除收养关系的书面协议，共同到被收养人常住户口所在地的收养登记机关办理解除收养关系的登记。收养登记机关收到解除收养关系登记申请书及有关材料后，应当自次日起 30 日内进行审查；符合《收养法》规定的解除收养条件的，应为当事人办理解除收养关系的登记，收回收养登记证，发给解除收养关系证明。登记机关应当按照民政部 2003 年颁布的《收养登记档案管理暂行办法》的规定，将居民户口簿、居民身份证、解除收养关系证明、收回的收养登记证、解除收养关系的书面协议等解除收养关系登记文件材料（原件或复印件）归档并永久保存。

（二）通过诉讼程序解除收养

通过诉讼程序解除收养，即收养当事人通过向人民法院起诉来解除收养关系的程序。它适用于一方要求解除收养但收养双方当事人不能达成协议，或者虽然双方同意解除收养关系，但对财产等问题有争议的情况。

人民法院审理解除收养的案件，应当查明当事人要求解除收养关系的真实原因及养父母与养子女间的生活实际情况，听取年满 10 周岁以上的被收养人的意见，依照解除收养的法定条件，合法合理地正确处理。一般说来，人民法院审理此类案件，应首先对当事人进行调解，帮助他们达成解除收养的协议；在诉讼程序中以调解方式解除收养关系的，由于法院已将解除收养协议的内容载入了调解书，该调解书具有与判决同等的效力，因此，当事人无须另行签订书面协议，也无须再办理解除收养的登记。人民法院调解无效时，可依法作出准予或不准解除收养关系的判决。依诉讼程序解除收养关系的，收养关系自准予解除收养关系的调解书或判决书生效之日起解除。

三、收养解除的效力

依据我国《收养法》的规定，收养关系解除后，会产生下列法律后果：

（一）对养子女与养父母及其近亲属的后果

收养解除的直接后果，就是会在收养关系当事人的人身及财产方面发生权利义务变更的结果，即养子女与养父母及其他近亲属间的权利义务关系即行消除，

第八章

即拟制直系与旁系血亲关系消除。养子女与养父母及其他近亲属间的权利义务关系消除的同时，未成年养子女和生父母及其他近亲属间的权利义务关系则自行恢复，即自然直系和旁系血亲关系自行恢复。如果收养解除时养子女已成年的，成年养子女与生父母及其他近亲属间的权利义务关系是否恢复，可以协商确定。这主要是考虑到，已成年的养子女在特定情况下对已解除收养关系的养父母仍有一定的给付义务，如果法律直接规定他们和生父母及其他近亲属间的权利义务关系自行恢复，则有可能使其有双重负担，为此，法律把成年养子女在解除收养后与生父母及其他近亲属间的权利义务关系是否恢复的权利交由当事人根据自己的意愿决定。

养子女或养父母死亡虽然也会产生终止收养的后果，但与收养解除的上述后果还是有所不同的。养子女或养父母死亡，只终止死者与养父母或养子女之间的亲属关系，其他亲属关系并不当然终止，特别是养子女与尚在的养父或养母之间、死者的父母与养孙子女之间、养子女与养（外）祖父母之间、养兄弟姐妹之间的亲属关系并不当然终止。

（二）对生活抚育费的追偿及后期给付的后果

生父母要求解除收养关系的，养父母可以要求生父母适当补偿收养期间支出的生活费和教育费。它多发生于养子女尚未成年，因生父母一方反悔要求解除收养关系，或由于生父母一方有过错导致解除收养关系的情况。但因养父母虐待、遗弃养子女导致生父母起诉而解除收养关系的除外。

经养父母抚养的成年养子女，对缺乏劳动能力又缺乏生活来源的养父母，应当给付生活费。这是从原养父母子女关系引申出来的善后措施。对于生活费的数额，可先由双方协议；协议不成时，由人民法院根据当时当地一般生活水平需要及养子女的实际负担能力来判决。

　　示例　被告孟某系原告程某之外甥女。1960 年因程某与其夫（已故）未生育子女，故收养孟某为养女，当时孟某 3 岁。此后，被告一直与原告及其夫一起生活。1981 年 10 月，原、被告之间因生活琐事产生纠纷，原告与其夫诉至法院，要求解除与被告孟某之间的收养关系。法院受理后经调解，解除了原、被告之间的收养关系，当时被告孟某 24 岁。后原告与其夫再无其他子女。2005 年 8 月，原告以自己年岁已老，丧失了劳动能力，无经济来源，需被告尽赡养义务为由诉至法院，要求被告每月给付其赡养费 400 元，并负担医药费用。法院经审理认为，收养关系解除后，经养父母抚养的成年养子女，对缺乏劳动能力又缺乏生活来源的养父母，应当给付生活费。被告系原告与其夫收养之女，在被告成年后虽因双方产生矛盾解除了收养关系，但解除收养前被告一直与原告及其夫共同生活并由原告夫妻二人抚养至成年。现原告已年老体迈，丧失了劳动能力，无经济来源，又无其他子女赡养，被告理应对原告老年的生活给予一定的扶助。原告要求被告给付生活费的请求合理，理由充分，于法有据，应予以支持。根据被告的实际收入情况和其家庭生活水平，法院判决被告孟某每月给付原告程某生活费 200 元。

因养子女成年后虐待、遗弃养父母而解除收养关系的，养父母可以要求养子女补偿收养期间支出的生活费和教育费。养父母行使这一权利，不受其是否存在"缺乏劳动能力又缺乏生活来源"困难的限制。

此外，解除收养后，对于不满 18 周岁的被收养人，送养人应当凭《解除收养关系证》《解除收养调解协议书》或《解除收养判决书》，将被收养人的户口迁至送养人户口所在地，恢复原户口关系性质。

（三）其他财产关系的处理

收养关系解除时，养子女在收养期间因继承、遗赠、赠与等所取得的财产，仍属养子女个人财产，应由养子女带走。在与养父母共同生活期间，因养子女的劳动收入所形成的共同财产，在解除收养关系时应进行分割。无法分割的，由原养父母给予适当补偿。

【思考题】

1. 收养的法律特征有哪些？
2. 如何理解我国收养法的基本原则？
3. 收养的成立应具备哪些实质要件？
4. 收养关系成立需要什么形式要件？
5. 如何理解收养的拟制效力和解消效力？
6. 哪些收养行为无效？
7. 收养解除的法定条件和程序是什么？
8. 收养解除后的法律后果是什么？

第八章

第九章

其他家庭成员关系

学习目的与要求　学习本章应当了解祖孙之间是除父母子女之外最近的直系血亲，兄弟姐妹是最近的旁系血亲，儿媳与公婆、女婿与岳父母是直系姻亲，同时他们彼此之间又往往是共同生活的家庭成员。掌握我国法律对祖孙之间、兄弟姐妹之间、儿媳与公婆、女婿与岳父母之间权利义务关系的规定。可以运用法律法规正确处理这些家庭成员之间的关系。

■第一节　祖孙关系

祖孙关系，是指祖父母与孙子女、外祖父母与外孙子女间的权利义务关系。祖孙之间是除父母子女之外最近的直系血亲，在一般情况下，子女由父母抚养，父母由子女赡养，祖孙之间不发生权利义务关系。但是，在特定条件下，他们之间也会产生抚养、赡养等法定的权利义务关系。

我国 1950 年《婚姻法》所调整的家庭成员的范围仅包括夫妻、父母子女。我国 1980 年《婚姻法》从尊老爱幼的社会主义道德基准出发，将其他家庭成员关系也确认为法律所调整的范围。该法第 22 条规定："有负担能力的祖父母、外祖父母，对于父母已经死亡的未成年的孙子女、外孙子女，有抚养的义务。有负担能力的孙子女、外孙子女，对于子女已经死亡的祖父母、外祖父母，有赡养的义务。"2001 年《婚姻法修正案》在第 28 条又进一步规定："有负担能力的祖父母、外祖父母，对于父母已经死亡或父母无力抚养的未成年的孙子女、外孙子女，有抚养的义务。有负担能力的孙子女、外孙子女，对于子女已经死亡或子女无力赡养的祖父母、外祖父母，有赡养的义务。"这一规定和 1980 年《婚姻法》的规定相比，增加了"或父母无力抚养"和"或子女无力赡养"的情况。据此可以看出，我国的婚姻立法对祖孙关系的规定越来越完善，使他们之间的权利义务关系也越来越密切。

为了保障老有所养、幼有所育，世界各国亲属法普遍规定祖孙之间互负扶养义务。一般以未成年的（外）孙子女为权利人，有抚养能力的（外）祖父母为义务人，或者以生活困难、确有赡养必要的（外）祖父母为权利人，以成年的有赡养能力的（外）孙子女为义务人。德国、瑞士、日本、俄罗斯、古巴、秘鲁等国都有类似规定。

一、祖孙之间的抚养、赡养关系

（一）（外）祖父母抚养（外）孙子女需具备的条件

1. （外）祖父母有负担能力。（外）祖父母有负担能力主要是指（外）祖父母所具有的抚养（外）孙子女需具备的民事行为能力、经济能力以及家庭条件。

2. （外）孙子女的父母已经双亡，或一方死亡、另一方确无能力抚养，或者父母均丧失抚养能力。

3. （外）孙子女必须为未成年人。

以上三个条件必须同时具备，才产生（外）祖父母对（外）孙子女的抚养义务。至于祖孙之间是否同居一家、共同生活，不影响抚养义务的承担。如果祖父母和外祖父母均有负担能力，可将他们视为同一顺序的抚养义务承担人，由他们合理分担抚养责任。这既有利于确保其未成年第三代人的健康成长，也完全符合婚姻法基本原则。

（外）祖父母对（外）孙子女承担抚养义务时，并不当然产生监护关系。如果（外）孙子女的父母均已死亡，则（外）祖父母可依法成为（外）孙子女的监护人。如果（外）孙子女的父母只是一方死亡或是属于无力抚养的情况，（外）祖父母能否成为（外）孙子女的监护人，则要根据（外）孙子女的父母是否具有民事行为能力等不同情况确定。

（二）（外）孙子女赡养（外）祖父母需具备的条件

1. （外）孙子女为有负担能力的成年人；

2. （外）祖父母的子女已经死亡或子女确实无力赡养；

3. （外）祖父母必须是需要赡养的人。

以上三个条件必须同时具备，才产生（外）孙子女对（外）祖父母的赡养义务。至于祖孙之间是否同居一家、共同生活，不影响抚养义务的承担。

祖孙之间的抚养、赡养义务虽然是有条件的，但具有对父母子女间的抚养、赡养义务予以补充的作用。符合法定条件的抚养人、赡养人必须自觉履行抚养、赡养义务，否则，被抚养人或被赡养人有权向人民法院提起诉讼，请求法院强制义务人履行义务。

二、祖孙之间的继承关系

根据我国《继承法》的规定，祖父母、外祖父母是孙子女、外孙子女的第二顺序法定继承人。孙子女、外孙子女是祖父母、外祖父母的法定的代位继承人。

■第二节 兄弟姐妹关系

兄弟姐妹之间，是血缘最密切的同辈旁系血亲。它包括同胞兄弟姐妹、同父异母或同母异父兄弟姐妹、养兄弟姐妹和有实际抚养关系的继兄弟姐妹。在一般情况下，兄弟姐妹均由他们的父母抚养，而他们相互之间不发生权利义务关系。但是，在特定条件下，兄、姐与弟、妹之间产生附条件的扶养义务。

我国《婚姻法》第29条规定："有负担能力的兄、姐，对于父母已经死亡或父母无力抚养的未成年的弟、妹，有扶养的义务。由兄、姐扶养长大的有负担能力的弟、妹，对于缺乏劳动能力又缺乏生活来源的兄、姐，有扶养的义务。"《老年人权益保障法》第23条第2款规定："由兄、姐扶养的弟、妹成年后，有负担能力的，对年老无赡养人的兄、姐有扶养的义务。"根据上述法规，兄、姐与弟、妹之间产生了附条件的扶养义务。

一、兄弟姐妹之间的扶养关系

（一）兄、姐扶养弟、妹需具备的条件

1. 兄、姐有负担能力。承担扶养义务的兄、姐，应已经成年且有相应的行为能力和经济负担能力。

2. 父母已经死亡或父母无力抚养。父母已经死亡是指父母双方已经自然死亡或被宣告死亡，或一方死亡、另一方确无能力抚养，或者父母均丧失抚养能力。

3. 弟、妹必须是未成年人。

以上三个条件必须同时具备，才产生兄、姐对弟、妹的扶养义务。对于该未成年人的兄、姐、祖父母、外祖父母均有负担能力，应当由谁承担抚养义务的问题，我国现行《婚姻法》未作明文规定。目前根据法学理论，他们都应被视为同一顺序的抚养义务人。为了确保该未成年人的健康成长，必要时责成他们合理分担抚养责任，也是符合婚姻法的基本原则的。但是，由于主体自身条件、扶养能力和扶养需求的不同，这种权利义务在实际运作中又表现出明显的扶养时间的错位、扶养程度的差异甚至权利义务的单向流动等非等价性特征。[1]

（二）弟、妹扶养兄、姐需具备的条件

1. 弟、妹有负担能力。

2. 弟、妹是由兄、姐扶养长大的。弟、妹由兄、姐扶养长大，是弟、妹扶养兄、姐的一个条件。这不同于（外）孙子女赡养（外）祖父母。（外）孙子女赡养（外）祖父母是不以（外）祖父母将其抚养长大为条件的。

3. 兄、姐必须是缺乏劳动能力又缺乏生活来源的人。

以上三个条件必须同时具备，才产生弟、妹对兄、姐的扶养义务。兄弟姐妹之间的扶养义务是第二位的，具有父母对子女抚养义务的补位性质。符合法定条件的扶养人，必须自觉履行扶养义务。否则，被扶养人有权向人民法院提起诉讼，请求法院强制义务人履行扶养义务。

实践中，同胞兄弟姐妹、同父异母或同母异父兄弟姐妹一般不会发生什么问题。在有收养关系的情况下，由于收养具有拟制效力和解消效力，所以养兄弟姐妹之间以及被收养的人与亲生兄弟姐妹之间的扶养义务是不同的。

示例　刘某的父亲在其5岁时已去世，2005年刘某15岁时母亲又去世，生活失去了依靠。他母亲临终时曾经说过他有个哥哥，自幼被王家收养了，让刘某在其死后去找他的哥哥。刘某随即找到已参加工作并已成家的哥哥王某，希望得到哥哥的帮助。王某的养父母也已去世了，留有一个亲生女儿，现年11岁。

王某与刘某是具有自然血亲的兄弟关系，但由于王某被人收养了，根据《收养法》的规定，亲生父母与子女的关系因子女的被收养而解除，亲兄弟姐妹间的关系也随之解除，互相也就不再具有法定的权利义务。所以，王某与刘某相互扶养的权利义务关系终止，王某也就不承担扶养刘某的法定义务。当然，如果王某有能力也愿意抚养刘某，给予其经济上的帮助，应予以褒扬。但这只是出于道义，而不是法律上的义务。

王某与养父母的亲生女儿本来不存在自然血亲关系，然而由于王某被养父母收养，王某不仅与养父母产生了父母子女的关系，而且也与养父母的亲生女儿产生了养兄妹间的关系，随之产生与亲兄弟姐妹相同的权利义务关系。养父母的亲生女儿在自己尚未成年且父母双亡的情况下，有权要求王某承担扶养义务。

关于继兄弟姐妹间是否存在上述的权利义务问题，根据法律规定，继父母对继子女尽了抚养义务，他们之间就产生了父母子女关系。但是，继子女

---

〔1〕　夏吟兰主编：《婚姻家庭继承法》，中国政法大学出版社2004年版，第196～197页。

和继父母的其他亲属并不因此产生法律关系。因此，继父母死亡后，继兄、姐对原来受其父母抚养的继弟、妹没有扶养的义务。当然，如果继父母死亡后，继兄、姐对原来受其父母抚养的继弟、妹自觉承担了扶养的义务，这是应该提倡和鼓励的。在这种情况下，如果继兄、姐缺乏劳动能力又缺乏生活来源需要扶养时，由继兄、姐扶养长大的有负担能力的继弟、妹应尽扶养义务。

二、兄弟姐妹之间的继承关系

根据我国《继承法》的规定，兄弟姐妹之间是第二顺序的法定继承人。这里所说的兄弟姐妹，包括同父母的兄弟姐妹、同父异母或者同母异父的兄弟姐妹、养兄弟姐妹、有扶养关系的继兄弟姐妹。养子女与亲生子女之间、养子女与养子女之间系养兄弟姐妹，可互为第二顺序继承人。被收养人与其亲兄弟姐妹之间的权利义务关系，因收养关系的成立而消除，不能互为第二顺序继承人。继兄弟姐妹之间的继承权，因继兄弟姐妹之间的扶养关系而发生。没有扶养关系的，不能互为第二顺序继承人。继兄弟姐妹之间相互继承了遗产的，不影响其继承亲兄弟姐妹的遗产。

■第三节　儿媳、女婿与公婆、岳父母之间的关系

世界上许多国家未对公婆与儿媳、岳父母与女婿这种直系姻亲关系作出相互扶养义务的规定，但也有的国家明确规定在一定条件下有扶养义务，如《法国民法典》第206条规定："女婿与儿媳也应当并且在相同的情况下，对公、婆或岳父、岳母负有相同义务，但是，在产生姻亲关系的一方及其与另一方配偶的婚姻所生子女均已死亡时，此种义务即告停止。"[1]

一、儿媳、女婿与公婆、岳父母之间的扶养关系

儿媳与公婆、女婿与岳父母之间是直系姻亲，我国《婚姻法》没有规定他们彼此之间的扶养关系。但我国《老年人权益保障法》第14条第3款规定："赡养人的配偶应当协助赡养人履行赡养义务。"这就是说，由于儿媳、女婿是其公婆之子、岳父母之女的配偶，她们（儿媳）的丈夫和他们（女婿）的妻子是公婆、岳父母的子女，是公婆、岳父母的法定赡养人，因此，儿媳、女婿有义务协助其丈夫、妻子履行赡养义务。如果丈夫、妻子死亡，由于婚姻关系消失而使得

---

[1]　罗结珍译：《法国民法典》，中国法制出版社1999年版，第71页。

儿媳与公婆、女婿与岳父母的姻亲关系也不复存在，这时儿媳、女婿的协助赡养义务也不存在了。

二、儿媳、女婿与公婆、岳父母之间的继承关系

由于儿媳与公婆、女婿与岳父母之间是一种姻亲关系，在通常情况下，儿媳或女婿均不能作为公、婆或岳父、岳母的法定继承人。但是，我国《继承法》第12条规定："丧偶儿媳对公、婆，丧偶女婿对岳父、岳母，尽了主要赡养义务的，作为第一顺序继承人。"这表明：

1. 丧偶儿媳或女婿，在丈夫或妻子死亡后，一直与公婆或岳父母一起生活的，或者虽然不在一起生活，但对公婆或岳父母尽了主要赡养的义务，则她（他）应作为第一顺序继承人继承遗产，具有与其他的继承人同样的继承地位。丧偶的儿媳或女婿继承公、婆或岳父、岳母的遗产不影响自己的晚辈直系血亲代位继承的权利。

2. 丈夫死后或妻子死后，儿媳、女婿和公婆、岳父母没有共同生活，但几乎没有尽赡养义务的，或者丈夫或妻子死后，儿媳或女婿只对公婆、岳父母在经济上或生活上给予了一定的资助或照顾，但没有尽主要赡养义务的，则不应列为法定继承人。

3. 丈夫或妻子死后，丧偶儿媳对公、婆，丧偶女婿对岳父、岳母，尽了主要的赡养义务，但在被继承人死亡前就再婚离开，离开后没有再尽主要赡养义务的，可以根据实际情况确定其继承权。

【思考题】

1. （外）祖父母抚养（外）孙子女需具备哪些条件？
2. （外）孙子女赡养（外）祖父母需具备哪些条件？
3. 兄、姐在什么情况下应当扶养弟、妹？
4. 弟、妹扶养兄、姐的条件是什么？

第十章

离 婚

学习目的与要求 学习本章应了解和掌握离婚制度的基本原理与离婚的法定条件和程序。了解离婚制度的历史沿革以及我国离婚制度的发展演变；了解和掌握离婚的概念、特征和种类；掌握和运用有关离婚的行政程序和诉讼程序的基本理念和法律法规，知晓对诉讼离婚的两项特别限制；掌握和运用诉讼离婚的法定条件，了解和掌握导致离婚纠纷的主要类型和处理的原则与方法。

■第一节 概述

一、概说

（一）婚姻终止

婚姻关系终止即婚姻关系的消灭，是指合法有效的婚姻关系因发生一定的法律事实而消灭。婚姻终止有两种形式：①因配偶一方死亡而终止婚姻关系，包括自然死亡或被宣告死亡；②婚姻当事人双方离婚。

1. 因配偶一方死亡而终止婚姻关系。配偶一方死亡是终止婚姻关系的自然原因，对死亡是否引起婚姻关系的终止，有些国家作出了明文规定。如《法国民法典》第 227 条规定："婚姻依下列情形而解除：①配偶一方死亡；②依法宣告离婚……"有些国家则在法律上未规定婚姻关系自配偶一方死亡之日起自然终止，如我国，但实践中，配偶一方死亡会导致婚姻关系的自然终止。

示例 李某（女）与王某（男，香港居民）1975 年结婚。1985 年李某申请到香港定居时，结婚证被当地公安局收回。李某赴港后，双方因感情不和于 1988 年提出离婚，因无结婚证，香港婚姻注册处不予办理离婚手续。之后，双方均各自回大陆与他人登记结婚（由香港婚姻注册处出具证明）。2000 年李某再婚配偶钱某因车祸死亡，2002 年钱某之前婚子女向法院申请李某与钱某因重婚导致该婚姻关系无效。法院认为，在钱某死亡后，王某与钱某的婚姻关系按照我国法律的规定已经自然终止，不存在婚姻无效。

2. 因配偶一方被宣告死亡而终止婚姻关系。宣告死亡是在法律上推定失踪人已经死亡，它与自然死亡产生同样的法律效力。在我国，宣告死亡须经利害关系人向人民法院提出申请，法院经过 1 年公告期满作出宣告死亡的判决之日起即发生婚姻关系终止的效力。

对于被宣告死亡人重新出现后其原配偶已再婚的处理，各国的规定有所不同，主要有保护原有婚姻关系和保护再婚关系两种立法例。第一种立法例重在保护原有婚姻关系，允许生还的一方对配偶的再婚提出异议，如《意大利民法典》第 68 条规定："如果被宣告死亡之人重新出现或有被宣告死亡之人尚生存的证明，则再婚无效。"第二种立法例重在保护再婚关系，即使被宣告死亡或失踪的人重新出现，其原配偶的再婚关系依然有效，如《法国民法典》第 132 条规定："即使宣告失踪的判决已被撤销，失踪者婚姻仍然解除。"

我国《民法通则》第 24 条第 2 款规定："有民事行为能力人在被宣告死亡期间实施的民事法律行为有效。"《最高人民法院关于贯彻执行〈中华人民共和国民法通则〉若干问题意见（试行）》第 37 条规定："被宣告死亡的人与配偶的婚姻关系，自死亡宣告之日起消灭。死亡宣告被人民法院撤销，如果其配偶尚未再婚的，夫妻关系从撤销死亡宣告之日起自行恢复；如果其配偶再婚后又离婚或者再婚后配偶又死亡的，则不得认定夫妻关系自行恢复。"与当事人一方的自然死亡不同，被宣告死亡为婚姻关系的相对解除。据此，我国法律规定的原则是保护后一种婚姻关系。因而，被宣告死亡人出现的，法院得撤销死亡宣告，撤销后如原配偶未再婚，其婚姻关系自行恢复。如原配偶已再婚，其婚姻关系能否恢复，应视具体情况而定。如原配偶不愿意恢复前婚的，后婚有效，不再重新处理。如原配偶愿意恢复前婚，要求与后婚的配偶离婚的，人民法院应在做好三方工作的基础上，先离婚后复婚，并对后婚配偶的生活和子女作出妥善安排和照顾。

配偶一方被宣告失踪的，不能自动终止婚姻关系，可以通过诉讼由人民法院缺席判决离婚。宣告失踪是指法院依据利害关系人的申请，依法宣告下落不明满一定期限的自然人为失踪人，以确定其财产关系的一种制度。因而，配偶一方被宣告失踪的，其配偶并不因失踪宣告而推定死亡，其婚姻关系当然也不能终止，宣告失踪期间双方均不得再婚。失踪人的配偶要求与失踪人离婚的，可以向人民法院提出离婚诉讼，人民法院受理后，进行公告，公告期为 3 个月，公告期内失踪人不应诉的，人民法院可以缺席判决。判决书以公告方式送达。离婚判决生效后婚姻关系终止。

示例 李某（女）1995 年到外地做家政服务员，赵某（男）在家务农，李某每个季度往家寄钱。1999 年之后，李某不再寄钱，也不与家里联系，赵某多方联系无法找到李某。2003 年赵某向法院申请宣告失踪，在法院作出宣告失踪判决后，赵某与外地流落到该村的女子齐某举行了结婚仪式并同居生活。2006 年，李某从外地回到家乡后告之赵某，她被人欺骗后卖到一个偏僻山村，无法与家人联系，现终于找到机会历经艰难逃回家里。但赵某提出，他已经与李某解除了婚姻关系，与他人结婚。为此，李某诉诸法院，要求认定赵某与齐某的婚姻无效。法院认为，宣告李某失踪，赵某与李某的婚姻关系并未解除，赵某与齐某的同居关系不是合法婚姻，不具有法律效力。

（二）离婚

离婚是终止婚姻关系的重要形式，也是重要的民事法律行为，婚姻关系自离婚发生法律效力之日起解除。

1. 离婚的概念及特征。离婚是配偶在生存期间依法解除婚姻关系的法律行为。它具有以下特征：

（1）离婚的主体必须是夫妻双方。离婚以合法有效的婚姻关系的存在为前提，对于未办结婚登记即以夫妻名义同居生活的当事人，必须依法补办结婚登记之后，才能办理离婚程序。

（2）离婚双方的法律地位平等。无论是双方协议离婚或一方要求离婚，无论是离婚的原告一方或被告一方，法律地位均平等，任何一方都不得把自己的意志强加给另一方。

（3）离婚是解除婚姻关系的行为。离婚后，夫妻之间的身份关系与财产关系均归于消灭。例如，离婚后双方各自获得再婚的自由，夫妻间共同财产关系终止，夫妻间相互扶养的义务消灭。同时，离婚还引起当事人与第三人身份关系与财产关系的变化。

（4）离婚必须经过法定的程序。离婚作为一种法律行为，必须符合法定要件，由当事人申请，经法定程序确认后才发生法律效力。在我国，可以由双方到婚姻登记机关办理离婚登记或一方到人民法院起诉离婚。当事人之间、当事人与其他个人或社会组织达成的未经法定程序的任何有关离婚的协议均无法律效力。

示例 沈某（男）因有婚外情要求与其妻任某离婚，任某不同意离婚。沈某表示，如果任某同意离婚，他就将婚后共同购买的住房和存款 50 万元均留给任某，且可以不到婚姻登记机关办理离婚手续。任某同意后，双方即自行签署了离婚协议。之后，沈某即与其情人以夫妻名义共同生活。两年后，任某向法院提起沈某构成事实重婚的诉讼。法院认为，沈某与任某的离婚协议不产生法律效力，在前婚未解除的情况下与他人以夫妻名义同居生活已经构成了事实重婚，依法应当追究其刑事责任。

2. 离婚的种类。根据划分的角度和标准不同，离婚可以分为以下三类：

（1）片意离婚与合意离婚。根据夫妻双方对离婚的态度，可以将离婚分为片意离婚与合意离婚。片意离婚是指一方有离婚的意愿，另一方不同意离婚，又称之为一方要求的离婚。现代各国均允许片意离婚，且大都规定男女平权的标准和条件。合意离婚是双方均同意离婚，又称之为双方要求的离婚，或两愿离婚。

（2）行政离婚与诉讼离婚。根据离婚适用的程序，可以将离婚分为行政离婚与诉讼离婚。行政离婚是指通过行政程序解除婚姻关系，在我国是通过婚姻登记机关办理离婚登记。诉讼离婚是指通过诉讼程序解除婚姻关系，在我国是由人民法院审理裁决是否准予离婚。

（3）协议离婚与裁判离婚。根据夫妻双方解除婚姻关系的方式和离婚的具体程序，可以将离婚分为协议离婚与裁判离婚。协议离婚是指双方达成离婚的协议，并经过法定程序确认后解除双方的婚姻关系。协议离婚可以通过登记离婚程序，经婚姻登记机关审查批准后产生法律效力，也可以通过法院的诉讼程序，经法院调解后达成离婚协议。裁判离婚是指双方不能达成离婚协议，经法院判决而解除夫妻关系的离婚。

3. 离婚与法定别居的区别。离婚与法定别居不同。法定别居是外国婚姻立法中的一项法律制度，它是由当事人申请，经法院裁决，从而解除夫妻同居的义务，但保留其婚姻关系的法律行为。离婚与法定别居的区别主要如下：

（1）法定别居只解除夫妻同居义务，婚姻关系依然存在。别居期间双方均不能再婚，否则视为重婚。而离婚则为完全解除婚姻关系的行为，离婚后，双方均获得再婚的权利，享有结婚自由。

（2）法定别居后夫妻互负贞操义务，一方与他人的性行为构成通奸。离婚后，双方不再互负贞操义务。

（3）法定别居后夫妻间仍有财产上的权利义务关系。夫妻间有相互继承遗产的权利，且必须尽相互扶养的义务。离婚后，夫妻间的权利义务关系完全解除。

法定别居制度是欧洲中世纪禁止离婚主义的产物。在一些国家现已演变为离婚制度的一种过渡和补充形式，如别居后双方关系仍未改善，可以作为夫妻关系破裂的重要标志之一。如《法国民法典》第296条规定："应夫妻一方在与离婚相同的情况下并依相同条件提出的请求，得宣告夫妻分居。由法院作出夫妻分居的判决所引起的夫妻在法律上的分居，可以作为'因共同生活破裂而提出的离婚申请'的依据。"第306条规定："如果夫妻分居时间已持续3年，应一方配偶请求，分居判决当然转为离婚判决。"

　　4. 离婚与无效婚姻的区别。离婚是依法解除当事人合法有效婚姻关系的法律手段，而无效婚姻是当事人违反法律规定的法律后果。离婚与无效婚姻的主要区别为：

　　（1）离婚解除的是合法婚姻，婚姻无效则是违反婚姻成立要件的法律后果。

　　（2）离婚的原因一般发生在婚姻成立之后，无效婚姻的原因则是发生在结婚之前或结婚之时。

　　（3）离婚自登记离婚或调解、判决离婚生效之日起解除婚姻关系，无溯及既往的效力。无效婚姻为自始无效，具有溯及既往的效力，自双方结合之日起即不产生法律效力。

　　（4）离婚的请求权仅限于当事人本人，其他人无请求权，无效婚姻之诉则除当事人之外，利害关系人也可提出请求。

二、离婚制度的沿革

（一）离婚制度的立法主义

　　离婚制度是婚姻家庭制度的重要组成部分，在历史上几经演变。纵观人类历史的离婚制度，主要可分为两大立法主义：①禁止离婚主义；②许可离婚主义。

　　1. 禁止离婚主义。禁止离婚主义是禁止一切离婚的主张，它产生于基督教的寺院法，盛行于欧洲中世纪。教会视婚姻为"神作之合，人不可离异之"。夫妻在生存期间不论出于何种原因均不得离婚，夫妻关系恶化至不能共同生活的，以别居或婚姻无效作为救济。直至16世纪婚姻还俗运动之后，婚姻才由"神事"回归"民事"，1791年《法国宪法》第一次明确规定，婚姻关系是民事契约，并在《法国民法典》中确定了近代离婚制度。之后，禁止离婚主义在各国的离婚法中逐渐被淘汰，为许可离婚主义所替代。目前只有极少数国家仍采取禁止离婚主义。

　　2. 许可离婚主义。许可离婚主义是允许解除婚姻关系的主张，作为人类进入文明时代以来始终存在的有关离婚的理念与立法例，大致经历了专权离婚主义、限制离婚主义、自由离婚主义三个阶段。

　　（1）专权离婚主义。专权离婚主义是丈夫享有离婚特权的制度，丈夫可以单方面决定解除婚姻关系，只要符合法定的条件和程序即可，妻子则无此单意离婚权。故古代法称离婚为"离异""离弃""休妻""出妻"。专权离婚制度是奴隶社会、封建社会普遍通行的离婚制度，它是与当时的社会制度相适应的，如《汉穆拉比法典》《古罗马法》《古兰经》，中国古代的休妻制度对此均有明确的规定。《汉穆拉比法典》规定，丈夫可以以妻子与人通奸、不生育、浪费家财等为由将其离弃。《古兰经》明确赋予丈夫有休妻的特权，只要丈夫对妻子三次表示"我不要你了",婚姻关系即视为解除。古印度《摩奴法典》规定,妇女没有独立的地位和权利,应该始终从属于男子。"妇女在童年时期应该从父;在青年时期应该从夫;夫死应该从子;无子应该从丈夫的近亲族,没有近亲族就应该从国王,妇女始终不应该随意自主。"[1] 因此,在任何情况下,妻子均无离婚自由权。而丈夫则有"片意"离婚的权利,且条件相当宽松:"不生育子女的妻子,可在第 8 年更换;生了儿子死掉的,可在第 10 年更换;只生女儿的妻子,可在第 11 年更换;妻子说话尖刻爱吵闹的,可以立即更换。"[2]

(2)限制离婚主义。限制离婚主义是指离婚必须符合法定的理由始许离婚的制度。凡夫妻一方具有法定的理由时,他方有权提出离婚,故又称之为有因离婚或过错原则,因此类离婚必须经过诉讼程序,亦称诉讼离婚或裁判离婚。早期的离婚立法将离婚的理由限制为可归责于当事人的原因,亦称为有责离婚主义,如重婚、通奸、遗弃、虐待、企图杀害对方或一方受刑之宣告等。有责离婚主义视离婚为惩罚有过错一方的手段,故有过错一方无权提出离婚,只有无过错的一方才有请求离婚的权利,并以获得离婚扶养费或损害赔偿费作为救济。因此,有责离婚主义具有对有责配偶的制裁与对无责配偶的救济的思想。如早期的《法国民法典》以通奸、夫妻一方受刑之宣告或名誉型宣告、暴行、虐待或重大侮辱作为离婚理由。如离婚被判为过错全属夫妻一方,则该方得被判赔偿损害,以补偿他方因解除婚姻而遭受的物质或精神损失,并完全丧失其配偶在结婚时或在结婚后曾允诺给予的全部赠与及全部特别赠与。[3]

随着离婚的法定理由逐渐扩大,有责离婚主义进一步发展为无责离婚主义。出于不可归责于当事人的理由亦可请求离婚,如生理缺陷、重大不治之症、生死不明、分居达一定期限等。无责离婚也称之为目的主义,即因上述的客观原因而非当事人的主观原因致使婚姻的目的无法达到的,法院亦应准予离婚。显然,无过错因素已经开始导入离婚法定理由。如第二次世界大战后,西德于 1946 年 2 月 20 日颁布的《德意志联邦共和国婚姻法》第 42~48 条规定的离婚理由是:①通奸或其他严重违反婚姻义务或从事不名誉、不道德的行为;②配偶一方精神错乱或患有精神病,以致无法恢复双方共同的精神生活;③配偶一方患有严重的传染病或令人厌恶的疾病而无法治愈;④家庭共同生活中断已达 3 年,婚姻关系破裂无可挽回。

除了离婚的法定理由外,从有责离婚主义向无责离婚主义发展的另一个重要

---

[1] 《摩奴法典》第 5 卷第 148 条。
[2] 《摩奴法典》第 9 卷第 81 条。
[3] 《法国民法典》原第 266、267 条。

标志就是当事人双方均可提出离婚，有责离婚主义将对离婚有过错、有责任的一方排斥在离婚请求权人之外，只有无过错、无责任的一方才可以提出离婚。而无责离婚主义则赋予婚姻关系双方离婚诉权，但须符合离婚法定理由，凡符合离婚法定理由者，可以离婚，不符合离婚理由者，不能离婚。

随着无责离婚主义的发展，离婚理由的立法模式也由列举主义向例示主义发展。列举主义是指法律将离婚的法定理由一一列举，明确规定，除此之外的任何其他情形不能作为离婚理由。上述早期法国及德国的立法即属此类。例示主义是指法律除明确列举一定的离婚理由外，另外增加一个抽象性、伸缩性的条款，以弥补列举理由之不足。如现行《日本民法典》亲属编第 770 条在列举的 4 条离婚理由（不贞行为、恶意遗弃、生死不明、精神病）外，又规定："有其他难以继续婚姻关系的重大事由时，法院也可以判决准予离婚。"显然，例示性的规定较之列举主义要更具灵活性，更符合婚姻之本质。

（3）自由离婚主义。自由离婚主义是指可以根据当事人一方或双方的意志而离婚的制度。法律不列举具体的离婚理由，也不以过错作为离婚的必要条件，无论当事人是否有过错，均有提出离婚的权利。苏联早在十月革命胜利以后，即实行自由离婚主义。20 世纪 60 年代末以来，许多国家对其离婚立法进行修改，以破裂主义作为离婚的法定条件，凡婚姻关系破裂，夫妻无法共同生活的，夫妻一方或双方均有权提出离婚。如 1969 年《英国离婚改革法》规定，本法生效之后，婚姻任何一方均可以向法庭请求离婚的唯一理由是婚姻关系已无可挽回地破裂。

自由离婚主义是典型的平权离婚主义，即享有离婚权的主体在法律上的地位是平等的。夫妻任何一方，无论是男方还是女方，均有权提出离婚。自由离婚主义是完全的无过错离婚主义，无论是有过错一方还是无过错一方，均可依照法定程序提出离婚，而不会因犯有过错被剥夺诉权。自由离婚主义的离婚理由是完全的破裂主义，在确定离婚理由时以破裂主义取代了有责主义和无责主义，以婚姻关系已经破裂至无法继续共同生活为唯一的离婚标准。在裁判离婚的法定理由方面真正实现了自由离婚主义的理念。自由离婚主义在离婚的效力方面也不考虑当事人的过错，离婚后的财产分割适用均等主义，离婚后一方对另一方的扶养完全以被扶养方的需要为依据。

自由离婚主义的实质是由对离婚行为的道德评判向道德中立转变。传统的过错主义离婚是以离婚的当事人一方具有一定的过错，离婚是对有过错一方的惩罚为要旨的，只有在一方有过错的情况下才准予离婚。随着自由离婚主义的发展，离婚理由从过错原则向破裂原则发展，个人的离婚自由为社会与国家所承认，离婚逐渐失去了其制裁、惩罚过错行为的作用，而被看成是对已经破裂的婚姻关系的确认，看成是为处于婚姻困境的当事人提供的救济手段。自由离婚主义允许对已经死亡破裂的婚姻予以解除，使当事人双方得以从痛苦的婚姻中获得解脱和补救，病变的家庭得以救治，社会也因此得以稳定健康地发展，从而不带有任何惩罚或制裁主义的离婚痕迹。即使因当事人过错需要得到惩戒，也是诉诸道德或其他法律手段，而不再借助是否准予离婚。[1]

自由离婚主义更加符合婚姻的本质，是现代离婚立法的发展趋势。无过错离婚主义在离婚时不需要当事人提供具体的离婚理由，这就减少了当事人在法庭上的相互指责，减少了举证责任，同时也减少了当事人作伪证，或双方联手共同欺骗法庭的情形。无过错离婚主义对离婚的原告不设限，婚姻关系的任何一方，无论是否有过错，均有权起诉离婚，且无须经过对方同意。无过错离婚主义不追究当事人的过错，离婚是对有过错方惩罚的观念已被抛弃，而代之以在离婚时对处于弱势一方救济的理念。

综观当代世界各国离婚立法及其学说，判决离婚的立法原则主要有三：过错原则、目的原则与破裂原则。[2]

过错原则，也称为过错离婚主义，是指夫妻一方以对方违反婚姻义务的过错行为作为提起离婚诉讼的理由。离婚的过错理由由法律明确规定，一般包括通奸、虐待、遗弃、重婚、谋害、酗酒、犯罪等。现代社会所适用的过错原则，已演化为确认婚姻关系破裂的具体事由，而不再具有惩罚目的，或具有道德判断的功能。如《日本民法典》第 777 条将配偶有不贞行为或被配偶恶意遗弃作为难以继续婚姻关系的两个重大事由。

目的原则，也称之为目的主义，是指夫妻一方以婚姻共同生活中发生违背婚姻目的的事实为由而诉请离婚。这种事实并不能归责于夫妻一方，却使婚姻关系难以维持，婚姻目的无法达到。这些客观原因主要包括：一方有恶疾，一方有不可治愈的精神病，不能人道，一方失踪达一定年限。如《日本民法典》第 770 条将配偶一方患有严重精神病，没有恢复希望或配偶一方生死不明已逾 3 年，认定为法官可以裁判离婚的理由。尽管是限定的几个原因，但承认破绽主义之离婚原因，已显示有责主义之缺点，至少已意识到离婚许否之基准不在于夫妻间之行为，而是取决于有无婚姻破绽之客观事实，虽然尚未舍弃有责主义，但已有由有责主义转化为破绽主义之倾向。[3]

破裂原则，也称为破绽主义、无责主义，是指夫妻一方得以婚姻关系破裂、

---

〔1〕 陈小君主编：《海峡两岸亲属法比较研究》，中国政法大学出版社 1996 年版，第 153 页。
〔2〕 杨大文主编：《亲属法》，法律出版社 1997 年版，第 211～213 页。
〔3〕 林秀雄：《婚姻家庭法之研究》，中国政法大学出版社 2001 年版，第 64 页。

夫妻共同生活不能继续为由提出离婚。破裂原则以关注婚姻破裂的事实，而不问离婚的原因和理由为特征，只要婚姻关系确已破裂，双方无法共同生活，夫妻关系无法维持，就应当准予离婚。破裂离婚主义因有责配偶离婚请求是否许可分为积极破裂主义和消极破裂主义。积极破裂主义是指只要婚姻关系破裂至无法共同生活的程度，即应准予离婚，而不问配偶一方是否有过错。消极破裂主义则是指婚姻虽已破裂，但对此破裂应负过错责任的配偶一方不得请求离婚，仅他方配偶得请求离婚。现代各国离婚立法大都采用积极破裂主义。

就世界范围而言，采用破裂离婚主义原则已是各国离婚立法的发展趋势，但只有很少的国家实行单一的抽象破裂主义，允许当事人无条件的、单方面的因所谓婚姻关系破裂而判决离婚。即使在最早实行无过错离婚的美国，目前只有18个州将夫妻感情不和或婚姻无可挽回地破裂作为离婚的唯一理由，有20个州在规定婚姻关系破裂的同时，附加一项或几项传统的离婚过错理由，其他的州在适用无过错离婚时以分居或分离一定期间为前提或附加传统的离婚标准。[1] 许多国家在采用破裂主义原则的同时，将分居达一定期限作为婚姻关系破裂的标志或对婚姻关系确已破裂原则附加具体情形，将破裂原则与过错原则或目的原则相结合。如《德国民法典》第1565条规定：婚姻如果破裂，可以离婚。如果婚姻双方的共同生活不复存在并且不可能预期婚姻双方恢复共同生活的，即为婚姻破裂。如果配偶双方分居未满1年的，仅在婚姻的延续由于另一方自身的原因而对于申请的一方会意味着苦不堪言的苛刻时，才能离婚。如果配偶双方分居1年以上且双方申请离婚或者被申请的一方同意离婚的，不可驳回地推定婚姻已破裂。如果配偶双方分居3年以上的，不可驳回地推定婚姻已破裂。

（二）中国离婚制度的演进

1. 中国古代离婚制度。中国古代的离婚制度是与宗法家族制度相适应的。封建礼教提倡女子"从一而终"，封建法律实行男子专权离婚制度。男尊女卑，夫权统治是其基本特征，主要有以下四种离婚方式：

（1）"七出"，即男子出妻、男家出妇的理由，又称出妻、休妻，是中国古代最主要的离婚方式。"七出"最早见于礼，班昭的《女诫》作过如下解释："妇人七出，不顺父母，为其逆德也；无子，为其绝世也；淫，为其乱族也；妒，为其乱家也；有恶疾，为其不可与共粢盛也；口多言，为其离亲也；窃盗，为其反义也。"自汉律以后，"七出"被封建统治者以法律形式固定下来，成为出妻的法定理由。凡妇女触犯"七出"之一，丈夫可写休书离弃之。

作为例外情况，封建礼法以"三不去"对"七出"进行限制，即"更三年

---

〔1〕　夏吟兰：《美国现代婚姻家庭制度》，中国政法大学出版社1999年版，第142页。

丧不去，贱娶贵不去，有所受而无所归不去。"（《大戴礼记·本命》）《唐律》规定："虽犯七出，有三不去而出者，杖一百，追还合。"

（2）"和离"，即通过协议方式离异。《唐律》规定："若夫妇不相安谐而和离者，不坐。"自《唐律》之后，各朝代律例皆沿此制。但在男尊女卑的宗法社会，和离只能是一种虚设，难以实现。

（3）"义绝"，即强制离婚制度。如果夫妻之间、夫妻一方与他方的一定亲属之间或双方的一定亲属之间，发生了夫妻情义断绝以及一方或相互有谋害、殴杀等情事时，法律即强制其解除婚姻关系。如《唐律》规定："诸犯义绝者离之，违者徒 1 年。"

（4）"呈诉离婚"，即夫妻双方中的一方向官府提起离婚诉讼，由官府依法判决。呈诉离婚的法定理由属于男方提出的有：妻背夫在逃、男妇虚执翁奸、妻杀妾子、妻魇魅其夫等。女方据以呈诉的理由为：夫抑勒或纵容妻妾与人通奸、夫典雇妻妾、翁欺奸男妇等。

2. 《中华民国民法亲属编》中的离婚制度。1930 年 12 月 26 日颁布的《中华民国民法亲属编》中的离婚制度是我国的专权离婚主义向有责离婚主义发展的重要标志。国民党政府立法院在离婚制度的设计上，斟酌了我国传统法律及德国、日本、瑞士、荷兰、英国等国当时施行的法律，在离婚程序上适用两愿离婚和裁判离婚两种制度，以保证一定程度的离婚自由，但对离婚理由采用列举主义，以防止当事人滥用离婚权利。

（1）两愿离婚。婚姻可因双方当事人的合意而解除，但未成年人须经法定代理人同意。两愿离婚为要式契约，应以书面形式订立，并有 2 个以上证人的签名。

（2）裁判离婚。法院根据当事人的起诉，依法判决解除其婚姻关系。其法定理由为：重婚者、与人通奸者、夫妻一方受他方不堪同居之虐待者、妻对于夫之直系亲属为虐待或受夫之直系尊亲属虐待至不堪为共同生活者、夫妻之一方以恶意遗弃他方在继续状态中者、夫妻之一方意图杀害他方者、有不治之恶疾者、有重大不治之精神病者、生死不明逾 3 年者、被处 3 年以上之徒刑或因犯不名誉之罪被处徒刑者[1]。离婚时，无论夫妻原用何种财产制度，各取回其固有财产，如有短少，由夫负担[2]。夫妻之一方因判决离婚而受有损害者，得向有过失之他方请求赔偿。前项情形，虽非财产上之损害，受害人亦得请求赔偿相当之金

---

[1] 《中华民国民法亲属编》第 1052 条。
[2] 《中华民国民法亲属编》第 1058 条。

额，但以受害人无过失为限[1]；夫妻无过失之一方，因判决离婚而陷于生活困难者，他方纵然无过失，亦应给予相当之赡养费[2]。这一制度在我国台湾地区一直沿用至 1985 年"亲属法"修订。

3. 新中国的离婚制度。新中国的离婚制度源于解放前革命根据地的离婚立法，始创于 1950 年《婚姻法》，并在 1980 年和 2001 年先后予以修订和补充。

（1）革命根据地的离婚立法。新中国的离婚制度源于解放前革命根据地的离婚立法，当时的离婚立法就对双方自愿离婚和一方要求离婚作了明确的规定，设立了行政程序和诉讼程序。中国共产党非常重视婚姻家庭问题，并将解放妇女、实现婚姻自由、男女平等、改革婚姻家庭制度作为自己革命的任务。早在 1930～1949 年，中国共产党领导的苏区、抗日根据地、解放区先后颁行了许多有关婚姻家庭的规范性文件，对离婚问题作了明确的规定，创立了有自己特色的离婚制度，为新中国的离婚制度奠定了基础。其主要内容有：将离婚自由作为婚姻自由的一个重要内容；坚持男女有平等的离婚权，破除了数千年来男子专权离婚的传统习俗；确立了登记制离婚与诉讼离婚双轨制，将离婚问题纳入行政或司法管理之内；对诉讼离婚原因进行或概括或列举或例示的规定；离婚时，对妇女、未成年子女权益予以特殊照顾；对离婚后未成年子女的抚养归属和抚养费的负担也有详细的规定；在离婚问题上，对革命军人予以特殊保护。

（2）1950 年《婚姻法》中的离婚制度。新中国成立后颁布实施的第一部《婚姻法》，以法律保障男女平等、离婚自由，废除封建主义婚姻制度。新中国成立后确立的离婚制度，解放了深受旧封建婚姻制度痛苦的人们，特别是解放了深受封建礼教和出妻制度压迫的妇女。该法确立了保障离婚自由，保护弱者利益的离婚制度。

第一，确立了行政离婚与诉讼离婚两种离婚方式。对双方自愿离婚、一方坚决要求离婚都作出了规定。第 17 条第 1 款规定："男女双方自愿离婚的，准予离婚。男女一方坚决要求离婚的，经区人民政府和司法机关调解无效时，亦准予离婚。"双方自愿离婚应向区人民政府登记，领取离婚证。区人民政府查明确系双方自愿并对子女和财产问题确有适当处理时，应即发给离婚证。同时对一方要求的离婚采取了慎重的态度，强调人民政府和法院的调解工作，"男女一方坚决要求离婚的，得由区人民政府进行调解；如调解无效时，应即转报县或市人民法院处理；区人民政府并不得阻止或妨碍男女任何一方向县或市人民法院申诉。县或市人民法院对离婚案件，也应首先进行调解；如调解无效时，即行判决"。

---

[1]《中华民国民法亲属编》第 1056 条。
[2]《中华民国民法亲属编》第 1057 条。

　　第二，确立了限制离婚的两项特殊规定。①明确规定了在一定条件下限制丈夫的离婚诉权。为了保护妇女、胎儿和儿童，该法规定："女方怀孕期间，男方不得提出离婚；男方要求离婚，须于女方分娩1年后，始得提出。但女方提出离婚的，不在此限。"②对军人婚姻予以特殊保护。当时立法者认为：保护军婚的规定以前在各根据地曾经实行过，收到了良好效果，在人民解放军还没有完全解放全中国的时候，继续制定保护军婚的规定还是必要的。因而该法第19条第1款规定："现役革命军人与家庭有通讯关系的，其配偶提出离婚，须得革命军人的同意。"

　　第三，确立了离婚后的经济帮助制度。该法第25条规定："离婚后，一方如未再行结婚而生活困难，他方应帮助维持其生活；帮助的办法及期限，由双方协议；协议不成时，由人民法院判决。"

　　1950年《婚姻法》颁布后，出现了中国第一次也是最迅猛的离婚潮。1953年法院受理的离婚案件高达117万件，据当时对京、津、沪三大城市800件离婚案件的调查，女方提出离婚的占68%，山西文水、宁武、代县三县763件离婚案件中，原告为女方的有705件，占92.4%。这一次的离婚高潮标志着我国封建主义婚姻家庭制度的崩溃，是我国妇女解放的重要步骤之一，推动了新民主主义经济建设的发展。

　　（3）1980年《婚姻法》中的离婚制度。1980年《婚姻法》是在结束十年动乱、实行改革开放这样重要的历史关头颁布的。巩固和完善社会主义婚姻家庭制度，保障公民的婚姻家庭权益，促进社会文明进步是其重大的历史使命。1980年《婚姻法》对1950年《婚姻法》的离婚制度作出了进一步补充和完善规定。

　　第一，增加了判决离婚的法定理由。将"感情确已破裂"明确规定为判决离婚的法定标准，这标志着破裂离婚主义在中国的正式被采纳。

　　第二，将"区人民政府的调解"直接改为"调解无效"，这里的调解应当理解为有关部门的诉前调解及法院在审理案件时的调解两种调解程序，即第25条的规定："男女一方要求离婚的，可由有关部门进行调解或直接向人民法院提出离婚诉讼。人民法院审理离婚案件，应当进行调解；如感情确已破裂，调解无效，应准予离婚"。

　　第三，更加具体明确地规定了离婚的行政程序，即第24条的规定："男女双方自愿离婚的，准予离婚。双方须到婚姻登记机关申请离婚。婚姻登记机关查明双方确实是自愿并对子女和财产问题已有适当处理时，应即发给离婚证"。

　　1980年《婚姻法》完善了离婚制度，明确了离婚的法定条件，细化了离婚的具体程序。与1950年《婚姻法》相比，1980年《婚姻法》旗帜鲜明地将破裂主义作为裁判离婚的法定标准，而且采取彻底的无因破裂，实行自由离婚主义。

（4）2001 年修订的《婚姻法》中的离婚制度。1980 年《婚姻法》颁布以来，我国从计划经济走向市场经济，更加注重保障公民权利，民事法律制度也愈加完善，公民的民主意识、权利意识空前提高，婚姻家庭观念也发生了前所未有的变化。一方面，婚姻更加自由开放，生活节奏加快，生活方式便捷，家庭更加平等民主，"五好家庭""文明家庭""平安家庭"成为婚姻家庭的主流；另一方面，我国的婚姻家庭价值体系正在经受严重挑战，"闪结"、"闪离"、重婚、纳妾、家庭暴力等新老问题侵蚀着我国的婚姻家庭关系。根据婚姻家庭出现的新情况、新问题，为了进一步完善婚姻家庭法律体系，全国人大于 2001 年 4 月 28 日颁布了《婚姻法修正案》。《婚姻法修正案》在 1980 年《婚姻法》的基础上对离婚制度作出了更为明确具体的规定。主要有：

第一，对诉讼离婚的法定理由增加了例示性的规定。即在男女一方要求离婚认定感情确已破裂时列举规定了具体的情形；增加一方被宣告失踪后，应准许另一方提出离婚请求的规定。

第二，对限制离婚的两种情形作出了补充规定。对"现役军人配偶要求离婚，须得军人同意"的规定，补充了"军人一方有重大过错"时，不再适用上述规定；对在一定期间内限制男方离婚请求权的规定中增加了女方"中止妊娠后 6 个月内"的规定，且未对中止妊娠的原因进行限制。

第三，增加离婚后不直接抚养子女的父或母有探望子女的权利，同时规定另一方有协助的义务。

第四，针对妇女离婚后土地承包权经常受到侵害的情况，在离婚后财产分割中增加了"夫或妻在家庭土地承包经营中享有的权益应当依法予以保护"的规定。

第五，完善了离婚救济制度和离婚财产分割制度。增加了离婚损害赔偿制度，规定因一方重婚、与他人同居、实施家庭暴力、虐待、遗弃家庭成员导致离婚的无过错方可请求损害赔偿；增加了离婚时家务劳动补偿的规定：在夫妻书面约定婚姻关系存续期间所得的财产归各自所有时，一方因抚育子女、照料老人、协助另一方工作等付出较多义务的，离婚时可以向另一方请求补偿；对原有的经济帮助制度进行补充，明确经济帮助应使用的财产为一方所有的财产，如住房。

2001 年《婚姻法修正案》在坚持离婚自由的同时，强调了法律的可操作性，强化了对弱势一方利益的保护，反映了 20 世纪末以来世界各国对离婚自由制度反思的成果。

三、离婚立法的指导思想

离婚立法的指导思想是制定、解释、执行与研究有关离婚法律规定的出发点和重要依据。保障离婚自由、反对轻率离婚是我国 1950 年《婚姻法》和 1980 年《婚姻法》两部婚姻法处理离婚问题的指导思想，也是新中国离婚制度的重要特征。2001 年《婚姻法修正案》在此基础上作出重大发展与突破，即在保障离婚自由、反对轻率离婚的同时，强化离婚救济，实现保护弱者利益的社会正义与法律公平。保障离婚自由是婚姻自由原则的具体体现，是婚姻关系的本质要求，但保障离婚自由并不等于任意离婚，离婚必须符合法定条件，履行法定程序。法律上有关离婚的各项规定既是对离婚自由的保障，也是对轻率离婚的限制。同时，为离婚时的弱势一方提供救济手段，使其获得法律上的公平正义，也是离婚立法的重要内容。

保障离婚自由主要是指保障当事人的离婚合法权利。婚姻自由是受国家法律保护的公民权利，离婚自由是婚姻自由的一个重要内容，如果只有结婚自由权，而无离婚自由权，公民的婚姻自由权利就会受到侵害。反对轻率离婚就是要反对对离婚的不严肃态度，即反对违背法律规定精神和社会主义道德规范任意离弃对方的行为。马克思主义承认并保护离婚自由，但反对轻率离婚。反对轻率离婚和保障离婚自由的目的是一致的，因为离婚关系到家庭、子女和社会的利益，任何轻率离婚都会给家庭、子女和社会带来不利的后果。

离婚救济制度是对那些因离婚而遭受损害者所提供的救济方式。离婚救济制度彰显了夫妻双方人格独立与平等的理念，致力于损害与救济之间的衡平，而其更重要的社会意义则体现为在离婚自由与社会正义之间架起了法律的桥梁。保障离婚自由是我国婚姻自由的重要理念，是现代离婚制度的灵魂。而以"破裂主义"作为判定婚姻死亡的法定标准正是对这一理念的诠释。但是如果不能给予在婚姻中由于另一方的过错而受到重大伤害或因离婚而遭受损失或离婚后将面临巨大生活压力的弱势一方以相应的救济，则无法体现社会正义与法律公平。离婚救济制度正是通过离婚损害赔偿制度，以法律之力强制过错方补偿无过错方的损失，抚慰受害者的精神，以达到明辨是非、分清责任的目的，实现法律正义。同时，通过家务劳动补偿和经济帮助在一定程度上消除离婚时弱势一方在经济上的后顾之忧，保障离婚自由的真正实现。

■第二节 离婚程序

一、登记离婚

登记离婚是通过行政程序解除婚姻关系，也称之为行政离婚或非讼离婚，即凡男女双方自愿离婚的，须到婚姻登记机关进行离婚登记，经婚姻登记机关确认批准，发给离婚证，婚姻关系即合法有效地解除。《婚姻法》第 31 条规定："男女双方自愿离婚的，准予离婚。双方必须到婚姻登记机关申请离婚。婚姻登记机关查明双方确实是自愿并对子女和财产问题已有适当处理时，发给离婚证。"

登记离婚在我国离婚制度中占有重要的一席，具有重要意义，登记离婚有利于当事人正确行使婚姻自由的权利，凡符合自愿离婚法定条件者，均可通过行政程序解除婚姻关系，不仅有利于减少诉讼纠纷，也有利于社会的安定团结，由于登记离婚的前提是双方自愿，因而争议少，不伤害对方，且协议由双方自愿达成，离婚后遗留问题少，有利于协议的执行。

（一）登记离婚的条件

依据《婚姻法》和《婚姻登记条例》的规定，婚姻登记机关准予离婚登记，当事人须具备以下条件：

1. 双方具有合法夫妻身份。双方须办理过结婚登记，持有结婚登记证明。离婚的主体是夫妻，未办理结婚登记的非法同居者，不予办理离婚登记。

2. 当事人具有民事行为能力。双方当事人均须具有民事行为能力。无民事行为能力或限制民事行为能力者不适用离婚的行政程序。

3. 双方自愿离婚。双方当事人对离婚的意愿必须是自愿的、真实的、一致的，一方欺骗他方或胁迫他方所达成的协议，不予办理离婚登记。

4. 双方对子女抚养和财产问题已达成协议。离婚协议的内容包括离婚后子女由何方抚养，子女抚养费的负担及其数额、期限和给付方法，不直接抚养子女的父母一方如何行使探望权，夫妻共同财产的分割，债务的清偿，对生活困难一方的经济帮助，家务劳动补偿，以及离婚损害赔偿等。其协议应当符合男女平等，保护妇女和子女合法权益的原则，不违背婚姻法的有关规定。

（二）登记离婚的程序

根据《婚姻法》和《婚姻登记条例》的规定，办理登记离婚的机关是县级人民政府民政部门或者乡（镇）人民政府，省、自治区、直辖市人民政府可以按照便民原则确定农村居民办理婚姻登记的具体机关。办理离婚登记的程序分为：申请、审查、批准。

1. 申请。凡男女双方自愿离婚的，双方应当亲自共同到一方当事人常住户口所在地的婚姻登记机关申请登记离婚。申请时，应当持本人的户口证明、居民身份证，本人的结婚证，以及双方当事人共同签署的离婚协议书。离婚协议书应当载明双方当事人自愿离婚的意思表示以及对子女抚养、财产及债务处理等事项协商一致的意见。

2. 审查。婚姻登记机关的婚姻登记员对当事人的离婚申请，必须进行严格审查。首先，应当查明当事人是否提供了法律规定的各项证件和证明材料；其次，应当向当事人告知《婚姻法》关于登记离婚的条件，询问当事人的离婚意愿以及对离婚协议内容的意愿；最后，应当对当事人提交的证件、申请离婚登记声明书、离婚协议书进行审查。申请人对登记机关询问的情况应如实提供，不得弄虚作假。

申请离婚的当事人一方有下列情形之一的，婚姻登记机关不予受理：①一方要求离婚的；②双方同意离婚，但是对子女抚养、离婚救济、财产及债务处理等事项未达成协议的；③一方或双方为限制民事行为能力人或者无民事行为能力人的；④未办理过结婚登记的；⑤结婚登记不是在中国内地办理的。

3. 批准。婚姻登记机关对于当事人确属自愿离婚，并已对子女抚养、财产、债务等问题达成一致协议的，应当当场予以登记，发给离婚证，注销结婚证。

当事人自取得离婚证起解除婚姻关系。离婚证和人民法院的离婚判决书、离婚调解书具有同等法律效力。离婚的当事人一方不按照离婚协议履行应尽义务的，另一方可以向人民法院提起民事诉讼。对不符合离婚登记法定条件的，婚姻登记管理机关不予受理，并应当给当事人出具《不予办理离婚登记通知书》，同时向当事人解释有关法律规定。

示例　于某（男）与朱某（女）已结婚 5 年，双方婚后感情较好，育有一子。2 年前，因儿子触电死亡，朱某受到刺激后出现精神不正常状态，经常自言自语，生活不能自理，后经医治有所好转，但仍一时清醒一时糊涂。于某认为双方已无法继续生活下去，就趁朱某清醒时提出与朱某离婚，并让朱某在事先起草好的离婚协议上签字。朱某的姐姐知道此事后表示不同意，就在双方到婚姻登记机关办理离婚登记时到婚姻登记机关提出朱某患有精神病，并出示了医院的诊断证明。但于某提出，朱某签离婚协议时是清醒的，现在办理离婚登记也处于清醒状态，应当允许他们办理离婚登记。婚姻登记员认为，朱某有精神病，其精神状态不稳定，属于无行为能力或限制行为能力人，于某应当到法院起诉离婚，以保障朱某的利益。

登记离婚在国外主要有两种方式：户籍登记或行政登记。所谓户籍登记是指在户籍机关办理登记手续，解除婚姻关系。如《日本民法典》第 763 条规定："夫妻可以通过协议离婚。"第 739 条规定："双方的协议依照《户籍法》的规定登记而发生效力。在办理协议离婚登记时，须由当事人双方及 2 人以上成年证人署名的书面或口头申请。"《俄罗斯联邦家庭法典》规定，离婚在户籍登记机关办理（第 18 条），但以没有共同的未成年子女为条件（第 19 条）。行政登记依不同国家的规定，可以是在民事登记机关，也可以是在婚姻登记机关。如《墨西哥民法典》第 272 条规定："夫妻双方自愿离婚，应亲自到其住所地民事登记处官员面前声明，由民事官员作一项记录，载明他们的离婚请求，并在 15 日内传唤双方前来确认上述记录，如果当事人双方都表示同意，民事登记处官员就应宣布他们离婚。"丹麦婚姻法和挪威婚姻法都规定，夫妻双方只要就离婚和离婚后的有关问题达成一致协议，当事人就可以向州长办公室提出离婚申请，并办理离婚手续。

二、诉讼离婚

诉讼离婚是指经过人民法院审理判决的离婚制度。凡一方要求的离婚，或双方对子女抚养、财产分割及离婚救济有争议的离婚，均须经过人民法院审判裁决。《婚姻法》第32条第1、2款规定："男女一方要求离婚的，可由有关部门进行调解或直接向人民法院提出离婚诉讼。人民法院审理离婚案件，应当进行调解；如感情确已破裂，调解无效，应准予离婚。"据此，一方要求离婚的程序分为两部分：①诉讼前调解程序；②离婚诉讼的具体程序。

（一）诉讼前调解程序

诉讼前调解程序也称行政调解程序，是指男女一方要求离婚的，可以先经有关部门进行调解的程序。所谓有关部门，包括当事人所在单位、群众团体、基层调解组织和行政主管部门。调解时，既可由一个部门进行调解，也可由几个部门联合进行调解。调解必须遵循自愿、合法的原则，不得强迫调解。

诉讼前的调解不具有法律的强制性，不是离婚的必经程序。当事人要求离婚的，可以先经过诉讼前的调解程序，也可以不经过诉讼前的调解程序，直接向人民法院提起离婚诉讼。人民法院不得以未经有关部门调解而拒绝受理。

在法律上规定诉讼外的调解程序，具有重要的意义和作用：①诉讼外的调解有利于及时解决当事人间的婚姻家庭纠纷，能够及时解决纠纷，防止矛盾激化，减少诉讼。②诉讼外调解有利于改善夫妻关系。通过调解可以消除对立情绪，具有不伤和气、气氛融洽、易于为当事人所接受的优点。③诉讼外的调解有利于发挥各级组织和群众团体的积极作用。当事人所在地的居民委员会、村民委员会和所在单位接近群众、了解情况，弄清纠纷的原因和事实真相，进行调解和说服教育方面，都具有有利的条件。

诉讼外的调解不具有强制性的效力，调解后一般有三种结果：①经过调解，双方和好，消除纠纷；②经过调解，双方同意离婚，达成离婚协议，当事人到婚姻登记管理机关办理离婚登记手续；③调解无效，双方未达成协议的，要求离婚的一方应向人民法院提起离婚诉讼。

（二）离婚诉讼的具体程序

提起离婚诉讼后的程序即诉讼离婚的程序，是人民法院对当事人的离婚请求进行审理的法定程序。根据《婚姻法》的规定，包括调解和判决两个阶段。

1. 调解。《婚姻法》第 32 条第 2 款规定："人民法院审理离婚案件，应当进行调解……"调解是人民法院处理离婚案件的必经程序，是司法机关行使审判职能的重要方式。在诉讼活动中适用调解，有利于对当事人进行法制宣传教育和思想疏导工作，并使案件及时妥善地得到处理；对于调解所达成的协议，当事人一般能够自觉执行。这不仅减少了缠讼，也减少了法院的执行工作。

人民法院在审理离婚案件时可以先行调解，在案件审理过程中，坚持"调解优先，调判结合"。调解时必须坚持自愿、合法的原则，在查清事实的基础上进行，调解时必须掌握当事人真实的思想动态，做深入细致的思想工作，分清双方的是非责任，并与当地基层组织、有关单位密切合作，共同进行说服教育，以促使当事人互谅互让，促成和好或达成离婚协议。

诉讼内的调解工作也有三种结果：①调解后双方当事人和好，原告撤诉的，人民法院将调解笔录存卷，诉讼活动结束；②双方当事人达成离婚协议的，人民法院按协议制作调解书，调解书送达后发生法律效力，婚姻关系依法解除；③对调解无效，当事人达不成协议的，人民法院不能久调不决，应立即进入判决阶段。

2. 判决，是指人民法院在调解无效的基础上，对有争议的诉讼标的所作的强制性决定。人民法院在离婚案件调解无效、双方存在争议的情况下，应在查清案情的基础上，依照《婚姻法》的有关规定作出判决。人民法院的离婚判决，包括判决准离和不准离两种情况，无论何种判决，其标准都是夫妻感情是否确已破裂。破裂者，准予离婚，未破裂或未完全破裂者，不准离婚。判决一经生效，就发生强制性效力，当事人必须执行。当事人对一审法院判决不服的，可在一审判决后 15 日内向上一级人民法院提起上诉，第二审人民法院作出的判决为终审判决。对于判决不准离或调解和好的离婚案件，没有新情况、新理由，原告在 6 个月内又起诉的，人民法院不予受理。

（三）无行为能力的人如何提起离婚诉讼

我国婚姻法对无行为能力和限制行为能力人如何提起离婚之诉没有明确规定。根据《民法通则》第 13 条的规定，不能辨认自己行为的精神病人是无民事行为能力人，由他的法定代理人代理民事活动。不能完全辨认自己行为的精神病人是限制民事行为能力人，可以进行与他的精神健康状况相适应的民事活动；其他民事活动由他的法定代理人代理，或者征得他的法定代理人的同意。离婚是解除身份关系的行为，在通常情况下，身份行为不能代理。限制行为能力的人由于具有一定的辨认能力和控制能力，可以自行决定或征得法定代理人同意作为原告或被告参与离婚诉讼，作出是否同意离婚的意思表示。

无行为能力人不具备辨认能力和控制能力，无法自行提起离婚之诉，按照身份行为不能代理的原理，他人也不得代理离婚事宜，作出是否同意离婚的意思表示。但司法实践中，因一方是精神病人而起诉离婚的案件或严重侵害精神病配偶一方人身权利和财产利益的案件有所增加，为了保护无行为能力人的利益，维护婚姻自由原则，无行为能力人作为离婚案件的被告时，一般允许其近亲属作为代理人，或者由人民法院在其近亲属中指定代理人参与诉讼。同时，针对司法实践中一方侵害无行为能力配偶一方利益的情况，《婚姻法司法解释（三）》第8条规定，无民事行为能力人的配偶有虐待、遗弃等严重损害无民事行为能力一方的人身权利或者财产权益行为，其他有监护资格的人可以依照特别程序要求变更监护关系；变更后的监护人代理无民事行为能力一方提起离婚诉讼的，人民法院应当受理。据此，无行为能力人作为原告起诉离婚须符合以下条件：

1. 须符合先决条件。即无行为能力人的配偶有虐待、遗弃等严重损害无民事行为能力一方的人身权利或财产权益。

2. 须符合程序条件。凡符合先决条件的，首先应当由其他有监护资格的人通过诉讼程序依法变更监护关系。《民法通则》第17条规定：无民事行为能力或者限制民事行为能力的精神病人，由下列人员担任监护人，①配偶；②父母；③成年子女；④其他近亲属……配偶是无民事行为能力人的第一顺法定监护人，只有变更监护关系之后，其他人才可以成为无行为能力人的法定监护人，只有法定监护人才可以代理被监护人起诉离婚。

3. 取得监护权后，法定代理人可以代理无民事行为能力的一方作为原告起诉离婚。法定代理人可以代其起诉离婚，也可以代其参加诉讼，是否准予离婚由法院根据具体情况，参考代理人的意见，以保护被代理的精神病人的利益为宗旨，作出公平合理的判决。

三、诉讼离婚的两项特别程序

（一）对现役军人离婚的保护性规定

《婚姻法》第33条规定："现役军人的配偶要求离婚，须得军人同意，但军人一方有重大过错的除外。"人民解放军担负着保卫祖国，保卫社会主义建设的神圣职责，他们远离自己的家乡和亲人，结婚后大多也长期处于与配偶分居的状态，他们为祖国、为人民贡献出自己宝贵的青春年华甚至生命，因此，对现役军人的婚姻，在法律上给予有限度的特殊保护，符合国家和人民的根本利益。

2001年《婚姻法》在修订时，注意到保护军婚与贯彻实施婚姻自由原则的关系，在1980年《婚姻法》对军人婚姻特殊保护的基础上，增加了但书条款。对于军人一方有重婚，有配偶者与他人同居，实施家庭暴力、虐待、遗弃家庭成员等重大过错，非军人一方要求离婚的，不适用这一特殊保护规定，虽然军人不同意离婚，也应当准予离婚。这一规定，不仅有利于保护婚姻自由，维护公民的离婚自由权，也有利于维护军人的形象。

在适用对现役军人离婚的特别规定时，应注意以下几点：

1. 现役军人的范围。现役军人是指具有中国人民解放军军籍的干部和战士，以及人民武装警察部队的干部和战士。退役、复员和转业军人以及在军事单位中工作但未取得军籍的职工或其他人员不包括在内。

2. 双方均为现役军人的，不适用特别规定。现役军人的配偶要求离婚，是针对非军人配偶而言，如双方均为现役军人或现役军人向不是军人的配偶一方提出离婚，则不适用该条特别规定，应按一般离婚规定处理。

3. 军人同意的含义。所谓"须征得军人同意"，是指军人的配偶提出离婚，非经军人本人同意，不得准予离婚。因此，在一般情况下，军人配偶要求离婚，军人不同意时，法院应配合有关部门，对军人配偶进行说服教育，调解或判决其不准离婚。对感情已完全破裂，确实不能继续维持夫妻关系的，经调解无效，人民法院应通过军人所在部队团以上的政治机关，在向军人做好思想工作的基础上，也可准予离婚，但处理时必须慎重对待，严格掌握。

4. 除外规定。军人一方有重大过错，非军人一方要求离婚的，无须经过军人同意。所谓军人一方有重大过错，可以理解为军人有以下三种情况：①重婚或有配偶与他人同居的；②实施家庭暴力或虐待、遗弃家庭成员的；③有赌博、吸毒等恶习，屡教不改的。

5. 破坏军婚的刑事责任。现役军人的配偶提出离婚，如系第三者插足破坏军人婚姻家庭所造成的且构成犯罪的，除依照《刑法》有关规定追究第三者的刑事责任外，还应判决不准离婚。我国《刑法》第259条规定："明知是现役军人的配偶而与之同居或者结婚的，处3年以下有期徒刑或者拘役。利用职权、从属关系，以胁迫手段奸淫现役军人的妻子的，依照本法第236条的规定定罪处罚。"

（二）对女方在特殊情况下离婚的保护性规定

《婚姻法》第34条规定："女方在怀孕期间、分娩后1年内或中止妊娠后6个月内，男方不得提出离婚。女方提出离婚的，或人民法院认为确有必要受理男方离婚请求的，不在此限。"这是保护妇女儿童身心健康的特别规定。妇女在怀孕期间、分娩后1年内或中止妊娠后6个月内，身体上和精神上都需要特别照顾。其精神状态、情绪，也直接影响胎儿和婴儿的发育成长。因此，为了维护妇女、胎儿、婴儿的身心健康，在此期间内，禁止男方提出离婚是非常必要的。对上述特别规定，应作如下理解：

1. 在特定时期限制男方离婚的起诉权。①限制的主体只能是男方，而不能

第
十
章

是女方；②它是限制男方的起诉权，而不是剥夺其起诉权；③这一限制是有期限性的，即女方中止妊娠后 6 个月内或怀孕期间，以及分娩后的 1 年内，超过此期限则不受特殊保护。

2. 女方不受限制。在此特定期间，女方提出离婚的，不受限制。这是因为，女方此时提出离婚，往往是由于某些紧迫的原因，如不及时受理，可能更加不利于保护妇女、胎儿、婴儿的利益，故不应受此限制。

3. 除外规定。人民法院认为确有必要受理男方离婚请求的，不受此限。在男方有正当理由、女方有重大过错的情况下，如女方与他人通奸怀孕，男方坚持要求离婚，如不及时受理，可能使矛盾激化，危及妇女和胎儿、婴儿的生命安全。在这种情况下，人民法院可以受理男方的离婚请求，但是，是否准予离婚，仍应根据具体情况和依照法律规定处理。

示例 李某（男）与谢某（女）1999 年自愿结婚，婚后感情尚好。1 年后，谢某生育一女，李某很不满意，多次对谢某非打即骂。谢某与李某母亲的关系也不好。2002 年 3 月，李某提出离婚，谢某不同意，经法院调解后，李某撤诉。2003 年 12 月，谢某计划外生育一女，经双方同意送他人收养。2004 年 2 月，李某再次起诉离婚。一审法院认为，尽管谢某分娩后仅 2 个月李某即提出了离婚，但他们的孩子已经送养他人，可以不受特定情况下对男方离婚诉权予以限制规定的保护。因此，受理了此案，并判决准予离婚。

显然，一审法院没有充分理解《婚姻法》这一规定的精神所在。首先，法律上限制男方在女方分娩后 1 年内的离婚起诉权，不仅是为了保护婴儿的正常发育成长，也是为了保护女方的身心健康，考虑到了女方在分娩后 1 年内的身体和精神不能承受离婚的打击。其次，只有在女方怀孕系婚后与他人通奸等双方矛盾激化，危及女方生命健康的情况下，法院才可以作为"确有必要受理"的特殊情况，受理男方的离婚请求。显然，本案的情况并非如此。因此，法院不应受理男方的离婚请求。

■第三节 判决离婚的法定条件

一、破裂主义是判决离婚的立法原则

《婚姻法》第 32 条第 2、3 款规定："人民法院审理离婚案件，应当进行调解；如感情确已破裂，调解无效，应准予离婚。有下列情形之一，调解无效的，应准予离婚：①重婚或有配偶者与他人同居的；②实施家庭暴力或虐待、遗弃家

庭成员的；③有赌博、吸毒等恶习屡教不改的；④因感情不和分居满 2 年的；⑤其他导致夫妻感情破裂的情形。"这一规定，包含三层含义：①我国适用破裂主义离婚原则，如果夫妻感情确已破裂，应当准予离婚；②调解是诉讼离婚的程序性规定，如果夫妻感情没有破裂或没有完全破裂，即使调解无效，也不应准予离婚；③在立法技术上采概括性规定与列举性规定相结合。夫妻感情确已破裂是判决准予离婚的法定概括性条件，列举的五种情形则是认定感情破裂的具体列举规定。列举规定是概括性规定的例示说明或典型表现，而概括性规定又是对列举规定的补充和扩展。

我国《婚姻法》将夫妻感情确已破裂作为判决准予离婚的法定条件的依据主要有以下三点：

1. 反映了社会主义社会婚姻的本质。社会主义社会婚姻的本质是爱情，爱情是两性结合的基础，有无爱情是婚姻关系存废的前提。恩格斯指出："只有以爱情为基础的婚姻才是合乎道德的，那么也只有继续保持爱情的婚姻才合乎道德。"[1] 离婚纠纷的产生，无不与夫妻的感情状况有关。如果夫妻感情确已破裂，婚姻已经"死亡"，就应当依法予以解除。如果夫妻感情尚未破裂，婚姻关系仍可以继续存在下去，就应当依法予以维持。准予离婚或不准离婚，只能以夫妻的感情状况为客观依据。正如马克思所说："离婚仅仅是对下面这一事实的确定：某一婚姻已经死亡，它的存在仅仅是一种外表和骗局……死亡这一事实的确定取决于事物的本质，而不取决于当事人的愿望。"[2] "立法者对于婚姻所能规定的，只是这样一些条件：在什么条件下婚姻是允许离异的，也就是说，在什么条件下婚姻按其实质来说是已经离异了。法院判决的离婚只能是婚姻内部崩溃的记录。"[3] 夫妻感情破裂正是婚姻内部崩溃的标志，因此，我国婚姻法把夫妻感情是否确已破裂作为准离或不准离的法定界限，是由婚姻的本质决定的，符合马克思主义关于离婚问题的观点。

2. 符合我国离婚立法的历史发展。以感情确已破裂作为离婚的原则界限，是我国离婚制度发展的必然结果。从 1931 年《中华苏维埃共和国婚姻条例》确立离婚自由原则以后，抗日战争时期的 1942 年《晋冀鲁豫边区暂行婚姻条例》第 16 条明确将"夫妻感情恶劣"作为离婚的根据。1943 年 2 月 4 日公布的《晋察冀边区婚姻条例》第 14 条规定："夫妻感情意志根本不合致不堪同居者，任何一方得向司法机关请求离婚。"新中国成立后的第一部婚姻法——1950 年《婚姻

〔1〕《马克思恩格斯选集》第 4 卷，人民出版社 1972 年版，第 78～79 页。
〔2〕《马克思恩格斯全集》第 1 卷，人民出版社 1956 年版，第 184 页。
〔3〕《马克思恩格斯全集》第 1 卷，人民出版社 1972 年版，第 185 页。

法》第 17 条第 1 款规定："……男女一方坚决要求离婚的，经区人民政府和司法机关调解无效时，亦准予离婚。"由于历史的原因，当时对离婚的标准未作具体规定。1953 年 3 月 19 日中央人民政府法制委员会在《有关婚姻问题的若干解答》中对此作了进一步的解答：人民法院对于一方坚决要求离婚，如经调解无效而又确实不能继续维持夫妻关系的，应准予离婚。如经调解虽然无效，但事实证明他们双方并非到确实不能继续同居的程度，也可以不批准离婚，这一解答将"不能继续维持夫妻关系"作为准予离婚的标准。1963 年《最高人民法院关于贯彻执行民事政策几个问题的意见》中，明确提出了"感情是否完全破裂"作为离婚的标准：对于那些感情已完全破裂，确实不可能和好的，法院应积极做好坚持不离一方的思想工作，判决离婚。1979 年，《最高人民法院关于贯彻执行民事政策法律的意见》中指出："人民法院审理离婚案件准离与不准离的基本界限，要以夫妻关系事实上是否确已破裂，能否恢复和好为原则。"在这里，夫妻关系是否确已破裂，实际上仍然是感情是否破裂问题，因为感情是夫妻关系赖以维持的基础。1980 年《婚姻法》第一次在法律上明文规定："如感情确已破裂，调解无效，应准予离婚。"这一规定符合我国现代离婚立法的发展轨迹，是我国离婚制度的重大进步成果。

3. 这是我国司法实践经验的总结。在我国司法实践中，长期以来就存在"理由论"与"感情论"之争。理由论认为离婚必须有正当理由，理由正当，准予离婚，理由不正当，则不准离婚。感情论则认为离婚应以夫妻感情是否破裂为标准，如夫妻感情确已破裂，婚姻关系无法维持的，应准予离婚，反之，不准离婚。感情论是从婚姻的本质出发所确立的离婚原则，离婚必须以感情破裂为依据，如果离开婚姻的本质，而只看离婚的理由是否正当，可能会把感情尚未完全破裂甚至感情很好的夫妻拆散，造成错案。

从反右斗争直到"文化大革命"结束这段时间内，片面强调以"阶级斗争为纲"，在司法实践中处理离婚案件时，强调离婚理由是否正当，而把感情是否破裂放到次要的位置，甚至用正当理由代替夫妻感情，用政治标准否定婚姻关系的特殊属性。由于离婚的标准离开了婚姻的本质以至于出现了两种倾向：一方面，对有第三者或有喜新厌旧倾向的案件，一律视为理由不正当而不准离婚，从而以法律手段强行维持一些根本没有夫妻感情或夫妻感情确已破裂的死亡婚姻，使当事人深受其苦。另一方面，对一些有感情甚至感情很深的夫妻，因一方有政治、历史问题不得已提出离婚的，则属于离婚理由正当，完全不考虑当事人的感情，均准予离婚，其结果同样使当事人苦不堪言。以政治标准代替婚姻的伦理，背离了婚姻的本质要求，给当事人和社会均造成了难以挽回的悲剧。1980 年《婚姻法》总结了我国司法实践的经验教训，将感情是否确已破裂作为准离或不准离的法定条件，这对正确处理离婚案件，保护当事人的合法利益，是十分重要的。

二十多年的司法实践证明了以夫妻感情是否破裂作为裁判离婚的法定标准符合婚姻的本质，契合我国离婚立法的发展，更是多年司法实践经验的总结，应当在离婚立法中予以坚持。因此，2001 年《婚姻法修正案》坚持了这一规定。

对于以"感情破裂"作为离婚标准，在学界主要有两种截然不同的观点。一是反对说，有学者认为，就离婚的立法原则而言，应当坚持破裂主义，但"感情破裂"作为离婚的法定标准不尽科学，应以"婚姻关系"破裂作为离婚的法定标准。因为，离婚立法的对象是夫妻之间的婚姻关系，而不只是感情关系。婚姻关系的多元性决定了离婚的法定标准不能过分强调婚姻关系的内涵，否则，不仅不符合我国婚姻关系的现状，不能包括所有的离婚理由，也降低了法条在司法实践中的可操作性。婚姻是男女双方以永久共同生活为目的结合而成的一种伦理关系和法律关系。就法律关系而言，双方当事人是被夫妻间的权利和义务紧密地联系在一起的。夫妻感情是婚姻关系借以建立和存续的思想基础。一般说来，夫妻的感情状况同婚姻状况是一致的。但是，"感情"一词尚不足以概括婚姻关系的全部内容，感情具有强烈的主观色彩，涉及当事人的心理活动。婚姻关系中权利的行使和义务的履行却是客观外在的。大量的事实证明，某些婚姻关系之所以不能继续维持，并非出于感情上的原因，而是由其他原因造成的，如一方因患精神病而丧失婚姻行为能力，一方失踪、下落不明等便是这方面的明显例证。就法律用语的科学性和准确性而言，"婚姻关系确已破裂"在提法上显然是优于"夫妻感情确已破裂"的。二是赞成说，也有学者认为应当坚持以"感情确已破裂"作为离婚的法定条件。他们认为，提倡以感情为婚姻的基础和婚姻破裂的标志具有先进性。法律要发挥引导作用，任何离婚的原因归根结底最终将导致夫妻感情的破裂，也最终体现为感情的破裂。感情破裂并非不能认识，司法解释总结的综合分析法与列举性的 14 条理由均说明感情可以认识。[1]

二、认定夫妻感情确已破裂的方法

正确判断夫妻感情是否确已破裂，是处理好每一件离婚纠纷的关键。夫妻感情属于社会意识的范畴，归根结底是由社会物质生活条件决定的。认定夫妻感情是否破裂，的确是一件既重要又很复杂细致的工作。因为夫妻感情包含多方面的内容，如情感上的投合和爱慕，理想、道德、情操、精神生活的相近和一致，对物质利益的向往和满足等。感情又是发展变化的，具有可变性和复杂性的特点，

---

[1] 薛宁兰："中国法学会婚姻法学研究会 2000 年年会综述"，载《法学动态》2001 年第 3 期。

但感情的有无和存废是客观的现实，是可以掌握和认定的。夫妻的感情破裂，从时间上看，是已经破裂，而不是可能破裂或将要破裂；从程度上看，是完全、彻底地破裂，而不是某一方面破裂；从现实状态上看，是真正破裂，而不是仅有破裂的表象或当事人主观上自认为破裂。

认定夫妻感情是否确已破裂，要运用马克思主义的唯物辩证法，要有发展的观点，不能固定地、静止不变地看问题。夫妻感情是一个能动的要素，它可以向积极方向发展，促进夫妻关系的稳定和睦，也可以向消极方向转化，造成夫妻关系的不和与破裂。影响夫妻感情变化的因素是多样而又复杂的，我们在认定时，要发展地看问题，要看到过去，更要看到现在、将来，全面地进行分析。在认定夫妻感情变化时，不能只看一时一事，也不能轻信当事人的陈述，要进行去伪存真、由表及里的客观分析，深入了解夫妻关系的真实情况。总之，判断夫妻感情是否破裂，不能凭执法者的主观臆断，也不能偏听偏信，而应该根据客观实际，在调查研究的基础上，对夫妻感情进行全面分析。正如马克思所说："某一婚姻已经死亡……既不是立法者的任性，也不是私人的任性，而每一次都只是事物的本质来决定婚姻是否已经死亡。""死亡这一事实的确定取决于事物的本质，而不取决于当事人的愿望。既然在肉体死亡的时候你们要求确凿的、无可反驳的证据，那么，立法者只有根据最无可怀疑的征象才能确定伦理的死亡。"[1]

最高人民法院根据司法实践的多年经验，在1989年颁布的《关于人民法院审理离婚案件如何认定夫妻感情确已破裂的若干具体意见》（以下简称《1989年司法解释》）中明确指出：人民法院审理离婚案件，准予或不准予离婚，应以夫妻感情是否破裂作为区分的界限。判断夫妻感情是否确已破裂，应当从婚姻基础、婚后感情、离婚的原因、夫妻关系的现状及有无和好可能等方面综合分析。综合分析法是人民法院审理离婚案件的重要经验。根据《婚姻法》的有关规定和审判实践经验，确认感情是否确已破裂应该采取综合分析法与具体理由相结合的方式。

（一）综合分析法

所谓综合分析法，即在调查研究的基础上进行分析判断，从婚姻关系的四个方面进行综合评判考察。婚姻法修改后，综合分析法在司法实践中仍应具有指导意义。

1. 看婚姻基础。看婚姻基础，就是看结婚的形式及婚姻关系建立时男女双方的感情状况。结婚的形式包括包办婚姻、自主婚姻和自由婚姻。包办婚姻是父母或他人违背男女双方或一方意愿，强迫包办而结成的婚姻。这种结婚形式感情

---

〔1〕《马克思恩格斯全集》第1卷，人民出版社1972年版，第184页。

基础差，易造成婚后夫妻不和，是离婚纠纷的重要原因。关于自主婚姻，男女双方在形式上是自愿的，但有些自主婚实际上是以男方或男方家庭给付使女方及女方家庭满意的彩礼为条件的，这类婚姻的感情基础较差或一般，双方在结婚时就已经埋下了婚后不和的种子和因素。自由婚姻是双方自由恋爱而缔结的婚姻，总体上说感情基础较好，但双方未经充分了解的草率型婚姻，或双方的感情是建立在追求容貌、钱财、权势的基础之上的婚姻，其婚姻关系稳定性也较差。

一般来说，婚前基础好的，婚后不易发生纠纷，即使发生纠纷，和好的可能性也大。婚前基础不好的，婚后容易发生纠纷和矛盾，且不易和好，有的甚至成为导致离婚的直接原因，如包办买卖婚姻、草率结婚等都可成为离婚的直接原因。但婚姻基础只能说明过去，婚姻关系是在不断发展变化的，自由结合的夫妻也会因其他原因造成夫妻感情破裂，婚姻基础不好的婚姻在婚后共同生活中也可能建立起真挚的感情。对此，我们应有辩证的观点，不可一概而论。

2. 看婚后感情。看婚后感情是看夫妻婚后共同生活期间的感情状况。婚姻关系具有多方面的社会内容，双方的思想品德、工作状况、志趣爱好、生活习惯、脾气秉性以及与其他家庭成员的关系等都会影响夫妻感情。因此，在分析婚后感情时，一要联系婚姻基础，分析婚后感情的发展变化。如果感情是向好的方向发展变化，那么引起离婚的冲突的可能是偶然因素，容易调解和好。如果感情是向坏的方向发展，而且每况愈下，那么引起离婚冲突的就可能不是偶然性因素了。二要看婚后感情变化的特点是先好后坏，还是先坏后好又坏，还是时好时坏，或者一直很好，突然变坏。三要看婚后感情变化是由于自身的原因，还是外界因素的作用，如婆媳关系不和；是政治上的原因、经济上的原因，还是思想作风上的原因，或者是性格爱好、生理上的原因。

总之，要从婚后感情变化的总体上确定其现时的感情状况是属于比较好的、一般的、差的，还是比较差的。要从变化的趋势中得出正确结论，不能只看一时一事，要看夫妻感情变化的全过程。同时，要透过现象看本质，由于人们的性格特点、教育程度、思想修养、心理素质、生活、工作环境的不同，表达感情的方式和特点也各不相同，因此，不能从表面现象看问题，要透过各种现象看夫妻感情的实质，不要被假象所迷惑。要具体分析每对夫妻的具体情况，实事求是地确定其感情状况。

3. 看离婚原因。离婚原因也就是离婚的理由，是原告要求离婚的主要根据，也是原、被告在诉讼过程中争执的焦点和核心。如果原告要求离婚的理由不足或被否定，就可能处于败诉的地位。为了胜诉，原告往往会扩大事实，制造假象，或捏造事实，掩盖其离婚的真实动机，以便强调自己起诉的理由。而被告为了使自己处于主动地位以便取得胜诉，往往利用自己抗辩的地位用一切办法否定原告的离婚理由，甚至隐瞒事实真相，扩大对方的缺点和错误。

因此，分析离婚原因必须注意以下两点：①要查清离婚的真实原因，弄清事实的真相，只有这样，才能了解判断夫妻感情破裂的程度，确定婚姻纠纷的性质，正确评估夫妻感情状况。②要查清离婚的主要原因。在司法实践中，原告往往罗列离婚的许多材料和事实，必须从中提炼概括出起决定性作用的、主要的离婚原因，并对这些争议的事实和现象的性质加以区分确定，例如，是属于经济问题还是第三者介入问题，是性格不合还是婆媳关系不好，不同性质的离婚纠纷对夫妻感情的破裂所起的作用并不完全相同。所以，弄清离婚的主要原因，判明离婚纠纷的性质，对确认夫妻感情破裂的程度有重要意义。

4. 看夫妻关系的现状及有无和好可能。这是在以上"三看"的基础上，对婚姻现状和今后发展的前途所做的估计和预测。它决定调解工作的方向，也为最后作出判决提供了根据。从夫妻关系看，主要有三种情况：①夫妻感情尚未破裂，有和好的希望，如果夫妻间的矛盾不是根本性的和长期的矛盾，双方还共同生活，并履行夫妻间的权利义务关系，这就具有和好因素，应加强调解和好工作，若调解无效，应判决不准离婚。②夫妻感情尚未完全破裂，有和好希望，坚决不离的一方有和好的愿望和实际行动，此时，也应加强调解和好工作，调解无效的，可以判决不离。③夫妻关系确已完全破裂，和好无望的，调解和好或离婚均达不成协议，应做好坚决不离一方的工作，判决准予离婚。

以上"四看"是完整的认识结构，是一个整体，它从婚姻关系的纵向和横向提供了认定夫妻感情是否破裂的方法。

（二）认定夫妻感情确已破裂的具体情形

为了准确认定夫妻感情是否确已破裂，2001 年《婚姻法修正案》对诉讼离婚的法定条件采取了概括性规定与列举性规定相结合的方式，在最高人民法院上述司法解释的基础上，总结了司法实践的经验，剔除了第 32 条中属于无效婚姻等其他情况，列举了五种情形，作为认定感情确已破裂的具体情形。

1. 重婚或有配偶者与他人同居的。重婚是严重违反一夫一妻制的行为，也是对夫妻感情的严重破坏。因重婚而要求离婚的分为两种情况：①一方重婚，对方要求离婚的；②重婚方要求离婚的。无论由重婚方还是对方要求离婚，均应首先依法追究重婚者的刑事责任，一方坚决要求离婚，经调解无效的，应当视为夫妻感情确已破裂，准予离婚。有配偶者与他人同居，是指已婚者在婚姻关系以外，与其他异性虽然不以夫妻名义，但同居共同生活的姘居关系。这种关系是对夫妻关系的严重破坏，如一方要求离婚，经调解无效的，应当视为夫妻感情确已破裂，准予离婚。

2. 实施家庭暴力或虐待、遗弃家庭成员的。一方对另一方或对家庭其他成员实施家庭暴力或以其他行为实施遗弃、虐待行为的，造成夫妻感情破裂，另一方坚决要求离婚，经调解无效的，可依法判决准予离婚。

3. 一方有赌博、吸毒等恶习屡教不改的。因一方有赌博、吸毒等恶习且屡教不改，致使夫妻难以共同生活的，视为夫妻感情确已破裂，另一方坚决要求离婚，经调解无效的，可依法判决准予离婚。

4. 因感情不和分居满2年的。夫妻因感情不和长期分居，没有共同生活，互不履行夫妻义务，夫妻关系实际上已名存实亡，是夫妻感情破裂的标志之一。如一方坚决要求离婚，经调解无效的，应准予离婚。

5. 其他原因导致夫妻感情确已破裂的。本条款属于弹性条款，除上述四种情况外，其他原因导致夫妻感情破裂的均可适用本条。如一方患有严重的精神病，经治不愈的；一方被判处长期徒刑，或其违法犯罪行为严重伤害夫妻感情的；或夫妻双方性格不合，难以共同生活的；或双方性生活不协调的等。

一方被宣告失踪，另一方提出离婚诉讼的，应准予离婚。一方下落不明，另一方只要求离婚而不申请宣告死亡的，不适用宣告失踪人死亡的特别程序。外出一方已连续2年以上与家庭断绝通讯联系，经多方查找，确无下落，另一方坚决要求离婚的，可以公告送达诉讼文书，在公告期满后依法判决准予离婚。判决书公告送达后，待上诉期满后即发生法律效力，当事人之间的婚姻关系即告解除。

《婚姻法司法解释（一）》第22条规定："人民法院审理离婚案件，符合第32条第2款规定'应准予离婚'情形的，不应当因当事人有过错而判决不准离婚。"依照此规定，离婚的唯一法定标准是夫妻感情是否确已破裂，不因为当事人有过错就剥夺法律赋予其享有的离婚自由的权利。无论是过错方提出离婚，还是无过错方提出离婚，只要符合离婚的法定情形，经调解无效的，应视为感情确已破裂，一般应准予离婚。

示例 已届不惑之年的某女甲，与丈夫乙是大学同学，当时是才子佳人，自由恋爱，轰动一时。结婚后，乙对甲百般呵护，双方在生活上互爱互敬，事业上也比翼齐飞，各自均取得了不俗的成绩。但就在双方生活日益富裕之后，乙却另结新欢，令甲痛心不已。虽经多方劝和，乙仍然与其情人难断情缘，甚至不再回家，与情人同居生活。1999年，乙提出离婚，甲不同意，表示愿意等待乙回心转意。乙遂以双方分居，感情确已破裂为由，诉至法院，但被法院驳回。2002年，乙再次向法院提出离婚请求，一审法院经审理后判决准予甲乙离婚。甲以乙有过错，不应准予其离婚为由，提起上诉。

对于离婚案件中的有过错一方，法律并不剥夺其离婚的自由权。法院判决离婚的唯一标准是感情是否破裂。《婚姻法司法解释（一）》第22条规定："人民法院审理离婚案件，符合第32条第2款规定'应准予离婚'情形的，不应当因当事人有过错而判决不准离婚。"本案中，甲乙已分居多年，夫妻感情确已破裂，尽管乙有配偶与他人同居，是有过错的行为，但不能就此剥夺其离婚权，对于无过错的甲可以采取损害赔偿等救济方法以达法律之公平。

三、感情确已破裂和调解无效的关系

《婚姻法》第32条第2款规定："人民法院审理离婚案件，应当进行调解；如感情确已破裂，调解无效，应准予离婚。"根据这一规定，我们可以看到，感情确已破裂是判决准予离婚的实质要件，调解无效是判决准予离婚的程序性要件，二者均为准予离婚的法定条件，前者是主要依据，是主条件，后者则是从条件，是程序性要求，二者有着密切的联系。

1. 感情破裂是准予离婚的主要依据。感情是夫妻关系存在的基础，感情的有无是婚姻关系存废的前提，感情破裂是夫妻关系破裂、难以继续维持下去的重要标志。夫妻感情破裂可分为一定程度的破裂、严重破裂、完全破裂三种情况。《婚姻法》所谓"感情确已破裂"是指夫妻感情完全破裂，只有夫妻感情完全破裂才符合离婚的法定条件。

2. 调解无效是准予离婚的程序性条件。调解是诉讼离婚的必经程序，未经调解，不得判决。调解可能有三种结果：调解和好、调解离婚和调解无效、未达成协议。前两种结果均无需判决，只有在调解无效的情况下才予以判决。因而，尽管夫妻感情已完全破裂，但尚未进行调解和调解程序还未结束的案件，是不能判决离婚的。

3. 调解与感情是否完全破裂有着密切的内在联系。调解是确认感情是否破裂的重要方面，一般来说，调解和好，说明夫妻感情并未完全破裂，调解离婚，证明夫妻感情已经完全破裂。而调解无效，仍然存在两种可能：或是感情破裂、一方坚持不离以及子女抚养、财产问题达不成协议；或是感情尚未完全破裂，一方坚持要求离婚。审判人员应当在调解无效的前提下，再根据夫妻感情是否确已破裂来决定是否判决离婚，不要把调解无效作为"感情确已破裂"的标志。

■第四节　离婚纠纷的类型及其处理

根据离婚的原因、状况和不同的理论学说，离婚纠纷的类型可以有多种分类。本教材的分类方法是按照《婚姻法》第32条规定的五种确定夫妻感情确已破裂的具体情形进行抽象分类的，以便于学生学习和掌握。

一、外遇型离婚纠纷

外遇型离婚纠纷主要包括重婚、有配偶者与他人同居、通奸等违反一夫一妻制的行为。

（一）对外遇型离婚纠纷性质的界定

重婚、有配偶者与他人同居及通奸等外遇均会给当事人的婚姻造成极大的损害，是引起离婚纠纷的重要原因。事实上的重婚与有配偶者与他人同居、通奸在主体、侵犯的客体上相同，但在客观表现及主观心态上有所不同。同时，在现实生活中，三者还存在着一种转化关系。因此，在审理此类离婚案件时，应首先确定案件的性质。

1. 重婚与有配偶者与他人同居性质的认定。

（1）概念。重婚分为法律上的重婚与事实上的重婚。法律上的重婚是指有配偶者又与他人登记结婚。事实上的重婚是指有配偶者虽然未与他人办理结婚登记，但双方以夫妻名义共同生活，形成了事实婚姻，即无论法律上的重婚还是事实上的重婚，均是一个人在同一段时间内存在两个以上的婚姻关系。有配偶者与他人同居是指男女一方或双方有配偶，而又与婚外异性不以夫妻名义持续、稳定地共同生活。

（2）相同之处。由于事实上的重婚双方未办理结婚登记，因此与有配偶者与他人同居有许多相似之处：①二者的主体相同，都是一方或双方有配偶；②二者侵犯的均为合法的婚姻关系；③二者的当事人之间有共同的住所或有共同居住的事实；④有持续稳定的一段时间的同居生活。

（3）不同之处。事实上的重婚与有配偶者与他人同居有着重要的区别：①对外表现形式不同。有配偶者与他人同居不以夫妻名义同居，周围的人也不认为他们是夫妻关系，而事实上的婚姻则公开以夫妻名义同居，周围的人认为他们是夫妻关系。②目的不同。有配偶者与他人同居的男女双方并未结为夫妻，也不以永久共同生活为目的，而事实上的重婚则以夫妻关系为名，且以永久共同生活为目的。③承担的法律责任不同。有配偶者与他人同居是违法行为，违反了一夫一妻制的规定，但不是犯罪行为，只须承担离婚损害赔偿的民事责任。事实上的重婚不仅是违法行为，还是犯罪行为。《刑法》第258条规定："有配偶而重婚的，或者明知他人有配偶而与之结婚的，处2年以下有期徒刑或者拘役。"1994年最高人民法院在给四川省高级人民法院的批复中明确规定："有配偶的人与他人以夫妻名义同居生活的，或者明知他人有配偶而与之以夫妻名义同居生活的，仍应按重婚罪处罚。"因此，事实上的重婚不仅要承担婚姻无效、离婚损害赔偿等民事责任，还须承担相应的刑事责任。

2. 有配偶者与他人同居及通奸性质的认定。

（1）概念。有配偶者与他人同居是指男女一方或双方有配偶，而又与婚外异性不以夫妻名义持续、稳定地共同生活。通奸是指男女一方或双方有配偶，而又与他人秘密地、自愿地发生两性关系的行为。通奸的双方，对外不以夫妻名义，对内不共同生活。

（2）相同之处。通奸与有配偶者与他人同居的相同点为：①二者的主体相同，均为一方或双方有配偶；②二者侵犯的客体均为合法的婚姻关系；③二者在客观上均表现为男女双方自愿发生两性关系；④二者的两性关系都不以夫妻名义。

（3）不同之处。通奸与有配偶者与他人同居的不同点为：①通奸的双方没有同居生活，有配偶者与他人同居则有共同的同居生活。②通奸关系具有隐蔽性，违法主体不愿被人知悉。有配偶者与他人同居则具有公开性，违法主体不怕暴露自己的违法行为。③通奸具有短期性，有配偶者与他人同居则是在一段时间内持续稳定地同居生活。因此，长期公开化的通奸即可转化为有配偶者与他人同居关系。

（二）外遇型离婚纠纷的处理

1. 重婚。重婚是严重违反一夫一妻制的行为，也是对夫妻感情的严重破坏。对重婚引起的离婚纠纷，处理的总原则是维护前婚，解除后婚。即使前婚当事人提出离婚，亦应在确认后婚无效、解除后婚的前提下再依法解决前婚的离婚纠纷。具体处理时应注意以下几点：

（1）追究重婚者刑事责任。对因重婚而提出离婚的，无论重婚方还是对方要求离婚，均应首先依法追究重婚者的刑事责任。

（2）宣告重婚无效。宣告重婚无效是重婚者承担的重要民事责任。因一方重婚而要求离婚的，应当宣告构成重婚的婚姻关系不具有婚姻的法律效力。重婚是婚姻无效的首要原因，除当事人外，当事人的近亲属以及居民委员会、村民委员会、当事人所在单位等基层组织均有权向人民法院申请该婚姻无效。以重婚为由要求离婚的，人民法院根据《婚姻法》第 10 条的规定，应首先宣告重婚的婚姻无效，再处理是否准予离婚的问题。

（3）根据判决离婚的法定条件决定是否准予离婚。对于双方均同意离婚的，应当准予离婚。对于无过错方提出的离婚，另一方不同意，经调解无效的，应当视为夫妻感情确已破裂，准予离婚。对于有过错方提出的离婚，在给予重婚者以刑事制裁的基础上，也可调解或判决不准离婚。经过一段时间后，仍无法调解和好的，可视为感情确已破裂，调解或判决准予离婚。同时，应当通过离婚损害赔偿、多分共同财产等救济手段，保护无过错一方特别是受害者的利益。

示例　严某（男）与井某（女）原为夫妻，两人于 2004 年 6 月中旬协议离婚。离婚后严某于同年 6 月底与李某（女）办理了结婚登记手续。井某离婚后未再婚，而严某结婚后仍与井某公开以夫妻的名义同居生活在一起。2005 年 2 月中旬，井某产下一女婴，该女婴系严某与井某的孩子。法院认为，严某与井某的行为已构成事实重婚罪。

重婚罪不仅仅是两个法律婚之间的重婚，也包括法律婚与事实婚之间的重婚，在严某与李某之间存在一个合法有效的法律婚的同时，严某仍然与前妻井某公开以夫妻名义同居生活，已构成事实重婚罪，应承担相应的刑事责任。现李某要求离婚，严某不同意，应认定婚姻关系已经破裂，准予离婚。

2. 有配偶者与他人同居及通奸。有配偶者与他人同居及通奸在性质上虽然没有重婚严重，但它对当事人婚姻关系的破坏作用、对受害者的伤害同样很大。处理因此类纠纷引起的离婚案件应注意以下问题：

（1）查清事实，分清责任。有配偶者与他人同居及通奸行为都是违反一夫一妻制的违法行为，因此，应当首先查清事实，分清责任。有配偶者与他人同居和通奸行为均违反了《婚姻法》中夫妻应当相互忠实的规定，违反社会公德，破坏一夫一妻制度，影响夫妻和睦，败坏社会风尚，极易引起家庭纠纷，影响安定团结和社会的和谐稳定，是一种违法行为，可以采取批评教育、道德谴责、党纪处分、行政处分等方式予以处理。对构成有配偶者与他人同居行为的，无过错方有权要求依法追究其离婚损害赔偿的民事责任。

（2）区分情况，具体处理。对于双方均同意离婚的，经调解无效后应当准予离婚。对于无过错方提出离婚的，应当表示理解并进行适当的劝导。对双方婚姻基础较好，婚后感情也较好，感情尚未完全破裂的，一方面要批评教育有过错方，另一方面也要为夫妻和好创造客观条件，割断有过错方与第三者之间的联系。如果过错方执迷不悟，导致双方无和好可能，夫妻感情已经完全破裂的，经调解无效，应当准予离婚。

对于有过错方提出离婚的，要在查清事实、分清是非责任的基础上，对有过错方进行批评教育。如果夫妻双方婚姻基础较好，婚后感情也较好，结婚多年，生育子女，对方表示谅解，不愿离婚的，应当着重做调解和好的工作，即使调解无效，也可判决不准离婚。但经过一段时间，有过错方仍然屡教不改，夫妻感情确已破裂，双方无和好可能的，应在做好无过错方工作的基础上，调解或判决离婚。同时，对夫妻共同财产进行分割时应适当照顾无过错的一方，对生活困难的一方还可以通过家务劳动补偿、离婚经济帮助等方式予以救济，以保障其合法权益。

第十章

二、家庭暴力型离婚纠纷

家庭暴力型离婚纠纷主要包括因实施家庭暴力、虐待、遗弃家庭成员而引起的离婚纠纷。

（一）家庭暴力型离婚纠纷的认定

根据《婚姻法》的规定，我国的家庭成员包括夫妻、父母子女、兄弟姐妹、祖父母、外祖父母、孙子女、外孙子女。因此，家庭暴力的主体可分为两大类：①夫妻之间的家庭暴力、虐待和遗弃；②其他家庭成员之间的家庭暴力、虐待和遗弃。如父母对未成年子女、成年子女对老年父母、儿媳对公婆、女婿对岳父母所实施的家庭暴力、虐待和遗弃。夫妻之间的家庭暴力、虐待、遗弃严重影响夫妻感情，夫妻一方对另一方的家庭成员实施家庭暴力或虐待、遗弃也会严重影响夫妻感情，因此，《婚姻法》将实施家庭暴力和虐待遗弃家庭成员作为认定夫妻感情确已破裂的重要情形之一。

禁止家庭暴力是 2001 年《婚姻法修正案》新增加的内容。《婚姻法司法解释（一）》将家庭暴力的概念在司法层面上明确界定为：是指行为人以殴打、捆绑、残害、强行限制人身自由或者其他手段，给其家庭成员的身体、精神等方面造成一定伤害后果的行为。

虐待是指以作为或不作为的形式，对家庭成员歧视、折磨、摧残，使其在精神上、肉体上遭受损害的违法行为，如打骂、恐吓、冻饿、患病不予治疗、限制人身自由等。遗弃是指家庭成员中负有赡养、抚养或扶养义务的一方，对需要赡养、抚养或扶养的另一方，不履行义务的违法行为，如成年子女不赡养无劳动能力或生活困难的父母等。

鉴于家庭暴力与虐待在具体情节上有相似之处，如均有打骂、禁闭、限制人身自由的行为，对于二者的关系就有不同的观点。实际上，家庭暴力与虐待在本质上是相同的，就是对其他家庭成员造成身体或心理伤害的行为。其区别在于，一般的打骂构不成虐待，更构不成虐待罪，但已经构成家庭暴力，持续性、经常性的家庭暴力，构成虐待。因而，家庭暴力、虐待行为、虐待罪三者有程度上的差异，家庭暴力中情节较重的构成虐待，情节严重的构成虐待罪。

（二）家庭暴力型离婚纠纷的处理

实施家庭暴力，虐待、遗弃家庭成员不仅严重违反了婚姻义务，侵犯了对方的合法权益，也严重伤害了夫妻感情，是《婚姻法》列举的感情确已破裂的情形之一。在审理涉及家庭暴力案件离婚案件时，人民法院可以根据情况，对受害者采取保护性措施，包括以裁定的方式采取民事强制措施，颁发人身安全保护裁定，禁止施暴者殴打、骚扰受害者，或者强制施暴者离开双方的住所，或未经许可不得接触受害人等。对家庭暴力型离婚案件的处理应考虑家庭暴力产生的原因、情节、当事人的态度，区分情况，具体处理。

1. 对于一般的家庭暴力引起的离婚纠纷的处理。对于情节比较轻微的家庭暴力，如偶发的打骂行为、限制人身自由行为或是其他影响到夫妻感情的胡乱猜测、无端怀疑等行为，无论是无过错方还是过错方提出离婚，人民法院都应当对实施暴力者进行批评教育，特别是对于那些有封建夫权思想的丈夫，要进行严肃的批评教育，帮助他们克服封建思想，转变观念。如果施暴者认识到了问题的严重性，表示愿意痛改前非，并有和好的行动，向对方承认错误，赔礼道歉，且受暴者经做工作后表示可以原谅的，一般应调解和好或判决不准离婚。如果受暴者不能原谅施暴者的过错，坚持要求离婚，应当考虑家庭暴力的特点和发展规律，调解或判决准予离婚。

对于男方无端怀疑女方有作风问题，或对女方不会持家不满，或认为女方不服管、不顺从等原因而实施家庭暴力并起诉离婚的，在处理时，应首先批评男方，教育他要消除封建夫权思想，正确对待女方，可动员男方撤回离婚诉讼请求，也可判决不准离婚。如女方同意离婚，也应在分清是非的基础上，调解或判决离婚。

2. 对于构成虐待、遗弃行为引起的离婚纠纷的处理。虐待、遗弃家庭成员不仅是民事违法行为，也是我国《刑法》规定的犯罪行为。对于家庭暴力情节严重，已经构成虐待罪、遗弃罪并引起离婚纠纷的案件，根据《刑法》的有关规定，应首先依法追究实施虐待、遗弃者的刑事责任。《刑法》第260条规定："虐待家庭成员，情节恶劣的，处2年以下有期徒刑、拘役或者管制。犯前款罪，致使被害人重伤、死亡的，处2年以上7年以下有期徒刑。第1款罪，告诉的才处理，但被害人没有能力告诉，或者因受到强制、威吓无法告诉的除外。"《刑法》第261条规定："对于年老、年幼、患病或者其他没有独立生活能力的人，负有扶养义务而拒绝扶养，情节恶劣的，处5年以下有期徒刑、拘役或者管制。"

除了夫妻之间的家庭暴力以外，父母对子女、成年子女对老年父母的家庭暴力也相当普遍。在实践中，儿媳与公婆、女婿与岳父母之间的矛盾甚至是虐待、遗弃行为也是导致夫妻感情破裂的重要原因。因此，人民法院在处理此类离婚纠纷时，无论是夫妻一方虐待、遗弃对方引起的离婚，还是夫妻一方受对方亲属虐待、遗弃或虐待、遗弃对方亲属，均应当对实施家庭暴力或虐待、遗弃的一方进行严肃的批评教育，对于家庭暴力、虐待、遗弃情节严重，甚至已经构成犯罪，严重伤害夫妻感情的，经法院调解，被虐待、遗弃的一方不予谅解，坚持要求离婚的，应当认定夫妻感情确已破裂，调解离婚或判决准予离婚。

对因家庭暴力、虐待遗弃所造成的离婚，人民法院应当调解或判决过错方对受害的无过错一方予以离婚损害赔偿，以分清是非，制裁有过错的一方，并对受害者所遭受的物质损害和精神损害给予补偿。使其获得心理上的慰藉，平复内心的伤痛。

三、恶习型离婚纠纷

恶习型离婚纠纷主要包括因一方有吸毒、赌博等恶习且屡教不改，导致夫妻感情破裂而引起的离婚纠纷。

（一）恶习型离婚纠纷的认定

近年来，因一方好逸恶劳，不务正业，不履行家庭义务，沾染吸毒、赌博、酗酒等恶习而要求离婚的案件呈上升趋势。由于一方沾染恶习，屡教不改，严重影响了家庭生活，影响了夫妻感情，甚至造成倾家荡产，使家庭生活无法维持，对当事人及社会均产生了无可挽回的损失。最高人民法院1989年12月13日颁布的《关于人民法院审理离婚案件如何认定夫妻感情确已破裂的若干具体意见》中明确规定：一方好逸恶劳，有赌博等恶习，不履行家庭义务，屡教不改，夫妻难以共同生活的，一方坚决要求离婚，经调解无效，可判决准予离婚。2001年《婚姻法修正案》根据这一司法解释实施以来的司法实践经验，将其作为认定夫妻感情确已破裂的五种情形之一。

对恶习型离婚纠纷的认定，要注意以下两个问题：

1. 对恶习的界定。所谓恶习，是指成瘾性的难以戒断的不良癖好，如赌博、吸毒、酗酒等，而且具有屡教不改，难以根除的特点。一般性的不良习惯不能认定为恶习。

2. 对恶习型离婚纠纷的界定。所谓恶习型的离婚纠纷，是指因染上恶习的一方不履行夫妻义务和家庭义务，给家庭生活和夫妻感情造成严重伤害和重大破坏，并导致夫妻感情破裂，而且这种伤害和破坏是无法修复、难以改变的。

（二）恶习型离婚纠纷的处理

对一方有赌博、吸毒等恶习屡教不改的，人民法院应当根据具体情况，在做好调解工作的基础上，确认夫妻感情是否确已破裂，应否调解或判决离婚。

对于一方已经染上赌博、吸毒等恶习，但时间较短，且能部分履行夫妻义务和家庭义务，人民法院应配合有关部门对有过错者进行批评教育，规劝其珍惜夫妻感情，珍惜家庭生活。如果夫妻婚姻基础较好，婚后感情也较好，夫妻感情尚未完全破裂的，可以调解或判决不准离婚。

一方长期赌博、吸毒、酗酒，屡教不改，不履行夫妻义务和家庭义务，严重伤害夫妻感情，破坏家庭共同生活，另一方坚持离婚，经调解无效的，可以认定夫妻感情已经完全破裂，应当调解或判决双方离婚。

因赌博、吸毒等恶习造成夫妻感情破裂，引起离婚的，是《婚姻法》规定的应当在离婚时对无过错方予以损害赔偿的情形之一，人民法院应当依据具体情况，在调解或判决离婚的同时，对无过错一方予以损害赔偿。

四、分居型离婚纠纷

分居型离婚纠纷是因夫妻双方感情不和导致夫妻感情完全破裂所引起的离婚纠纷。

（一）分居型离婚纠纷的认定

婚姻是物质生活、性生活和精神生活的共同体，共同生活是夫妻关系的重要标志。因此，在一些国家的家庭法中明确规定夫妻相互负有同居的义务，不履行同居义务达一定期间的，可导致对配偶的遗弃，也是认定夫妻感情破裂的重要标志。《最高人民法院关于人民法院审理离婚案件如何认定夫妻感情确已破裂的若干具体意见》明确规定：因感情不和分居已满 3 年，确无和好可能的，或者经人民法院判决不准离婚后又分居满 1 年，互不履行夫妻义务的，应认定夫妻感情确已破裂，准予离婚。2001 年《婚姻法修正案》吸收了司法实践的经验，同时考虑到分居满 3 年才允许离婚时间过长，故将感情不和分居 2 年作为认定夫妻感情破裂的重要情形之一。对于如何确定是否构成分居，应考虑下列两项因素：

1. 感情不和是夫妻分居的主观因素。夫妻分居的前提条件是夫妻感情不和，而不是客观原因，即夫妻有共同生活的条件，但因为夫妻感情破裂，无法共同相处，自愿不共同生活，实行分床、分食、分居，不再相互照顾、同床共枕、同桌就餐。如果因客观原因导致夫妻无法共同生活，如因一方长期在外地出差、生病住院，或房屋过于狭小，家庭成员过多无法共同生活等不能视为感情不和而分居。

2. 分居的确定。分居应以夫妻双方开始分床、分食、分别居住造成同居关系中止的行为来确定。在现实生活中，由于家庭情况的不同，分居的形式也有所不同。如有的当事人家庭条件较好，有两处住房或可以找到第二处住房，分居后，可以各自居住在不同的居所，其分居的状况容易确定。但有的当事人无法找到第二处住房，分居后仍然居住在同一套住房内，甚至同一间房屋内，但已经没有夫妻的共同生活了，这种情况的分居状态就难以认定。对于双方无争议的分居，可以认定。而对于分居双方有争议，一方不承认分居事实的，则应由提出已经分居的一方提供分居的证据，如可以由有识别能力的子女或共同生活的其他亲属提供证据。如无法提供证据的，则不应认定为已构成分居。

（二）分居型离婚纠纷的处理

处理分居型离婚纠纷，应注意以下问题：

1. 分居是离婚的充分条件。根据《婚姻法》第 32 条第 3 款第 4 项的规定，夫妻因感情不和分居满 2 年的，视为夫妻感情确已破裂，应当准予离婚。作为当事人，只要提出夫妻分居已达 2 年的证据，即可视为夫妻感情确已破裂，无需提供其他证据。而对于那些夫妻分居未满 2 年的当事人，显然不是不能要求离婚，而是需要以其他的理由提出离婚，换言之，需要提供其他证据证明夫妻感情确已破裂，否则，法院不能准予离婚。

2. 是否准予离婚，应根据具体情况分别处理。对于分居型离婚纠纷，一方提出离婚，或双方均要求离婚，并出示双方因感情不和分居已满 2 年证据的，人民法院应当首先进行调解，经调解无效，一方坚持离婚的，应视为夫妻感情确已破裂，准予离婚。对于一方要求离婚，但无法证实夫妻确实已经分居的，或无法证明夫妻因感情不和已分居满 2 年的，应当做好调解工作，并认真了解夫妻的婚姻基础、婚后感情的情况，特别是出现婚姻纠纷的具体原因，然后根据具体情况确定夫妻感情是否已经破裂。对于夫妻感情尚未破裂的，应当调解或判决不准离婚。

示例　余某与万某 1999 年 5 月自愿结婚，婚后生活开始时是甜蜜幸福的，但随着孩子的出生，丈夫余某便经常外出酗酒，不醉不归，后来更是在外泡小姐，彻夜不归。万某多次规劝，余某不仅不听，反而拳脚相向。2002 年 5 月余某因嫖娼受到行政处罚，万某极为伤心，遂回父母家居住。余某不仅不思悔改，反而多次到岳母家闹事。万某为了躲避余某骚扰，不得不带孩子外出打工，并托人告诉余某，3 年后将回来与余某离婚。3 年后，万某回到老家向法院起诉要求与余某离婚。法院认为，余某不仅有酗酒的恶习，而且还对万某实施家庭暴力，且因嫖娼严重伤害了夫妻感情，万某为躲避余某，造成事实上的分居，外出打工，已经 3 年，符合《婚姻法》规定的因感情不和分居满 2 年的规定，应当准予离婚。

五、其他类型的离婚纠纷

根据《婚姻法》第 32 条的规定，诉讼离婚的法定条件是高度概括的"夫妻感情确已破裂"，与具体列举的常见、多发的离婚理由相结合。为了弥补具体列举不可能穷尽所有离婚理由的不足，《婚姻法》第 32 条第 5 项还作出了一个外延不确定的抽象性规定：其他导致夫妻感情破裂的情形。在实践中，其他导致夫妻感情破裂的比较常见的理由还有：包办买卖婚姻导致的离婚，草率结婚导致的离婚，因一方判刑、劳教导致的离婚，以及因一方有生理缺陷或有生理疾病导致的离婚等。

（一）包办买卖婚姻型离婚纠纷

包办婚姻、买卖婚姻均是违法婚姻，此类婚姻违背了当事人的意志，不具有结婚的合意，违反了婚姻自由的原则。对于当事人一方因受胁迫而与他方结婚的，可以在结婚登记后1年内或恢复人身自由之日起1年内向婚姻登记机关或人民法院申请撤销婚姻。

当事人未能及时向婚姻登记机关或人民法院提起撤销婚姻申请的，应当按照离婚的程序到婚姻登记机关办理离婚登记或向人民法院提起离婚诉讼。

人民法院审理此类案件，首先要切实维护婚姻自由，对有违反婚姻自由行为的当事人进行严肃的批评教育，构成犯罪的，要根据《刑法》的有关规定追究其刑事责任。

对包办婚姻和买卖婚姻所引起的离婚纠纷的处理原则是：对于已经结婚多年，生有子女，双方已经建立起夫妻感情，夫妻关系尚能维持的，应尽量做调解和好的工作，劝说双方珍惜已经建立起来的夫妻感情和家庭生活，改善夫妻关系，消除包办买卖婚姻带来的婚姻障碍，促使双方和好。不轻易调解离婚或判决离婚。对于结婚时间较短一方即提出离婚，或是婚后双方长期以来未能建立起夫妻感情，夫妻关系徒有虚名，夫妻感情确已破裂的，应当调解或判决离婚。同时，在离婚分割夫妻共同财产时要对无过错的一方适当地多分割财产，并应注意安排好对子女的抚养及对困难一方的经济帮助。

对于转亲、换亲的婚姻关系，一方要求离婚引起连锁反应，其他婚姻关系的当事人也要求离婚的，在处理时首先要对包办强迫他人婚姻的人进行批评教育，其次要根据每个婚姻关系的具体情况，分别决定是否准予离婚。对没有建立起夫妻感情，一方坚决要求离婚的，应准予离婚；对于已经建立起夫妻感情，夫妻关系尚好，能够继续维持的，应调解和好，调解无效的，也可以判决不准予离婚。

（二）草率型离婚纠纷

草率型的离婚主要是指当事人对于自己的婚姻态度轻率，接触时间短，相互了解不深，婚姻基础差，结婚后不久即提出离婚。社会上称此类婚姻为"闪婚"。由于此类婚姻的当事人婚前缺乏必要的了解，没有良好的婚姻基础，其双方的结合就难以经得起挫折和考验。一旦结婚后出现矛盾或发现对方的缺点，往往难以容忍，无法协调，结果导致很快离婚。

在处理草率型离婚纠纷时，首先要教育当事人慎重对待婚姻，草结不要草离。在婚姻生活中，要互谅互让，逐渐培养和建立夫妻感情。对于双方结婚时间不长、未生育子女的，经调解和好无效，一方坚持离婚的，应当调解或判决准予离婚。对于双方已经结婚一段时间，建立了一定的夫妻感情且已生育子女的，应当尽量做调解和好的工作，教育他们正确处理在共同生活中所遇到的困难和矛盾，树立对家庭、对子女、对社会的责任感，一般不要调解离婚或判决离婚。但经过一段时间后，双方仍不能共同生活，无法协调的，可以认定夫妻感情确已破裂，调解或判决准予离婚。

　　示例　孙某与盛某1998年经他人介绍相识，随后建立恋爱关系，但2个月后双方分手，各自又与他人建立恋爱关系。2001年3月，双方重新恢复恋爱关系并于5月13日办理了结婚登记。当日下午，双方即因生活琐事发生争执，并提出离婚，但因孙某反悔未办成。之后的3个月内，双方未能消除矛盾，既未共同生活，也无夫妻共同财产。8月盛某向法院提出离婚诉讼。法院经审理后认为：孙某与盛某性格不合，也未同居生活，虽然办理了结婚登记，但缺乏婚姻基础，实属草率婚姻。鉴于双方未建立起夫妻感情，难以共同生活，经法院调解和好无效，应当准予离婚。

　　（三）罪错型离婚纠纷

　　一方犯罪服刑、被劳教是导致夫妻感情破裂的重要原因，由于罪犯所犯罪名不同，判刑的时间长短不同，对配偶的伤害程度也有所不同。但即使是罪大恶极的罪犯，他们的民事权利并没有被剥夺，在离婚诉讼中，双方仍然享有平等的诉讼权利。人民法院在审理此类案件时，既要贯彻婚姻自由的原则，保护当事人的婚姻自由权利，也要考虑有利于罪犯和劳教人员的教育改造。既要考虑被告违法犯罪的性质，也要考虑夫妻感情的实际状况。在具体处理时要注意以下几点：

　　1. 一方被判处长期徒刑以上的。一方被判死刑、死缓、无期徒刑或长期徒刑，对方坚决要求离婚的，应当准予离婚。如死刑已经执行，该婚姻因一方死亡而自然终止，不发生离婚问题。

　　2. 一方的犯罪严重伤害夫妻感情的。一方犯有强奸罪、重婚罪、虐待罪、遗弃罪等严重伤害夫妻感情的罪行，对方无法原谅，坚决要求离婚的，一般应视为夫妻感情确已破裂，准予离婚。

　　3. 一方判处短期徒刑的。一方被判处短期徒刑或被劳教，原来夫妻感情较好，罪犯或劳教人员在改造期间表现较好，应当尽量做调解和好的工作，讲清有关政策与法律，说服原告撤诉或判决不准离婚。原告坚持要求离婚，夫妻感情确实已经破裂的，也可以调解离婚或判决离婚。

　　4. 犯罪一方提出离婚的。对违法犯罪的一方提出离婚，应查明原告离婚的原因和动机，如双方均同意离婚，可以调解离婚。如被告不同意离婚，应进一步做好原告的思想工作，鼓励其安心改造，争取减刑，不辜负亲属的期望，可以调解或判决不准离婚。

　　服刑或被劳教人员离婚后的子女抚养和财产分割问题有其特殊性。由于一方正在服刑或被劳教，无法尽其抚养子女的义务，原则上未成年子女应由另一方抚养，确有困难的，也可协商由服刑或被劳教一方的亲属代为抚养。对于夫妻共同财产的分割，既要维护另一方及子女的权益，也要注意保护服刑或被劳教一方的财产权益。

（四）疾病型离婚纠纷

1. 因一方患精神病而引起的离婚。精神病患者的离婚一般应当通过诉讼程序，并需要为无行为能力或限制行为能力的精神病患者的当事人一方设置诉讼代理人。

因一方患精神病而引起的离婚主要有三种情况：①一方婚前患有精神病，婚前隐瞒，婚后对方发现后提出离婚；②一方明知对方有精神病，而为达到个人目的自愿与其结婚，目的达到后又要求离婚的；③一方婚前没有精神病，婚后患精神病，对方提出离婚的。

处理因一方患精神病而引起的离婚纠纷，既要保障离婚自由，又要有利于患者的治疗和生活的安置。

对于双方婚姻基础较好，婚后感情也较好，一方的精神病并不严重，经过一段时间的治疗能够使病情稳定，或能够治愈的，应当做调解和好的工作，告知当事人夫妻间有互相扶助的义务，做好原告的思想工作，以不离婚为宜。如确系久治不愈，原告坚持离婚，应做好工作，准予离婚。

对于一方婚前隐瞒了病情，婚后经治不愈，原告坚持要求离婚的，经调解无效后，应当准予离婚。

对于婚前明知精神病人的病情，为了达到某种目的，如贪图钱财、地位，改变生活环境等而自愿与之结婚的，不应轻易判决离婚，要对原告进行批评教育，如被告病情不严重，一般应判决不准离婚。如病人病情严重，确实久治不愈，影响夫妻正常生活的，也应在妥善安排好患者的治疗和监护的基础上，准予离婚。

2. 一方有生理缺陷、生理疾病引起的离婚。夫妻共同生活（包括性生活）是夫妻关系与其他社会关系的重要区别之一，是婚姻的自然属性和特殊性。因此，我国 1950 年《婚姻法》曾经规定，有生理缺陷不能发生性行为者禁止结婚。尽管 1980 年《婚姻法》取消了这一规定，允许双方自愿结婚，但性爱是夫妻关系的基础，双方和谐的性生活是增进夫妻感情的重要因素，一方有生理缺陷是导致夫妻感情难以维系的重要原因。如果一方在婚前隐瞒生理缺陷，对方在婚后发现并提出离婚的，经有关医疗机构检查属实的，经调解无效后，应当准予离婚。如果婚前一方知道对方有生理缺陷，自愿与之结婚，但婚后反悔，要求离婚的，经调解和好无效后，应当准予离婚。

对于一方患有生理疾病，影响夫妻性生活的，应当根据具体情况，决定是否准予离婚。生理疾病与生理缺陷不同，大多数是可以治愈的。如果一方以他方患有生理疾病提出离婚，应当做调解和好的工作，劝说原告给被告一段治疗的时间，并给予积极的配合。如经治疗无效，可准予离婚。

【思考题】

1. 离婚的立法主义是如何发展的?
2. 我国行政离婚的条件和程序是什么?
3. 诉讼离婚与行政离婚有何区别?
4. 诉讼前的调解是离婚的必经程序吗?
5. 认定夫妻感情确已破裂的方法是什么?
6. 感情确已破裂与调解无效有何关系?
7. 2001 年《婚姻法》对军婚的保护有何变化?
8. 为什么要在特定时期对男方离婚的诉权予以限制?
9. 离婚的几种基本类型是什么?

第十一章

离婚效力

学习目的与要求 学习本章，应了解夫妻因离婚而导致身份关系消灭的法律效力；了解和掌握离婚后父母子女关系的变化，明确离婚后确定子女直接抚养方的条件，以及离婚后子女抚养费用的分担和变更的条件；掌握和运用离婚时对夫妻共同财产的分割、共同债务的清偿、对家务劳动的补偿等财产处理问题的原则与方法；掌握离婚时对困难一方经济帮助的条件、方法以及离婚损害赔偿的构成要件及其意义。对上述各项内容的法律、法规以及司法解释的规定，不仅需要系统掌握，并且应当能够熟练运用。

■第一节 概述

一、离婚效力的概念

离婚效力是指离婚在法律上所发生的作用和产生的相应后果。离婚，作为一种法律行为，使夫妻间的人身关系和财产关系归于消灭，使父母对子女的抚养方式等问题发生变化，对此，法学理论上称之为离婚的效力或离婚的法律后果。夫妻离婚时，除夫妻间的身份关系消灭，如共同生活关系解除，相互扶养的义务终止，相互继承的权利丧失外，还要对夫妻共同财产分割、债务清偿、离婚救济以及子女抚养等问题作出处理。正确处理这些问题，对保护妇女、儿童和当事人的合法权益，以及圆满处理好离婚纠纷有重要意义。

离婚的效力产生于登记离婚或诉讼离婚生效之后，它只对将来发生效力，不发生溯及既往的效力。离婚的效力，在登记离婚制度中，自当事人取得离婚证之日起产生，在诉讼离婚制度中，自调解书或判决书发生法律效力之日起产生。

二、离婚对夫妻身份关系的效力

夫妻身份关系因结婚而产生，因离婚而消灭。离婚后，夫妻间身份法上的权利义务关系均随之消灭，因婚姻关系而产生的亲属关系原则上也随之消灭。根据我国《婚姻法》的规定，离婚后，下列身份关系消灭：

（一）夫妻身份和称谓终止

离婚为婚姻关系的终止，离婚后，双方不再互为配偶，当事人之间因结婚而产生的夫妻身份、称谓终止，彼此不得以夫妻相待。使用对方姓氏的，通常也因离婚而恢复婚前姓氏。

（二）共同生活及扶养义务终止

离婚后，随着夫妻身份关系的消灭，夫妻之间解除了共同生活的义务。我国《婚姻法》虽未明确规定夫妻有共同生活的义务，但共同生活是男女双方结婚的应有之义，相互帮助、相互扶养、共同生活是婚姻生活的重要内容。当婚姻关系因离婚而终止时，双方当事人共同生活的基础已不复存在，相互之间的扶养义务亦同时解除，任何一方都没有再给付对方扶养费的义务，任何一方也没有再向对方索取扶养费的权利。

（三）再婚自由恢复

婚姻关系解除后，各自重新成为单身者，双方均恢复了结婚的资格，取得了再婚的自由权利，一方对他方不得加以干涉。依登记程序离婚的，其再婚自由权自领取离婚证之日起恢复；依诉讼程序离婚的，其再婚自由权自人民法院离婚调解书或判决书生效之日起恢复。必须说明，经一审法院判决的离婚，一方不服向上级法院提起上诉的，原审法院所作的离婚判决并未生效，双方在此期间都不能再婚，否则构成重婚。经二审法院判决维持原判准予离婚的，当事人在终审判决后才取得再婚的自由权利。如果二审法院改判不准离婚，当事人之间的婚姻关系依然存在，双方均不得再行结婚。

（四）法定继承人资格丧失

我国《继承法》规定，配偶是第一顺序法定继承人。夫妻离婚后，配偶身份关系解除，同时丧失了法定继承人资格，一方无权再按法定继承方式继承对方遗产。

（五）姻亲关系消灭

因婚姻关系而产生的姻亲关系，当婚姻关系终止时即随之消灭。这与配偶一方死亡时姻亲关系并不必然消灭有所不同，我国《继承法》第12条规定："丧偶儿媳对公、婆，丧偶女婿对岳父、岳母，尽了主要赡养义务的，作为第一顺序继承人。"显然，继承法鼓励在配偶一方死亡后，生存方与直系姻亲间保持姻亲关系，继续赡养老人。

■第二节 离婚后的子女抚养教育

一、离婚后的父母子女关系概说

《婚姻法》第36条第1款规定:"父母与子女间的关系,不因父母离婚而消除。离婚后,子女无论由父或母直接抚养,仍是父母双方的子女。"

(一) 离婚不解除父母子女关系

父母与子女的关系不因父母离婚而消除。父母离婚后,对未成年子女的权利义务仍然存在,子女无论随哪方生活,仍然是父母双方的子女。离婚只解除夫妻关系,不能解除父母子女关系。夫妻关系与父母子女关系性质不同,夫妻关系是双方合意的两性结合,可依法成立,亦可依法解除。父母子女关系则是基于子女出生的法律事实而形成的自然血亲关系,一旦形成,不能用人为的手段解除,如用声明脱离父母子女关系,是不发生法律效力的。因而,离婚所变更的只是父母对未成年子女的抚养形式,而不是父母子女关系,父母双方仍有抚养教育未成年子女的权利和义务。《婚姻法》第36条在肯定了离婚不消除父母子女关系的同时,在该条第2款又明确规定:"离婚后,父母对于子女仍有抚养和教育的权利和义务。"这一规定对于改变父母抚养子女的形式后,加强父母的法律责任与义务感,保障未成年子女的合法权益,保障其健康成长有重要意义。

实践中,对于离婚后的养父母子女关系、继父母子女关系是否解除应根据具体情况予以处理。

1. 养父母与养子女间的权利义务关系,不因养父母离婚而消除。根据《婚姻法》和《收养法》的规定,养父母和养子女间的权利义务,适用《婚姻法》对父母子女关系的规定。养父母离婚后,养子女无论由养父或养母抚养,仍然是养父母双方的子女,双方均应承担抚养教育的权利和义务。在特殊情况下,经养父母及有识别能力的养子女同意,双方自愿达成协议,对未成年的养子女,可以变更收养关系,由一方单独收养。

2. 继父母与形成抚养关系的继子女间的权利义务关系是否解除,应视具体情况决定。生父与继母、生母与继父离婚时,对曾受其抚养教育的继子女,继父或继母不同意继续抚养的,可仍由生父母抚养。如继母、继父愿意继续抚养继子女,且得到了生父、生母的同意,拟制的父母子女关系可以不解除。如生父、生母与继母、继父离婚时,继子女已经成年,拟制的父母子女关系不消灭,也就是说,继子女有赡养继母、继父的义务。

3. 父母与人工生殖子女之间的权利义务关系,不因父母离婚而解除。最高人民法院 1991 年 7 月 8 日《关于夫妻离婚后人工授精所生子女的法律地位如何确定的复函》规定，在夫妻关系存续期间，双方一致同意进行人工授精，所生子女应视为夫妻双方的婚生子女，父母子女之间权利义务关系适用《婚姻法》的有关规定。因此，夫妻离婚后与人工生殖子女的关系适用离婚后生父母子女关系规定。

　　示例　张某（男）与刘某（女）1989 年结婚，婚后双方感情较好，但刘某一直未能怀孕。经查，张某精子的问题是导致女方不能怀孕的原因，且无法治愈。张某的母亲知道后很伤心，再加上邻里间的风言风语，就萌生了让儿媳做人工授精，使家里能够添丁生子的想法，并动员张某多次做刘某的工作。刘某经过反复考虑，想到婆婆和丈夫对自己疼爱有加，没有孩子的家庭也的确有所缺憾，便表示同意做人工授精。1993 年刘某在张某和婆婆的陪同下，到某计划生育研究所进行人工授精手术，并于第二年顺利产下一女，取名小娜。在小娜 8 岁前，家庭生活一直比较平静。但之后因小娜的长相与张家完全不像，家庭矛盾逐渐升级，最终导致双方无法共同生活，2003 年张某提出离婚，经法院调解后，刘某表示同意，小娜由刘某抚养，张某支付抚养费直至其成年。2005 年张某再次诉至法院，提出小娜非其亲生子女，今后不再负担子女抚养费。刘某在法庭上出示了做人工授精时张某签字的协议书，认为小娜的确不是张某的亲生子女，但做人工授精是张某的提议且在协议书上签字表示同意，现在反悔已经晚了，小娜的抚养费不应由自己单独承担。法院认为，在夫妻关系存续期间，双方一致同意进行人工授精，所生子女应视为夫妻双方的婚生子女，父母子女之间权利义务关系与亲生的父母子女关系完全相同，父母离婚不改变父母子女间的权利义务关系，张某应当继续承担对小娜的抚养义务。

（二）离婚后父母对未成年子女致人损害的民事责任

《民法通则》第 133 条规定："无民事行为能力人、限制民事行为能力人造成他人损害的，由监护人承担民事责任。监护人尽了监护责任的，可以适当减轻他的民事责任。有财产的无民事行为能力人、限制民事行为能力人造成他人损害的，从本人财产中支付赔偿费用。不足部分，由监护人适当赔偿，但单位担任监护人的除外。"《最高人民法院关于贯彻执行〈中华人民共和国民法通则〉若干问题的意见（试行）》第 158 条规定："夫妻离婚后，未成年子女侵害他人权益的，同该子女共同生活的一方应当承担民事责任；如果独立承担民事责任确有困难的，可以责令未与该子女共同生活的一方共同承担民事责任。"

未成年子女侵害他人权益的，如未成年子女自己有财产的，应当从本人财产中支付赔偿费用，不足部分由父母适当赔偿。父母尽了监护责任的，可以适当减轻其民事责任。如果父母离婚，首先由与该子女共同生活的一方承担民事责任，当该方独立承担民事责任确有困难的，未与该子女共同生活的一方才共同承担民事赔偿责任。

（三）离婚时应最大限度地保护子女利益

离婚后的子女抚养不仅是理论问题，也是实践问题。离婚后，尽管父母子女间的权利义务关系不变，但显然，父母抚养子女的方式发生了变化：由父母双方与子女共同生活、共同抚养变为一方作为直接抚养方，与子女共同生活，另一方通过给付抚养费和行使探望权的方式行使其抚养教育子女的权利和义务。因此，法律如何做到尽量减少离婚对子女的负面影响，最大限度地保护孩子的利益，是各国离婚立法的重要课题。

婚姻的本质或它的社会属性决定了离婚并不是一个个人行为，它不仅会给对方造成一定的影响，更会对子女在心理、行为模式等方面产生重大影响。美国对离婚与孩子关系的调查研究相当深入，他们认为，父母离婚对子女的负面影响大于正面影响，而且这种影响是全方位的，包括心理、行为、学业、健康、人际关系、婚恋观念等，甚至父母的离婚还会代际相传，增加子女自己婚姻变动的危险。在离婚已成为一种文化现象的美国，其负面影响都如此之大，在重视家庭、人际关系密切的中国，离婚给子女所带来的冲击显然会更加巨大和严重。[1]

有关离婚立法是否要考虑离婚对子女的影响，主要有三种观点：①认为应以牺牲个人对幸福生活的追求来维持一个外表完整的家庭，为了子女的利益，离婚立法应当在一定条件下限制父母离婚自由。②认为父母离婚对子女的负面影响不大，甚至还有正面影响，离婚使子女离开了或争吵不休，或终年处于冷战的家庭。因此，制定离婚立法时不必把对未成年子女的影响作为重要的考量因素。③认为父母离婚对子女的身心健康有重要影响，不应将离婚看成只是父母之间的事情，在制定离婚立法时应充分考虑子女的利益，为他们制定一些切实可行的保护措施。尽管各国立法在对是否需要考虑离婚对子女的影响这一问题上目前仍存有争议，但在离婚后确定对子女的法定监护方及其抚养费用时最大限度地保障子女的利益已经成为世界大多数国家的共识，并已成为欧美各国处理离婚后子女抚养问题的最高指导准则。"儿童最佳利益原则"是联合国《儿童权利公约》的基本原则，《儿童权利公约》第18条第1款规定："缔约国应尽最大努力，确保父母双方对儿童的养育和发展负有共同责任的原则得到确认。父母或视具体情况而定的法定监护人对儿童的养育和发展负有首要责任。儿童的最大利益将是他们主

〔1〕 叶文振："离婚标准的国际比较与启示"，载《中国婚姻家庭历程与前瞻》，中国妇女出版社2001年版，第175页。

要关心的事。"

二、离婚后子女直接抚养方的确定

《婚姻法》第36条第2、3款规定："离婚后，父母对于子女仍有抚养和教育的权利和义务。离婚后，哺乳期内的子女，以随哺乳的母亲抚养为原则。哺乳期后的子女，如双方因抚养问题发生争执不能达成协议时，由人民法院根据子女的权益和双方的具体情况判决。"

如前所述，离婚后父母子女关系不变，但变更了父母对子女的抚养形式，即子女只能随父母一方生活，他方以给付抚养费用及享有探望权来行使其抚养教育子女的权利和义务。因此，离婚后子女随哪方生活，直接关系到子女的权益，也是双方争议较大的问题。确定子女直接抚养方的首要原则是有利于子女健康成长，把维护子女利益放在首位，也可以说这就是我国《婚姻法》规定的子女最佳利益原则。无论是父母双方的协议，还是法院的判决都必须符合这一原则。

根据《婚姻法》和《最高人民法院关于人民法院审理离婚案件处理子女抚养问题的若干具体意见》（1993年11月3日）的规定，对于离婚后子女由何方直接抚养，首先可以由父母进行协商。对于父母达成的协议，经查实，抚养方的抚养能力明显不能支付子女所需费用，或影响子女健康成长的，应不予准许。如双方协商不成，由人民法院从有利于子女身心健康、保障子女的合法权益出发，结合父母双方的抚养能力和抚养条件等具体情况判决。

（一）哺乳期内子女直接抚养方的确定

《婚姻法》第36条第3款规定，哺乳期内的子女，以随哺乳的母亲抚养为原则。但哺乳期限为多长，法律未作明确规定。为了更好地保护婴儿的利益，有利于婴儿健康成长，最高人民法院在司法解释中将哺乳期限明确规定为2年。2周岁以下的子女，无论在心理上还是生理上都明显地依赖母亲，母爱会使婴儿感到安全、心神稳定、促进婴儿发育。但在下列特殊情况下，也可由父亲抚养，随父亲生活：

1. 母亲患有久治不愈的传染性疾病或其他严重疾病，子女不宜与其共同生活的。

2. 母亲有抚养条件但不尽抚养义务，而父方要求子女随其生活的。

3. 父母双方协议，2周岁以下子女随父方生活，并对子女健康成长无不利影响的。

2周岁以内的子女由哺乳的母亲抚养，既是其权利也是其义务，婴儿的母亲不能推卸责任，不尽义务。当母亲不宜或不能抚养子女时，婴儿的父亲必须尽抚养义务，与婴儿共同生活。

（二）哺乳期后未成年子女直接抚养方的确定

1. 父母协商确定。2 周岁以上的子女随何方生活，首先应由父母双方协商后达成协议，以便直接抚养方的确定符合子女的利益和父母双方各自的情况，保证协议的履行。

2. 法院判决时应当考虑的因素。对于父母双方达不成协议的，由人民法院判决。人民法院判决时，在符合有利于子女健康成长原则的基础上，要综合考虑父母双方的经济条件、身体和精神健康情况、道德水平、与子女的感情等各项因素，确定直接抚养方。一方有下列情形之一的，可优先考虑由其行使对子女的直接抚养权：①已做绝育手术或因其他原因丧失生育能力的；②子女随其生活时间较长，改变生活环境对子女健康成长明显不利的；③无其他子女，而另一方有其他子女的；④子女随其生活，对子女成长有利，而另一方患有久治不愈的传染性疾病或其他严重疾病，或者有其他不利于子女身心健康的情形，如有赌博、酗酒或无抚养子女的经济条件等，不宜与子女共同生活的；⑤子女单独随祖父母或外祖父母共同生活多年，且祖父母或外祖父母要求并有能力帮助子女照顾孙子女或外孙子女的。

3. 子女 10 周岁以上的，应考虑本人的意见。父母双方对 10 周岁以上的未成年子女随父或随母生活发生争执的，应考虑该子女的意见。在子女有识别能力的情况下，充分考虑子女的意见，有利于离婚后父母子女关系的融洽和该子女的身心健康发展，以最大限度地减少离婚对子女的伤害。

4. 父母轮流抚养子女。在有利于保护子女利益的前提下，父母双方可以协议轮流抚养子女。所谓双方轮流抚养子女，实际上是父母双方共同行使监护权。根据具体情况，可以由母亲抚养 1 年，父亲抚养 1 年，子女轮流随父母一方共同生活。轮流抚养子女，使子女能与父母双方均保持较为密切的父母子女关系，在感情上和生活上既能得到父爱，又能得到母爱，有利于子女的身心健康。但是，轮流抚养子女，使子女的生活不够稳定，并可能置子女于困难甚至是难以处理的境地。因此，父母双方协议轮流抚养子女的，必须以有利于保护子女利益、有利于子女健康成长为前提。

为避免协议轮流抚养子女出现新的争议，保障子女的身心健康，轮流抚养协议应当包括以下内容：①约定轮流抚养的方式。②约定子女入托、上学等具体问题如何解决，避免因轮流抚养影响子女的抚养和教育。③约定轮流抚养的时间。一般来说，轮流抚养时间的长短可以自行约定，但是频繁改变子女的生活和教育环境，对子女的成长不利。④约定轮流抚养的具体履行方式和接送地点。⑤约定抚养费用的负担。轮流抚养时间相同的，也可以约定双方互不负担抚养费用。

世界各国家庭法均对父母离婚后子女由何方监护和抚养作出了明确规定。在确定离婚后子女监护人时，各国的规定基本相同，首先由父母协商，协商不成的，由法院判决。法院判决的基本原则也不出左右，即在保护子女利益前提下，考虑父母双方的具体情况。有的国家将子女判给无过错一方或健康的一方抚养，有的将子女判给胜诉的一方抚养。有些国家还规定，必要时还可将子女交给其他人照管。如《法国民法典》第287条规定："根据未成年子女的利益，对子女的照管可托付于夫妻一方或他方。在特别情形下或基于子女的利益所要求，前项对子女的照管得托付于其亲属中优先选定的一方，如有可能，亦得托付于教育机构。"

（三）离婚后子女直接抚养方的变更

离婚后，由于父母的抚养条件发生重大变化，或者子女要求变更抚养关系的，可由父母双方协议变更，协议不成的，人民法院应根据子女利益和双方的具体情况判决。一方要求变更子女抚养关系有下列情形之一的，应予以支持：①与子女共同生活的一方因患严重疾病或因伤残无力继续抚养子女的；②与子女共同生活的一方不尽抚养义务或有虐待子女行为，或其与子女共同生活对子女身心健康确有不利影响的；③10周岁以上未成年子女，愿随另一方生活，该方又有抚养能力的；④其他原因。

离婚后子女直接抚养方的变更，不影响父母对子女的抚养义务，无论子女由何方抚养，都是父母双方的子女，父母都应当承担相应的抚养义务。

示例　毛毛6岁时父母离婚，法院把他判给了父亲。与父亲生活了2年后，经父母协商到法院变更了抚养关系，由毛毛的母亲承担直接抚养的义务，由其父负担给付抚养费的义务。但刚过了2年，母亲下岗，生活困难，甚至出去捡破烂抚养孩子，而毛毛的父亲长期拖欠抚养费，母子生活十分困苦。无奈，毛毛的母亲又到法院起诉，以自己身体有病、生活困难为由要求变更抚养关系。法院经审理后再次变更抚养关系，毛毛又由父亲抚养。此时，父亲已经再婚，12岁的毛毛与继母关系不好，为此多次被父亲赶出家门。不得不回到母亲家里，可母亲也已再婚，不愿让毛毛住在家里，以防破坏新的婚姻关系。毛毛不得已流落街头，无家可归。后被当地派出所收留，派出所多次给父母双方打电话联系，双方都表示不愿领回毛毛。

显然，在这种情况下，毛毛的父亲已经构成了遗弃罪。毛毛的父亲是法定直接抚养人，在没有变更抚养关系且对方已经履行了给付抚养费义务的情况下，拒不履行对孩子的抚养义务，导致孩子生活无着，流离失所，不得不住在派出所达半个月之久，可以认定为负有抚养义务的义务人拒不履行抚养义务，情节恶劣，构成了遗弃罪。可以追究其刑事责任。而毛毛的母亲虽然不是直接抚养方，且已经支付了子女抚养费，但在儿子面临无家可归境地时，让 12 岁的孩子流落街头不予过问，其行为是遗弃行为，也应承担相应的民事责任。

三、离婚后子女抚养费的负担和变更

（一）离婚后子女抚养费的负担

《婚姻法》第 37 条规定："离婚后，一方抚养的子女，另一方应负担必要的生活费和教育费的一部或全部，负担费用的多少和期限的长短，由双方协议；协议不成时，由人民法院判决。关于子女生活费和教育费的协议或判决，不妨碍子女在必要时向父母任何一方提出超过协议或判决原定数额的合理要求。"根据《婚姻法》的这一规定和最高人民法院的有关司法解释，在处理离婚后子女生活费和教育费的分担时应注意以下几点：

1. 离婚后父母双方有平等的负担子女生活费和教育费的义务。子女随母方生活时，父方应负担必要的生活费和教育费，子女随父方生活时，母方也应负担必要的生活费和教育费，这是我国男女公民在社会和家庭生活中地位平等的反映。1950 年《婚姻法》根据当时男女社会经济以及家庭地位的不平等，对离婚后男女对子女生活费、教育费的负担作了不平等的规定。根据该规定，离婚后，子女随母方生活的，父方应负担必要的生活费和教育费，而子女随父方生活的，母方则无此义务。这是对妇女特殊保护的一种措施。新中国成立以来，我国政府经过不懈的努力，妇女的经济地位、社会地位以及在家庭中的地位均发生了很大的变化，男女地位已基本平等，具备了与男方共同负担子女生活费和教育费的条件。因此，1980 年《婚姻法》作了平等负担的规定，父母双方在离婚后有平等的负担子女生活费和教育费的义务。但义务主体的平等，并不意味着抚养费用数额的平均分担，其抚养费数额的确定，应考虑双方的负担能力和经济条件。

2. 子女抚养费数额的确定。确定子女抚养费的数额，可根据子女的实际需要、父母双方的负担能力和当地的实际生活水平综合考虑。由于《婚姻法》对子女抚养费的数额未作任何确定性的规定，造成了执法过程中的某些偏差和不确定性。对于该问题，最高人民法院于 1993 年 11 月在《关于人民法院审理离婚案件处理子女抚养问题的若干具体意见》中规定按照义务人收入的比例确定抚养费数额。负有给付义务的一方有固定收入的，抚养费一般可按其月总收入的 20%~30% 的比例给付。负担两个以上子女抚养费的，比例可适当提高，但一般不得超过月总收入的 50%。负有给付义务的一方无固定收入的，抚养费的数额可依据当年总收入或同行业平均收入，参照上述比例确定。有特殊情况的，可适当提高或降低上述比例。对一方无经济收入或者下落不明的，可用其财物折抵子女抚养费。

父母双方可以协议子女随一方生活并由抚养方负担子女全部抚养费。但经查实，抚养方的抚养能力明显不能保障子女所需费用，影响子女健康成长的，不予准许。另一方必须给付子女抚养费，以保障子女健康成长。

3. 子女抚养费的给付期限。《婚姻法司法解释（一）》第 20 条对《婚姻法》第 21 条作出了明确的解释："婚姻法第 21 条规定的'不能独立生活的子女'，是指尚在校接受高中及其以下学历教育，或者丧失或未完全丧失劳动能力等非因主观原因而无法维持正常生活的成年子女。"

根据《婚姻法》及其相关司法解释，子女抚养费的给付期限一般至子女 18 周岁为止。16 周岁以上不满 18 周岁，以其劳动收入为主要生活来源，并能维持当地一般生活水平的，父母可停止给付抚养费。

18 周岁以上，尚未独立生活的成年子女，有下列情形之一，父母又有给付能力的，仍应负担必要的抚养费：①尚在校接受高中及其以下学历教育的；②丧失了劳动能力，或虽未丧失劳动能力但因非主观原因无法维持正常生活的。

与 1993 年《关于人民法院审理离婚案件处理子女抚养问题的若干具体意见》中第 12 条的规定相比，这一解释对"不能独立生活的子女"作出重新界定，按照这一解释，对子女接受高中以上教育的费用及其生活费，父母均无支付的法定义务。其理由有三：①高中以上的子女大多已经成年，是完全行为能力人，他们有能力也应当为自己所接受的教育承担责任；②高中以上的教育不是义务教育，父母对子女接受非义务教育不承担法定义务，当然，父母有能力也自愿为子女承担教育费、生活费的，法律予以支持；③社会已经为大学生们提供了奖学金、助学金、贷学金、勤工俭学等多种途径，为他们依靠自己的力量接受大学教育创造了条件。大学教育作为一种教育投资，子女本人是受益者，他们应当为其预期利益承担相应的责任。

4. 子女抚养费的给付方法。子女抚养费应定期给付。所谓定期给付，是指可按月、按季度、按年给付或按收获季节给付，有条件的也可一次性给付。根据当事人的具体情况，可给付金钱或实物。

离婚时，应将子女抚养费的数额、给付的期限和方法，在离婚调解书或判决书中明确规定。

（二）离婚后子女抚养费的变更

离婚后，由于父母一方或子女的情况发生变化，可另行起诉，要求变更。子女抚养费的变更包括增加、减少或免除。

1. 增加子女抚养费的情况。有下列情形之一，子女要求增加抚育费，父或母有给付能力的，应予增加：①原定抚养费数额不足以维持当地实际生活水平的；②因子女患病、上学，实际需要已超过原定数额的；③其他正当理由，如一方收入明显增加等。

2. 减少或免除子女抚养费的情况。有给付义务的一方，符合下列条件之一，可要求减少或免除子女抚养费：①有给付义务的一方，因丧失劳动能力，失去经济来源，确实无力按原协议或判决确定的数额给付，而与子女共同生活的一方确有抚养能力的；②有给付义务的一方，因犯罪被收监改造，无力给付抚养费的；③与子女共同生活的一方再婚，其再婚配偶愿意负担继子女抚养费的一部或全部的。

示例　李某（男）与吴某（女）原系夫妻关系，育有一女子娟。1992年双方协议离婚，女儿10岁，随母亲吴某生活，父亲李某每月给付生活费50元，按月支付。1998年，女儿上高中时，到法院起诉要求提高抚养费。鉴于原定生活费过低，女儿子娟又上高中，故经法院调解，父亲李某同意将生活费提高为每月100元，每年支付学杂费1000元。2001年8月，子娟考入大学，再次到法院起诉要求提高抚养费，包括：每月支付生活费200元、每年支付学费3000元。父亲李某以自己无固定收入，且再婚后又生育一子，无增加抚养费的能力为由，不同意增加抚养费。法院经审理后认定，子娟已经成年，没有丧失劳动能力，应当依靠自己的能力独立生活，并自己想办法筹措经费上大学，其父亲李某已无法定的抚养义务，可以不负担子娟的生活费和教育费。据此，驳回了子娟的诉讼请求。

四、离婚后父母对子女的探望权

《婚姻法》第38条规定："离婚后，不直接抚养子女的父或母，有探望子女的权利，另一方有协助的义务。行使探望权利的方式、时间由当事人协议；协议不成时，由人民法院判决。父或母探望子女，不利于子女身心健康的，由人民法院依法中止探望的权利；中止的事由消失后，应当恢复探望的权利。"

离婚后不直接抚养子女的父或母一方对其子女享有探望权是2001年《婚姻法修正案》新增设的内容。1980年《婚姻法》对探望权未作明确规定，造成对"离婚后，子女无论由父方或母方抚养，仍是父母双方的子女"的规定在执行中出现了一些偏差，当事人或是认为父母离婚后，孩子属于与其共同生活一方的子女，与对方无关，不允许对方探望子女；或是以孩子与对方共同生活，不让自己探望为由，不支付抚育费；或是频繁探望子女，影响对方及子女的正常生活；甚至为了争夺对子女的直接抚养权，转移、藏匿子女。为了解决这一问题，保护子女的身心健康以及父母双方的合法权益，婚姻法特增设了探望权制度。探望权制度的设立，使离婚后的父母对其子女的探望权利法定化、明确化，使当事人的探望权从此有法可依，受到国家强制力的保护。这对于完善我国婚姻家庭法律关系，特别是对完善父母子女关系、完善离婚制度有重要的意义。同时，设立探望权制度，对保护离婚后双方当事人的合法权益、减少纷争、维护社会安定团结，对保护未成年人的身心健康，促进其愉快成长均是十分重要，必不可少的。

（一）探望权制度的内涵

所谓离婚后子女探望权，是指离婚后不直接抚养子女，不能与子女共同生活的一方，享有对其抚养的未成年子女定期探望、联系交往、短期共同生活的权利。根据该条规定，探望权制度包括以下内容：

1. 探望权是离婚后父母对子女的权利。探望权是在父母离婚后，非直接抚养子女的父母一方行使其抚养、教育子女的特殊形式，尽管非直接抚养方对子女履行抚养教育的权利义务有多种形式，如负担抚养费，但体现着血缘亲情的抚养教育是不能仅仅通过金钱来实现的，探望权赋予非直接抚养方与其子女沟通联系、言传身教的机会，既满足了子女对父爱或母爱的渴望，也满足了父母期望与其子女亲近、接触的愿望。

2. 享有探望权的主体。离婚后的父母享有探望权应具有以下两个条件：①必须与子女保持父母子女权利义务关系。除生父母外，与养子女保持父母子女权利义务关系的养父母、与继子女保持父母子女权利义务关系的继父母均应享有探望权。②离婚后，与子女分开生活的非直接抚养子女的父母一方才享有探望权，这是由探望权的内容所决定的。换言之，只有与子女分开生活的父母一方才有必要及有权利要求探望。与子女共同生活的直接抚养方应当为其行使探望权提供方便条件，即有所谓的协助义务，不得无故阻拦、干扰享有子女探望权的一方行使探望权。

3. 探望权的行使方式。探望权的行使方式包括：离婚后非直接抚养方有定期探望子女的权利，如可以是每周一次或每月一次到双方商定的地点探望子女；有与子女联系、交往的权利，如可以通过电话、书信等形式与子女保持联络；还有与子女短期共同生活的权利，如可以在节假日将子女接至自己的家中共同生活、联络感情、教育子女。行使探望权的时间、地点等应由当事人协商。

4. 对父母探望权的子女同意权。子女在 10 周岁以上的，有关父母探望权的行使方式及探望的时间、地点，应考虑子女的意见，以保障当事人自觉履行有关探望权的协议。

5. 探望权的中止。行使探望权应以有利于子女健康成长为原则，父或母探望子女，危及子女身心健康的，应当中止其探望权。

6. 探望权的执行。通过诉讼离婚的，当事人有关离婚后子女探望权的协议应由法院认可，并写入离婚调解书中。当事人不能达成协议的，由人民法院判决。对于根据当事人的协议制作的调解书或人民法院的判决书，当事人均必须履行。在婚姻登记机关办理离婚登记手续的，应当同时就离婚后探望子女的时间、地点、方式等达成协议，并写入离婚协议中，婚姻登记机关应对其内容进行审查。对于当事人达不成协议或协议内容不合法的，不能通过行政程序登记离婚。

对于拒不执行有关探望子女等判决和裁定的，人民法院可以依法强制执行。根据《民事诉讼法》的相关规定，对拒不履行协助另一方行使探望权的有关个人和单位可以采取拘留、罚款等强制措施，但不能对子女的人身、探望行为进行强制执行。

（二）探望权的中止及恢复

享有探望权的一方行使探望权，不得出现危及子女身心健康的情况。凡探望子女的父母一方给被探望的子女造成身心伤害或产生恶劣影响的，直接抚养子女的另一方可以请求法院中止其探望权。对于当事人的行为是否构成威胁子女的身心健康，应由法院裁量决定。未经法院判决，一方不得阻止他方行使探望权。威胁子女身心健康的行为一经法院认定并作出裁定后，探望权即被中止。

根据《婚姻法》和《婚姻法司法解释（一）》的规定，当事人在履行生效判决、裁定或者调解书的过程中，有权请求中止行使探望权。有权提出中止探望权的请求权人为：未成年子女、直接抚养子女的父或母及其他对未成年子女负担抚养、教育义务的法定监护人。

一般而言，不直接抚养子女的一方出现下列情况之一的，应视为已危及子女身心健康，应当中止其探望权：探望者有精神病，丧失行为能力的；探望者有传染性疾病，影响子女身体健康的；探望者有酗酒、吸毒等恶习的；探望者拒付抚养费的；探望者有对子女的暴力行为的；探望者有骚扰子女的行为的；探望者有教唆、引诱子女实施不良行为的；探望者被监禁的；等等。

人民法院在征询双方当事人意见后，认为需要中止行使探望权的，依法作出裁定。中止探望的情形消失后，如行为能力恢复、疾病治愈、恶习改正的，人民法院应当根据当事人的申请通知其恢复探望权的行使。

示例　胡某（女）与部队转业的石某于1995年结婚。1年后，儿子涛涛出生。2001年，因双方性格不合，经法院调解，胡某和石某离婚。儿子涛涛由其父亲石某抚养。胡某离婚后每月支付儿子抚养费200元。当时，双方并没有就探望儿子的事宜作任何约定。起初，双方互相配合默契，每逢石某出差，就由胡某接送孩子。但因教育孩子的方法及双方关系难以相处，父亲石某就不再让儿子与母亲胡某见面。2001年9月的一天，忍无可忍的胡某从幼儿园直接领走了儿子。2小时后，她通知了石某，告诉他自己正在带着孩子在海边玩。回家后，石某闹得不可开交，直到打了110石某把孩子领走。2002年2月，胡某向人民法院提起探望权诉讼，要求每月探望儿子4

次，寒暑假和节假日还要适当增加次数。法院经审理后作出一审判决：每个月的最后一个星期五下午5点，胡某到石某家接小孩，星期日下午5点，把孩子送回。寒暑假、国庆、春节期间，均可以将涛涛接走2天，期满后送回。对于法院的这一探视方法的判决，石某有协助执行的义务，必须要保证胡某探望权的实现。如果石某仍拒不履行法院判决，可以变更对子女的直接抚养方。

■第三节　离婚时的财产处理

一、夫妻共同财产分割

离婚时的夫妻共同财产分割是与夫妻身份关系的解除相伴产生的。离婚解除了夫妻间的人身关系，夫妻的共同财产也必然解体。随着我国人民物质生活条件的提高，夫妻共同财产的范围、数量、质量及其品种均发生了重大变化，离婚时的财产分割更为复杂，所占地位也更为重要。

（一）离婚时分割夫妻共同财产的范围

我国婚姻法实行的法定夫妻财产制是婚后所得共同制，即婚姻关系存续期间双方或一方所得的财产均视为夫妻共同财产。离婚确定夫妻共同财产范围时，应由主张婚后取得的财产为个人财产的一方负举证责任。对于是个人财产还是共同财产难以确定的，也应当由主张权利的一方举证，当事人举不出证据，人民法院又无法查实的，按夫妻共同财产处理。

《婚姻法》第39条规定："离婚时，夫妻的共同财产由双方协议处理；协议不成时，由人民法院根据财产的具体情况，照顾子女和女方权益的原则判决。夫或妻在家庭土地承包经营中享有的权益等，应当依法予以保护。"据此，离婚时财产分割的范围仅指夫妻共同财产，夫妻的个人财产、子女的财产、其他家庭成员的财产以及不属于夫妻共同财产范围的其他财产，均不属分割之列。夫妻双方对财产的所有权问题以书面形式约定的，或以口头形式约定双方无争议的，离婚时应按约定处理，不予分割。但规避法律的约定无效，如财产约定的内容规避法定义务，侵害国家、集体和他人利益的无效。人民法院认定夫妻财产约定无效的，按法定的共同财产制分割财产。

根据《婚姻法》第17条、最高人民法院1993年颁布的《关于人民法院审理离婚案件处理财产分割问题的若干具体意见》以及最高人民法院相关司法解释规定的精神，离婚时应当分割的夫妻共同财产包括：

1. 夫妻在婚姻关系存续期间法定所得的财产。夫妻在婚姻关系存续期间法定所得的财产包括：夫妻一方或双方劳动所得的工资、奖金；一方或双方生产、经营的收益；一方或双方的知识产权收益；一方或双方由继承或赠与所得的财产（但遗嘱或赠与合同中确定只归夫或妻一方的财产除外）；其他应当归夫妻共同所有的财产，包括：婚姻关系存续期间一方以个人财产投资取得的收益（孳息和自然增值除外）、男女双方实际取得或者应当取得的住房补贴、住房公积金、双方实际取得或者应当取得的养老保险金、破产安置补偿费。上述财产属于夫妻共同财产，离婚时应当予以分割。此外，夫妻约定在婚姻关系存续期间所得的部分财产以及婚前的部分财产归双方共有的部分，也属于共有财产。

示例 刘某（女）与郑某（男）是同一个工厂的职工，他们经自由恋爱后于 1976 年 6 月登记结婚。婚后双方感情尚好，生有一子。尽管刘某是双腿残疾人，但经过自己的艰苦努力和刻苦训练，在国内外伤残人运动会上多次获得奖牌，后因志趣不同，家庭琐事，致使夫妻感情逐渐恶化。二人于 1992 年开始分居。1993 年 2 月，妻子刘某以双方感情破裂为由，起诉至法院，要求判决与被告郑某离婚，并依法分割财产。被告郑某辩称："双方婚姻基础很好，不同意离婚。我在原告失去双腿的情况下，主动与她结婚。婚后大部分家务都是我抢着干的。她之所以能够在国内外伤残人运动会上多次获得奖牌，与我的支持、照顾分不开。如果她坚持离婚，我也同意。孩子应由我抚养，原告每月应给付抚养费 150 元，房子由我居住。原告刘某获得的奖牌 17 块我要一半，奖金 29 万，我要 19 万；其他婚后共同财产依法分割。"一审法院查明，双方居住的 2 居室住房属单位所有。原告刘某参加国内外残疾人运动会获得的奖牌 17 块（16 金 1 铜），获奖金 59 012 元。所获奖金因原告装假肢已花销 22 000 元，治病、旅游等已花去 38 612 元（有各种书证）。法院判决：夫妻感情确已破裂，准予双方离婚。尊重孩子意愿，随母亲生活，父亲每月负担儿子抚养费 60 元。承租的房屋为单位自管房，应由单位自行调整。原告刘某所获奖牌属于其个人荣誉象征，归刘某个人所有。已查实的奖金 59 012 元，因原告安装假肢、治病等已花完。被告所述原告获得的 29 万奖金，查无实据，不予认定。

2. 婚姻关系存续期间获得的军人的复员费、自主择业费等。婚姻关系存续期间发放到军人名下的复员费、自主择业费等一次性费用，以夫妻婚姻关系存续年限乘以年平均值，所得数额为夫妻共同财产。所谓年平均值，是指将发放到军人名下的上述费用总额按具体年限均分得出的数额。其具体年限为人均寿命 70 岁与军人入伍时实际年龄的差额。

对于离婚时尚未获得的复员费、自主择业费等一次性费用，应作为夫妻共同财产中明确可以取得的财产。尽管因身份关系离婚时不能实现，无法分割，但应当明确该财产在婚姻关系存续期间的部分属于夫妻共同财产，离婚后如果复员、转业军人一方实际取得，应当予以分割。当事人因此发生纠纷的，应当允许再行起诉。

3. 婚姻关系存续期间的投资性财产。婚姻关系存续期间投资的股票、债券、投资基金份额等有价证券以及未上市股份有限公司股份是夫妻共同财产。双方对此共同财产协商不成的或者按市价分配有困难的，人民法院可以根据数量按比例分配。

4. 婚姻关系存续期间以一方名义在有限责任公司的出资额。人民法院审理离婚案件，涉及分割夫妻共同财产中以一方名义在有限责任公司的出资额，另一方不是该公司股东的，按以下情形分别处理：①夫妻双方协商一致将出资额部分或者全部转让给该股东的配偶，过半数股东同意、其他股东明确表示放弃优先购买权的，该股东的配偶可以成为该公司股东；②夫妻双方就出资额转让份额和转让价格等事项协商一致后，过半数股东不同意转让，但愿意以同等价格购买该出资额的，人民法院可以对转让出资所得财产进行分割；③过半数股东不同意转让，也不愿意以同等价格购买该出资额的，视为其同意转让，该股东的配偶可以成为该公司股东。

用于证明上述规定的过半数股东同意的证据，可以是股东会决议，也可以是当事人通过其他合法途径取得的股东的书面声明材料。

5. 婚姻关系存续期间以一方名义在合伙企业中的出资。人民法院审理离婚案件，涉及分割夫妻共同财产中以一方名义在合伙企业中的出资，另一方不是该企业合伙人的，当夫妻双方协商一致，将其合伙企业中的财产份额全部或者部分转让给对方时，按以下情形分别处理：①其他合伙人一致同意的，该配偶依法取得合伙人地位；②其他合伙人不同意转让，在同等条件下行使优先受让权的，可以对转让所得的财产进行分割；③其他合伙人不同意转让，也不行使优先受让权，但同意该合伙人退伙或者退还部分财产份额的，可以对退还的财产进行分割；④其他合伙人既不同意转让，也不行使优先受让权，又不同意该合伙人退伙或者退还部分财产份额的，视为全体合伙人同意转让，该配偶依法取得合伙人地位。

6. 夫妻以一方名义投资设立的独资企业。人民法院分割夫妻在该独资企业中的共同财产时，应当按照以下情形分别处理：①一方主张经营该企业的，对企业资产进行评估后，由取得企业一方给予另一方相应的补偿；②双方均主张经营该企业的，在双方竞价基础上，由取得企业的一方给予另一方相应的补偿；③双方均不愿意经营该企业的，按照《中华人民共和国个人独资企业法》等有关规定办理。

（二）分割夫妻共同财产的原则与方法

1. 分割夫妻共同财产的原则。《婚姻法》第 39 条第 1 款规定："离婚时，夫妻的共同财产由双方协议处理；协议不成时，由人民法院根据财产的具体情况，照顾子女和女方权益的原则判决。"人民法院在判决时应遵循下列几项原则：

（1）男女平等原则。夫妻对共同财产有平等的所有权，离婚时，无论双方对共同财产的贡献大小，任何一方对双方共同共有的财产都享有要求分割的平等权利。因此，男女平等原则也可以称之为均等分割原则。

（2）照顾子女和女方利益的原则。夫妻享有对共同财产平等的分割权只是指财产权利的平等，在均等分割的原则下，还应考虑当事人的具体情况，特别要照顾子女和女方的利益。分割夫妻共同财产时照顾女方及子女权益的原则，是保护妇女、儿童合法权益原则的具体体现，也是根据我国的国情制定的。由于目前我国妇女的经济条件和男子仍有一定的差距，在分割共同财产时照顾子女及女方的利益，可以保证妇女不因经济问题影响其行使离婚的自由权利，不致使妇女和子女在离婚后因等分财产造成生活水准严重下降或生活困难。因此，这种不均等的分割正是为了达到事实上的男女平等，保护子女利益，体现我国法律的人文关怀及对弱势群体的保护。

（3）坚持有利生产和生活需要的原则。分割夫妻共同财产时，应当注意有利于生产和生活需要，不损害财产的效用和经济价值。对生产资料或一方从事职业所必需的工具、图书资料等，应当分给需要的一方，对特定物包括有经济价值的纪念物，不宜分割的，可根据财产的来源，分给获得者一方；对当年无收益的种植业、养殖业，应分给继续经营的一方；对未分得上述财产的另一方，可分给其他财产或作价补偿；对生活必需品，要考虑双方和子女的生活需要，实事求是地合理分割。

（4）坚持照顾无过错一方的原则。对因一方有过错而引起的离婚案件，财产分割时，对于无过错一方，应适当多分。所谓过错，是指：①一方有姘居或重婚的行为；②对配偶或其他家庭成员实施家庭暴力、有虐待或遗弃的行为；③一方有赌博、吸毒等恶习；④其他伤害夫妻感情、导致婚姻关系破裂的行为。

对于劳改人员离婚时的财产分割，既要保护其配偶和子女的权益，也要依法保护劳改人员的权益。属于他们婚前个人所有的财物，原则上仍应归其个人所有，对夫妻和家庭共同财产的分割，应当公正合理。

（5）坚持不损害国家、集体和他人利益的原则。处理离婚财产时，不能把属于国家、集体和他人所有的财产当作夫妻共同财产分割。贪污、受贿、盗窃等非法所得，必须依法追缴。对与他人合伙的财产，应先析出夫妻共有份额，再进行分割，不得借分割夫妻财产而损害他人利益。

2. 分割夫妻共同财产的方法。在分割夫妻共同财产时，人民法院首先应当进行调解，由双方协商解决，但调解必须坚持合法、自愿的原则。调解无效时，人民法院应根据共同财产的状况，当事人结婚时间的长短，生产、生活的实际需要和财产的来源等情况综合考虑进行判决。分割夫妻共同财产原则上应均等分割。具体的分割方法包括：

（1）实物分割，即在不影响其财产的作用、价值和特定用途的情况下，对财产进行实际分配。双方各自根据其分割的份额取得应得财产。

（2）价金分割，即将共有物变卖，双方对变卖所得价金进行分割后各自取得价金。价金分割是在共有物不能分割或分割后有损其财产的作用、价值和特定用途时使用的分割方法。

（3）价格补偿，即夫妻一方取得共有物，另一方获得相当于一半价格的补偿，取得价金。

（三）确定夫妻共同财产范围时应注意的问题

在我国，相当多的家庭，除夫妻共同财产和个人财产外，还有家庭共有财产和其他家庭成员财产。属于家庭共有财产的，应当先分家析产，作为家庭共有财产共有人的夫妻分得其应享有的份额后，再对该份额予以分割。对其他家庭成员的财产，如父母、兄弟姐妹的财产，不能作为夫妻共同财产加以分割。未成年子女通过继承、受赠及其他合法途径获得的财产，属于本人所有，由离婚后与子女共同生活的父母一方代为管理。在确定夫妻共同财产的范围时应注意以下问题：

1. 入伙的财产。一方以夫妻共同财产与他人合伙经营的，入伙的财产可分给一方所有，分得入伙财产的一方对另一方应给予相当于入伙财产一半价值的补偿。

2. 生产资料。属于夫妻共同财产的生产资料，可分给有经营条件和能力的一方。分得该生产资料的一方对另一方应给予相当于该财产一半价值的补偿。

3. 种植业、养殖业。对夫妻共同经营的当年无收益的养殖、种植业等，应从有利于发展生产、有利于经营管理考虑，予以合理分割，可采用价金分割或价格补偿的形式。

4. 房屋增值部分。婚后对婚前一方所有的房屋进行过修缮、装修、原拆原建，离婚时未变更产权的，房屋归产权人所有，增值部分中属于另一方应得的份额，由房屋所有权人折价补偿另一方，进行过扩建的，扩建部分的房屋应按夫妻共同财产处理。

5. 分居两地的财产。夫妻分居两地分别管理、使用的婚后所得财产，具体分割时，可采取各自所有，差额补偿的形式。

6. 尚未取得经济利益的知识产权。离婚时一方尚未取得经济利益的知识产权，归一方所有。但可根据具体情况对另一方给予适当的照顾。

7. 家庭土地承包经营中享有的权益。夫妻离婚时应当依法保护夫或妻所享有的土地承包经营权中的合法权益。在实际生活中，离婚当事人男方的土地承包经营权较少受到侵犯，而女方的土地承包经营权在某些地区常常受到侵犯，甚至影响到其今后的生活。因此，妇女权益保障法对此作出了明确规定。《妇女权益保障法》第 32 条规定："妇女在农村土地承包经营、集体经济组织收益分配、土地征收或者征用补偿费使用以及宅基地使用等方面，享有与男子平等的权利。"根据《婚姻法》第 39 条第 2 款和《妇女权益保障法》的这一立法精神，离婚时婚姻当事人，特别是妻子的土地承包经营权及相关权益，以及宅基地使用权受法律保护，任何人不得非法干预。

示例　胡某（男）与王某（女）在北京不同的公司任职员。1998 年，双方经介绍相识，1999 年 4 月登记结婚。未生育子女。由于双方个性差异很大，经常吵架，自 2000 年 12 月起开始分居。2002 年，胡某起诉离婚，并且要求依法分割婚姻关系存续期间以妻子王某名义购买的股票等财产。他提出，现住房是自己的婚前个人财产，应归自己所有。被告王某辩称：我们已分居 1 年多，我同意离婚。现住房属夫妻共同财产，请求法院将这些财产与股票一同分割。经法院审理后查明：这对夫妻婚后所居住的某花园 8 栋 2 单元住房为丈夫胡某于 1999 年 1 月（婚前）购买的，1999 年 5 月双方共同出资对该房精装修，经某房地产评估所进行评估，装修部分价值 46 000 元。双方还出资购买了甲种股票 1000 股、乙种股票 1500 股。法院判决：双方均同意离婚，准予离婚。由于现住房是由胡某出全资在婚前购买的，该房应属于丈夫胡某的婚前个人财产。该住房装修使房屋添附增值部分应属于双方的共同财产，在房屋归原告所有的情况下，被告可以得到折价补偿，由胡某补偿共同财产（装修、家具、电器）折价款共计 34 000 元给王某。王某在婚姻期间购买的股票，应视为双方共同财产平均分割。双方对此达成协议，由原告胡某拥有其所有权，并以甲种股票每股 12 元、乙种股票每股 9 元的价格付给被告折价款，此协议符合法律规定，应予以准许。原告胡某应付给其妻子王某股票折价款 12 750 元。上述钱款一次性付清。

（四）离婚时对房屋处理的办法

离婚时对房屋的分割是司法实践中较难处理的问题之一。根据《婚姻法》、《民法通则》、最高人民法院的相关司法解释及其他相关规定，为保障当事人的基本生存条件，对离婚案件中房屋的分割、处理应注意以下几个问题：

1. 夫妻共有房屋。夫妻共有房屋，包括夫妻共同购买、共同建筑的房屋，原则上均等分割，不能分割或不宜分割的，应根据双方住房情况和照顾抚养子女方或无过错方等原则分给一方所有，分得房屋的一方对另一方应给予相当于该房屋一半价值的补偿。在双方条件同等的情况下，应照顾女方。

2. 一方婚前承租、婚后共同购买的房屋。一方婚前承租，婚后共同购买的房屋、房屋权属证书无论是登记在双方名下还是登记在一方名下的，均应当认定为夫妻共同财产。

双方对夫妻共同财产中的房屋价值及归属无法达成协议时，人民法院按以下情形分别处理：①双方均主张房屋所有权，双方经济和住房条件基本相同，并且同意竞价取得的，应当准许；②一方主张房屋所有权的，由评估机构按市场价格对房屋作出评估，取得房屋所有权的一方应当给予另一方相应的补偿；③双方均不主张房屋所有权的，根据当事人的申请拍卖房屋，就所得价款进行分割。

3. 属于一方所有的房屋。一方婚前所有的房屋或双方约定为一方所有的房屋是一方个人所有的房屋，离婚时归房屋所有人所有。婚前一方购置、建造的房屋，婚后一方接受继承、赠与且被继承人和赠与人明确表示只给继承人或受赠人的房屋，或婚后一方完全以个人财产购置、建造的房屋均属一方的个人财产，离婚时，归一方所有，他方无权要求分割。婚后由一方父母出资为子女购买的房屋，产权登记在出资人子女名下的，属于该子女的个人所有房屋，他方无权分割。

如另一方离婚后确实无房居住，要求在原婚姻住房暂住的，人民法院经查实，可根据情况予以支持，但一般不得超过 2 年。

无房一方租房居住，经济上确有困难的，享有房屋产权的一方可给予一次性经济帮助。

4. 享有部分产权的房屋。夫妻共同出资取得部分产权的房屋，分得房屋部分产权的一方，一般应按所得房屋产权的比例，依照离婚时当地政府有关部门公布的同类住房标准价，给予对方一半价值的补偿。

5. 婚前一方支付首付，婚后共同还贷的房屋。夫妻一方婚前签订不动产买卖合同，以个人财产支付首付款并在银行贷款，婚后用夫妻共同财产还贷，不动产登记于首付款支付方名下的，离婚时该不动产由双方协议处理。双方达不成协议的，人民法院可以判决该不动产归产权登记一方，尚未归还的贷款为产权一方的个人债务。双方婚后共同还贷支付的款项及其相对应财产增值部分，离婚时应根据照顾女方及子女权益的原则，由产权登记一方对另一方进行补偿。

6. 双方承租的公房。对双方均可承租的夫妻共同居住的公房，应按照照顾抚养子女的一方、照顾女方、照顾残疾或生活困难的一方、照顾无过错一方的原则处理。夫妻共同居住的公房具有下列情形之一的，离婚后，双方均可承租：①婚前由一方承租的公房，婚姻关系存续 5 年以上的；②婚前一方承租的本单位的房屋，离婚时，双方均为本单位职工的；③一方婚前贷款投资建房取得的公房承租权，婚后夫妻共同偿还借款的；④婚后一方或双方申请取得公房承租权的；⑤婚前一方承租的公房，婚后因该承租房屋拆迁而取得房屋承租权的；⑥夫妻双方单位投资联建或联合购置的共有房屋的；⑦一方将其承租的本单位的房屋，交回本单位或交给另一方单位后另给调换房屋的；⑧婚前双方均租有公房，婚后合并调换房屋的；⑨其他应当认定为夫妻双方均可承租的情形。

夫妻双方均可承租的公房，如其面积较大能够隔开分室居住使用的，可由双方分别居住。

（五）对夫妻共同财产的追偿

1. 夫妻共同财产追偿权的涵义。离婚分割夫妻共同财产时，因一方有隐藏、转移、变卖、毁损夫妻共同财产或伪造债务的行为而影响民事诉讼的情况屡见不鲜，为了保证民事诉讼程序的顺利进行，为了保护当事人的合法权益，《婚姻法》在修改时增加了对妨碍公平分割夫妻共同财产的行为要承担法律责任的规定，赋予了离婚后掌握证据的受害人享有要求重新分割财产的权利。《婚姻法》第 47 条规定："离婚时，一方隐藏、转移、变卖、毁损夫妻共同财产，或伪造债务企图侵占另一方财产的，分割夫妻共同财产时，对隐藏、转移、变卖、毁损夫妻共同财产或伪造债务的一方，可以少分或不分。离婚后，另一方发现有上述行为的，可以向人民法院提起诉讼，请求再次分割夫妻共同财产。人民法院对前款规定的妨害民事诉讼的行为，依照民事诉讼法的规定予以制裁。"《婚姻法司法解释（一）》第 31 条规定："当事人依据婚姻法第 47 条的规定向人民法院提起诉讼，请求再次分割夫妻共同财产的诉讼时效为 2 年，从当事人发现之次日起计算。"

离婚后对夫妻共同财产追偿权的规定对于保障实现离婚诉讼过程中的公平、公正，体现法律的正义，教育与惩罚破坏民事诉讼秩序的一方具有十分重要的意义，是对当事人合法权益的实质性保护。

所谓"配偶一方隐藏、转移、变卖、毁损夫妻共同财产"，是指其故意藏匿、改变原物保存地点、擅自出售财产或损坏夫妻共同财产的行为。所谓"伪造债务企图侵占另一方财产的"，是指夫妻在事实上不应对"债权人"负担共同债务，但一方伪造证据以便证明双方负有共同债务；或者虽然对债权人负有共同债务，但一方虚报其数额，以便以夫妻共同财产来清偿伪造的共同债务，日后一方可单独侵占该共同财产的全部或一部。

在离婚时隐藏、转移、变卖、毁损夫妻共同财产或伪造债务的行为，实际上是一方通过采取这些行为使另一方对夫妻共同财产所享有的权利受到损害，使财产脱离另一方的控制或造成财产价值的减损。

2. 追究对财产弄虚作假一方的法律责任。在离婚诉讼过程中，一方当事人如果出示了有效的证据，证明其配偶确有上述行为之一的，人民法院即可判决对弄虚作假方当事人少分或不分共同财产。

在离婚程序已经结束，法院或当事人之间已经对财产作出分割，夫妻共同财产已经成为两个人各自独立的私有财产之后，一方发现另一方在离婚时有隐藏、转移、变卖、毁损夫妻共同财产或伪造债务的行为，或虽在离婚时一方提出另一方有上述行为，但无法举证，离婚后发现证据的，均有权再次就重新分割夫妻共同财产提起诉讼。根据《民事诉讼法》谁主张谁举证的原则，受到损害的当事人负有提供其共同财产受到一方侵害的证据的义务，凡事实清楚、证据确凿的，人民法院应当受理，并应重新分割夫妻共同财产。

根据《婚姻法司法解释（一）》第31条的规定，权利人请求再次分割夫妻共同财产的诉讼时效为2年，从当事人发现之次日起计算。超出法定期间后，当事人再向人民法院请求保护其权利的，人民法院依法不予保护。因此，当事人应当及时行使权利。

在处理夫妻财产分割时，如发现一方有非法转移、隐藏、变卖、毁损共同财产的可能的，法院可根据当事人的申请或依职权对财产采取查封、扣押、冻结等诉讼保全措施。

隐藏、转移、变卖、毁损夫妻共同财产或伪造债务的行为，是破坏民事诉讼程序、干扰法律公平正义的行为。根据《民事诉讼法》的规定，对隐藏、转移、变卖、毁损夫妻共同财产或伪造债务的行为，人民法院可以根据情节轻重，予以罚款、拘留；构成犯罪的，追究其刑事责任。

人民法院对于再次就分割夫妻共同财产提出的诉讼，经查实被告一方当事人确有隐藏、转移、变卖、毁损夫妻共同财产或伪造债务的行为，在分割夫妻共同财产时对隐藏、转移、变卖、毁损夫妻共同财产或伪造债务的行为的一方应当不分或少分。

示例 王某（女）、刘某（男）两人原同系某厂工人。后刘某考入大学，毕业后进入公司。2002年5月，王某与刘某协议离婚并到婚姻登记机关办理了离婚登记。因无其他住房，离婚后双方仍居住在同一套两居室内。一次，王某在收拾东西时，无意间发现了5张刘某在离婚前办理的银行卡，对此，王某毫不知情。遂请律师取证后发现，除银行卡外，刘某还隐瞒了其在公司拥有几十万元股份的情况。据此，王某向法院提起诉讼，请求再次分割财产。为了防止已发现的财产被刘某转移，王某还向法院申请对该财产进行诉讼保全。根据《婚姻法》和相关司法解释的规定，人民法院受理了王某要求再次分割夫妻共同财产的请求。人民法院在处理这部分财产时，考虑到刘某在第一次分割夫妻共同财产时，因隐瞒财产已经严重侵害了王某的财产利益，故判决刘某对隐瞒的这部分财产只能分割 1/3，王某获得 2/3。

二、离婚家务劳动补偿

《婚姻法》第 40 条规定："夫妻书面约定婚姻关系存续期间所得的财产归各自所有，一方因抚育子女、照料老人、协助另一方工作等付出较多义务的，离婚时有权向另一方请求补偿，另一方应当予以补偿。"这是对约定实行婚后财产分别所有的夫妻，在离婚时对从事家务劳动较多一方的补偿请求权的规定。

（一）家务劳动补偿请求权

实行约定婚后财产分别所有的夫妻，无论婚前或婚后财产，各自的财产均归各自所有，在离婚时不须分割夫妻共同财产。换言之，在夫妻共同生活中因抚育子女、照料老人、协助另一方工作等付出较多义务的一方无法得到任何回报，这不符合法律的公平正义理念。

离婚家务劳动补偿请求权是法律赋予离婚主体的一项权利，是维护离婚自由、实现法律公平正义的重要保障。这一规定在主体上没有性别的限制，任何一方，无论男女，只要符合法定要件，均可享有离婚家务劳动补偿请求权，它是法律对家务劳动价值的一种肯定。所谓家务劳动，是指不能直接产生经济效益的、为满足家庭成员的生活需要所从事的劳动，包括抚育子女、照料老人、协助另一方工作、洗衣做饭、采购生活用品、打扫卫生等日常劳作。虽然，家务劳动不能直接创造经济价值，但可以节约家庭的支出成本，从而间接地增加家庭的财富。如果夫妻实行共同财产制，一旦反目离婚，通常依法应当均等分割夫妻共同财产，而不以双方收入的多少为衡量标准，这样，就对家务劳动的价值进行了一定的补偿。然而，如果夫妻约定婚后实行分别财产制，即在婚姻存续期间所得的财产归各自所有，那么，离婚时，从事家务劳动较多的一方并不能参与分割对方的财产，其多年从事的家务劳动价值就被彻底漠视了。因此，有必要增设"家务劳动的补偿请求权"。此外，享有补偿请求权也是解决夫妻一方实际生活困难的需要。配偶一方因长期从事抚育子女、照料父母或公婆（岳父母）、协助对方工作等劳动，必然会使自己有限的精力得到消耗，使自己的生产、工作、学习、晋升等自我发展机会受到影响或削弱，往往经济收入明显下降，甚至在激烈的市场经济竞争中被淘汰。如果此时夫妻离婚，加之夫妻间实行分别财产制，有可能使在家务上付出较多的一方的生活处于困境。因此，赋予对家务劳动付出较多的配偶一方以补偿请求权，是法律进步的一种表现，是法律所寻求的个人权利与社会公平间取得平衡的结果。

在我国，男女平等作为重要的法律原则已得到了较好的贯彻实施，但男主外、女主内的家庭模式仍然在家庭关系中占主导地位，主内的女性或在工余时间主理家务，或专门从事家务劳动。而建立离婚家务劳动补偿制度，就是对他们从事家务劳动价值的认同，使他们从事的家务劳动在离婚时能得到公平的回报。这一规定使在经济上处于弱势一方在离婚自由的权利得到保障的同时，财产权利也相应地得到补偿，从而打消了他们对离婚的顾虑。设立离婚家务劳动补偿制度，可以使在婚姻关系中付出较多义务的一方，在离婚时得到精神上的抚慰与财产上的救济，体现了法律的公正、补偿与保护的功能。这对于完善我国的离婚制度，保障离婚自由有重要的意义。

（二）离婚家务劳动补偿的条件

1. 实行分别财产制。双方对婚姻关系存续期间财产的归属作出过归各自所有的约定，即婚后财产采取分别财产制度。如果双方对此期间的财产未作出约定，则适用法定的共同财产制；虽然约定，但非约定归各自所有的，也不适用此制度。

2. 请求补偿的一方应是付出义务较多的一方。所谓付出义务较多，是指在家务劳动中付出了较多的时间和精力，如在抚养、教育子女方面，照料老人方面，以及协助另一方的工作方面付出了较多义务。付出较多义务的一方有权要求对其所付出的义务予以补偿，是补偿请求权人。

3. 补偿请求权不考虑双方的过错情况。无论对方是否有过错，付出较多义务的一方均可要求补偿，其补偿请求权不以对方的过错为要件。付出较多义务的一方有过错的，也不因其过错而被剥夺补偿请求权，其仍有权要求对所付义务予以补偿。离婚补偿请求权以当事人双方离婚为要件。如果双方不离婚，一方不得以从事家务劳动较多而诉至法院要求对方补偿。当然，当事人自行达成协议，一方自愿补偿他方的不在此限。

（三）家务劳动补偿请求权的性质与数额

补偿请求权在性质上既不同于损害赔偿，也不同于经济帮助，它既不以一方经济上有困难为前提，也不以一方有过错为要件，它是对在家庭共同生活中付出劳务较多、在分别财产制下又未获得任何补偿的一方所从事的家务劳动价值的肯认，是一种弥补对方损失的辅助性财产手段。

补偿的数额应与一方所付出劳务的价值相当。补偿的具体数额及方式应由双方当事人协议，协议不成的，由人民法院根据具体情况，如双方结婚时间的长短，子女的大小，婚姻关系存续期间各自在子女抚养教育方面、对老人的赡养方面的投入情况，一方对另一方的协助情况，以及双方的经济收入等情形进行判决。

但值得注意的是，实践中对家务劳动补偿制度的直接适用非常鲜见。探究其原因，乃是因为法律规定离婚经济补偿应以"夫妻书面约定婚姻关系存续期间所得的财产归各自所有"为前提。换言之，夫妻双方不适用分别财产制度就不适用家务劳动补偿。而目前在我国夫妻约定实行分别财产制的数量仍然很少，其直接后果就是极大地限制了这一救济制度的适用。而且婚姻法对这一制度的规定流于泛泛，实践中难以对家务劳动的价值作出合情合理、具有说服力的估价，使法官在具体操作时不易运用。

三、夫妻共同债务清偿

《婚姻法》第 41 条规定："离婚时，原为夫妻共同生活所负的债务，应当共同偿还。共同财产不足清偿的，或财产归各自所有的，由双方协议清偿；协议不成时，由人民法院判决。"

作为夫妻共同财产的共同共有人，夫妻双方对该项财产享有平等的权利，同时亦要承担相同的义务。共有财产上的收益由双方共同享有，对共同财产的添置、维修以及共同生活的消费也要由双方共同承担义务。同时，夫妻双方对与第三人发生的外部民事法律关系也享有平等的民事权利，承担平等的民事义务，而且对外负连带责任。当夫妻共同财产关系因离婚而解体时，对因共同生活所负之债，双方负有同等的清偿责任。对夫妻一方为个人需要单独所负之债，他方无代为清偿的义务，应由其本人偿还。

（一）夫妻共同债务清偿

夫妻共同债务是指双方或一方为共同生活需要所负的债务。夫妻共同债务主要包括：①为履行抚养、赡养义务所负债务，如抚养教育子女、赡养老人所负债务；②为购置家庭生活用品、修缮房屋以及支付家庭生活开支所负的债务；③夫妻一方或双方为治疗疾病所负的债务；④夫妻一方或双方从事工商业个体经营或农业承包经营所负的债务，法律另有规定的除外；⑤因双方共同生活所负的其他债务。

《婚姻法司法解释（二）》第 24 条规定："债权人就婚姻关系存续期间夫妻一方以个人名义所负债务主张权利的，应当按夫妻共同债务处理。但夫妻一方能够证明债权人与债务人明确约定为个人债务，或者能够证明属于婚姻法第 19 条第 3 款规定情形的除外。"

夫妻共同债务应当以夫妻共同财产清偿。如果离婚时没有积累共同财产或共同财产不足以清偿共同债务，或夫妻约定婚后财产分别所有的，应由双方协议确定清偿责任；协议不成，由人民法院根据双方的经济能力，判决由一方清偿或由双方分担清偿责任。在处理这方面纠纷时，仍应注意贯彻保护妇女权益的原则。

至于夫妻一方死亡后的债务清偿、离异后原配偶因连带债务对他方的追偿，

《婚姻法司法解释（二）》第25、26条分别规定："当事人的离婚协议或者人民法院的判决书、裁定书、调解书已经对夫妻财产分割问题作出处理的，债权人仍有权就夫妻共同债务向男女双方主张权利。一方就共同债务承担连带清偿责任后，基于离婚协议或者人民法院的法律文书向另一方主张追偿的，人民法院应当支持。""夫或妻一方死亡的，生存一方应当对婚姻关系存续期间的共同债务承担连带清偿责任。"

人民法院在处理离婚案件分割财产时，有共同债务的，应先清偿债务，再分割财产，以免造成不必要的纠纷。

（二）个人债务清偿

夫妻个人债务是指夫妻一方为了个人的需要单独所负的债务，与共同生活无关。主要包括：男女各自婚前所负的债务；双方约定由个人负担的债务；一方未经对方同意擅自资助与其没有扶养义务的亲朋所负的债务；一方未经对方同意，独自筹资从事经营活动，其收入却未用于共同生活所负的债务。《婚姻法司法解释（二）》第23条规定："债权人就一方婚前所负个人债务向债务人的配偶主张权利的，人民法院不予支持。但债权人能够证明所负债务用于婚后家庭共同生活的除外。"

夫妻个人债务由本人偿还，如负债一方确实无力偿还的，也可说服他方代为清偿，但应以自愿为原则，不得强迫。

对于个体经营户所欠债务是夫妻共同债务还是经营一方个人债务，依照《民法通则》及最高人民法院的有关规定，夫妻共同经营、用夫妻共同财产投资或者收益的主要部分供家庭成员享用的，以夫妻共同财产清偿。一方从事经营，其收入为夫妻共同财产的，债务亦应以夫妻共同财产清偿。一方未经对方同意，擅自动用共同财产并以个人名义从事某项经营，其经营所得却未用于共同生活，由此经营而形成的债务，由个人承担，另一方不负清偿责任。

示例 李某（男）王某（女）双方于1982年结婚。结婚时双方未对夫妻财产进行约定。李某为一公司高级职员，于1990年间经营期货买卖，获利甚多，故李某出资以王某之名购买一套高级公寓房，出租给赵某，每月租金5000元。王某为职业篮球选手，于1992年参加职业篮球比赛获胜后得一辆丰田轿车。后来，李某准备以期货所得投资实业时，王某表示反对并签订协议，约定王某不同意投资，对投资失利不承担责任。结果李某经营失利，无钱偿还债务。债主诉至法院要求李某以其住房及汽车偿还欠款。李某以个人经营行为应以个人财产偿还为由，不同意以共同住房和汽车清偿债务。法院认为，李某婚后购买的房屋及王某获奖所得的汽车均属夫妻共同财产，李某的经营行为未得到王某的同意，且从未赢利，因此所欠债务应属于李某的个人债务，应先分割夫妻共同财产，以夫妻共同财产中属于李某的部分及李某的其他个人财产清偿债务。

■第四节 离婚时的救济措施

一、离婚时对困难一方的经济帮助

《婚姻法》第42条规定："离婚时，如一方生活困难，另一方应从其住房等个人财产中给予适当帮助。具体办法由双方协议；协议不成时，由人民法院判决。"《婚姻法司法解释（一）》第27条规定："婚姻法第42条所称'一方生活困难'，是指依靠个人财产和离婚时分得的财产无法维持当地基本生活水平。一方离婚后没有住处的，属于生活困难。离婚时，一方以个人财产中的住房对生活困难者进行帮助的形式，可以是房屋的居住权或者房屋的所有权。"

（一）经济帮助的性质

离婚时，对困难一方适当的经济帮助，并非夫妻扶养义务的延长，夫妻间的扶养义务随婚姻关系的终止而终止。对困难一方的经济帮助，是基于婚姻关系解除所派生的社会道义上的责任，这种责任是由法律确认和保护的。也可以说，离婚经济帮助制度本身是一种伦理道德的法律化。离婚时的经济帮助与夫妻共同生活期间的扶养义务的性质是完全不同的。夫妻共同生活期间的相互扶养义务是基于夫妻人身关系而规定的，是无条件的，它随着夫妻离婚的法律行为而消除。而离婚时的经济帮助仅仅是由原婚姻关系派生出来的责任，不应将其视为原扶养义务的延续。

经济帮助不以给付方有过错为必要，而是基于公平和救济原则对离婚后处于弱势地位的配偶一方予以一定的保护。这一规定既适用于女方也适用于男方，但基于社会现实，立法的目的是为了贯彻保护妇女利益的原则，照顾经济能力逊于男子的妇女。目前，我国男女的经济能力仍存在一定差距，离婚时，生活困难的一方以女方居多。据调查，离婚时，请求离婚经济帮助者以女性为主，其理由主要为无业或失业、无房居住、收入低等[1]。规定在离婚时对困难的一方给予适当的经济帮助，有助于消除妇女在离婚问题上的经济顾虑，有利于保障离婚自由，也可以防止因离婚造成不利的社会后果。

（二）经济帮助的条件

根据《婚姻法》与相关的司法解释，对一方生活困难的经济帮助是有条件

---

[1] 王歌雅："离婚救济制度：实践与反思"，载《法学论坛》2011年第2期。

的，其条件是：

1. 一方必须生活困难。所谓生活困难是指依靠个人财产和离婚时分得的财产无法维持当地基本生活水平。一方离婚后没有住房的，属于生活困难。

2. 经济帮助仅限于离婚时。对离婚时不困难，离婚以后发生困难的，不予帮助；在帮助期间，受帮助方再婚的，帮助终止；原定经济帮助执行完毕后，一方又要求对方再给予经济帮助的，一般不予支持，当事人应自行解决生活问题，他方不再负有继续帮助的义务。

3. 经济帮助方须有负担能力。经济帮助以帮助方有负担能力为前提，即承担经济帮助一方的个人财产在维持其自身正常的衣、食、住、行等需求外，还有能力以其个人财产对前配偶进行住房、金钱或其他经济上的帮助。无负担能力的，可以不帮助。

对于何为生活困难，主要有两种不同的意见：一种是目前最高人民法院司法解释所采纳的，即认为所谓生活困难，是指需要帮助的一方有绝对的困难。如果依靠个人财产或离婚分得的财产无法维持基本生活，即无法维持当地的基本生活水平，就是有绝对困难。其理由为帮助方是从自己的合法财产中支出一部分帮助即将解除婚姻关系中的有困难者，因此，受帮助方不能要求过高，不能将离婚后生活水平严重下降视为生活困难。另一种意见认为，所谓生活困难是相对困难，只要一方离婚后生活水平下降就应当认为是困难，否则，难以保证公平。因为在婚姻关系存续期间，双方有相互扶养的义务，共同生活使双方基于信任而共同创建家庭，或为未来收入的提高作出努力，但离婚时，一方生活富裕，一方相当贫困，显然不符合法律的公平正义的理念。如果将生活困难视为相对困难，就可取代离婚损害赔偿制度，通过救济困难一方，达到实质公平的结果。[1]

（三）经济帮助的内容

有帮助能力的一方在给予对方经济帮助时，提供经济帮助的来源应当是自己的个人财产，包括法定个人财产、约定个人财产和从共同财产中分得的个人财产。其实施帮助的内容包括物质帮助、金钱帮助和房屋帮助。

在我国司法实践中，多年来许多妇女在离婚时均面临住房困难，这不仅是由于女性的经济地位相对较低，也是多年的福利分房政策中许多单位"分房分男不分女"的规定所带来的后遗症。为解决这一问题，最高人民法院曾在1993年《关于审理离婚案件处理财产分割问题的若干具体意见》中明确规定，婚前财产经婚后共同生活一定期间（贵重的生活用品为4年，房屋和其他价值较大的生产资料为8年）转化为夫妻共同财产。但由于这一规定与物权理论相违背，修订后

---

[1] 黄有松主编：《婚姻法司法解释的理解与运用》，中国法制出版社2002年版，第95～96页。

的《婚姻法》明确规定夫妻一方的婚前财产属于其个人财产，最高人民法院关于婚前财产转化的规定因与之相悖而不再适用。由于离婚妇女的住房困难在分割夫妻共同财产时无法解决，因此，在离婚经济帮助时考虑从住房上对需要帮助的一方给予帮助具有重要的现实意义，住房是公民实现生存权的基本条件，在中国现实条件下，需要予以妥善解决。具体的帮助方法，可以根据当事人的具体情况予以确定，如经济条件好，住房富裕的，可以将房屋的产权给需要帮助的一方，也可将双方的婚姻住房由无房居住的一方暂住，由其享有一定期间的房屋使用权；在住房条件紧张的情况下，也可由帮助方为需要帮助的一方支付一定期间的房屋租金。

　　示例　李明与王立经人介绍相识并结婚，婚后生有一子。因双方性格不合，经常发生争吵，甚至分居，在儿子1岁时王立向法院提出离婚。李明不同意，经调解王立同意撤诉。但此之后，双方关系未发生好转。后双方同意离婚，但对子女抚养及现有财产如何处理双方意见不一。王立再次起诉到法院。法院经审理后认定，双方感情确已破裂，准予离婚。2岁的儿子随母亲生活，夫妻共同财产平均分割。双方的婚姻住房是李明的婚前个人财产，但考虑到王立离婚后无房居住，属于生活困难，遂将两居室的住房中的一间由王立暂时居住，暂住期为2年。

二、离婚损害赔偿

（一）离婚损害赔偿的概念及功能

　　离婚损害赔偿，是指因为配偶一方的过错而给他方造成物质或精神上的损害，在离婚时，有过错的一方应对受害方的损害予以赔偿。婚姻是一种民事法律行为，对婚姻义务的违反，就是对他方婚姻权利的侵害。离婚损害赔偿的目的在于对权利的救济，具有填补损害、抚慰精神、惩罚过错方的功能。我国2001年《婚姻法修正案》增加了损害赔偿制度，增设这一制度是适应我国当前的国情、依据我国婚姻家庭关系的现状确定的。在保障离婚自由的同时实现法律的公平、公正，是世界婚姻立法的趋势，我国《婚姻法》对离婚过错赔偿制度的明确规定是我国司法实践发展的结果，充分体现了当代婚姻家庭立法的公平原则和保护弱势群体利益的原则。

　　离婚损害赔偿作为一种民事责任，具有以下三方面的功能：

　　1. 填补损害。离婚损害赔偿作为侵权行为法的基本救济手段，最基本的功能就是填补受害配偶的损害。通过补偿损失，使其受损害的权益得到救济和恢复。

　　2. 精神慰抚。精神损害赔偿虽然也采用财产赔偿的方式，但它本身兼具经济补偿和精神慰抚的性质，可以抚慰受害配偶因合法权益遭受损害的痛苦、失望。法院判决由加害配偶一方给付抚慰金，使受害配偶获得心理上的慰藉，可相对平息其怨愤。

3. 制裁和预防违法行为。离婚损害赔偿作为侵权者应承担的民事责任之一，具有制裁和预防违法行为的功能。通过责令婚姻侵权行为人承担损害赔偿责任，使侵权者不仅未因其侵权行为获益，而且对其侵权行为之损害后果承担赔偿责任，这本身就体现了对违法行为的制裁；并且对其他有可能发生侵权行为的已婚者而言，也具有警示和预防作用。

（二）离婚损害赔偿的构成要件

《婚姻法》第 46 条规定，因一方重婚或有配偶者与他人同居、实施家庭暴力或以其他行为虐待家庭成员或遗弃家庭成员而导致离婚的，无过错方有权请求损害赔偿。

离婚时损害赔偿应符合以下要件：

1. 有损害事实。离婚损害主要是指财产损害、人身损害及精神损害。其中，财产损害是指由于对方的过错行为造成的财产利益的损害，包括直接与间接的财产损害，如因身体受伤害而支出的医疗费或劳动收入的减少。人身损害是指因对方的过错行为造成的身体上的损害，如身体受伤致残。精神损害是指因对方的过错行为对他方精神和心理上造成的焦虑、痛苦。

2. 配偶一方的行为有法定过错。所谓过错是指支配行为人从事在法律和道德上应受非难行为的故意和过失状态。根据该条规定，构成离婚损害赔偿的法定过错行为是：重婚、有配偶者与他人同居、实施家庭暴力、虐待、遗弃家庭成员。

3. 离婚是由于上述过错所导致的结果。即过错行为与离婚之间有因果关系。根据侵权行为法的一般原理，过错行为必须与损害事实之间存在因果关系。因夫妻一方的过错行为导致双方离婚的，需追究过错方的损害赔偿责任。例如，行为人的过错如重婚，与离婚的后果之间必须有因果关系。

无过错方因对方的过错行为而受到精神或物质损害，行为与损害结果具有因果关系。《婚姻法司法解释（一）》第 28 条规定，《婚姻法》第 46 条规定的"损害赔偿"，包括物质损害赔偿和精神损害赔偿。精神损害，是指因侵权行为导致的受害人反常的精神状态，包括精神上的痛苦和肉体上的疼痛。受害人精神上的痛苦表现为悲哀、懊恼、悔恨、羞愧、愤怒、胆怯；外在表现为反常的精神状态，如失眠、消沉、冷漠、失望、发怒、狂躁、精神恍惚、悲观厌世等。涉及精神损害赔偿的，适用《最高人民法院关于确定民事侵权精神损害赔偿责任若干问题的解释》的有关规定。

4. 离婚已发生。只有在离婚发生时，无过错方才取得离婚损害赔偿请求权。在婚姻关系存续期间，即使一方有过错，他方如不要求离婚，也不能行使损害赔偿请求权。

5. 请求权人无过错。行使损害赔偿的请求权人应当是没有过错一方，即请求权一方不得存在重婚、有配偶者与他人同居、实施家庭暴力、虐待、遗弃家庭成员的行为。如果双方均有过错，根据过错相抵原则，任何一方均不得要求损害赔偿。《婚姻法司法解释三》第 17 条规定，夫妻双方均有《婚姻法》第 46 条规定的过错情形，一方或者双方向对方提出离婚损害赔偿请求的，人民法院不予支持。同时，对过错的理解不应当是绝对化的，在婚姻关系中没有绝对无过错的一方，只要不具有婚姻法规定的法定过错，即可视为无过错。

示例　1990 年 12 月，江苏省沭阳县农民冯某与刘某登记结婚。2000 年 12 月，冯某以夫妻感情破裂为由向沭阳县法院起诉要求离婚，沭阳县法院判决准予离婚。判决后，刘某不服，向宿迁市中级法院提起上诉，要求冯某承担过错赔偿责任。在此期间，刘某又向沭阳县法院控告冯某犯有重婚罪，宿迁中院遂中止离婚上诉案的审理。沭阳县法院在审理重婚案中查明，冯某在明知其与刘某婚姻关系尚未解除的情况下，与程某以夫妻名义同居生活，已构成重婚罪，判决冯某有期徒刑 6 个月。该判决生效后宿迁中院恢复离婚上诉案的审理，因一审时刘某并未提出损害赔偿的请求，二审时双方也未就此达成调解协议，对此上诉理由二审法院不能径行判决，遂于 2002 年 1 月 10 日判决驳回上诉，维持原判，并告知其另行单独起诉。2002 年年初，刘某向沭阳县法院提起诉讼，要求冯某赔偿其精神损失 2 万元。沭阳县法院认为冯某给刘某造成了精神损害，应当承担赔偿责任，考虑到冯某的实际情况，于 3 月 21 日作出判决，冯某赔偿刘某 5000 元。判决后，双方均未上诉。

（三）对提起离婚损害赔偿程序的特别规定

《婚姻法司法解释（一）》第 29、30 条和《婚姻法司法解释（二）》第 27 条对提起离婚损害赔偿诉讼程序作出了特别规定：

1. 离婚损害赔偿只能在离婚时赔付。人民法院判决不准离婚的案件，对于当事人基于《婚姻法》第 46 条提出的损害赔偿请求，不予支持。在婚姻关系存续期间，当事人不起诉离婚而单独依据该条规定提起损害赔偿请求的，人民法院不予受理。

2. 法院审理时的特殊规定。人民法院受理离婚案件时，应当将《婚姻法》第 46 条等规定中与当事人有关的权利义务书面告知当事人。在适用《婚姻法》第 46 条时，应当区分以下不同情况：①符合《婚姻法》第 46 条规定的无过错方作为原告基于该条规定向人民法院提起损害赔偿请求的，必须在离婚诉讼的同时提出。②符合《婚姻法》第46条规定的无过错方作为被告的离婚诉讼案件，如果被告不同意离婚也不基于该条规定提起损害赔偿请求的，可以在离婚后1年内就此单独提起诉讼。③无过错方作为被告的离婚诉讼案件，一审时被告未基于《婚姻法》第46条规定提出损害赔偿请求，二审期间提出的，人民法院应当进行调解，调解不成的，告知当事人在离婚后1年内另行起诉。

3. 登记离婚后提出的离婚损害赔偿。当事人在婚姻登记机关办理离婚登记手续后，以《婚姻法》第46条规定为由向人民法院提出损害赔偿请求的，人民法院应当受理。但当事人在协议离婚时已经明确表示放弃该项请求，或者在办理离婚登记手续1年后提出的，不予支持。

（四）离婚损害赔偿数额的确定标准

《婚姻法司法解释（一）》第28条就离婚损害赔偿的范围作出了明确规定："婚姻法第46条规定的'损害赔偿'，包括物质损害赔偿和精神损害赔偿。涉及精神损害赔偿的，适用最高人民法院《关于确定民事侵权精神损害赔偿责任若干问题的解释》的有关规定。"确定赔偿数额时，主要应考虑侵权行为人的过错程度，侵害的手段、方式、造成的后果，侵权行为人的经济能力及当地的平均生活水平。

根据最高人民法院颁布的《关于确定民事侵权精神损害赔偿责任若干问题的解释》，人民法院对离婚财产损害赔偿金、精神损害赔偿金、抚慰金数额的确定，应根据保护合法的婚姻家庭关系，保护无过错方配偶合法权益的原则，综合考虑以下因素来确定：无过错方所遭受的财产实际损失（因离婚所受到的财产期待权损失除外）；侵权人的过错程度，结合其对自己过错行为的故意、过失的轻重、动机等因素加以考虑，但法律另有规定的除外；侵害的手段、场合、行为方式等具体情节；侵权行为所造成的后果，无过错方遭受损害的权益和损害程度，精神上所受痛苦的程度；侵权人的获利情况；过错方承担责任的经济状况、谋生能力等；双方结婚时间长短、无过错方对配偶和家庭尽义务的多少和贡献大小、年龄、健康状况；受诉法院所在地平均生活水平等。

示例　北京某区的王某与西某自由恋爱，1997年7月登记结婚，后因生活琐事产生矛盾，王某经常殴打西某。2002年8月18日，西某经北京市法庭科学技术鉴定研究所鉴定为全身多处包括面部、胸部、四肢等部位软组织损伤，皮肤烫伤。西某以此为由诉至法院要求离婚，并请求法院判令王某给付离婚损害赔偿金。

法院根据《婚姻法》的有关规定，认定双方感情已经破裂，判决准予西某与王某离婚，平均分割夫妻共同财产。同时，法院认为，王某的行为已构成家庭暴力，且已给西某造成较为严重的伤害，因此，判令被告王某给付原告西某损害赔偿金 15 000 元。

【思考题】

1. 什么是离婚的效力？包括哪些内容？
2. 离婚分割夫妻共同财产的原则有哪些？
3. 离婚分割夫妻财产时应注意哪些问题？
4. 离婚后父母子女关系的特点是什么？
5. 离婚后子女抚养费应如何分担？
6. 离婚后父母对子女的探望权包括哪些内容？
7. 离婚损害赔偿的构成要件包括哪些？
8. 离婚时对困难一方经济帮助的性质是什么？

第十一章

第十二章

救助措施与法律责任

学习目的与要求 学习本章应了解婚姻法规定救助措施和法律责任的重要意义。掌握救助措施的义务主体、适用范围、具体方法、适用情形，明确基层群众性自治组织、当事人所在单位、公安机关、司法机关在保护家庭成员合法权益方面所负的重要责任，以及侵害家庭成员合法权益行为人所要承担的法律责任。

■第一节　概述

一、救助措施与法律责任的概念

权利是法律赋予的，同时受法律保护。为了保证权利的实现，法律必须为权利的实现设立相应的保障：一方面要预防侵害的发生，另一方面还应在预防失效的情况下予以救济。救助措施与法律责任是最常见的救济手段。

救助措施，是指当权利主体在实现自己权利过程中遇到障碍或受到侵害时，法律允许权利主体或国家和社会的有关组织依法采取的各种旨在保护或恢复权利的手段和方法。救济措施大致可分为两种，即自力救济和公力救济。自力救济是指权利人自己采取各种合法手段保护自己的权益不受侵犯，如正当防卫、紧急避险、自助行为等；公力救济是指当法律确认的权利受到侵犯时，由国家机关给予保护，如权利人的权利受到侵犯时，可以请求行政机关、司法机关予以保护。

法律责任，是指行为人因其行为违反了法律规定而必须承担的制裁性法律后果。在我国，法律责任按其性质不同分为民事法律责任、行政法律责任、刑事法律责任。不同的违法行为应承担不同的法律责任。民事法律责任、行政法律责任和刑事法律责任三者之间，责任的性质不同，法律强制的程度不同，承担的原则也不同。一项违法行为可能只需要承担一种法律责任，也可能要同时承担几种法律责任。

二、婚姻法规定救助措施与法律责任的意义

在新中国的婚姻家庭立法史上，无论是 1950 年《婚姻法》还是 1980 年《婚姻法》，都十分缺乏有关法律责任的规定。在 1950 年《婚姻法》中，只有第 26 条规定了"违反本法者，依法制裁。凡因干涉婚姻自由而引起被干涉者的死亡或伤害者，干涉者一律应并负刑事的责任"。1980 年《婚姻法》也只是在其第 34 条简单规定："违反本法者，得分别情况，依法予以行政处分或法律制裁。"这样的规定不仅笼统，没有突出婚姻法的特点，而且在法律用语上也很不规范，因此使得婚姻法的实施力度大打折扣，实际上造成了婚姻法没有罚则的局面。针对这一状况，2001 年《婚姻法修正案》增设了"救助措施与法律责任"一章，不仅规定了家庭暴力、虐待、遗弃、重婚、有配偶者与他人同居的民事责任，增设了离婚损害赔偿制度，而且重申了要依法追究侵犯婚姻家庭权益行为的行政、刑事法律责任，强调了有关单位特别是司法机关在制止侵害婚姻家庭权益违法行为方面应负的责任。这些规定，不仅有利于切实保障公民的婚姻家庭权益，增强了婚姻法的权威性和可操作性，而且完善了我国的婚姻家庭立法，具有十分重要的意义。

婚姻法规定救助措施和法律责任，充分体现了法律调整婚姻家庭关系的必要性、重要性。由于婚姻家庭本身是一个伦理实体，因而在婚姻家庭领域，许多问题并不一定都通过法律途径来解决，道德的作用往往更为人们所重视。但是，既然社会对人们在婚姻家庭中的一般要求和人们在婚姻家庭中的权利需要由法律来确认，那些违反婚姻家庭义务行为的责任以及权利受损者的救济途径也需要由法律来规定；没有法律的保障，道德的威力也会大打折扣。在婚姻家庭领域，"法治"与"德治"应该相辅相成、协调统一，并形成良性互动。社会主义的伦理道德建设应该为婚姻家庭领域的立法、司法、守法提供良好的社会环境和舆论支持；而婚姻家庭领域的法律则应该反映社会主义道德的要求，为弘扬社会主义的伦理道德提供制度上的保障，对于那些在道德上具有正当性、合理性的内容，法律上就应该提倡；对于那些违反道德特别是那些严重违反道德，民众反映强烈的行为，法律就应该否定，直至让其承担相应的法律责任。2001 年《婚姻法修正案》增设"救助措施与法律责任"一章，充分反映了立法者对法律调整婚姻家庭关系的必要性、重要性有着深刻的认识，同时也标志着我国婚姻家庭立法在指导思想上有了重大的突破。

救助措施与法律责任并列，体现了婚姻法自身的特色。婚姻法作为规范婚姻家庭关系的发生、变更和终止，以及由此所产生的特定亲属之间权利义务关系的

法律，在内容上具有浓厚的伦理性和强烈的民族性、传统性；在调整方式上采用了较多的强行性规范。婚姻法的这些特点决定了没有法律责任不行，没有独具特色的法律责任也不行。对于家庭成员之间发生的问题，由于权利义务主体之间存在着特殊（亲属）的、长期（不是一次性）的，有些甚至是不可变更（如自然血亲）的关系，因此对于发生在家庭成员之间的纠纷和侵权，甚至是犯罪，在处理时首先要考虑的是如何保护受害者的权益，如何为受害者提供切实的帮助，如何使受害者更有效地摆脱不利的处境，如何找到对受害者更有利的救济途径。即使对侵害者进行惩治，其最终目的也是为了制止其侵害家庭成员的行为，避免受害者再次受害。基于这种出发点，2001年《婚姻法修正案》把救助措施与法律责任同时规定并特别突出民事责任是完全必要的，这不仅可以有助于法律责任的落实，而且有助于法律作用的发挥和最终目的的实现，充分体现了婚姻法的自身特点，有利于最大限度地保护婚姻当事人的合法权益。

■第二节　救助措施

一、请求救助的主体

婚姻家庭权益受到侵犯的受害人，有权请求负有实施救助责任的有关组织和部门予以救助。而且，在一般情况下，有关组织和部门实施救助，都应由受害人提出请求。也就是说当事人不申请，救助机关一般不主动采取救助措施介入。法律没有赋予救助机关主动介入家庭纠纷和冲突的权力，是对当事人权利的尊重。当然这只是针对未构成犯罪以及当事人告诉才处理的家庭成员间的犯罪行为。法律规定需要由公安机关侦查、检察机关提起公诉的，受害人即使没有提出请求，公安机关也应当依法侦查，人民检察院也应当依法提起公诉。

二、救助措施的义务主体及其职能

根据《婚姻法》《妇女权益保障法》《未成年人保护法》《老年人权益保障法》《残疾人保障法》等法律的规定，实施救助措施的义务主体主要是居民委员会、村民委员会等城乡基层群众性自治组织、社会团体、当事人所在单位、公安、民政、司法行政等部门以及司法机关。

（一）居（村）民委员会

居（村）民委员会是我国居民、村民自我管理、自我教育、自我服务的基层群众性自治组织，对所辖范围内的各个家庭及其成员有一定的了解，对解决辖区内家庭矛盾有一定的优势。对实施家庭暴力或虐待家庭成员的，受害人有权提出请求，居民委员会、村民委员会以及所在单位应当予以劝阻、调解。

（二）人民调解委员会

人民调解委员会是依法设立的调解民间纠纷的群众性组织。

人民调解委员会通过说服、疏导等方法，促使当事人在平等协商基础上自愿达成调解协议，解决民间纠纷。

经人民调解委员会调解达成的调解协议，具有法律约束力，当事人应当按照约定履行。人民调解委员会应当对调解协议的履行情况进行监督，督促当事人履行约定的义务。经人民调解委员会调解达成调解协议后，当事人之间就调解协议的履行或者调解协议的内容发生争议的，一方当事人可以向人民法院提起诉讼。

经人民调解委员会调解达成调解协议后，双方当事人认为有必要的，可以自调解协议生效之日起30日内共同向人民法院申请司法确认，人民法院应当及时对调解协议进行审查，依法确认调解协议的效力。人民法院依法确认调解协议有效，一方当事人拒绝履行或者未全部履行的，对方当事人可以向人民法院申请强制执行。人民法院依法确认调解协议无效的，当事人可以通过人民调解方式变更原调解协议或者达成新的调解协议，也可以向人民法院提起诉讼。

（三）所在单位

所在单位即发生矛盾和冲突的家庭成员工作、学习的国家机关、团体、企业和事业单位。由于所在单位与在该单位工作的人员之间存在行政上的隶属关系，而且单位一般也设有工会、妇联等维权组织，其作为救助机关有着得天独厚的优势，在实践中，单位在为家庭成员所做的也是劝阻与调解工作，一般也容易产生积极的效果。

（四）公安机关

公安机关是政府的一个职能部门，依法管理社会治安，行使国家的行政权，同时公安机关又依法侦查刑事案件，行使国家的司法权。公安机关的性质具有双重性，即既有行政性又有司法性。

在我国，公安机关介入婚姻家庭领域主要体现在反家庭暴力中的作用及出警义务。公安机关应当设立家庭暴力案件投诉点，将家庭暴力报警纳入"110"出警工作范围，并按照《"110"接处警规则》的有关规定对家庭暴力求助投诉及时进行处理。对涉及家庭暴力及其他虐待遗弃家庭成员的案件，公安机关应当根据不同情况，依法及时做出处理。

（五）人民法院

人民法院是国家的审判机关。对遗弃家庭成员，受害人向人民法院提出民事诉讼请求的，人民法院应当依法作出支付扶养费、抚养费、赡养费的判决。对于家庭成员重婚的，实施家庭暴力或虐待、遗弃家庭成员构成犯罪的，人民法院应依法追究加害者法律责任。

（六）人民检察院

人民检察院是国家的法律监督机关，行使国家的检察权，有审查批准逮捕、决定起诉并出席法庭支持公诉的职能，并受理公民控告、申诉和检举。检察机关对此类案件负有立案监督义务。人民检察院认为公安机关应当立案侦查而未立案的家庭暴力案件，或者受害人认为公安机关应当立案侦查而未立案的案件，人民检察院认为公安机关不立案的理由不能成立的，应当通知公安机关依法立案，公安机关应予立案。

对家庭成员重婚的，对实施家庭暴力或虐待、遗弃家庭成员构成犯罪的，依法追究刑事责任。受害人可以依照《刑事诉讼法》的有关规定，向人民法院提起自诉；公安机关应当依法侦查，人民检察院应当依法提起公诉。

（七）司法所

司法所是县（区、市）司法局在乡镇（街道）的派出机构，是基层政法组织的重要组成部分，担负着落实司法行政各项业务工作，向广大群众提供法律服务、法律保障和法制宣传等重要职能。司法所工作的基本职能是：指导管理人民调解工作，参与调解疑难、复杂民间纠纷。在基层政法机构体系中，司法所是基层政法组织机构之一，它与公安派出所、法庭共同构成我国乡镇（街道）一级的政法体系，成为我国基层司法运行机制中不可缺少的重要组成部分。在基层社会治安综合治理机构体系中，司法所是司法行政系统参与基层综合治理工作的重要成员单位，处在化解人民内部矛盾、预防和减少犯罪的第一线。

目前，在对家庭成员间实施家庭暴力或虐待家庭成员的，司法所主要从事的也是对双方当事人的劝阻、调解及政策解释工作。

（八）妇联组织

妇联的基本职能是代表和维护妇女利益，促进男女平等。

女性家庭成员的合法权益受到侵害向妇联投诉的，妇联应当维护被侵害妇女的合法权益，并有权要求有关部门或者单位查处；妇联对于受害妇女进行诉讼需要帮助的，应当给予支持。

三、救助措施的适用范围

婚姻法中的救助措施，主要适用于家庭成员实施的家庭暴力、虐待、遗弃、重婚、财产侵权行为等违反法律规定、侵害婚姻家庭成员合法权益的行为。

四、救助措施的具体方法

根据《婚姻法》《妇女权益保障法》《未成年人保护法》《老年人权益保障

法》《残疾人保障法》《民事诉讼法》等法律的规定，实施救助措施的具体方式有劝阻、劝诫、调解、批评教育、制止、保全措施、责令改正、给予行为人行政处罚和追究其民事、刑事责任。其中居民委员会、村民委员会及所在单位的救助措施，限于劝阻、劝诫和调解；而公安机关的救助措施则是制止正在进行的家庭暴力和根据受害人的请求给予加害人以行政处罚；人民法院则是依法追究违法犯罪人的民事责任或者刑事责任。

五、救助措施的适用情形

根据《婚姻法》《妇女权益保障法》《未成年人保护法》《老年人权益保障法》《残疾人保障法》《民事诉讼法》等法律的规定，救助措施适用于下列情形：

（一）实施家庭暴力

实施家庭暴力或虐待家庭成员的，受害人有权提出请求，居民委员会、村民委员会以及所在单位应当予以劝阻、调解。

对正在实施的家庭暴力，受害人有权提出请求，居民委员会、村民委员会应当予以劝阻；公安机关应当予以制止。

实施家庭暴力或虐待家庭成员，受害人提出请求的，公安机关应当依照有关治安管理处罚的法律规定予以行政处罚。

虐待老年人或者对老年人实施家庭暴力的，由有关单位给予批评教育；构成违反治安管理行为的，依法给予治安管理处罚；构成犯罪的，依法追究刑事责任。

根据《民事诉讼法》规定，人民法院对于可能因当事人一方的行为或者其他原因，使判决难以执行或者造成当事人其他损害的案件，根据对方当事人的申请，可以裁定对其财产进行保全、责令其作出一定行为或者禁止其作出一定行为；当事人没有提出申请的，人民法院在必要时也可以裁定采取保全措施。这一规定为人民法院在处理家庭暴力案件时，为保护家庭暴力受害人而作出人身保护裁定提供了法律依据。

（二）遗弃家庭成员

遗弃家庭成员的，受害人有权提出请求，居民委员会、村民委员会以及所在单位应当予以劝阻、调解。

对遗弃家庭成员，受害人提出请求的，人民法院应当依法作出支付扶养费、抚养费、赡养费的判决；老年人与家庭成员因赡养、扶养或者住房、财产发生纠纷，可以要求家庭成员所在组织或者居民委员会、村民委员会调解，也可以直接向人民法院提起诉讼。调解上述家庭纠纷时，对有过错的家庭成员，应当给予批评教育，责令改正。

人民法院对老年人追索赡养费或者扶养费的申请，可以依法裁定先予执行。

（三）不履行监护职责

父母或者其他监护人不依法履行监护职责，或者侵害未成年人合法权益的，由其所在单位或者居民委员会、村民委员会予以劝诫、制止；构成违反治安管理行为的，由公安机关依法给予行政处罚。

适龄儿童、少年的父母或者其他法定监护人无正当理由未依照《义务教育法》规定送适龄儿童、少年入学接受义务教育的，由当地乡镇人民政府或者县级人民政府教育行政部门给予批评教育，责令限期改正。

对重婚的，以及实施家庭暴力或虐待、遗弃家庭成员构成犯罪的，依法追究刑事责任。受害人可以依照《刑事诉讼法》的有关规定，向人民法院自诉；公安机关应当依法侦查，人民检察院应当依法提起公诉。

■第三节　法律责任

保障家庭成员的合法权益，既是我国婚姻法的核心内容，也是其他相关法律的重要任务。我国目前已经形成了以《宪法》为依据，以《婚姻法》为主体，包括《收养法》《继承法》《民法通则》《老年人权益保障法》《妇女权益保障法》《未成年人保护法》《治安管理处罚法》《刑法》等法律以及《婚姻登记条例》等行政法规在内的法律体系。对于违反法律规定、侵犯公民婚姻家庭合法权益的行为，除了依照《婚姻法》的规定承担法律责任外，其他法律有规定的，也要依照其规定追究法律责任。我国《婚姻法》第49条规定："其他法律对有关婚姻家庭的违法行为和法律责任另有规定的，依照其规定。"

对于违反婚姻法的行为，应根据违法行为的性质、情节和后果的不同情况，分别追究其民事法律责任、行政法律责任和刑事法律责任。对于违反婚姻法的行为人，这三种法律责任形式可以单独适用，也可以结合起来适用。

一、民事法律责任

（一）民事法律责任的概念

民事法律责任，简称为民事责任，指的是民事主体违反民事义务所应承担的民事法律后果。侵害家庭成员合法权益的民事责任是指家庭成员违反婚姻家庭义务或其他民事义务所应承担的法律后果。侵害家庭成员合法权益的民事责任实际上是对义务人所施加的一种具有强制性的约束。责任的存在目的在于督促家庭成员正确履行其应尽的义务，保证其他家庭成员权利的实现。

由于侵害家庭成员合法权益的民事责任，主要是一般侵权民事责任，因此，构成侵害家庭成员合法权益民事法律责任的要件有特定的主体、损害事实、违法行为、行为人的过错、违法行为和损害事实之间的因果关系等要素。

（二）民事法律责任的承担方式

承担民事责任的方式就是由民法规定的承担民事责任的具体形式。它体现了国家对违法行为人采取的制裁及对受侵害的权利的补救，是法院保护民事权利的具体方法和制裁违法行为的具体措施。

根据《民法通则》《婚姻法》《继承法》《收养法》等法律的有关规定，承担侵害家庭成员合法权益的民事责任的方式主要有：停止侵害、排除妨碍、消除危险、返还财产、恢复原状、赔偿损失、消除影响、恢复名誉、赔礼道歉、丧失继承权、丧失监护权、中止探望权、解除收养关系等。

（三）侵害家庭成员合法权益的民事法律责任

1. 离婚损害赔偿。我国《婚姻法》第 46 条规定："有下列情形之一，导致离婚的，无过错方有权请求损害赔偿：①重婚的；②有配偶者与他人同居的；③实施家庭暴力的；④虐待、遗弃家庭成员的。"这里的"损害赔偿"，包括物质损害赔偿和精神损害赔偿。承担《婚姻法》第 46 条规定的损害赔偿责任的主体，为离婚诉讼当事人中无过错方的配偶，夫妻双方均有《婚姻法》第 46 条规定的过错情形，一方或者双方向对方提出离婚损害赔偿请求的，人民法院不予支持。人民法院判决不准离婚的案件，对于当事人基于《婚姻法》第 46 条提出的损害赔偿请求，不予支持。在婚姻关系存续期间，当事人不起诉离婚而单独依据该条规定提起损害赔偿请求的，人民法院不予受理。人民法院受理离婚案件时，应当将《婚姻法》第 46 条等规定中当事人的有关权利义务书面告知当事人。在适用《婚姻法》第 46 条时，应当区分以下不同情况：①符合《婚姻法》第 46 条规定的无过错方作为原告基于该条规定向人民法院提起损害赔偿请求的，必须在离婚诉讼的同时提出。②符合《婚姻法》第 46 条规定的无过错方作为被告的离婚诉讼案件，如果被告不同意离婚也不基于该条规定提起损害赔偿请求的，可以在离婚后 1 年内就此单独提起诉讼。③无过错方作为被告的离婚诉讼案件，一审时被告未基于《婚姻法》第 46 条规定提出损害赔偿请求，二审期间提出的，人民法院应当进行调解，调解不成的，告知当事人在离婚后 1 年内另行起诉。

离婚损害赔偿制度是指由于夫妻一方有法律规定的重大过错而导致离婚的，无过错方有权要求对方向自己进行赔偿的一种法律制度。我国的 1950 年《婚姻法》、1980 年《婚姻法》都没有关于离婚时有过错的一方应向对方承担法律责任的规定。在婚姻关系中，尽管夫妻共同生活在一个家庭中，彼此之间存在着特殊的密切关系，但不能因此而忽视夫妻双方都是一个单独的生物个体，在法律上都有独立的人格，所以，对婚姻当事人一方来讲，从对方那里获得人格尊重和不受侵犯以及当婚姻权利受到对方侵犯时应从社会和国家获得必要救济，这是一个最基本的权利要求。这种要求在道德上具有正当性，因而它应得到法律的支持，应在法律上被赋予权威性。2001 年《婚姻法修正案》所确立的离婚损害赔偿制度，不仅是新形势下更好地保护婚姻关系中无过错方的利益的需要，而且是完善婚姻法律制度，尊重人权、保护人权的需要，体现了社会的发展与进步。

2. 夫妻一方擅自处分共有财产的民事法律责任。从性质上说，夫妻共同财产属于共同共有。夫妻在婚姻关系存续期间，无论属于双方还是一方的收入，无论各自收入的数量多少，也无论其中一方有无收入，夫妻作为共同生活的伴侣，对共同财产均享有平等的所有权。我国《婚姻法》第 17 条第 2 款规定："夫妻对共同所有的财产，有平等的处理权。"这就是说，在夫妻共有关系消灭之前，夫妻的共有财产是一个整体。对夫妻共同共有的财产，夫妻双方均有依法占有、使用、收益和处分的权利。因日常生活需要而处理夫妻共同财产的，任何一方均有权决定。这种情况下，任何一方对财产的处分都是合法的，不构成对另一方的侵权，因而也无需承担任何民事责任。如果夫或妻非因日常生活需要对夫妻共同财产作重要处理决定的，夫妻双方应当平等协商，取得一致意见。在没有取得一致意见的情况下，任何一方不得违背他方的意志，擅自处理。特别是对共有财产作较大的变动时，如出卖、赠与等，更应征得他方的同意，否则就侵犯了另一方对共有财产的所有权。这种擅自处分共有财产的行为，一般应认定无效，当然，如果他人有理由相信其为夫妻双方共同意思表示的，另一方不得以不同意或不知道为由对抗善意第三人。由此造成另一方的损失，由擅自处分共有财产的一方赔偿。《婚姻法司法解释（三）》明确规定："一方未经另一方同意出售夫妻共同共有的房屋，第三人善意购买、支付合理对价并办理产权登记手续，另一方主张追回该房屋的，人民法院不予支持。夫妻一方擅自处分共同共有的房屋造成另一方损失，离婚时另一方请求赔偿损失的，人民法院应予支持。"

3. 一方隐匿夫妻共同财产或伪造债务的民事法律责任。离婚时，一方隐藏、转移、变卖、毁损夫妻共同财产，或伪造债务企图侵占另一方财产，是一种侵犯共同财产所有权的民事侵权行为。这里所谓的隐藏是指将财产藏匿起来，不让他人发现，使另一方无法获知财产的所在，从而无法控制。转移是指私自将财产移往他处，或将资金移往其他账户，脱离另一方的掌握。变卖是指将财产折价卖给他人。毁损是指采用打碎、拆卸、涂抹等破坏性手段使物品失去原貌，失去或者部分失去原来具有的使用价值和价值。伪造债务是指制造内容虚假的债务凭证，包括合同、欠条等，欺骗对方并将该共同财产据为己有。

分割夫妻共同财产时，对隐藏、转移、变卖、毁损夫妻共同财产或伪造债务的一方，可以少分或不分。这里的可以少分或者不分的夫妻共同财产，主要是指被隐藏、转移、变卖、毁损的或者伪造的债务侵占的那一部分财产，而不是夫妻共同财产的全部。对少分的具体份额或比例以及在何种情况下可以不分，法律并没有明确规定，法院应当根据违法行为的情节和案件的具体情况作出处理。

如果隐藏、转移、变卖、毁损夫妻共同财产或伪造债务的行为发生在诉讼期间，即发生在从起诉到执行终结的期间，人民法院可以根据具体情况依照《民事诉讼法》的规定对实施隐藏、转移、变卖、毁损夫妻共同财产或伪造债务的一方采取强制措施。

离婚后，即离婚案件已审理终结，人民法院的有关财产分割的调解书、判决书已发生法律效力后，另一方发现有隐藏、转移、变卖、毁损夫妻共同财产或伪造债务行为的，可以向人民法院提起诉讼，请求再次分割夫妻共同财产。在分割时，关于对隐藏、转移、变卖、毁损夫妻共同财产或伪造债务的一方可以少分或者不分的原则仍应适用。当事人依此向人民法院提起诉讼，请求再次分割夫妻共同财产的诉讼时效为 2 年，从当事人发现之次日起计算。

4. 拒付抚养费、赡养费、扶养费的民事法律责任。根据我国《婚姻法》的规定，夫妻之间、父母子女之间负有抚养、扶养、赡养的义务，祖孙之间、兄弟姐妹之间在特定条件下也有抚养、扶养、赡养的义务。负有抚养、扶养、赡养义务的一方如果不履行抚养、扶养、赡养的义务，权利人有要求对方付给抚养费、扶养费、赡养费的权利。双方如因抚养费、扶养费、赡养费发生纠纷，可以由有关部门进行调解，或向法院提出诉讼。人民法院应当依法判决义务人给付抚养费、扶养费、赡养费。义务人不执行有关扶养费的裁判时，人民法院可依据法律强制执行。如：查询、冻结、划拨被执行人存款；扣留、提取被执行人应当履行义务部分的收入；查封、扣押、冻结、拍卖、变卖被执行人应当履行义务部分的财产；搜查被执行人及其住所或财产隐匿地；强制被执行人及有关单位、公民交付法律文书指定交付的财物或者票证；强制迁出房屋或者强制退出土地；强制被执行人执行或者委托有关单位或者其他人完成法律文书指定的行为等。有关个人和单位应负协助执行的责任。

5. 侵害家庭成员财产继承权的民事法律责任。我国《婚姻法》第 24 条规定："夫妻有相互继承遗产的权利。父母和子女有相互继承遗产的权利。"为了保护公民的财产继承权，我国专门制定了《继承法》对遗产的范围、法定继承人的范围、继承顺序、遗嘱继承、遗赠、遗赠扶养协议等问题进行规范。在实践中，侵害家庭成员财产继承权的行为主要表现为：①确定遗产范围不当损害其他家庭成员财产利益；②继承人范围确定不当损害其他家庭成员财产利益；③未保留胎儿应得的遗产份额；④通过违法遗嘱剥夺缺乏劳动能力又没有生活来源的继承人的遗产份额；⑤通过杀害其他继承人，伪造、篡改、销毁遗嘱等方式故意隐匿、侵吞或争夺遗产。

根据我国《继承法》的规定，对于通过不正当手段获得的遗产应当返还给其他继承人；剥夺缺乏劳动能力又没有生活来源的继承人的遗产份额的遗嘱应认定无效；通过杀害其他继承人，伪造、篡改、销毁遗嘱等方式故意隐匿、侵吞或争夺遗产的，依法丧失继承权。

二、行政法律责任

行政法律责任是指行政法律关系主体因违反行政法律规范所应承担或应负的法律上的不利后果。它既包括行政机关承担的行政法律责任，也包括家庭成员之间侵权的行政法律责任。婚姻法领域中的行政法律责任既是对婚姻家庭领域违法行为的惩戒及矫正，也是对婚姻家庭权益受到侵害的公民的抚慰或补偿，同时也是对社会秩序及公共利益的保护和救治。

行政机关对违反婚姻法，侵害其他家庭成员合法权益的行为追究行政责任，其具体的表现形式主要有以下两大类：行政处罚和行政处分。根据《行政处罚法》的规定，行政处罚的种类主要有：警告；罚款；没收违法所得、没收非法财物；责令停产停业；暂扣或者吊销许可证、暂扣或者吊销执照；行政拘留；法律、行政法规规定的其他行政处罚。根据《公务员法》的规定，行政处分分为警告、记过、记大过、降级、撤职、开除。

（一）行政机关的行政法律责任

在婚姻法领域，行政机关承担的行政责任专门指行政机关侵犯行政相对人在婚姻法上的合法权益即婚姻家庭权益所引发的行政法律责任。例如，如果行政主体的行政行为没有侵犯行政相对人在婚姻法上的合法权益，而是侵犯了行政相对人的其他合法权益，由此引发的行政责任并不构成婚姻法上的行政法律责任。如公安机关在制止家庭暴力时违法使用警械导致相对人（实施家庭暴力者）的人身伤害或死亡，由此引发的行政责任便不是婚姻法意义上的行政责任。婚姻法意义上由行政机关承担的行政责任主要是由于行政机关未尽到保护当事人合法的婚姻家庭权益的义务或职责而引起的，而不同于其他领域主要是由行政主体的主动的侵权行为而引起的。[1]

婚姻法是传统的私法领域。长期以来，行政权对这一领域的介入非常有限。而且，行政主体在现实中很少通过主动的作为的方式（即积极的行政行为）来侵犯婚姻法律关系主体合法的婚姻家庭权益。尽管行政权在婚姻法领域的有限介入有时也会对婚姻法律关系主体的合法权益造成侵害（如在制止家庭暴力时处罚

---

[1]　李明舜：《婚姻法中的救助措施与法律责任》，法律出版社 2001 年版，第 162～163 页。

失当；在保护未成年人的合法权益时违法行政等），但此时行政权所侵犯的并不是相对人合法的婚姻家庭权益，而是相对人的其他人身权或财产权。因而这种情况下的行政侵权尽管与婚姻法有关，但从本质上说并不属于婚姻法领域的行政侵权。可以说，婚姻法领域的特殊性使行政权以积极的行政行为侵犯相对人婚姻家庭权益的情况较为少见。在特殊情况下，行政主体积极的行政行为也会对婚姻法律关系主体的婚姻家庭权益造成侵害。例如，《婚姻登记条例》第 18 条规定："婚姻登记机关及其婚姻登记员有下列行为之一的，对直接负责的主管人员和其他直接责任人员依法给予行政处分：①为不符合婚姻登记条件的当事人办理婚姻登记的；②玩忽职守造成婚姻登记档案损失的；③办理婚姻登记或者补发结婚证、离婚证超过收费标准收取费用的。违反前款第③项规定收取的费用，应当退还当事人。"关于"为不符合婚姻登记条件的当事人办理婚姻登记的"，如果是婚姻登记机关在一方未到场的情况下向另一方发出结婚证，而未到场的一方未达法定婚龄又不愿现在结婚，此时婚姻登记机关发给结婚证的行政行为即构成对未到场一方婚姻家庭权益的侵害。

在婚姻法领域较少出现行政主体的主动侵权，并不意味着行政主体不会对婚姻法律关系主体的婚姻家庭权益造成侵害。由于行政主体在婚姻法领域负有保障婚姻法主体的婚姻家庭权益得以实现或不受他人非法侵害的职责，因而行政主体在此方面的不作为就构成了对当事人合法的婚姻家庭权益的侵害。但这种侵害并不是通常所言的主动的侵权，而只是一种消极被动的维权不力。《妇女权益保障法》第 57 条第 2 款规定："国家机关及其工作人员未依法履行职责，对侵害妇女权益的行为未及时制止或者未给予受害妇女必要帮助，造成严重后果的，由其所在单位或者上级机关依法对直接负责的主管人员和其他直接责任人员给予行政处分。"

（二）家庭成员违法行为的行政法律责任

1. 实施家庭暴力的行政法律责任。根据《婚姻法》和《治安管理处罚法》的规定，实施家庭暴力，受害人提出请求的，公安机关应当依照治安管理处罚的法律规定予以行政处罚。如殴打家庭成员的，或者故意伤害家庭成员身体的，处 5 日以上 10 日以下拘留，并处 200 元以上 500 元以下罚款；情节较轻的，处 5 日以下拘留或者 500 元以下罚款。如果殴打、伤害残疾人、孕妇、不满 14 周岁的人或者 60 周岁以上的家庭成员的，处 10 日以上 15 日以下拘留，并处 500 元以上 1000 元以下罚款。胁迫、诱骗不满 16 周岁的家庭成员进行恐怖、残忍表演或者非法限制家庭成员人身自由的，处 10 日以上 15 日以下拘留，并处 500 元以上 1000 元以下罚款；情节较轻的，处 5 日以上 10 日以下拘留，并处 200 元以上 500 元以下罚款。

2. 虐待、遗弃家庭成员的行政法律责任。虐待家庭成员，被虐待人要求处理的，或者遗弃没有独立生活能力的被扶养人的，处5日以下拘留或者警告。

3. 侮辱、诽谤60周岁以上的家庭成员的行政法律责任。根据《老年人权益保障法》和《治安管理处罚法》的规定，以暴力或者其他方法公然侮辱老年人、捏造事实诽谤老年人或者虐待老年人，情节较轻的，处5日以下拘留或者500元以下罚款；情节较重的，处5日以上10日以下拘留，可以并处500元以下罚款。

4. 家庭成员盗窃、诈骗、抢夺、勒索、故意毁坏老年人财物的行政法律责任。根据《老年人权益保障法》和《治安管理处罚法》的规定，家庭成员有盗窃、诈骗、抢夺、勒索、故意毁坏老年人财物，情节较轻的，处5日以上10日以下拘留，可以并处500元以下罚款；情节较重的，处10日以上15日以下拘留，可以并处1000元以下罚款。

5. 家庭成员违法生育的行政法律责任。违反人口和计划生育法生育子女的公民，应当依法缴纳社会抚养费。未在规定的期限内足额缴纳应当缴纳的社会抚养费的，自欠缴之日起，按照国家有关规定加收滞纳金；仍不缴纳的，由作出征收决定的计划生育行政部门依法向人民法院申请强制执行。依法应缴纳社会抚养费的人员是国家工作人员的，还应当依法给予行政处分；其他人员还应当由其所在单位或者组织给予纪律处分。

三、刑事法律责任

刑事法律责任是指行为人因实施犯罪而承担的法律谴责和刑罚惩罚的义务。这里讲的刑事法律责任，是指行为人因实施妨害婚姻、家庭犯罪而承担的法律谴责和刑罚惩罚的义务。妨害婚姻、家庭的犯罪，是指违反婚姻法，妨害婚姻家庭制度，危害社会的犯罪行为。它侵犯的客体是社会主义婚姻、家庭制度，其内容包括男女婚姻自由、一夫一妻制、男女权利平等、保护妇女和子女合法权益、家庭成员间有相互扶养的义务等。在客观方面表现为各种妨害婚姻、家庭制度的行为，如暴力干涉婚姻自由的行为、重婚行为、虐待行为、遗弃行为等。在1979年《刑法》中，专门设有"妨害婚姻、家庭罪"一章，但在1997年《刑法》修订以后，刑法取消了"妨害婚姻、家庭罪"的章名，将其所辖之罪归入侵犯公民人身权利、民主权利罪。

（一）暴力干涉婚姻自由犯罪的刑事责任

使用暴力方法干涉他人婚姻自由的行为，构成暴力干涉婚姻自由罪。本罪侵犯的客体是复杂客体，即他人的婚姻自由权利和被害人的人身权利。实践中，本罪多发生在家庭成员之间，因此，其犯罪客体也可以表述为家庭成员的婚姻自由权利及人身权利。本罪在客观方面表现为使用暴力方法干涉他人婚姻自由的行为，即行为人直接对被害人使用暴力迫使其违背意志、放弃行使婚姻自由的权利。行为人使用暴力手段干涉他人的婚姻自由是本罪的本质特征，也是区分罪与非罪的主要标准。暴力手段，通常表现为殴打、捆绑、禁闭、强抢等使人的身体受到限制的方法。刑法之所以把暴力方法作为本罪构成的必备要件，是因为使用暴力方法干涉易于使被害人屈服，从而实现干涉人的目的。如果未使用暴力，只是采取口头阻止、以中断经济供给或自杀相威胁等非暴力方法干涉婚姻自由的，不构成本罪，应视为一般违反婚姻法的行为。本罪的主观方面是出于故意，即行为人明知其干涉婚姻自由会阻挠、破坏他人行使婚姻自由权利，为了达到使他人按照自己的意志处理婚姻问题的目的，而希望通过对被害人施暴，迫使其就范。我国《刑法》第257条规定："以暴力干涉他人婚姻自由的，处2年以下有期徒刑或者拘役。犯前款罪，致使被害人死亡的，处2年以上7年以下有期徒刑。第1款罪，告诉的才处理。"

（二）虐待家庭成员犯罪的刑事责任

经常以打骂、冻饿、禁闭、强迫过度劳动、有病不给治疗或其他方法肆意折磨、摧残家庭成员，情节恶劣的行为，构成虐待罪。虐待罪侵犯的客体是家庭成员间的平等权利和被害人的人身权利。在客观方面表现为对被害人的身心实行经常性的折磨和摧残的行为。虐待的手段虽然是多种多样的，但大致可分为两类：①肉体摧残，如殴打、捆绑、有病不给医治、强迫超体力劳动等；②精神折磨，如侮辱、咒骂、讽刺等。在具体的虐待案件中，这两种手段可能同时使用，也可能单独使用或交替使用。但是，无论使用何种手段，这种虐待必须具有经常性、一贯性的特征，且只有情节恶劣的才构成犯罪；考察虐待情节是否恶劣，应从虐待时间持续的长短、次数是否频繁、虐待后果是否严重以及是否对孕妇、产妇、年老、年幼、病残等无独立生活能力的特定对象进行虐待等多种因素综合认定。构成虐待罪的主体是与被虐待者之间具有一定的亲属关系或收养关系，并在一个家庭中共同生活的成员。行为人主观方面是故意，即有意识地对被害人进行肉体上或精神上的折磨和摧残。虐待的动机多种多样，动机如何不影响犯罪的成立。我国《刑法》第260条规定："虐待家庭成员，情节恶劣的，处2年以下有期徒刑、拘役或者管制。犯前款罪，致使被害人重伤、死亡的，处2年以上7年以下有期徒刑。第1款罪，告诉的才处理，但被害人没有能力告诉，或者因受到强制、威吓无法告诉的除外。"

（三）遗弃家庭成员犯罪的刑事责任

对年老、年幼、患病或者其他无独立生活能力的家庭成员负有扶养义务而拒绝扶养，情节恶劣的，构成遗弃罪。遗弃罪侵犯的客体是家庭成员之间互相扶养的权利义务关系。我国《婚姻法》《老年人权益保障法》等对家庭成员间的扶养关系作了明确的规定。如果依法负有扶养义务的人对无独立生活能力的家庭成员故意不履行扶养义务，就侵犯了家庭成员在家庭生活中享有的合法权益。本罪在客观方面表现为对没有独立生活能力的家庭成员，负有扶养义务而拒绝扶养的行为。所谓没有独立生活能力的家庭成员，是指因年幼、年老、患病、伤残等原因，没有生活来源或者生活不能自理，因而不能独立生活的家庭成员。这里的"扶养"应作广义理解，包括长辈对晚辈的抚养，晚辈对长辈的赡养，以及夫妻、兄弟姐妹等平辈间的扶养。扶养的内容，既包括对没有生活来源的被扶养人经济上的供给，也包括对生活不能自理的被扶养人生活上的照料，同时也包括精神上的慰藉。遗弃行为表现为不作为，即负有扶养义务且能够履行扶养义务而消极的不去履行，如儿女对失去劳动能力又无经济来源的父母不承担经济供养义务，或对生活不能自理的父母不予生活照料等。本罪的主体必须是对被遗弃者负有法定扶养义务而且能够履行义务的同一家庭的成员。本罪的主观方面出于故意，即行为人明知自己应当履行扶养义务，不履行义务会使被扶养人陷于生活困境，而有意不履行扶养义务。遗弃行为只有达到情节恶劣的程度，才构成犯罪。所谓"情节恶劣"，通常是指因遗弃而导致被害人病情加重的；被遗弃者因生活无着，流离失所，沿街乞讨的；致被害人贫病交加，濒于绝境的；遗弃者屡教不改的或者遗弃动机卑鄙、手段十分恶劣等情节。我国《刑法》第 261 条规定："对于年老、年幼、患病或者其他没有独立生活能力的人，负有扶养义务而拒绝扶养，情节恶劣的，处 5 年以下有期徒刑、拘役或者管制。"

（四）重婚犯罪的刑事责任

重婚罪，是指有配偶而与他人结婚或者明知他人有配偶而与之结婚的行为。本罪的主要特征是：本罪的客体是婚姻法规定的一夫一妻制度。贯彻一夫一妻制，就是要禁止和取缔一切公开的、隐蔽的和变相的一夫多妻、一妻多夫，就是要坚决"禁止重婚；禁止有配偶者与他人同居"。本罪在客观方面表现为自己有配偶又与他人结婚或明知他人有配偶而与之结婚的行为。重婚包括两种情况：①有配偶之人在夫妻关系尚未解除之前又与他人登记结婚或无配偶之人明知他人有配偶而与之登记结婚。②虽未进行登记，但公开以夫妻名义共同生活在一起，男女双方以夫妻自居而不是以姘头对待，且群众也认为他们是夫妻，形成事实上的婚姻关系。有配偶的人与他人以夫妻名义同居生活的，应按重婚罪处罚。本罪的主体有两种人：①自己已有配偶，在没有依法解除婚姻关系的情况下，又与他人结婚的人，在理论上称之为重婚者；②本人虽无配偶，但明知他人有配偶而与之结婚的人。这种人严格说来，其本身并未重婚，只是重婚的共犯，理论上称之为相婚者。本罪的主观方面只能出于故意，即有配偶的人与他人结婚或自己无配偶但明知他人有配偶而与之结婚。如果一方因受骗不知对方有配偶而与之结婚的，受骗方不构成重婚罪。实践中，并非所有的重婚行为都构成重婚罪，下列几种重婚行为可不以重婚罪论处：有配偶的妇女因被拐卖而重婚的；夫妻一方因不堪虐待外逃而重婚的；因遭受灾害外逃而与他人重婚的。我国《刑法》第258条规定："有配偶而重婚的，或者明知他人有配偶而与之结婚的，处2年以下有期徒刑或者拘役。"

（五）破坏军人婚姻犯罪的刑事责任

破坏军婚罪是指明知是现役军人的配偶而与之同居或者结婚的行为。现役军人指的是在中国人民解放军和中国人民武装警察部队服役的、具有军（警）籍和军（警）衔的军官、士兵和警官、警士及其文职干部。破坏军婚罪侵害的客体是现役军人的婚姻家庭关系，在客观方面表现为明知是现役军人的配偶而与之同居或者结婚的行为。所谓"与现役军人的配偶结婚"，是指与现役军人的配偶通过婚姻登记机关登记而形成的婚姻关系；或虽未履行结婚登记手续，但确以夫妻名义公开共同生活，从而形成事实婚的行为。所谓"与现役军人的配偶同居"，是指与现役军人的配偶公开或秘密地同食同住，共同姘居的行为。这种同居关系主要以非法的两性关系为基础，同时还往往伴有经济上或其他生活方面的特殊关系，但双方并不以夫妻相待。行为人主观方面是出于故意，即明知对方是现役军人的配偶而与之结婚或同居，有意地破坏现役军人的婚姻家庭关系。如果行为人不知对方是现役军人配偶，或者现役军人配偶有意隐瞒事实，欺骗行为人，经查属实的，行为人不构成破坏军婚罪。如果行为人明知对方有配偶，但不知其为现役军人的配偶，而与之结婚的，应认定为重婚罪。本罪一般只对与现役军人配偶同居和结婚的一方定罪，对现役军人配偶未作处罚规定。我国《刑法》第259第1款规定："明知是现役军人的配偶而与之同居或者结婚的，处3年以下有期徒刑或者拘役。"

（六）拐骗儿童犯罪的刑事责任

拐骗儿童罪，是指用蒙骗、利诱或其他方法，使不满14周岁的儿童脱离家庭或监护人的行为。拐骗儿童罪是一种专以儿童为侵害对象的侵犯人身权利的犯罪，侵害的对象是未满14周岁的男、女儿童。本罪在客观方面必须具有拐骗儿童，使之脱离家庭或监护人的行为。所谓拐骗儿童脱离家庭，是指使儿童脱离与父母或其他亲属共同生活的处所。所谓拐骗儿童脱离监护人，则是指使儿童脱离父母或其他依法对儿童的人身、财产和合法权益负有监督和保护责任的人。本罪在主观方面只能是直接故意，即行为人明知其拐骗儿童的行为会使儿童脱离家庭或监护人，而积极追求这种危害结果的发生。犯罪分子具有拐骗儿童使之脱离家庭或监护人的犯罪目的，如果未满14周岁的儿童因与家长或监护人负气而出走，为他人暂时收留，行为人没有拐骗儿童的目的，不能认定拐骗儿童罪。《刑法》

第262条规定:"拐骗不满14周岁的未成年人,脱离家庭或者监护人的,处5年以下有期徒刑或者拘役。"

（七）出卖亲生子女的刑事责任

关于出卖亲生子女的问题,1992年《收养法》规定得比较明确,要按遗弃罪处理。修改后的《收养法》第31条第3款规定:"出卖亲生子女的,由公安部门没收非法所得,并处以罚款;构成犯罪的,依法追究刑事责任。"这一规定很显然是概括的,没有具体明确按哪个罪处罚。对此,最高人民法院、最高人民检察院、公安部和全国妇联2000年3月20日《关于打击拐卖妇女儿童犯罪有关问题的通知》中明确规定:"出卖亲生子女的,由公安机关依法没收非法所得,并处以罚款;以营利为目的,出卖不满14周岁子女,情节恶劣的,借收养名义拐卖儿童的,以及出卖捡拾的儿童的,均应以拐卖儿童罪追究刑事责任。"据此可知,一般情况下,对那些迫于生活困难、受重男轻女思想影响而出卖亲生子女或收养子女的,可不作为犯罪处理;如果情节恶劣,则应按拐卖儿童罪追究刑事责任。我国《刑法》第240条规定,拐卖儿童罪是指以出卖为目的,有拐骗、绑架、收买、贩卖、接送、中转儿童的犯罪行为。拐卖儿童构成犯罪的,处5年以上10年以下有期徒刑,并处罚金;有拐卖儿童集团的首要分子,拐卖儿童3人以上,造成被拐卖儿童或者其亲属重伤、死亡或者其他严重后果,将儿童卖往境外等情形的,处10年以上有期徒刑或者无期徒刑,并处罚金或者没收财产;情节特别严重的,处死刑,并处没收财产。

（八）盗窃家庭成员财产犯罪的刑事责任

以非法占有为目的,秘密窃取数额较大的家庭成员财物或者多次秘密窃取家庭成员财物,确有追究刑事责任必要的,应以盗窃罪予以处罚。

我国《刑法》第264条规定:"盗窃公私财物,数额较大的,或者多次盗窃、入户盗窃、携带凶器盗窃、扒窃的,处3年以下有期徒刑、拘役或者管制,并处或者单处罚金;数额巨大或者有其他严重情节的,处3年以上10年以下有期徒刑,并处罚金;数额特别巨大或者有其他特别严重情节的,处10年以上有期徒刑或者无期徒刑,并处罚金或者没收财产。"对于构成盗窃罪的主体,刑法并未有特别规定,因此,以非法占有为目的,秘密窃取数额较大的家庭成员财物或者多次秘密窃取家庭成员财物,应当依法追究刑事责任。

但在司法实践中,考虑到家庭成员间的亲密关系,对盗窃同一家庭成员或者近亲属的财物,以确有追究刑事责任之必要作为构成盗窃罪的必备条件。何谓"确有追究刑事责任必要",目前没有具体的法律规定。一般认为,应针对案件的具体情况,考虑以下因素:①情节和结果。盗窃生产资料严重影响生产等,可以认为有追究的必要。②受害人的态度。盗窃家庭成员财产的犯罪毕竟发生在家庭成员之间，对案犯的处理与受害人直接相关，因此，盗窃家庭成员财产是否有追究的必要，还要看受害人是否坚持要求立案，是否坚持要求司法机关追究行为人的刑事责任。认定盗窃家庭成员财产的犯罪时应本着既要有效地保护家庭成员的合法利益，又不扩大打击面的原则，具体分析，综合考虑。至于追究本罪刑事责任时如何与社会上的作案相区别，司法实践中的一般做法是比照同等情况的社会上的作案从宽处理，即结合案件的具体情况从轻、减轻处罚或者免除处罚。此外，对于未成年人实施了盗窃家庭成员财产的行为时，是否构成犯罪，应更加谨慎。2005 年 12 月 12 日最高人民法院审判委员会第 1373 次会议通过的《关于审理未成年人刑事案件具体应用法律若干问题的解释》第 9 条第 3 款规定："已满 16 周岁不满 18 周岁的人盗窃自己家庭或者近亲属财物，或者盗窃其他亲属财物但其他亲属要求不予追究的，可不按犯罪处理。"

（九）诈骗家庭成员财产犯罪的刑事责任

以非法占有为目的，使用虚构事实或者隐瞒真相的方法，骗取数额较大的家庭成员财物的，应以诈骗罪论处。我国《刑法》第 266 条规定："诈骗公私财物，数额较大的，处 3 年以下有期徒刑、拘役或者管制，并处或者单处罚金；数额巨大或者有其他严重情节的，处 3 年以上 10 年以下有期徒刑，并处罚金；数额特别巨大或者有其他特别严重情节的，处 10 年以上有期徒刑或者无期徒刑，并处罚金或者没收财产。本法另有规定的，依照规定。"

（十）抢夺家庭成员财产犯罪的刑事责任

以非法占有为目的，公然夺取家庭成员数额较大的财物的，应以抢夺罪予以处罚。我国《刑法》第 267 条规定："抢夺公私财物，数额较大的，或者多次抢夺的，处 3 年以下有期徒刑、拘役或者管制，并处或者单处罚金；数额巨大或者有其他严重情节的，处 3 年以上 10 年以下有期徒刑，并处罚金；数额特别巨大或者有其他特别严重情节的，处 10 年以上有期徒刑或者无期徒刑，并处罚金或者没收财产。携带凶器抢夺的，依照本法第 263 条的规定定罪处罚。"

（十一）故意毁坏家庭成员财产犯罪的刑事责任

家庭成员故意毁灭或者损坏其他家庭成员财物，如果数额较大或者情节严重的，一般应以故意毁坏财物罪追究刑事责任。我国《刑法》第 275 条规定："故意毁坏公私财物，数额较大或者有其他严重情节的，处 3 年以下有期徒刑、拘役或者罚金；数额巨大或者有其他特别严重情节的，处 3 年以上 7 年以下有期徒刑。"如果行为人使用放火、爆炸等危险方法毁坏家庭成员财物，而且足以危害公共安全的，则应以放火罪、爆炸罪等危害公共安全罪论处。如果故意毁坏的是家庭成员使用中的交通工具、通信设备等，由于侵犯了其他客体，则应按《刑法》规定的相应的犯罪处罚。

【思考题】

1. 在婚姻法中规定救助措施和法律责任的意义是什么?
2. 救助措施的适用范围是什么?
3. 如何认识离婚损害赔偿制度?
4. 重婚行为应承担何种法律责任?
5. 如何遏制离婚时隐藏、转移、变卖、毁损夫妻共同财产或伪造债务的行为?

第十二章

第十三章

民族婚姻

学习目的与要求　学习本章，应了解民族婚姻的特点、民族婚姻的政策，掌握各少数民族地区变通规定的主要内容。

■第一节　概述

一、民族婚姻的基本情况

（一）民族婚姻的特征

民族婚姻是指少数民族在其本民族内、不同的少数民族之间、少数民族与汉族之间的婚姻关系。

民族婚姻的特征表现为：①民族婚姻的主体为双方或一方是少数民族，换言之，民族婚姻的当事人中必须至少一方是少数民族。②民族婚姻具有明显的民族特点，我国是一个统一的多民族国家，有 56 个民族。由于长期以来生产条件、生活方式、文化宗教传统、风俗习惯的差异，各民族之间的婚姻风俗习惯往往又很不相同，不同少数民族之间、少数民族与汉族之间的婚姻风俗习惯均有较大差异。③民族婚姻还具有地域性特点。我国的少数民族大约分布在全国 70% 的地区，具有散居多、聚居少的特点，由于少数民族居住地的社会环境和地理区域不同，不仅不同民族之间的婚姻风俗习惯不同，即使居住在不同区域的相同民族的婚姻习俗也具有不同的特点。

（二）处理民族婚姻家庭问题的原则

1. 不同民族间的通婚。我国法律不限制不同民族通婚，根据《宪法》和《婚姻法》的规定，不同民族的通婚问题，应以尊重民族习俗、维护民族团结为基本原则。对于自治地方婚姻法的变通或补充规定中允许不同民族间通婚的，应当按照该规定，允许不同民族间的通婚。对于自治地方婚姻法的变通或补充规定中未规定允许不同民族通婚，而按照当地风俗习惯或宗教教义又不允许与外族通婚的，应当尽可能说服要求结婚的男女双方，尊重民族习惯，以不结婚为宜，以免引起民族纠纷。当事人坚持结婚的，应保障婚姻自由，准予结婚。但按照民族习惯凡结婚后须加入该民族或尊重少数民族习俗的，原则上应当遵守。

2. 不同民族通婚所生子女或收养子女的民族从属。根据《关于中国公民确定民族成份的规定》，个人的民族成份，只能依据父或母的民族成份确定。不同民族的公民结婚所生子女，或收养其他民族的幼儿（经公证部门公证确认），其民族成份在年满18周岁之前由父母或养父母按照协商一致的原则商定，可以随父民族，也可以随母民族。满18周岁之后，本人有权按照其个人的意愿在父母的民族成份中作出选择，年满20周岁者不得再更改民族成份。不同民族的成年人之间发生的婚姻关系不改变各自的民族成份。更改民族成份由户籍部门进行。

3. 处理民族婚姻家庭纠纷。对于民族间的婚姻纠纷，应从民族团结的原则出发，既要依照《婚姻法》以及民族自治地方变通或补充规定，又要尊重和照顾少数民族的风俗习惯，妥善处理。一般而言，凡汉族与少数民族通婚，因不尊重对方习俗而引起的纠纷，应劝导汉族一方尊重对方的风俗习惯。

二、制定民族自治地方变通规定的程序

根据我国《宪法》的规定，各民族都有保持或者改革自己风俗习惯的自由。为尊重少数民族的婚姻习俗和文化宗教传统，我国婚姻法历来都许可民族自治地方根据本民族婚姻的具体情况制定变通规定。

《婚姻法》第50条规定："民族自治地方的人民代表大会有权结合当地民族婚姻家庭的具体情况，制定变通规定……"这是党和国家的民族政策在婚姻立法上的具体表现，也是在民族自治地方贯彻执行婚姻法的必要措施。制定变通规定应坚持两项立法原则：①必须符合婚姻法的基本原则；②必须适合当地民族婚姻家庭的实际情况。

根据《宪法》《立法法》和《民族区域自治法》的规定，民族自治地方的人民代表大会有权依照当地民族的政治、经济和文化的特点，制定自治条例和单行条例。自治区的自治条例和单行条例，报全国人民代表大会常务委员会批准后生效。自治州、自治县的自治条例和单行条例，报省、自治区、直辖市人民代表大会常务委员会批准后生效。民族自治地方制定有关婚姻法的变通规定须遵循一定的法律程序。《婚姻法》第50条还规定："……自治州、自治县制定的变通规定，报省、自治区、直辖市人民代表大会常务委员会批准后生效。自治区制定的变通规定，报全国人民代表大会常务委员会批准后生效。"也就是说，制定变通规定的机关须为民族自治地方的权力机关，变通规定在完成审批程序后生效。

三、民族自治地方制定婚姻法变通规定的情况

1980 年《婚姻法》公布后，各民族自治地方相继根据我国社会主义婚姻家庭制度的基本原则，结合当地民族婚姻的具体情况，制定了执行婚姻法的补充规定或变通条例，并在其后相继进行修改。主要有：

1980 年 12 月 14 日，新疆维吾尔自治区第五届人民代表大会第三次会议通过了《新疆维吾尔自治区执行〈中华人民共和国婚姻法〉的补充规定》。该规定共12 条，自 1981 年 1 月 1 日起与《婚姻法》同时施行。1983 年 9 月 30 日新疆维吾尔自治区第六届人民代表大会常务委员会第三次会议、1988 年 10 月 15 日新疆维吾尔自治区第七届人民代表大会常务委员会第四次会议两次对其进行了修订。

1981 年 4 月 18 日，西藏自治区第三届人民代表大会常务委员会第五次会议通过了《西藏自治区施行〈中华人民共和国婚姻法〉的变通条例》。该条例共 8条，自 1982 年 1 月 1 日起施行。2004 年 6 月 9 日西藏自治区第八届人民代表大会常务委员会第 12 次会议对变通条例进行了修订。

1981 年 6 月 15 日，宁夏回族自治区第四届人民代表大会第三次会议通过了《宁夏回族自治区执行〈中华人民共和国婚姻法〉的补充规定》。该规定共 9 条，自公布之日起施行。

1981 年 9 月 21 日，内蒙古自治区第五届人民代表大会常务委员会第九次会议通过了《内蒙古自治区执行〈中华人民共和国婚姻法〉的补充规定》。该规定共 9 条，自公布之日起施行。1988 年 11 月 19 日，内蒙古自治区第七届人民代表大会常务委员会第三次会议对其进行修订。2003 年 11 月 30 日内蒙古自治区第十届人民代表大会常务委员会第六次会议对变通条例再次进行修订。

此外，四川省人民代表大会常务委员会批准了四川省甘孜藏族自治州等自治地方实施《中华人民共和国婚姻法》的补充规定；云南省人民代表大会常务委员会批准了云南省澜沧拉祜族自治县、南涧彝族自治县、耿马傣族佤族自治县、西盟佤族自治县、孟连傣族拉祜族佤族自治县、宁蒗彝族自治县和沧源佤族自治县等民族自治县实施《中华人民共和国婚姻法》的变通规定；青海省人民代表大会常务委员会批准了青海省化隆回族自治县、循化撒拉族自治县、黄南藏族自治州、河南蒙古族自治县、门源回族自治县、海西蒙古族藏族哈萨克族自治州、海北藏族自治州、互助土族自治县、海南藏族自治州、民和回族土族自治县、大通回族土族自治县、玉树藏族自治州、果洛藏族自治州等自治地方实施《中华人民共和国婚姻法》的变通或者补充规定；新疆维吾尔自治区人民代表大会常务委员会批准了伊犁哈萨克自治州实施《中华人民共和国婚姻法》的补充规定；贵州省人民代表大会常务委员会批准了紫云苗族布依族自治县、松桃苗族自治县、

镇宁布依族苗族自治县、黔南布依族苗族自治州执行《中华人民共和国婚姻法》的变通规定；甘肃省人民代表大会常务委员会批准了甘南藏族自治州、阿克塞哈萨克族自治县执行《中华人民共和国婚姻法》的变通规定，等等。

民族自治地方制定的变通规定只是对婚姻法的局部变通或补充，这些规定与婚姻法同时施行。对未作变通规定的，仍应按照婚姻法执行，以维护国家法律的统一和尊严。

■第二节　民族自治地方对婚姻法变通规定的内容

1980 年《婚姻法》公布后，新疆、西藏、内蒙古、宁夏自治区和许多自治州、自治县，先后颁布了有关婚姻法的变通或补充规定，其后一些自治区、自治州、自治县还根据当地社会发展的变化对变通规定的内容先后进行了修订。现将变通规定主要内容概述如下：

一、对保障婚姻自由的补充规定

婚姻自由是我国婚姻法的一项基本原则，各自治地方在变通或补充规定中都明确规定实行婚姻自由，并根据各自治地方的具体情况，制定了更为具体的保障婚姻自由的补充规定。

有些民族自治地方对干涉婚姻自由的行为作出了比《婚姻法》更为具体的补充规定。例如，1980 年 12 月 14 日，新疆维吾尔自治区第五届人民代表大会第三次会议通过的《新疆维吾尔自治区执行〈中华人民共和国婚姻法〉的补充规定》第 4、5 条规定，寡妇有再婚的自由，任何人不得以任何借口进行干涉。禁止买卖婚姻和借婚姻索取财物。

有些民族自治地方对不同民族的通婚问题作了肯定性的明确规定，并规定任何人不得以任何理由干涉。对于不同民族的男女通婚所生子女的民族从属由父母双方商定。例如，1981 年 6 月 15 日宁夏回族自治区第四届人大第三次会议通过的《宁夏回族自治区执行〈中华人民共和国婚姻法〉的补充规定》第 6 条指出："回族同其他民族的男女自愿结婚，任何人不得干涉。子女的民族从属，未成年时由父母商定，成年后由子女自定。"

二、对禁止宗教干涉婚姻家庭的补充规定

我国的许多少数民族信奉宗教。国家法律保护公民的宗教信仰自由，并保护正常的宗教活动。许多少数民族自治地方在施行婚姻法的变通或补充规定中明确：不得利用宗教干涉婚姻家庭，宗教认可的结婚、离婚形式不产生法律效力。

例如，经过二次修正的《新疆维吾尔自治区执行〈中华人民共和国婚姻法〉的补充规定》第6、7条规定，结婚、离婚必须履行法律手续。禁止一方用口头或文字通知对方的方法离婚。禁止宗教干涉婚姻家庭。禁止以宗教仪式代替法定结婚登记。

三、对法定婚龄的变通规定

我国的少数民族，特别是生活在农村、牧区的少数民族，历来多有早婚的习惯。解放后早婚的现象依然普遍，统一施行《婚姻法》规定的男22周岁、女20周岁始得结婚的规定有一定的难度。因而民族自治地方制定的执行婚姻法的变通或补充规定多将降低法定婚龄作为主要内容，具体的做法为男女的法定婚龄均降低2周岁，即男子结婚不得早于20周岁、女子结婚不得早于18周岁。

降低法定婚龄的规定一般仅适用于居住在该自治地方的各少数民族而不适用于汉族，或者还适用于与少数民族结婚的汉族，或者适用于该自治地区农业人口中的各民族包括汉族。例如，1981年6月15日宁夏回族自治区第四届人民代表大会第三次会议通过的《宁夏回族自治区执行〈中华人民共和国婚姻法〉的补充规定》第2条规定："回族男女的结婚年龄，男不得早于20周岁，女不得早于18周岁。"第7条规定："本补充规定适用于居住在本自治区的其他少数民族。"据此宁夏回族自治区的少数民族的法定结婚年龄均降低2周岁。云南省第五届人民代表大会常务委员会第十八次会议审议追认的《澜沧拉祜族自治县变通执行〈婚姻法〉的规定》仅降低农业社员的法定婚龄，即"澜沧拉祜族自治县各民族男女的结婚年龄，农村社员，男不得早于20周岁，女不得早于18周岁，结婚双方都是国家机关、企事业单位干部、职工和城镇居民的，仍按《婚姻法》规定的年龄执行；其中一方是农村社员的，可按变通规定的结婚年龄执行"。

示例　马某（男）与哈某（女）是生活在宁夏回族自治区的回族青年。2005年春节，两人打算结婚。此时，马某年满20周岁，哈某年满19周岁。二人是否已经达到法定的结婚年龄了？两人是否可以宗教仪式代替法定的结婚登记而成为法律上承认的夫妻？1981年6月15日宁夏回族自治区第四届人民代表大会第三次会议通过的《宁夏回族自治区执行〈中华人民共和国婚姻法〉的补充规定》第2条规定："回族男女的结婚年龄，男不得早于20周岁，女不得早于18周岁。"据此，二人均已达到法定的结婚年龄。但是根据该规定第4条即"禁止用宗教仪式代替法定的结婚登记"，二人不可以用宗教仪式代替法定的结婚登记而成为法律上承认的夫妻，如果两人自愿举行宗教仪式，也必须办理结婚登记手续并领取结婚证。

四、对实行计划生育的变通规定

计划生育是我国的基本国策，是婚姻法的基本原则。但考虑到少数民族人口稀少，因而一些民族自治地方对执行婚姻法计划生育的规定作了变通。最初在少数民族中不提倡计划生育，但之后这些变通规定大多作了修改，在少数民族中也实行计划生育，只是较汉族计划生育政策略为宽松。例如，1980 年 12 月 14 日新疆维吾尔自治区第五届人民代表大会第三次会议通过的《新疆维吾尔自治区执行〈中华人民共和国婚姻法〉的补充规定》第 9 条为："在少数民族中不提倡计划生育。个人是否实行计划生育，听从自愿。"但到 1983 年 9 月 30 日经过修正的《新疆维吾尔自治区执行〈中华人民共和国婚姻法〉的补充规定》对此问题的规定是："在少数民族中也要实行计划生育，但必须加强宣传教育，积极创造条件，逐步推行。对汉族和少数民族实行计划生育要有区别，对汉族要求要严，对少数民族要适当放宽。"

第十三章

【思考题】

1. 制定民族自治地方有关婚姻法的变通或补充规定的基本原则是什么？
2. 民族自治地方有关婚姻法的变通或补充规定的主要内容是什么？
3. 怎样认识尊重少数民族婚姻习俗与改革婚姻制度的关系？
4. 允许民族自治地方对婚姻法作变通规定的意义是什么？

第十四章

涉外婚姻与涉外收养

学习目的与要求 学习本章应当了解涉外婚姻、涉外收养的概念、特征，掌握涉外婚姻、涉外收养适用的法律法规。

■第一节 涉外婚姻

一、涉外婚姻概念与特征

涉外婚姻，有广义和狭义之分。广义的涉外婚姻，是指不同国籍的公民或同一国籍的公民在他国结婚、复婚或离婚。也就是说，涉外婚姻关系的涉外因素包括主体涉外和地域涉外，是两个以上国家或地区的当事人之间的婚姻，或者是婚姻事项在本国境外办理。

狭义的涉外婚姻是指在中国境内，中国公民与外国公民，或外国人与外国人按照我国法律办理结婚、离婚或复婚。本教材所言涉外婚姻即采狭义概念。狭义的涉外婚姻有两个特征：①主体涉外，婚姻当事人中可能是双方均为外国人，也可能是一方为中国公民，另一方为外国人。涉外婚姻所称外国人是指不具有中国国籍的人，包括外国血统的外籍人、中国血统的外籍人、定居我国的外国侨民和无国籍人。涉外婚姻所称的中国公民是指具有中国国籍并居住在中国的人，包括已加入中国国籍的外国血统人。②地域不涉外，婚姻当事人的结婚、离婚或复婚均在中国境内办理。

涉外婚姻与国内婚姻相比，情况比较复杂，至少有一方当事人不是中国公民，因而按照我国法律规定所办理的婚姻事项若在其他国家发生效力，还须为其所在国的法律认可。

我国《婚姻法》对涉外婚姻问题未作专门规定。1987年1月1日实施的《民法通则》第8章关于涉外民事关系的法律适用、2003年7月30日国务院第

16 次常务会议通过的自 2003 年 10 月 1 日起施行的《婚姻登记条例》、民政部颁布的 2003 年 10 月 1 日起实施的《婚姻登记工作暂行规范》（2015 年 10 月 28 日被修订为《婚姻登记工作规范》）、2010 年 10 月 28 日颁布 2011 年 4 月 1 日起施行的《涉外民事关系法律适用法》等法律法规先后对我国处理涉外婚姻问题作出了规定。

二、涉外结婚

涉外结婚，是指我国公民与外国人，外国人与外国人在我国境内缔结婚姻关系的法律行为。

（一）涉外结婚的法律适用

中国公民同外国人结婚适用婚姻缔结地法律。《民法通则》第 147 条规定："中华人民共和国公民和外国人结婚适用婚姻缔结地法律……"《涉外民事关系法律适用法》对上述规定进行了修改，自 2011 年 4 月 1 日起，关于涉外婚姻的实质要件的法律适用，应依照该法第 21 条的规定确立。该法第 21 条规定：结婚条件，适用当事人共同经常居所地法律；没有共同经常居所地的，适用共同国籍国法律；没有共同国籍，在一方当事人经常居所地或者国籍国缔结婚姻的，适用婚姻缔结地法律。

（二）涉外结婚的条件

中国公民与外国人在中国境内结婚，婚姻缔结地法是我国法律。涉外结婚的当事人必须遵守我国《婚姻法》《婚姻登记条例》《婚姻登记工作规范》中关于缔结婚姻关系的各项规定，包括结婚的必备要件和禁止要件。

双方当事人都是外国人，要求在中国境内结婚，到我国婚姻登记处申领结婚证的，我国结婚登记机关应予准许，并适用我国法律审查结婚的实质要件。

（三）涉外结婚的程序

1. 申请结婚的当事人。申请涉外结婚的当事人中至少有一方是外国人。这里所说的外国人包括常住我国和临时来华的外国人、外籍华人和定居我国的外国侨民。

2. 登记机关。根据我国《婚姻登记条例》第 4 条的规定，中国公民同外国人在中国内地自愿结婚的，男女双方当事人必须共同到内地居民常住户口所在地婚姻登记机关办理。省级人民政府民政部门或者其确定的民政部门办理一方常住户口在辖区内的涉外婚姻登记。

3. 申请结婚登记的当事人应当持有的证件和证明材料。中国公民应当出具下列证件和证明材料：本人的户口簿、身份证；本人无配偶以及与对方当事人没有直系血亲和三代以内旁系血亲关系的签字声明。

外国人应当出具下列证件和证明材料：本人的有效护照或者其他有效的国际旅行证件；所在国公证机构或者有权机关出具的、经中华人民共和国驻该国使（领）馆认证或者该国驻华使（领）馆认证的本人无配偶的证明，或者所在国驻华使（领）馆出具的本人无配偶的证明。与中国无外交关系的国家出具的有关证明，应当经与该国及中国均有外交关系的第三国驻该国使（领）馆和中国驻第三国使（领）馆认证，或者经第三国使（领）馆认证。

4. 结婚登记程序。对当事人的结婚申请，经婚姻登记管理机关查验证件，询问当事人，填写《结婚登记审查处理表》后，认为符合我国法律的，应准予登记，办理登记手续，发给结婚证。

5. 复婚。中国公民同外国人离婚后、外国人与外国人离婚后，双方自愿复婚的，也应当按上述有关结婚的各项规定办理。

三、涉外离婚

涉外离婚，是指我国公民与外国人之间、外国人与外国人之间在我国境内按照我国法律解除婚姻关系的法律行为。

（一）涉外离婚的法律适用

涉外离婚适用受理案件的法院所在地和婚姻登记机关所在地法律。我国《民法通则》对涉外离婚奉行国际社会通行的原则，即第147条规定的"离婚适用受理案件的法院所在地法律"。《涉外民事关系法律适用法》第27条规定，诉讼离婚适用法院地法律。也就是说由我国人民法院受理的涉外离婚诉讼，适用我国有关法律、法规。是否准予离婚，离婚所产生的各项效力，包括夫妻共同财产分割、离婚经济帮助、离婚损害赔偿以及离婚后的子女抚养等问题均须依照我国《婚姻法》等相关法律、法规及司法解释的规定处理。

中国公民与外国人在我国境内离婚适用我国法律；双方均为外国人，在我国离婚的，如一方或双方在我国有住所或居所的，我国法院有管辖权，可以受理并原则上适用我国法律；如双方在我国无住所或居所，临时来华的，可不予受理。2003年《婚姻登记条例》修订后，在我国办理结婚登记的涉外离婚还可以在婚姻登记机关办理离婚手续，办理离婚的条件和程序适用我国法律。当事人必须出具法律法规规定的各项证明文件和证明材料。

（二）涉外离婚程序

我国《婚姻法》规定了两种离婚程序，即登记离婚和诉讼离婚，但只有在中国内地登记的涉外婚姻方可通过行政登记程序离婚。所以非在中国内地办理结婚登记的婚姻，即使双方自愿离婚且有离婚协议，也只能按诉讼程序办理，不能采用登记离婚程序。原因是其夫妻身份或者结婚证的效力有待确认，而婚姻登记机关没有确认的职责。

1. 登记离婚程序。中国公民同外国人在中国内地登记结婚的，如自愿离婚且有离婚协议的，男女双方可以共同到内地居民常住户口所在地的婚姻登记机关办理离婚登记。省级人民政府民政部门或者其确定的民政部门办理一方常住户口在辖区内的涉外离婚登记。

办理离婚登记的内地居民应当出具的证件和证明材料有：本人的户口簿、身份证；办理离婚登记的外国人应当出具的证件和证明材料有：身份证明、本人的有效护照或者其他有效国际旅行证件。同时要有双方当事人共同签署的离婚协议书。离婚协议书应当载明双方当事人自愿离婚的意思表示以及对子女抚养、财产及债务处理等事项协商一致的意见。当事人双方还需出具国内婚姻登记机关或者中国驻外使（领）馆颁发的结婚证。

婚姻登记机关应当对离婚登记当事人出具的证件、证明材料进行审查并询问相关情况。对当事人确属自愿离婚，并已对子女抚养、财产、债务等问题达成一致处理意见的，应当场予以登记，发给离婚证。

示例 叶某（女）于 2003 年秋在美国与美国人 A（男）依美国德州法律结婚。不久，文化上的差异使得双方产生矛盾。2005 年叶某回国，不久 A 亦来中国工作。二人经过一段时间共同生活，仍感相处困难，遂决定离婚，2006 年 1 月的一天，二人至某婚姻登记机关要求登记离婚。婚姻登记机关以二人结婚登记不在中国，婚姻的效力、A 的身份尚须确认，而婚姻登记机关无此职责为由，拒绝受理离婚申请。

2. 诉讼离婚程序。涉外离婚当事人应按我国《民事诉讼法》的有关规定，向有管辖权的人民法院提出离婚诉讼。《民事诉讼法》第 21 条规定，对公民提起的民事诉讼，由被告住所地人民法院管辖；被告住所地与经常居住地不一致的，由经常居住地人民法院管辖。第 22 条第 1 款规定，对不在中华人民共和国领域内居住的人提起的有关身份关系的诉讼，由原告住所地人民法院管辖；原告住所地与经常居住地不一致的，由原告经常居住地人民法院管辖。中国或外国法院都有管辖权的，一方当事人向外国法院起诉，而另一方当事人向我国人民法院起诉的，人民法院可予受理。受理后，人民法院应当根据我国《婚姻法》及相关司法解释的规定调解，调解不成的，依照《婚姻法》第 32 条的规定，以"感情是否确已破裂"作为是否判决准予离婚的法定条件。对于判决准予离婚的，还须就夫妻共同财产分割、债务清偿、家务劳动补偿、离婚经济帮助、离婚损害赔偿以及离婚后子女直接抚养方的确定、子女抚养费的给付、探望权的行使等问题一并作出判决。

不在我国居住的外国人，不能来我国法院亲自参加起诉、应诉的，可以委托我国公民、律师或居住在我国境内的本国公民、本国驻华使、领馆官员（以个人名义）担任诉讼代理人。但外国一方向我国法院提交的离婚起诉状、答辩状、意见书、委托书、上诉状等诉讼文书，必须经所在国公证机关公证，并经我国驻该国使、领馆认证方为有效。

　　示例　李某（男）与日本籍女性良子经过8年恋爱，终于在中国办理了结婚登记手续，但双方共同生活不到1年，良子即以在中国生活不习惯为由返回日本。开始，双方还有书信、电话往来，但半年后，良子突然与李某失去了联系。李某曾托在日本的朋友多方寻找无果，在苦苦等待了5年之后，不得不向法院提起诉讼，要求解除双方有名无实的婚姻关系。人民法院根据我国《婚姻法》第32条的规定，缺席判决解除了李某与良子的婚姻关系。

■第二节　涉外收养

　　涉外收养有广义概念与狭义概念之分。广义上的收养是指含有涉外因素的收养关系，即收养人与被收养人分属不同的国家时的收养。狭义上的收养是指外国人或无国籍人在我国境内收养中国公民的子女，包括收养人夫妻一方为外国人或无国籍人。本教材所称涉外收养是指狭义概念。

　　我国《收养法》第21条第1款规定："外国人依照本法可以在中华人民共和国收养子女。"对外国人在中华人民共和国收养子女，《外国人在中华人民共和国收养子女登记办法》规定，除应当符合中国《收养法》的有关规定外，还应当符合收养人所在国有关收养法。因收养人所在国法律的规定与中国法律的规定不一致而产生的问题，由两国政府有关部门协商处理。《涉外民事关系法律适用法》第28条规定，收养的条件和手续适用收养人和被收养人经常居所地法律，收养的效力适用收养时收养人经常居所地法律，收养关系的解除适用收养时被收养人经常居所地法律或者法院地法律。涉外收养所适用的法律包括1992年4月1日实施、1998年11月4日修正的《中华人民共和国收养法》，民政部于1999年5月25日颁布实施的《外国人在中华人民共和国收养子女登记办法》，以及2010年10月28日颁布、2011年4月1日起施行的《涉外民事关系法律适用法》等规定。

一、涉外收养的实质要件

　　涉外收养的实质要件，是指外国人或者无国籍人在中国境内收养中国儿童时所必须具备的条件。外国人在中国境内收养中国儿童，应当适用被收养儿童经常居住地的中国法律，具备中国《收养法》规定的成立收养关系的一般实质要件，同时还应当符合收养人经常居住地即所在国的法律。

二、涉外收养的形式要件

《中华人民共和国收养法》第21条、《外国人在中华人民共和国收养子女登记办法》第4～12条规定了涉外收养应当履行的法定程序，即涉外收养关系成立的形式要件。

由于被收养人一般要随外国收养人出境生活，并且变更国籍，而变更国籍的前提是收养得到收养人所在国家法律的承认，为确保建立有效的收养关系、保护被收养人的利益，涉外收养在程序上较国内的收养复杂。首先，外国人在华收养子女，应当通过所在国政府或者政府委托的收养组织（以下简称"外国收养组织"）向中国政府委托的收养组织（以下简称"中国收养组织"）转交收养申请并提交收养人的家庭情况报告和证明。中国收养组织审批通过后，由有关民政部门为外国收养人选择适合其要求的被收养人，并通知外国的收养组织。我国送养人的涉外收养申请由民政部有关部门审批。此后收养人与送养人双方达成收养意愿后可办理收养登记。另外，当事人应具备的身份证件以及有关证明材料种类也较国内收养多，且需要认证。

（一）外国人向中国收养组织提出收养申请

外国人在华收养子女，应当通过外国收养组织向中国收养组织转交收养申请并提交收养人的家庭情况报告和证明。

1. 外国人提交收养申请时应出具的文件。外国人申请收养审批应当持有的文件是：收养人的收养申请、家庭情况报告和证明。

报告与证明由其所在国有权机构出具，经其所在国外交机关或者外交机关授权的机构认证，并经我国驻该国使馆或者领馆认证。具体包括下列文件：①跨国收养申请书；②出生证明；③婚姻状况证明；④职业、经济收入和财产状况证明；⑤身体健康检查证明；⑥有无受过刑事处罚的证明；⑦收养人所在国主管机关同意其跨国收养子女的证明；⑧家庭情况报告，包括收养人的身份、收养的合格性和适当性、家庭状况和病史、收养动机以及适合于照顾儿童的特点等。

2. 在华工作的外国人须提交的其他文件。在华工作或者学习连续居住1年以上的外国人在华收养子女，除提交前述规定的除身体健康检查证明以外的文件外，还应当提交在华所在单位或者有关部门出具的婚姻状况证明，职业、经济收入或者财产状况证明，有无受过刑事处罚证明以及县级以上医疗机构出具的身体健康检查证明。

（二）民政部门对我国送养人申请涉外收养的审批

1. 申请的提出与相关的证件、证明材料。申请涉外收养的送养人应当向省、自治区、直辖市人民政府民政部门提交本人的居民户口簿和居民身份证（社会福利机构作送养人的，应当提交其负责人的身份证件）、被收养人的户籍证明等情况证明，并根据不同情况提交下列有关证明材料：

（1）被收养人的生父母（包括已经离婚的）为送养人的，应当提交生父母有特殊困难无力抚养的证明和生父母双方同意送养的书面意见；其中，被收养人的生父或者生母因丧偶或者一方下落不明，由单方送养的，应当提交配偶死亡或者下落不明的证明以及死亡的或者下落不明的配偶的父母不行使优先抚养权的书面声明。

（2）被收养人的父母均不具备完全民事行为能力，由被收养人的其他监护人作送养人的，应当提交被收养人的父母不具备完全民事行为能力且对被收养人有严重危害的证明以及监护人有监护权的证明。

（3）被收养人的父母均已死亡，由被收养人的监护人作送养人的，应当提交其生父母的死亡证明、监护人实际承担监护责任的证明，以及其他有抚养义务的人同意送养的书面意见。

（4）由社会福利机构作送养人的，应当提交弃婴、儿童被遗弃和发现的情况证明以及查找其父母或者其他监护人的情况证明；被收养人是孤儿的，应当提交孤儿父母的死亡或者宣告死亡证明，以及有抚养孤儿义务的其他人同意送养的书面意见。

（5）送养残疾儿童的，还应当提交县级以上医疗机构出具的该儿童的残疾证明。

2. 有关民政部门对申请收养的审查及许可。省、自治区、直辖市人民政府民政部门应当对送养人提交的证件和证明材料进行审查，对查找不到生父母的弃婴和儿童公告查找其生父母（省、自治区、直辖市人民政府民政部门查找弃婴或者儿童生父母的公告应当在省级地方报纸上刊登。自公告刊登之日起满 60 日，弃婴和儿童的生父母或者其他监护人未认领的，视为查找不到生父母的弃婴和儿童）；认为被收养人、送养人符合《收养法》规定条件的，将符合《收养法》规定的被收养人、送养人名单通知中国收养组织，同时转交下列证件和证明材料：

（1）送养人的居民户口簿和居民身份证（社会福利机构作送养人的，为其负责人的身份证件）复印件；

（2）被收养人是弃婴或者孤儿的证明、户籍证明、成长情况报告和身体健康检查证明的复印件及照片。

（三）涉外收养的批准与通知

中国收养组织对外国收养人的收养申请和有关证明进行审查后，应当在省、自治区、直辖市人民政府民政部门报送的符合收养法规定条件的被收养人中，参照外国收养人的意愿，选择适当的被收养人，并将该被收养人及其送养人的有关情况通过外国政府或者外国收养组织送交外国收养人。外国收养人同意收养的，中国收养组织向其发出来华收养子女通知书，同时通知有关的省、自治区、直辖市人民政府民政部门向送养人发出被收养人已被同意收养的通知。

示例 苗苗与蛋蛋是姐弟俩。在一次车祸中，他们失去了父母，由年迈的祖母抚养。去年年初，祖母去世，均不足 10 周岁的姐弟俩，由某省社会福利院抚养，由于姐弟俩不愿分离，二人一直未被收养。现某国查理夫妇欲在中国收养两个子女，且愿意收养有血缘关系的兄妹或姐弟。根据《收养法》第 8 条的规定，收养孤儿，不受收养一人的限制。苗苗和蛋蛋符合我国《收养法》规定的收养条件，也符合收养人查理夫妇的要求及所在国的规定，中国收养组织遂向查理夫妇发出来华收养子女通知书。

（四）涉外收养登记

1. 外国收养人应当亲自办理收养登记。外国人收养中国子女，应当亲自来华办理登记手续。夫妻共同收养的，应当共同来华办理收养手续；一方因故不能来华的，应当书面委托另一方。委托书应当经所在国公证和认证。

2. 收养人与送养人应当订立收养协议。外国人来华收养子女，应当与送养人订立书面收养协议。协议一式三份，收养人、送养人各执一份，办理收养登记手续时收养登记机关收存一份。

3. 涉外收养登记的机关。书面协议订立后，收养关系当事人应当共同到被收养人常住户口所在地的省、自治区、直辖市人民政府民政部门办理收养登记。

4. 办理涉外收养登记应当提交的材料。收养关系当事人办理收养登记时，应当填写外国人来华收养子女登记申请书并提交收养协议，同时分别提供有关材料。

（1）收养人应当提供的材料：中国收养组织发出的来华收养子女通知书；收养人的身份证件和照片。

（2）送养人应当提供的材料：省、自治区、直辖市人民政府民政部门发出的被收养人已被同意收养的通知；送养人的居民户口簿和居民身份证（社会福利机构作送养人的，为其负责人的身份证件）、被收养人的照片。

5. 涉外收养登记的审查与登记。收养登记机关收到外国人来华收养子女登记申请书和收养人、被收养人及其送养人的有关材料后，应当自次日起 7 日内进行审查，对符合《收养法》和外国人在中华人民共和国收养子女登记办法的，为当事人办理收养登记，发给收养登记证书。收养关系自登记之日起成立。

收养登记机关将登记结果通知中国收养组织。

6. 涉外收养的公证。收养关系当事人办理收养登记后，各方或者一方要求办理收养公证的，应当到收养登记地具有办理涉外公证资格的公证机构办理收养公证。

【思考题】

1. 涉外婚姻有哪些涉外因素?
2. 涉外结婚、涉外离婚的法律适用的规定是什么?
3. 我国对涉外结婚的主体有无限制?
4. 我国关于涉外离婚的管辖是如何规定的?
5. 简述涉外收养的程序。
6. 涉外收养须具备哪些实质要件?

第十五章

涉及华侨、港澳台同胞的
婚姻与收养

学习目的与要求　学习本章，应了解涉港澳台侨结婚、离婚、收养的相关政策和法律规定；掌握涉港澳台侨结婚、离婚、收养的条件和程序。

■第一节　涉及华侨、港澳台同胞的婚姻

涉及华侨、港澳台同胞的婚姻主要是指侨居在国外或定居在香港、澳门、台湾的中国同胞与内地公民之间以及华侨之间、港澳台同胞之间，按照内地法律在内地缔结的婚姻或解除的婚姻。华侨、港澳台同胞虽然都是中国同胞，但他们定居在国外或港澳台地区，分属不同的法域。为保护当事人的利益，相关的法律法规对结婚和离婚的程序性规定与内地公民之间的程序有所不同。国务院 2003 年 10 月 1 日施行的《婚姻登记条例》、民政部 2015 年 12 月 8 日颁布的《婚姻登记工作规范》等法规条例对涉及华侨、港澳台同胞的婚姻问题均作出了规定。

一、涉及华侨、港澳台同胞的结婚

涉及华侨、港澳台同胞的结婚问题，根据婚姻缔结地的不同，分为两种情况：

（一）华侨在中国境外的结婚

为了方便华侨结婚，我国政府历来鼓励华侨在居住国依据当地法律结婚，而且只要结婚时所适用的法律不违背我国婚姻法的基本原则，在我国即为有效；如果申请结婚的当事人双方均是华侨，并且居住国又允许外国使领馆办理婚姻登记的，双方也可至我国使领馆依据我国法律办理结婚登记。

（二）华侨、港澳台同胞与内地公民在中国境内的结婚

华侨、港澳台同胞与内地公民在中国境内结婚的，主体双方都有中国国籍，

故无涉外因素，而且婚姻缔结于我国境内，自然适用我国《婚姻法》的有关规定，此与一般中国公民之间的结婚并无差异。但是由于此类婚姻有自己的特点，即存在一定的涉外因素或者区际因素，如一方当事人的经常居住地有涉外性质，一般情形下华侨是居住在外国的，而港澳台同胞定居在与中国内地适用不同法律体系的港澳台地区，对涉及华侨、港澳台同胞的婚姻问题，《婚姻登记条例》《婚姻登记工作规范》对婚姻登记机关和当事人所应持有的证件和证明材料作出了特殊规定。

1. 登记机关。当事人双方须共同到内地居民常驻户口所在地登记机关办理。省级人民政府民政部门或者其确定的民政部门办理一方常住户口在辖区内的涉香港、澳门、台湾居民及华侨、出国人员的婚姻登记。

2. 申请结婚登记双方所应持有的证件与证明材料。

（1）办理结婚登记的内地居民应当出具下列证件和证明材料：本人的户口簿、身份证、本人无配偶以及与对方当事人没有直系血亲和三代以内旁系血亲关系的签字声明。

（2）办理结婚登记的华侨应当出具下列证件和证明材料：本人的有效护照、居住国公证机构或者有权机关出具的经中华人民共和国驻该国使（领）馆认证的本人无配偶以及与对方当事人没有直系血亲和三代以内旁系血亲关系的证明，或者中华人民共和国驻该国使（领）馆出具的本人无配偶以及与对方当事人没有直系血亲和三代以内旁系血亲关系的证明。

（3）办理结婚登记的香港居民、澳门居民、台湾居民应当出具下列证件和证明材料：本人的有效通行证、港澳同胞回乡证或其他有效旅行证件；所在港澳台地区有效的身份证件、经居住地公证机构公证的本人无配偶以及与对方当事人没有直系血亲和三代以内旁系血亲关系的声明。

二、涉及华侨、港澳台同胞的离婚

（一）行政离婚

1. 登记离婚的条件和登记机关。内地居民同香港居民、澳门居民、台湾居民、华侨在中国内地自愿离婚的，且结婚登记在内地办理的，可以申请登记离婚。男女双方应当共同到内地居民常住户口所在地的婚姻登记机关办理离婚登记。登记机关是省、自治区、直辖市人民政府民政部门或者省、自治区、直辖市人民政府民政部门确定的机关。

2. 申请离婚登记双方应持有的证件和证明材料：

（1）办理离婚登记的内地居民应当出具下列证件和证明材料：本人的户口簿、身份证、本人的结婚证、双方当事人共同签署的离婚协议书。

（2）办理离婚登记的华侨、香港居民、澳门居民、台湾居民除应当出具本人由内地婚姻登记机关或者中国驻外使（领）馆颁发的结婚证、双方当事人共同签署的离婚协议书外，华侨还应当出具本人的有效护照或者其他有效国际旅行证件；香港居民、澳门居民、台湾居民还应当出具本人的有效通行证、身份证或其他有效旅行证件。

（3）离婚协议书的内容应当载明双方当事人自愿离婚的意思表示以及对子女抚养、财产及债务处理等事项协商一致的意见。

示例 港商于某1996年来内地B省开办企业，1998年与B省女子黄某登记结婚。2005年二人因各种矛盾无法继续维持婚姻关系，欲办理离婚，但不知可否通过登记程序。按照2003年10月1日施行的《婚姻登记条例》，尽管于某是港商，但二人是在内地婚姻登记机关登记结婚的，如果双方就离婚及财产问题、子女抚养问题均已达成协议，可以向黄某常住户口所在地的婚姻登记机关提出离婚申请。

（二）诉讼离婚

华侨同国内公民、港澳台同胞同内地公民或夫妻双方都是定居国外的华侨或定居港澳的港澳同胞，对一方要求离婚或一方不能到婚姻登记机关申请离婚的，可由有关部门进行调解或直接向内地一方户口所在地的人民法院提出离婚诉讼。是否判决离婚以及离婚时的财产分割、离婚后的子女抚养教育等问题，按《婚姻法》的规定处理。

中国公民一方居住在国外，另一方居住在国内，一方要求离婚的，无论哪一方向人民法院提起离婚诉讼，国内一方所在地的人民法院都有权管辖。如国外一方在居住国法院起诉，国内一方向人民法院起诉的，受诉人民法院依然有权管辖。此时，受诉人民法院适用我国法律审理离婚案件，不受居住国法院审理同一离婚案件适用法律的影响。

1. 华侨同国内公民之间离婚问题的处理。

（1）国内配偶以华侨在国外已经重婚为理由提出离婚，查有实据的，应准予离婚。

（2）华侨久不回国，杳无音讯，国内配偶提出离婚的，经调查属实，可以公告送达诉讼文书，在公告期满后判决准予离婚。判决书公告送达后，上诉期满即发生法律效力。

（3）国外华侨与国内配偶有通讯联系，并汇款供养亲属，国内配偶要求离婚，国外华侨不同意离婚的，一般应尽量调解不离。如国内配偶坚持离婚，矛盾已激化，可根据具体情况，准予离婚。

2. 夫妻双方均是定居国外的华侨的诉讼离婚的管辖。夫妻双方均是定居国外的华侨，原则上应向居住国有关机关申办离婚手续。但定居国因某种原因不受理时，根据《最高人民法院关于适用〈中华人民共和国民事诉讼法〉的解释》第13、14条的规定，在国内结婚并定居国外的华侨，如定居国法院以离婚诉讼须由婚姻缔结地法院管辖为由不予受理，当事人向人民法院提出离婚诉讼的，由婚姻缔结地或一方在国内的最后居住地人民法院管辖。在国外结婚并定居国外的华侨，如定居国法院以离婚诉讼须由国籍所属国法院管辖为由不予受理，当事人向人民法院提出离婚诉讼的，由一方原住所地或在国内的最后居住地人民法院管辖。

3. 夫妻双方都在港澳定居的港澳同胞诉讼离婚的管辖。夫妻双方原在内地结婚，后均到港澳地区定居，因特殊原因，双方回内地向人民法院提起离婚诉讼，可由当事人原婚姻登记地、原婚姻缔结地或被告原住所地人民法院受理。

4. 涉及台湾同胞的诉讼离婚问题。

（1）在大陆地区居住的中国公民，要求与在台湾地区的配偶离婚，可以向其住所地人民法院提出离婚诉讼，住所地与经常居住地不一致的，由经常居住地人民法院管辖。

（2）从台湾地区回大陆地区定居的中国公民要求与在台湾地区的配偶离婚，可向回大陆地区定居后的住所地人民法院提出离婚诉讼。住所地与经常居住地不一致的，由原告经常居住地人民法院管辖。

人民法院审理涉及华侨、港澳台同胞的离婚案件时应当注意：离婚一方当事人在国外或在港澳台居住的，涉及在国外或在港澳台的一方负担子女抚养费和教育费等内容需要执行的，须考虑我国目前和世界上一些国家尚未签订司法协助协议以及港澳台与内地实行一国两制的情况，应当力求避免判决或达成调解协议后发生执行上的困难，尽可能采取一次性给付并立即执行的办法；必要时亦可责令域外一方提供经济担保，以保障判决或调解协议的执行。

■第二节　涉及华侨、港澳台同胞的收养

一、华侨、港澳台同胞收养子女的条件

（一）华侨回国收养子女的条件

华侨回国收养子女，虽非涉外收养问题，但由于华侨居住在国外，所以《收养法》对其有一些特殊的规定。总体上说，华侨在内地的收养较一般公民收养子女要宽松，不考虑计划生育的要求，尊重近亲属收养的习惯。对华侨在国内收养子女的条件，应当符合《中华人民共和国收养法》第7条的规定，但对于华侨收

养三代以内同辈旁系血亲的子女的，可以不受收养人无子女、被收养人是生父母有特殊困难无力抚养的不满 14 周岁的未成年人、送养人是有特殊困难无力抚养子女的生父母、无配偶的男性收养女性的收养人与被收养人的年龄应当相差 40 周岁等条款的限制。

（二）港澳台同胞回内地收养子女的条件

港澳台同胞回内地收养子女，在法律关系上属于我国公民之间的民事法律行为，因此，《收养法》对此未作特殊规定。

二、华侨、港澳台同胞收养子女的程序

民政部于 1999 年 5 月 25 日公布了《华侨以及居住在香港、澳门、台湾地区的中国公民办理收养登记的管辖以及所需要出具的证件和证明材料的规定》，据此，华侨、港澳台同胞在内地收养子女应当遵循以下规定：

（一）收养登记机关

华侨以及居住在香港、澳门、台湾地区的中国公民在内地收养子女的，应当到被收养人常住户口所在地的直辖市、设区的市、自治州人民政府民政部门或者地区（盟）行政公署民政部门申请办理收养登记。

（二）收养登记时当事人应持有的证件与证明材料

1. 华侨办理收养登记时应持有的证件与证明材料。居住在已与中国建立外交关系国家的华侨申请办理成立收养关系的登记时，应当提交收养申请书、护照、收养人居住国有权机构出具的收养人的年龄、婚姻、有无子女、职业、财产、健康、有无受过刑事处罚等状况的证明材料，该证明材料应当经其居住国外交机关或者外交机关授权的机构认证，并经中国驻该国使领馆认证；居住在未与中国建立外交关系国家的华侨申请办理成立收养关系的登记时，应当提交收养申请书、护照、收养人居住国有权机构出具的收养人的年龄、婚姻、有无子女、职业、财产、健康、有无受过刑事处罚等状况的证明材料，该证明材料应当经其居住国外交机关或者外交机关授权的机构认证，并经已与中国建立外交关系的国家驻该国使（领）馆认证。

2. 香港同胞办理收养登记时应持有的证件与证明材料。香港居民中的中国公民申请办理成立收养关系的登记时，应当提交收养申请书、香港居民身份证、香港居民来往内地通行证或者香港同胞回乡证、经国家主管机关委托的香港委托公证人证明的收养人的年龄、婚姻、有无子女、职业、财产、健康、有无受过刑事处罚等状况的证明材料。

3. 澳门同胞办理收养登记时应持有的证件与证明材料。澳门居民中的中国公民申请办理成立收养关系的登记时，应当提交收养申请书、澳门居民身份证、澳门居民来往内地通行证或者澳门同胞回乡证、澳门地区有权机构出具的收养人的年龄、婚姻、有无子女、职业、财产、健康、有无受过刑事处罚等状况的证明材料。

4. 台湾同胞办理收养登记时应持有的证件与证明材料。台湾地区居民申请办理成立收养关系的登记时，应当提交收养申请书、在台湾地区居住的有效证明、国家主管机关签发或签注的在有效期内的旅行证件、经台湾地区公证机构公证的收养人的年龄、婚姻、有无子女、职业、财产、健康、有无受过刑事处罚等状况的证明材料。

【思考题】

1. 华侨与国内一方当事人结婚、离婚的特殊程序性规定是什么？
2. 对港澳台同胞与内地一方当事人的结婚、离婚有何特殊规定？
3. 华侨回国收养近亲属子女的条件有哪些？

第十五章

附　录

附录一：

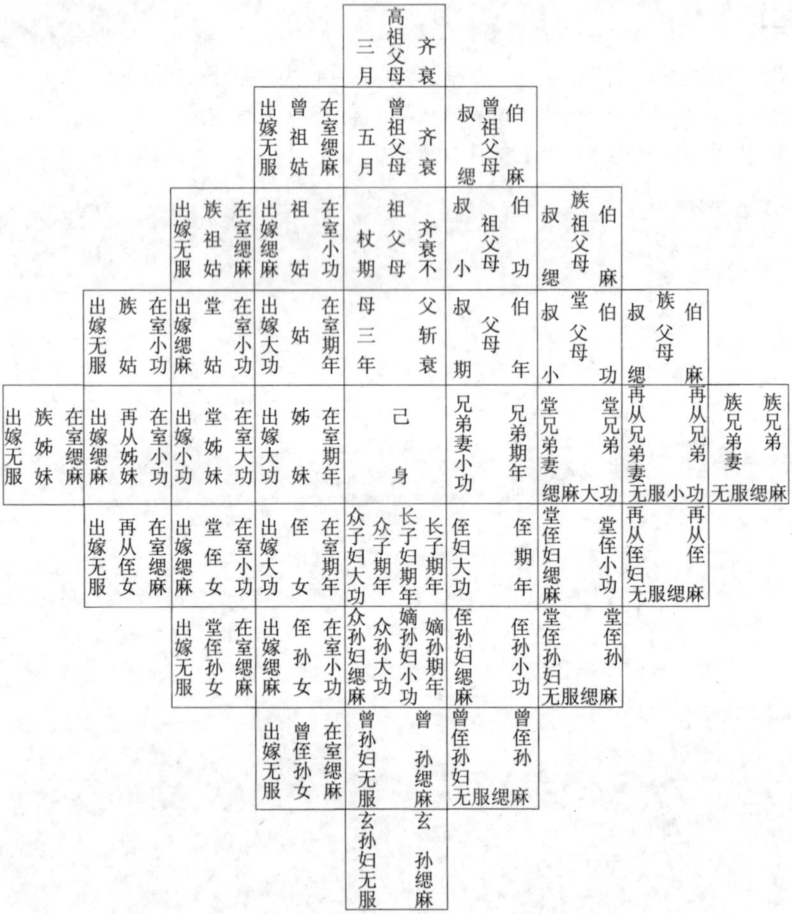

	C1	C2	C3	C4	C5（己身一系）	C6	C7	C8	C9
高祖					高祖父母 齐衰三月				
曾祖				曾祖姑 在室緦麻 出嫁无服	曾祖父母 齐衰五月	伯叔曾祖父母 緦麻			
祖			族祖姑 在室緦麻 出嫁无服	祖姑 在室小功 出嫁緦麻	祖父母 齐衰杖期	伯叔祖父母 小功	族伯叔祖父母 緦麻		
父母		族姑 在室緦麻 出嫁无服	堂姑 在室小功 出嫁緦麻	姑 在室期年 出嫁大功	父 斩衰三年 母 齐衰三年	伯叔父母 期年	堂伯叔父母 小功	再从伯叔父母 緦麻	
己身	族姊妹 在室緦麻 出嫁无服	再从姊妹 在室緦麻 出嫁无服	堂姊妹 在室大功 出嫁小功	姊妹 在室期年 出嫁大功	己身	兄弟 期年／兄弟妻 小功	堂兄弟 大功／堂兄弟妻 緦麻	再从兄弟 小功／再从兄弟妻 无服	族兄弟 緦麻／族兄弟妻 无服
子		再从姪女 在室緦麻 出嫁无服	堂姪女 在室大功 出嫁小功	姪女 在室期年 出嫁大功	长子 期年 众子 期年／长子妇 期年 众子妇 大功	姪 期年／姪妇 緦麻	堂姪 小功／堂姪妇 无服	再从姪 緦麻	
孙			堂孙女 在室緦麻 出嫁无服	孙女 在室小功	嫡孙 期年 众孙 大功／嫡孙妇 小功 众孙妇 緦麻	姪孙 小功／姪孙妇 緦麻	堂姪孙 緦麻／堂姪孙妇 无服		
曾孙				曾孙女 在室緦麻 出嫁无服	曾孙 緦麻／曾孙妇 无服	曾姪孙 緦麻／曾姪孙妇 无服			
玄孙					玄孙 緦麻／玄孙妇 无服				

图 1：本宗九族五服正服之图

说明：

1. 凡嫡孙，父卒，为祖父母，承重服斩衰三年。若为曾高祖父母承重，服亦同。

2. 凡姑、姊妹、女儿及孙女，在室或已嫁被出而归，服并与男子同。出嫁而无夫与子者，为兄弟姊妹及侄，皆不杖期。次于至亲者曰从，如从兄弟、从伯叔（堂伯叔）。其又次者，则曰再从、三从。

3. 凡男为人后者，为本生亲属孝服皆降一等，为本生父母降服不杖期。父母报服同（报服

谓为报答相互服同等之丧服）。

4. 凡同五世祖族属在缌麻绝服之外，皆为袒免亲。遇丧葬，则服素服，尺布缠头。

附录二：

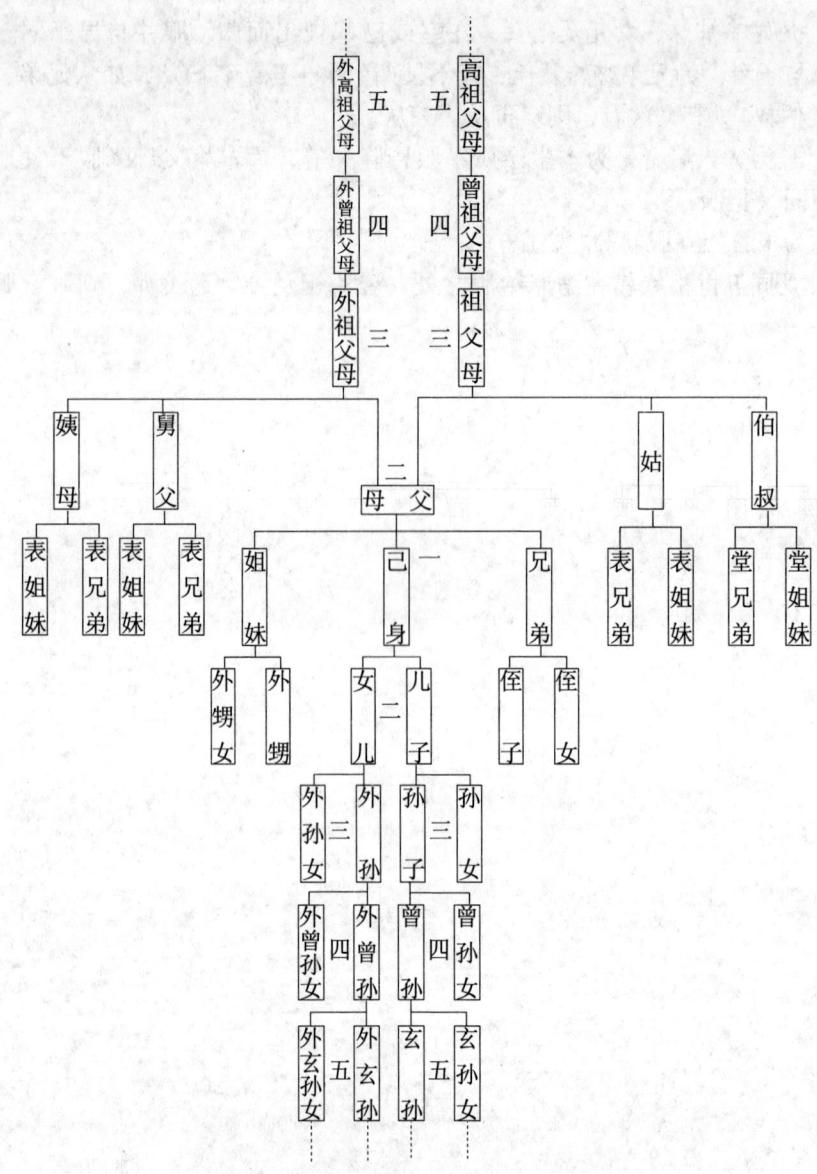

图2：我国直系血亲和三代以内旁系血亲图

附录三：

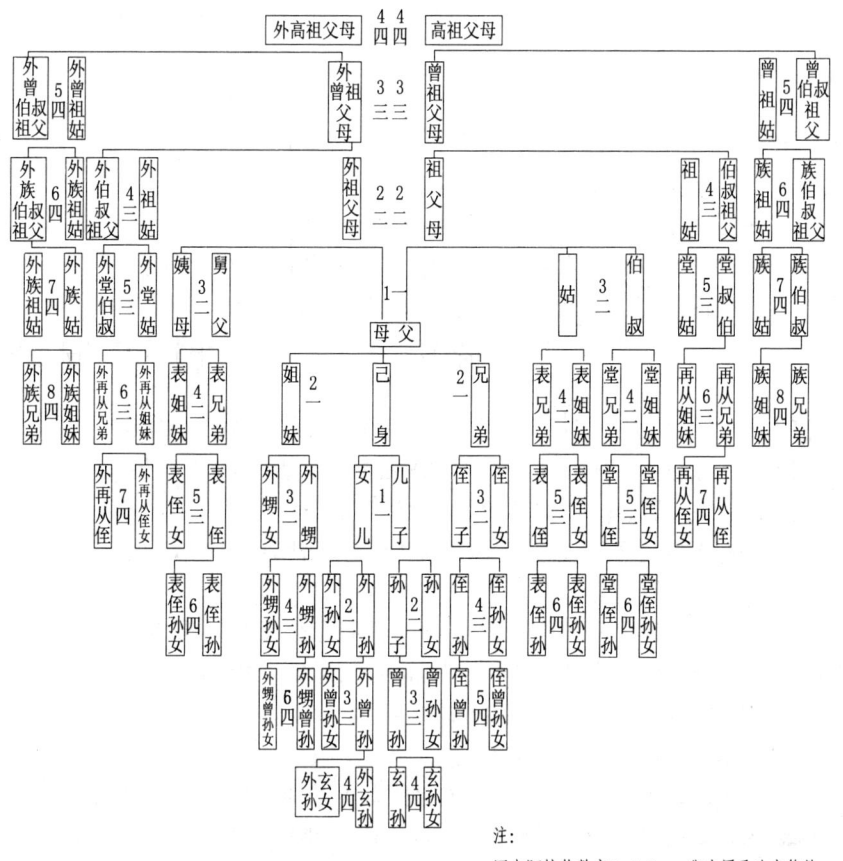

注:

图中阿拉伯数字1、2、3……代表罗马法亲等数;

中国数字一、二、三……代表寺院法亲等数。

图3:罗马法、寺院法亲等计算图

参考书目

1. ［德］恩格斯：《家庭、私有制和国家的起源》，张仲宝译，人民出版社 1956 年版。

2. 瞿同祖：《中国法律与中国社会》，中华书局 1981 年版。

3. 陈顾远：《中国婚姻史》，台湾商务印书馆 1997 年版。

4. 史尚宽：《亲属法论》，台北荣泰印书馆股份有限公司 1980 年版。

5. 胡长清：《中国民法亲属论》，台湾商务印书馆 1978 年版。

6. 巫昌祯主编：《婚姻家庭法新论——比较研究与展望》，中国政法大学出版社 2002 年版。

7. 巫昌祯主编：《婚姻法执行状况调查》，中央文献出版社 2004 年版。

8. 巫昌祯主编：《婚姻与继承法学》，中国政法大学出版社 2006 年版。

9. 杨大文主编：《亲属法》，法律出版社 1997 年版。

10. 杨大文主编：《婚姻家庭法》，中国人民大学出版社 2006 年版。

11. 李志敏主编：《比较家庭法》，北京大学出版社 1988 年版。

12. 曹诗权主编：《婚姻家庭继承法学》，中国法制出版社 1999 年版。

13. 夏吟兰主编：《婚姻家庭继承法》，中国政法大学出版社 2005 年版。

14. 王洪：《婚姻家庭法》，法律出版社 2003 年版。

15. 陶毅、明欣：《中国婚姻家庭制度史》，东方出版社 1994 年版。

16. 张希坡：《中国婚姻立法史》，人民出版社 2004 年版。

17. 戴东雄：《亲属法论》，东大图书公司印行 1993 年版。

18. 陈棋炎、黄宗乐、郭振恭：《民法亲属新论》，台湾三民书局 1987 年版。

19. 林秀雄：《婚姻家庭法之研究》，中国政法大学出版社 2001 年版。

20. 林秀雄：《夫妻财产制之研究》，中国政法大学出版社 2001 年版。

21. 林菊枝：《亲属法专题研究》，台湾五南图书出版公司 1982 年版。

22. 陈棋炎：《亲属、继承法基本问题》，台湾三民书局 1980 年版。

23. 陈建安：《民法亲属编及继承编概要》，台北千华出版公司印行 1992 年版。

24. ［日］中川高雄、三和一博、平井一雄：《亲族继承法要说》，青林书院 1991 年版。

25. 黄风：《罗马私法导论》，中国政法大学出版社 2003 年版。

26. 龙翼飞：《香港家庭法》，河南人民出版社 1997 年版。

27. 林荫茂：《婚姻家庭法比较研究》，澳门基金会 1997 年版。

28. 夏吟兰：《美国现代婚姻家庭制度》，中国政法大学出版社 1999 年版。

29. 陈小君主编：《海峡两岸亲属法比较研究》，中国政法大学出版社 1996 年版。

30. 巫昌祯、杨大文主编：《走向 21 世纪的中国婚姻家庭》，吉林人民出版社 1995 年版。

31. 李银河、马忆南主编：《婚姻法修改论争》，光明日报出版社 1999 年版。

32. 夏吟兰、蒋月、薛宁兰：《21 世纪婚姻家庭关系新规制：新婚姻法解说与研究》，中国检察出版社 2001 年版。

33. 蒋月：《夫妻的权利与义务》，法律出版社 2001 年版。

34. 曹诗权：《未成年人监护制度研究》，中国政法大学出版社 2004 年版。

35. 李霞：《监护制度比较研究》，山东大学出版社 2004 年版。

36. 王丽萍：《亲子法研究》，法律出版社 2004 年版。

37. 夏吟兰：《离婚自由与限制论》，中国政法大学出版社 2007 年版。

38. 张学军：《论离婚后的扶养立法》，法律出版社 2004 年版。

39. 陈苇：《中国婚姻家庭法立法研究》，群众出版社 2000 年版。

40. 薛宁兰、金玉珍主编：《亲属与继承法》，社会科学文献出版社 2009 年版。

40. 杨立新：《亲属法专论》，高等教育出版社 2005 年版。

41. 陈苇主编：《外国婚姻家庭比较法研究》，群众出版社 2006 年版。

42. 李明舜主编：《婚姻法中的救助措施与法律责任》，法律出版社 2001 年版。

43. 张贤钰主编：《外国婚姻家庭法资料选编》，复旦大学出版社 1991 年版。

44. 刘素萍主编：《婚姻法学参考资料》，中国人民大学出版社 1989 年版。

45. 法学教材编辑部《婚姻法教程》编写组：《婚姻立法资料选编》，法律出版社 1983 年版。

46. 王胜明、孙礼海主编：《〈中华人民共和国婚姻法〉修改立法资料选》，法律出版社 2001 年版。